洙泗

早期儒家文献与思想研究

宋立林 主编

山东教育出版社
·济南·

图书在版编目（CIP）数据

洙泗：早期儒家文献与思想研究 / 宋立林主编 . — 济南：山东教育出版社，2022. 6
ISBN 978-7-5701-2224-0

Ⅰ. ①洙… Ⅱ. ①宋… Ⅲ. ①儒家 - 文献 - 研究 Ⅳ. ①B222. 05

中国版本图书馆 CIP 数据核字（2022）第 100291 号

ZHUSI
——ZAOQI RUJIA WENXIAN YU SIXIANG YANJIU

洙泗
——早期儒家文献与思想研究　　宋立林/主编

主管单位：山东出版传媒股份有限公司
出版发行：山东教育出版社
　　地址：济南市市中区二环南路 2066 号 4 区 1 号　邮编：250003
　　电话：（0531）82092660　网址：www.sjs.com.cn
印　　刷：山东临沂新华印刷物流集团有限责任公司
版　　次：2022 年 6 月第 1 版
印　　次：2022 年 6 月第 1 次印刷
开　　本：710 毫米 × 1000 毫米　1/16
印　　张：28.75
字　　数：410 千
定　　价：60.00 元

谨以此书

庆祝我们敬爱的恩师

杨朝明先生

六秩华诞

《洙泗》同人

卷首语

唐代刘禹锡于《陋室铭》曰：“山不在高，有仙则名；水不在深，有龙则灵。”曲阜，小城也，然因孔子而名；尼山，小丘也，亦因夫子而圣；洙、泗二水，非可与大江大河侪也，然因乎夫子设教而永享盛名。昔曾子语子夏:“吾与汝事夫子于洙泗之间。”(《**礼记·檀弓上**》)兹后，洙泗寖假而为夫子统绪之代称，为中华文脉之象征也。遥想当年，夫子于此，杏坛弦歌，弟子三千，颜曾之徒，优入圣域；讲明六艺，人文化成，删述六经，垂宪后世；瞻望岱宗，鲁道荡荡；伏思周公，礼乐隆隆。

今日神州，古今之变，中西之通，犹未已也。百余年来，志士仁人，殚精竭虑，梦寐以求者，国族之复兴也。历经独立、富强，尚有待乎文明。而今科技虽兴，物质固丰，然尚待人文之化，精神之灵，相辅以相成也。孔孟之道、儒家思想之在今日，当何所为？正吾辈所当深思熟虑者也。今兹欲与诸同人，追本溯源，诠释六经之教，张皇孔孟之道，以固本培元；辨析剖判，研明古今异同，深探中西精微，以面向未来。此《洙泗》之所由设也。

《洙泗》持儒家立场，秉儒家理念，努力成为有情怀、有个性之学术书。本书阐扬儒学之价值，推动文明之开新，实本诸独立之精神，自由之思想，不依傍，尚包容，以开放理性之态度，倡导切磋交流，辩难争鸣，以述以作，不骄不躁，以汇聚青年俊彦，把脉时代思想，赓续洙泗遗风，再现人文胜境。

目

录 CONTENTS

由文化自知到文化自信
——从儒学的格局与气象谈起

杨朝明

20世纪80年代，有诺贝尔奖获得者提出："人类要在二十一世纪生存下去，必须回到2500年前，去汲取孔子的智慧。"这一说法传到国内后，一些学者感到欣慰，但也有人感到意外、怀疑，甚至讥讽嘲笑者也不乏其人。当这一事实被认定，而且这个结论被认为是"最精彩"的一个时，我们理应对中华文化的历史传统、价值内涵和现实意义有更深入的认识，"文化自信"正是源于充分的"文化自知"。

一、儒道学说的广阔背景

中华文化就像一棵生生不息的大树，它的根扎得很深很牢。人们认为春秋战国时期是中国文化发展的特殊时期，但它绝不是中国文化的形成期，而是中国思想与中国智慧的繁盛期、高涨期。此前，中华文明已有漫长的发展历程，有较高的发展水准。

在对人类文明的研究中，世人推尊德国哲学家雅斯贝斯"轴心期"的理论。这一理论认为，公元前8世纪至公元前2世纪，尤其公元前600年至公元前300年间，是人类文明的"轴心时代"。这一时代，各个文明都出现了伟大的精神导师，他们提出的思想原则塑造了不同的文化传统，也一直影响着人类的生活。但是，雅斯贝斯所谓的“轴心时代”理论，并没有关注中华文明在诸子时代以前漫长的发展历史，也没有注意到中国许多思想家何以那样尊崇古代“先王”的传统。

近40年来，学术研究的重要进展与考古材料的惊人发现都一再证实，尧舜以来，尤其夏、商、周“三代”时期的中国文明已经有漫长的发展历程，有较高的发展水准。走在学术前沿的学者其实早已经看清楚这一点。20世纪80年代，李学勤先生就呼吁人们“走出疑古时代”，“重新估价中国古代文明”。我们需要重新认识中国古代文明的发展水平，理解我国先民的深邃智慧和文化创造，再也不能对上古典籍中那些丰富的记载视而不见！

人们看到，“百家争鸣”其实是对历史文化的继承、总结与反思，诸子思想的形成有广阔的文化背景。夏、商、西周三代已经是“有道”时期，已经是中国文化形成与确立的时期。在雅斯贝斯所说的世界文明的“轴心”之前，中华文明已经有了漫长的发展历程，有了丰厚的文化积淀，有了自身深沉的精神凝结与创造。

中国的先民们认知世界，是以天地为师，着眼古往今来，关注四方上下的。在中华文化的早期典籍中，“天下”“万方”“四海”之辞层出不穷，这源于中华文明的天下观、世界观、整体观、系统论。在与世界的互动中，先民们深刻地理解了“天道成而必变”“道弥益而身弥损”之类的道理，讲究注焉不满，酌焉不竭，当位而行，允执厥中。

看清中华文明的绵延之路，探悉中华文明的深远辽阔，就会看到这样一个一定会越来越清晰的事实：早在孔子以前数千年的“三代之明王”时期，中华文明就已经为人类确认了坐标。中华“先哲”“先王”站在人类发展的中心点，思考“人心”与“道心”的关系，为人类谋福祉，系统而完备。如果人们多走近中国早期文明，多了解中华文明，看到它的高度，了解它的深度，那么，中华民族的伟大复兴之梦，就不仅是嘹亮的呼唤，更是洋溢的动力。

二、孔子的自信

中华思想的精华在孔子与老子那里得到了彰显，孔子则集中了尧舜禹汤、文武周公的思想精华。曾向老子请教的孔子一定比今天的许许多多人更懂得老子。所以，他创立的儒学才影响更加久远，成为中国传统文化的主干，成为传统中国思想的主流。

在“诸子百家”中，孔子最重视对传统的继承总结与凝练提升，故而儒家思想更具有生命力。孔子以后历代思想家思考世道人心，都是在孔子思想的基础上继续发展与弘扬，所以，孔子才被尊为“万世师表”。西方学者常将中国称为“孔子的中国”，内在地决定于孔子思想的特性与特质，决定于孔子学说的巨大影响。

孔子自幼好学，他的“好学”成就了他的“博学”。孔子“祖述尧舜，宪章文武”，自称“信而好古，述而不作”。显然，孔子的“思想高峰”立于三代时期的“文化高地”。所以，柳诒徵先生说：“自孔子以前数千年之文化，赖孔子而传。”梁漱溟先生说：“孔子以前的中国文化差不多都收在孔子手里。”1989年，联合国教科文组织总干事代表泰勒博士说：“当今一个成功、昌盛的社会，在很大程度上仍然立足于孔子所阐述的许多价值观念。”他又说：“这些价值观念是超越国界和超越时代的，它属于中国也属于世界，属于过去并照耀着今天和未来。”孔子的思想不在“一时一地”，它包含了“天地之美”“万物之理”“古人之全”，所以《庄子》说“内圣外王之道”是“道术”而不是“方术”。

想到孔子，人们脑海中首先浮现的往往是孔子栖栖遑遑、到处奔走的身影，往往是那个驾着马车“周游列国”的形象。孔子为政似乎没有成功，其实他清楚“穷达以时”的道理。他信念坚定，也有充分的自信。孔子初仕，为中都宰。“行之一年，而西方之诸侯则焉。”他治理中都仅一年时间，便成为各地学习的样板。鲁国国君问孔子：“用你的办法治理鲁国，怎么样？”孔子说：“虽天下可乎，何但鲁国而已哉！”孔子相信自己的为政方略有广泛的适用性。

孔子的自信，源自他对礼乐本质的把握，源自他对人性和人的价值的思考。有弟子问“十世”以后的治世之道是否可知，孔子说，别说“十世”，即使“百世”也可以知道。孔子认为，人组成社会，成为社会的人，就必须明于礼义。社会治理的根本，无非就是人心的端正，就是在人们心中筑起道德的堤防。夏、商、周三代，礼的形式随着时代的变化而有所“损益”，但礼的根本精神永远不会变。

由“中都”而“鲁国”而“天下”，这是空间的放大；由“三代”而“十世”而“百世”，则是时间的绵延。这显示了孔子思想的“时空维度”。他的高度与宏阔可见一斑。他倡言“内圣外王之道”，主张推己及人，修己安人，明德新民。比如，他思考如何立身处世的问题时，往往从根本上着眼，从简单处着手。

孔子弟子请教有没有一个字可以终身奉行，孔子认为这个字应该就是“恕”。孔子解释，所谓“恕”就是“己所不欲，勿施于人”。子张请教“行”，问如何才能使自己到哪里都能通达。孔子说应当“言忠信，行笃敬”，说话忠诚守信，行事庄重严肃。人如果时刻将“忠信”“笃敬”装在心中，指导自己的行动，即使走到与自己文化不同的“蛮貊之邦”，也一样能顺畅通达。

三、王天下之道

中华文化追求以王道行天下，孔子继承发扬了三代文化传统，王道政治是孔子心中的理想政治。孔子常谈“王天下之言”，谈以“道”治国才能“致霸王”；孟子则言及“王”“霸”之别。霸道，靠的是兵甲之力，使人被动屈服，容易埋下隐患，最终自食恶果。王道，以德行仁，人们主动臣服，会心悦诚服，自求多福。

《孔子家语》有《王言》篇，记述孔子的王道言论。孔子思考“王天下之道”，希望听“王天下之言”。王者气象使得中华文明有着多姿多元而又贯通如一的气质禀赋。中华文明崇尚礼让，源于礼让，使得许多矛盾不解自消。内心有王者情怀，才会能让则让，让于可让，同时还会在原则面前当仁不让。

中华文化气象使中国主流价值追求清晰而坚定。中国者，执中而立于天下，安定四海，天下大同。王者的终极追求是什么？是仁、义、礼、智根于心、见于面、盎于背、施于四体，四体不言而喻。当内在的美德丰厚盈溢之时，光辉灿然的生命就巍然耸立。

在王者气象的追求中，言念君子，温其如玉，“庶几夙夜，以永终誉”。其实，几千年前，“和而不同”“成人之美”“立己达人”这样的叮咛就在中华后土上掷地有声，而且在斗转星移的千年过往中从未间断，至今回响，使得近者悦，远者来。

中华文明的王道精神经得起时空的检验，它是从人心与人性出发，致力于满足人们的需求，向上仰望，是对深远历史经验的总结，是对天地智慧的体悟；向下扎根，是对多方利益的兼顾与平衡，求得最大公约数，昭示未来的发展方向。在疑惑中超越，于不确定中憧憬。《诗》云：“自西自东，自南自北，无思不服。”中华文明的精神气象、气质禀赋、价值追求，夯实了中华文明在世界价值体系中心点之坐标，它没有焦虑，而是如如不动，见证永恒。

四、道前定则不穷

西方思想家说“知识就是力量”，我们还要补充“力量需要方向”。此即所谓“君子不器”，即所谓“道前定而不穷”。

思维模式标识、代表着价值取向，决定着行动走向。比如，以何为本，以何为末；以何为先，以何为后；以何为始，以何为终。在中国传统的思维模式中，视荣誉与责任高于一切，兼顾多方利益；遵循并行并育，没有相悖相害；信奉“创造、分享、助给”，创造在自己，分享给他人，助给予弱者。

在“一以贯之”之中，以孔子为代表的儒家关注根本，将个人的修养放于中心点，反求诸己，从而聚焦于发展，聚焦于成长。人们看重内在的功力，如火之始燃，泉之始涌，扩而充之可保四海，反此甚至不能事父兄。这样的思维并不东张西望，没有左顾右盼，而有深邃的动力和发展的持续性。由进至近，絜矩成人，至诚无息，执中而立。朱熹云：“气至而滋息为培，气反而游散为覆。”由“天地位”而“万物育”，致广大而尽精微，极高明而道中庸。

中华文明价值取向清晰，更可贵的是，它以“一以贯之”的思维模式落地。全然思索古与今、我与世界、价值观与方法论的关系。这样的思维模式，成为通往中心坐标的最优路径、至佳选择。埃及前总理伊萨姆·谢拉夫（Essam Sharaf）说，这个“无序混乱的世界”要“找到一个理想的平衡点”，做这件事情的主角应该是有悠久文明历史的中国。他强调，中国人一定要珍视自己传统的价值观。他还说：“不光中国人民需要这些价值观，全世界也需要。”

我们中国人历来遵循自尊，尊人，被人尊；自敬，敬人，被人敬；自爱，爱人，被人爱；自知，知人，被人知；自信，信人，被人信，进而达到开放大度，和谐包容，智慧持中，踏实稳重。这些都是源自“一以贯之”。儒家最重仁爱精神和敬畏观念。《论语》说：“孝弟也者，其为仁之本与？”孔子说：“爱与敬，其政之本与！”又说“立爱自亲始”，“立敬自长始”。

美国的爱默生（Ralph Waldo Emerson）说：“我们确信，武力会招致另一种武力，只有爱和正义的法则才能实现彻底的革命。”其实，对于爱与正义，几千年前中华文明中的信奉全然而彻底。

子曰：“为政以德，譬如北辰，居其所，众星拱之。”面对纷纷扰扰的多元追求，有德之民族，有德之国度，有德之文明，像北辰灿然居中，这应该正是中国在世界中的文化坐标。我们要认清自己的文化方位，思索中华文化的竞争力，思考中华文明与人类共同价值之间的关系。这些决定于我们文化的特点、特性与特色，决定于我们的哲学智慧和文化气象。我们在忙于为“优秀的传统”制作“得体的时装”时，还要更多地在认真理解“优秀的传统”上下功夫。

事实上，许多人在世界文明面前感到迷茫，在西方文明面前感到卑微，缺少的是对自身文明符合历史真实的认知。理解到了这一点，才能达致真正的文化自信；唯其如此，才可以与全人类共享中华文化的伟大智慧。

原载《中国政协》2017年第19期。

作者简介

杨朝明，1962年出生，山东大学儒学高等研究院特聘教授。尼山世界儒学中心原副主任，孔子研究院原院长。兼任国际儒联副理事长，中华孔子学会副会长，中国孔子基金会学术委员和《孔子研究》编委。

历史失忆与价值选择：
孔子"神道设教"思想的生成与退隐

孔德立

"神道设教"是中国古代统治者借助民众信奉上帝鬼神的观念，通过敬事上帝鬼神取信于民的政治模式与教化方式。①以往人们多认为"神道设教"是统治者披着迷信的外衣，进行愚民的活动，但这种看法并不符合历史原貌。近年来，学者们对"神道设教"问题进行了考释与梳理，肯定了"神道设教"曾经在历史上发挥了重要的教化作用。②这些研究破除了以往对"神道设教"的错误认识，有利于推进对该问题的深入研究。

"神道设教"起源于远古时代人们对鬼神的信仰观念。殷周时代的"神道设教"在社会生活中发挥了重要作用。春秋时期，社会经济发展，人本思想进步，人道逐渐取代天道与神道，是智士阶层关注的重点。孔子承接古代贵族文化，并努力把这种文化与价值普及开来，成为全社会共享

---

① "神道设教"一词出自《易传》。《易·观卦·彖传》云："中正以观天下，观盥而不荐，有孚颙若，下观而化也。观天之神道，而四时不忒。圣人以神道设教，而天下服矣。""盥"指祭祀时以酒灌地迎神之礼，"荐"是既灌之后向神位陈敬笾豆等物的仪式。"孚"，信也，"颙"，敬也。王弼注："王道之可观者，莫盛乎宗庙。宗庙之可观者，莫盛于盥也。至荐简略不足复观，故观盥而不观荐也。"《周易正义》，《十三经注疏》，北京：中华书局，1980年，第36页。民众观宗庙祭礼（观盥）就可以察觉主祭者之诚意。古代统治者通过把持神道，就掌握了统治权力。

② 参见晁福林：《试论先秦时期的"神道设教"》，载《江汉论坛》2006年第2期；郑万耕：《"神道设教"说考释》，载《周易研究》2006年第2期。

的资源与财富。这种文化普及工作主要是通过让弟子学习诗书礼乐等知识来实现的，而诗书礼乐所蕴含的知识大多与人道教化有关。一般认为，对于神道、巫术等方面的知识，孔子向来是比较轻视的。近些年发现的马王堆帛书《要》篇、上博简《鲁邦大旱》[①]等出土文献却显示，在卜筮与禳灾、祷告等社会思潮盛行的时代，孔子晚年也曾纳神道入人道教化系统。但在历史流传过程中，马王堆帛书《要》篇与上博简《鲁邦大旱》等蕴含孔子“神道设教”的文献却消失了。

孔子为什么在长期重视人道教化的基础上，还要重视“神道设教”？孔子的“神道设教”思想相比人道教化来说居于何种地位？蕴含孔子“神道设教”的这些出土文献为何会出现历史失忆？这些问题是出土文献带来的新问题。本文以先秦“神道设教”的演变为线索，在前辈学者的研究基础上，试对以上问题加以分析。

一、商周时代的“神道设教”

在殷商时代的社会政治结构中，神权占据着举足轻重的地位。丰富的甲骨卜辞材料证明，殷人的活动无不直接或间接地与神权发生关系。晁福林先生指出，自然神、天神、祖先神是殷代的主要神灵谱系，其中祖先神在众神中居于主要地位。尊崇和祭祀尽量多的先祖，便可以在更广泛的程度上凝聚子姓部族的力量，从而形成方国联盟的稳固核心。[②]

西周时期，天神（上帝）逐渐成为至上神，取代了殷人祖先神的至上位置。这种神权观念的变化是周人的创造。天笼罩在每一个人头上，把天

① 《要》篇释文见陈松长、廖名春：《帛书〈二三子问〉〈易之义〉〈要〉释文》，载陈鼓应主编：《道家文化研究》第三辑，上海：上海古籍出版社，1993年，第424—435页。《鲁邦大旱》见马承源主编：《上海博物馆藏战国楚竹书（二）》，上海：上海古籍出版社，2002年，第49—56、201—210页。

② 晁福林：《先秦社会形态研究》，北京：北京师范大学出版社，2003年，第164—166页。

作为天下之人的共主，最合适不过了。周天子以天下共主的身份祭天，实现了王权与神权的统一。西周统治者制定了诸多的祭祀制度与礼仪。《礼记·曲礼下》记载："天子祭天地，祭四方，祭山川，祭五祀，岁遍。诸侯方祀，祭山川，祭五祀，岁遍。"《礼记·王制》："天子祭天下名山大川，五岳视三公，四渎视诸侯。诸侯祭名山大川之在其地者。"据考证，西周以前，方国部落并没有清晰的"祭不越望"观念，西周建立后才把"祭不越望"当成诸侯的祭祀规则。[①]"祭不越望"在西周开始成为定制，进一步推动了西周"神道设教"的制度化进程。

周代以宗法制为框架，建立了层级制"神道设教"的政治模式。天子、诸侯遵守祭祀礼典，"名正则言顺"，各级宗主享有与其身份相适应的祭祀权。如果诸侯僭越礼典，就会遭到天子的讨伐。西周层级制的神道设教与宗法制度相适应，共同维护了西周社会的稳定与繁荣。牟钟鉴先生提出了中国"宗法性传统宗教"的概念。他说，中国古代绵延数千年的宗法性传统宗教，"以天神崇拜、祖先崇拜和社稷崇拜为主体，以日月山川等百神崇拜为翼羽，以其他多种鬼神崇拜为补充，形成相对稳定的郊社制度、宗庙制度，以及其他祭祀制度，基本信仰是'敬天法祖'"[②]。"宗法性传统宗教"的形成正是商周时代"神道设教"的产物，同时，它的形成又为孔子"神道设教"思想提供了广阔的社会习俗背景。

二、春秋时期人道教化的崛起

在西周时期，"神道设教"以宗法层级制的形式出现，人们对神道信而

---

① 李凯：《"祭不越望"探析》，载《云南社会科学》2008年第4期。

② 牟钟鉴：《关于中国宗教史的若干思考》，《中国宗教与文化》，台北：唐山出版社，1995年，第139—140页。转引自吕大吉：《宗教学通论新编》，北京：中国社会科学出版社，1998年，第564页。

不疑。到了春秋时期，有些智士认识到人事不必完全依赖于神道。智者率先对神道提出质疑，凸显人的主体意识。

《左传·桓公六年》载："所谓道，忠于民而信于神也。上思利民，忠也，祝史正辞，信也。……夫民。神之主也。是以圣王先成民。而后致力于神。"《左传·襄公十四年》载："夫君，神之主也。"人对神的怀疑，导致在人神关系的天平上，主导力量开始向人的方面倾斜。随之在宗法制度方面，人与宗族的关系也发生了松动。这两种关系的变化推动了春秋时期人本思想与民本思想的进步。但人本思想与民本思想的进步并没有达到彻底否定神权与君权的地步。刘家和先生对中国古代的人本思想与民本思想有精辟的论述。他说：

> 人本思想不等于无神论（Atheism），它并不要求人们在思想上排除对于神的信仰，而只要求人们在处理人神或天人关系时以人为本。在古代中国、希腊以及近代西方文艺复兴时期，人本思想都很盛行，而那时的人本思想都未曾排斥对于神的信仰；毋宁说，它承认在人与神之间存在一种张力（Tension）或"拔河"关系。人本思想只是告诉人，在这种关系中不能忘记了人是根本，即使你信神，那么目的也是人而非神。民本思想所重视的是君民之间的张力或拔河关系，并在这种关系中强调民作为"本"的重要性；即使你在尊君的时候，也不能忘记尊君的目的不在于君而在于民。①

刘先生的这段论述解决了长期以来对人本思想与民本思想认识模糊不清的问题，对于认识春秋战国思想史的演变具有重要的指导意义。春秋时代人本思想与民本思想的发展，反映了普通民众的精神觉醒。这种精神觉醒的力量，有力地冲击了传统的"神道设教"体系。"人的观念不再拘泥于族"②，

---

① 刘家和：《〈左传〉中的人本思想与民本思想》，载《历史研究》1995年第6期。

② 晁福林：《认识"人"的历史——先秦时期"人"观念的萌生及其发展》，载《学术月刊》2008年第5期。

成为社会上涌动的主要思潮，“礼崩乐坏”与宗法世袭社会的解体，其源头皆可追溯至此。

就在自下而上涌起的这股人本思潮冲击“神道设教”的时候，作为“神道设教”主体的宗法贵族却主动丧失了象征其身份的标识——礼。这个有教养的“礼”不同于西周的制度之“礼”。教养之礼是“霸政”以来兴起的新观念。在夷狄入侵的压力下，诸夏贵族发现，他们原来日常所执之礼、所习古代流传下来的诗书礼乐，是一笔巨大的精神财富。祭祀神灵、政治交往、举止退让等各种场合中的礼，无不彰显贵族的文化教养。这种文化教养正是诸夏贵族区分于夷狄的显著特征。

礼观念的崛起，是人本思想发展的重要标志。但人本并不完全排斥神的作用。礼的人文教养与神道的结合，正是人道的真实内容。《左传·文公十五年》载：“诸侯用币于社，伐鼓于朝，以昭事神，训民事君，示有等威，古之道也。”治国之道就是奉祀好神灵，解决好百姓的生存问题，然后借鉴“古之道”“先人之道”“亲之道”来保持社会秩序稳定。春秋“霸政”以来的道多指“人道”。国君遵循“道”，就是“有道”之君。至此，春秋时代的“神道设教”已经在神道的旗帜之下，蕴含了人道教化的意味。宗法贵族们并没有继续保持礼文化。在春秋后期，贵族不知礼、知而不守、守而不敬、敬而不笃的现象普遍出现。贵族丧失了礼的教养，也就谈不上为民表率了。

公元前536年，郑国新兴贵族子产“铸刑书”，开创了以法治国的新纪元。此举遭到了传统贵族叔向的反对。叔向向子产表达了立法弃礼导致道德滑坡的忧虑。但子产复信对叔向说，“铸刑书”是迫不得已的救世措施。[①]公元前535年，鲁国大夫孟僖子在临死前，嘱咐两个儿子要向孔子学礼。[②]

①《春秋左传正义》，见《十三经注疏》，北京：中华书局，1980年，第2043—2044页。
② 同上，第2051页。

这两个事件的出现并非偶然，它表明传统贵族对于象征其身份的礼已经很陌生了。自己不知礼，又如何以礼来引导民众呢？一贯坚持“礼以顺天”的鲁国，在春秋后期也出现了“季氏旅于泰山”[①]的违礼之举。

贵族对礼的自我放弃，是自上而下的退化；民众精神的觉醒，是自下而上的提升。这两股力量的交汇，加速了春秋晚期社会的新陈代谢。传统贵族以“神道”为形式的“设教”，已经失去了现实的感召力。社会迫切需要新的教化形式，以填补旧制度瓦解之后留下的空白。前所未有的大变局，意味着古代神道世界与人道教化的双重瓦解。

三、孔子的人道教化思想

如果说商周时代的“神道设教”重“神”，那么，春秋时期“神道设教”的重心已经转化为重“人”。以往的“设教”是在遵守“神道”的前提下进行的。随着人们精神不断地觉醒与宗法贵族自弃其礼，“设教”逐渐取代“神道”而居于主要位置。春秋战国之际，宗法贵族退隐出“神道设教”的主体之后，以孔子为代表的儒家自觉承接“霸政”以来贵族的文化传统，以礼的神圣性而“设教”，承担起教化人道的使命。

唐代孔颖达对《易传》“神道设教”的诠释可谓揭示了儒家神道设教的本质，他说：“圣人以神道设教而天下服矣者，此明圣人用此天之神道以观设教而天下服矣。天既不言而行，不为而成，圣人法则天之神道，唯身自行善，垂化于人，不假言语教戒，不须威刑恐逼，在下自然观化服从，故云天下服矣。”[②]圣人“身自行善，垂化于人，不假言语教戒，不须威刑

① 马融注：“旅，祭名也。礼，诸侯祭山川在其封内者。今陪臣祭泰山，非礼也。”《论语注疏》，见《十三经注疏》，北京：中华书局，1980年，第2466页。朱熹注：“礼，诸侯祭封内山川，季氏祭之，僭也。”［宋］朱熹：《四书章句集注》，北京：中华书局，1983年，第62页。

②《周易正义》，见《十三经注疏》，北京：中华书局，1980年，第36页。

恐逼，在下自然观化服从”。这段诠释与孔子的政治教化思想相吻合。《论语·子路》：“其身正，不令而行；其不正，虽令不从。”《论语·为政》：“为政以德，譬如北辰，居其所而众星共之。”民众对政治的认同不在于听统治者说了什么，而是看他们做了什么。

我们从《论语》中可以清晰地发现，孔子正在努力构建一种新的人道教化体系。这种新的人道教化体系，主要继承了春秋时期以来形成的礼文化，强调为上者首先要修身，要守礼、敬礼，为民之表率。只有这样，才能重建良好的政治秩序。在论证新秩序重建的过程中，孔子不断淡化神道的作用，努力避开鬼神在政治中的影响。值得注意的是，孔子着力强调统治阶层的德行是社会治乱与引导民风的主导力量。解决了统治阶层自身的修身问题，就解决了政治问题，此之所谓“君子之德风，小人之德草，草上之风，必偃”①。

孔子以“修己安人”作为改造社会的人道之路。总体看来，他并不鼓励弟子急于从政，而是以修身为本。《论语·先进》记载：子路使子羔为费宰，孔子批评子路“贼夫人之子”。子路不服，辩解说：“有民人焉，有社稷焉，何必读书，然后为学？”孔子很生气，说子路是在狡辩。孔子认为，从政之人必须具有足够的德行，否则就没有资格为“民之父母”。只有“学而优”才可以“仕”。如史华慈（Benjamin Schwartz）说：“无论孔子是多么地渴望改造人类世界，渴望影响他的环境，他最终仍然坚持声称，他所能控制的唯一领域就是自己的修养，以及他对弟子们施加影响的能力。”②因此，孔子教导弟子“反求诸己”，努力以修身提升自我的文化教养。在这个过程中，虽然天命是无法回避的问题，但孔子却罕言之。即使如子贡这样的高徒，对于“性与天道”，从孔子这里也“不可得而闻”。

---

①［宋］朱熹：《四书章句集注》，北京：中华书局，1980年，第138页。

②〔美〕史华慈：《古代中国的思想世界》，程刚译，南京：江苏人民出版社，2004年，第143页。

弟子们在孔子学堂里，主要学习诗书礼乐。孔子告诫弟子，要“入则孝，出则弟，谨而信，泛爱众，而亲仁”，在“行有余力”的基础上，“则以学文”[①]。这也是儒家修身工夫的程序，以“尊德性”优先，兼而重视“道问学”。孔子以诗书礼乐为教材，教化弟子学习知识文化，从而具有高尚的道德与才能，成为社会上遵守礼仪的典范。

我们梳理《论语》中并不多见的“天”，可以发现，孔子偶尔谈及的天，大多出现于他遭遇挫折的时候，“获罪于天，无所祷也”（《论语·八佾》）；“不怨天，不尤人，下学而上达，知我者，其天乎”（《论语·宪问》）；“天生德于予，桓魋其如予何”（《论语·述而》）；“天之未丧斯文也，匡人其如予何”（《论语·子罕》）。天作为人道的最终依据，只有在人生失意的时候才显现出来。这里隐含的另一层意思是，孔子在人生顺畅的时候，并没有关注天，对天持“存而不论”的态度。王桐龄指出：“惟儒家以人力所不能及者归之于天。故有顺时听天之说，由天生运。故有委心任运之说，于是当穷困之时，能以淡泊处之，患难之际，能以镇静将之，不营营以求利，不汲汲以求生。所谓“见利思义，见危授命”者，二千年来儒家中之大人物，概服膺于此，此真儒家之特别修养方法也。”[②]此论触及儒家天命思想的深处。可见，天是伴随孔子走出患难之际的心灵慰藉，而不是支配人生的主宰。

孔子对鬼神的态度，总体上可以说是“敬而远之”。所谓敬，就是赞成祭祀鬼神，并强调祭祀鬼神时要持敬畏之情，“祭如在，祭神如神在”[③]。所谓远，是在敬的前提下，不把鬼神作为人道的主体内容，“务民之义，敬鬼神而远之”[④]。良好的政治状态，不能靠献媚于鬼神，而是需

①［宋］朱熹：《四书章句集注》，北京：中华书局，1983年，第49页。

② 王桐龄：《儒墨之异同》，上海：上海书店，据北平文化学社1931年版影印，第14—15页。

③［宋］朱熹：《四书章句集注》，北京：中华书局，1983年，第64页。

④［宋］朱熹：《四书章句集注》，北京：中华书局，1983年，第89页。

要统治者实实在在地去做，以践行礼的行为与诚意取信于民才能达到的。当子路问孔子“事鬼神”时，孔子说：“未能事人，焉能事鬼？”[①]孔子教导子路，还不会侍奉活人，怎么能侍奉鬼神？所以对于父母最大的孝，就是在父母生前侍奉好父母，至于父母去世后侍奉鬼神，则是出于教化的需要。由于祭祀鬼神的活动直接与其故去的祖先亲人联系起来，所以孔子努力寄予这种祭祀活动深厚的人文情感。族人祭祀死去的亲人的礼仪，很容易激起族人之间的同族意识与关爱之情。在这种“慎终追远”的仪式中，孝悌等家族伦理不断地被强化。如果整个国家倡导这种民风，久而久之，就会使“民德归厚”。可见，孔子表面上“敬鬼神”，其实质却在于塑造孝悌伦理的民风。

以“敬天法祖”为核心的宗法性宗教信仰，随着礼制的崩坏，在春秋末年面临着混乱与整合。孔子敬畏天命、祭祀鬼神的思想，继承了周代宗法性宗教信仰的传统。但总体来看，孔子更重视以蕴含人道的诗书礼乐教化弟子，而不是神道。

四、从出土文献看孔子的“神道设教”思想

近年来的出土文献表明，除了“敬天法祖”，孔子并没有忽略其他神灵与巫术的存在。马王堆帛书《要》篇与上博简《鲁邦大旱》的发现，表明孔子曾以《易》的损益之道教化弟子，以献祭山川的方式来禳灾。而这些神道设教的思想因其文献的缺失而长期被遮蔽。

《要》篇记载：“夫子老而好《易》，居则在席，行则在囊。”《周易》为卜筮之书，本不为孔子所重，孔子以往教育弟子的教材主要是《诗》《书》《礼》《乐》。但到了晚年，孔子“好《易》”却到了痴迷的程

① ［宋］朱熹：《四书章句集注》，北京：中华书局，1983年，第125页。

度。子贡很不理解老师的做法，问："夫子何以老而好之乎？"孔子说："前祥而至者，弗祥而巧也……予非安其用也。"子贡质疑说："逊正而行义，则人不惑也。夫子今不安其用而乐其辞，则是用倚于人也，而可乎？"意思是说，剪除凶邪而得福，消除灾殃而避祸。遵循平常的做法，按合适的方法去行事，则人不迷惑。夫子现在不乐《周易》的占筮之用，而喜欢读其卦爻辞，这是存心立异于常人，是奇邪不正的做法。[①]孔子解释说："《易》刚者使知惧，柔者使知刚，愚人为而不忘，渐人为而去诈。"看来，《易》正可以纠正自己的不足，使人不致过于偏激。

子贡又问："夫子亦信其筮乎？"孔子说，"吾百占而七十当，唯周梁山之占也，亦必从其多者而已矣"，"吾与史巫同途而殊归者也。君子德行焉求福，故祭祀而寡也；仁义焉求吉，故卜筮而希也。……损益之道，足以观天地之变，而君者之事已。……此谓易道"。可见，孔子的卜筮观是"从其多者"，并非完全相信卜筮。但《易》中蕴含着吉中有凶、凶中有吉、福中藏祸、祸中藏福的损益之道。从损益之道中，足以观察出天地的变化和君主的事业，对于人们的安身立命有重要的影响。卜筮习俗源远流长，在社会上普遍存在，又有深远的影响，即使在人道思想兴起的春秋时期，卜筮之风一直比较盛行。《要》篇透露出，孔子对《易》的卜筮程序与卦辞相当熟悉，这表明一向坚持人道教化的孔子也受到卜筮习俗的影响。但孔子好《易》并不局限于卜筮本身，而是努力把卜筮之道提升为人道哲理。

值得注意的是，孔子对《周易》喜好的背后，也隐含着一种忧虑。"后世疑丘者，或以《易》乎？"这种忧虑同样表现在孔子与《春秋》的关系上。《孟子·滕文公下》记载：

> 世衰道微，邪说暴行有作，臣弑其君者有之，子弑其父者有之。孔子惧，作《春秋》。《春秋》，天子之事也，是故孔子曰："知我

① 此处释文参见刘彬：《帛书要篇新释五则》，载《周易研究》2009年第2期。

者，其惟春秋乎；罪我者，其惟春秋乎。”

孟子说，春秋晚期政治秩序与文化秩序失衡，于是孔子作《春秋》，“正王纲”，使“乱臣贼子惧”。正王纲，本为“天子之事”，而孔子作《春秋》以“正王纲”，则是代行天子事，所以孔子担心此举会遭到后人的误解。如果说孔子作《春秋》，担心的是僭越天子事，那么，他对《周易》的喜好，则是担心把巫术纳入儒家视域，会引起人们对他一贯坚持的人道教化路线的怀疑。事实证明，孔子的担心并不是多余的，子贡在当时就表露了这种质疑。

孔子对弟子的要求近乎苛刻，他的修身之路是一条没有止境，也没有十字路口的大路。在完善君子人格的道路上，要有“杀身成仁”的勇气。正如马凌诺斯基所言：“规定了的价值及情操常能左右一人的行为，所以有人能视死如归，能茹苦如饴，能克己节欲。这反抗着机体所命令的行为的力量是出于那已经融化成一有组织的体系的欲念及情感冲动。这种欲念及情感冲动，在情操所命令的行为中，间接地但有效地得到了满足。”①但是，这种近乎神圣的修身目标，并非所有人都能实现，就连孔子的弟子也对道德价值塑造的难度望而却步。《论语·雍也》记载，冉求曰：“非不说子之道，力不足也。”子曰：“力不足者，中道而废。今女画。”即使颜回，也只能做到“三月不违仁”。可见，这种以诗书礼乐来塑造道德价值、推行人道教养的方式并不为多数人所接受。

孔子晚年热衷于《春秋》与《易》，表明他的教化对象必须要涵盖到“诗书礼乐”“难以致之”的人群。孟子说，“《诗》亡然后《春秋》作”。赋诗时代的终结不只是贵族时代的终结，而是标志着社会教化的失序与传统贵族文化教养的消失。

《春秋》使“乱臣贼子惧”，所针对的教化对象是大夫以上层级的统

---

①〔英〕马凌诺斯基：《文化论》，费孝通译，北京：华夏出版社，2002年，第8页。

治者。《易》是卜筮之书，越是下层的民众，越相信卜筮与巫术的超人力量。另外，社会上存在一些不畏天命、不畏大人、不畏圣人之言的小人。这部分人，不相信人道教化，甚至不畏惧法律，但一般会相信巫术。按照弗雷泽的理论，他认为："巫术断定，一切具有人格的对象，无论是人或神，最终总是从属于那些控制着一切的非人力量，他就能够继续利用它。"①《易》具有这种功能，孔子借《易》把尽可能多的下层民众纳入教化对象中来。这样，孔子在坚持诗书礼乐人道教化的基础上，又纳入了天子之事的《春秋》与卜筮之事的《易》，从而使人道教化笼罩上了"神道设教"的面纱。孔子的"新神道设教"体系涵盖统治者阶层、中间智士阶层、下层民众以及小人四个层级，从而成为春秋末年最具广泛性的教化体系。

以上主要从理论上论证"神道设教"的必要性与可行性，上博简《鲁邦大旱》记载的一则史事，则证明孔子从实践上已经开始实行"神道设教"了。

《鲁邦大旱》记载，鲁哀公时期，鲁国大旱，哀公向孔子询问解决的办法。孔子说："邦大旱，毋乃失诸刑与德乎？""庶民知说之事鬼也，不知刑与德。如毋爱圭璧币帛于山川……"李学勤先生释义为，孔子认为旱灾是朝中施政刑罚与德惠失当的结果，必须加以纠正。民众只知道祷祝鬼神，不知道刑德的事，如果不惜以珍贵的圭璧币帛祭祀山川，对刑德的失误加以纠正，旱灾就能免除。②《鲁邦大旱》的发现为研究孔子的"神道设教"思想提供了新的材料。旱灾本不关乎人事，而孔子却借此指出哀公刑德失当，这是明显的"天人感应"思想。但是正"刑德"的措施并不符合百姓传统的禳灾习俗。既然百姓信奉鬼神，又愿意"事鬼"，那么，禳灾求雨就

---

①〔英〕弗雷泽：《金枝》，徐育新、汪培基、张泽石译，北京：大众文艺出版社，1998年，第79页。

② 李学勤：《上博楚简〈鲁邦大旱〉解义》，载《上博馆藏战国楚竹书研究续编》，上海：上海书店，2004年，第99—100页。

是最好的稳定人心、安定社会秩序的方式。所以，孔子建议国君祭祀求雨。

春秋时期，社会上祷祝禳灾的活动十分流行。罗新慧先生指出："大旱无雨是古代常见天灾，祷神而逆时雨、宁风旱，是古之国君必为之事。祷旱求雨可追溯至商王成汤的时代。……祷者为天子或诸侯，说明国君承担着为万民祷请求福的职责。此类祷请不同于其他，祷者并非局限于个人利益，而是为天下福祉求祷。并且，这类祷辞中十分突出的内容是向神灵请罪。在祷者的意识中，天降之灾与国君之不德相连，因此，祷辞皆以向神灵反省、悔过、赎罪为主要内容。在祷者的心目中，高高在上的神灵具有人间仲裁者的特征，只有悔过自新，不失厥德，才能免受天谴，求得神佑。"①《鲁邦大旱》所记"毋爱圭璧币帛于山川"的求雨行为，正迎合了"庶民知说之事鬼"的祷祝风俗。从子贡那里，孔子得知他的建议受到百姓的拥护，人们都带着儿女，向亲友传告，国君将要祷祝求雨。可见，在传统习俗普遍盛行的社会中，智士阶层的思想在某些特定的场合也不得不迎合社会习俗。

马王堆帛书《要》篇与上博简《鲁邦大旱》记载的事情，均发生在孔子晚年。无论是卜筮还是祷祝，都是"适合于实际需要及得到可靠的成效"，这种"具有实用目的的特殊仪式活动"，属于人类学中的"巫术"范畴。②宗教与巫术是有区别的。宗教创造一套价值，直接地达到目的。巫术是一套动作，具有实用的价值，是达到目的的工具。③马凌诺斯基论述说，巫术对于个人与社会都具有效力，"巫术不仅对于个人而言，可以促成人格的完善，对社会而言，它也是一种组织的力量"，"巫术的社会重要性，不仅在于它可以给某些人以权势，而使他得居高位。我们已看到，它

① 罗新慧：《禳灾与祈福：周代祷辞与信仰观念研究》，载《历史研究》2008年第5期。
② 〔英〕马凌诺斯基：《文化论》，费孝通译，北京：华夏出版社，2002年，第53页。
③ 同上，第57页。

实在是一种具有组织性的力量”。①

马氏上述理论正可以解释孔子喜《易》及建议国君祷祝神灵的举动。《易》的卜筮功能可以使个人在“损益之道”中察觉祸福吉凶，从而趋利避害，增强人们的自信。组织民众祷祝于山川求雨，企图控制自然为民所用，则显示了巫术的社会组织功能。“在许多地方和许多民族中，巫术乃是为着人群的福利而控制自然的伟大力量，如果这种情形是真的话，那么行使这种法术的人，在任何社会中一定都是重要而有影响的人物，只要社会中的人相信他们确是神通广大。”②孔子建议国君亲自参加这样的祷祝活动，这种“神道设教”无疑会进一步强化国君的统治地位。

五、历史失忆与价值选择

孔子为了迎合社会习俗、加强人道教化的力量，而以“神道设教”，虽然看似在人道之路上又出现了向神道的回溯，但其实质内容还是人道教化，神道只是旗帜而已。所以，这种神道不免带有极强的实用色彩。正如荀子所说：“日月食而救之，天旱而雩，卜筮然后决大事，非以为得求也，以文之也。故君子以为文，而百姓以为神。”③孔子容忍神道与巫术存在并参与其活动，当时即遭到子贡的反对。在孔子弟子与后学中，孔子的“神道设教”思想并没有流传下来。《论语》作为孔子弟子与再传弟子共同编辑的早期儒家言论集，以诗书礼乐作为孔子教化的主要内容，其思想主要在于修己安人、罕言天命、鬼神与巫术。

孔子虚化神道的做法，遭到了墨子强烈的批评。《墨子·公孟》篇“非儒”有“四政丧天下”，其中，排在首位的就是说儒家“以天不明，

---

①〔英〕马凌诺斯基：《文化论》，费孝通译，北京：华夏出版社，2002年，第76—77页。

②〔英〕马凌诺斯基：《文化论》，费孝通译，北京：华夏出版社，2002年，第31页。

③ 王先谦：《荀子集解》，北京：中华书局，1988年，第316页。

以鬼不神”。墨子非儒不是简单的批判，而是深入儒家思想深处，站在民本立场上对儒家源自贵族之学的思想方法的有力批判。针对儒家不信鬼神的特点，墨子高调提倡“天志”“明鬼”的思想，以天与鬼作为惩恶扬善的工具、民众的保护者。

西周形成的以“祭天法祖”为基本信仰的宗法性传统宗教是儒墨等诸子共同的思想资源，孔子主要继承了“法祖”，墨子主要继承了“祭天”。孔子认为，统治者“法祖”可以使“民德归厚”，移风易俗，“法祖”与传统的血缘宗法关系最密切。墨子欲打破传统的贵族统治，如果再像儒家那样强调“法祖”，就还是脱离不了传统的宗法关系，所以，墨子不提倡“法祖”，而是让普通百姓都去“祭天”。“祭天”在周代是周天子的专利，孔子虽言“畏天命”，但并没有倡导全民祭天。墨子站在普通民众的立场上，宣扬天是普天之下百姓的天，而不只是统治者的天。“民之所欲，天必从之”，天是至善的，是关爱百姓的，墨子倡导全民祭天以祈福。墨子发动的全民祭天运动实际上是试图以宗教性的天作为民众的最高信仰，以此钳制统治者的行动。就此而论，墨子以“天志”“明鬼”为特色的“神道设教”亦具有推动民本思想发展的重要意义。

正因为墨子“非儒”切中了儒家要害，才使得墨家的势力迅速发展起来，直到孟子时代，墨家之言仍然“盈天下”。墨子打破传统贵族宗法关系，以天作为关爱百姓的至上神的做法，对孟子产生了深刻的影响。孟子欲重新振兴儒学、辟除“墨学”的影响，必须正面回应墨家的批评。孟子把墨子高高在上的天，拉了下来，使天与人性贯通，建立了“尽心、知性、知天”的天人合一思维模式。天善是性善的最高依据，性善符合天善，这样就为性善论奠定了坚实的天命基础。传统说法认为，孟子“辟墨”以“禽兽”，墨孟之间似如水火，但这种观点遮蔽了墨孟关系的本质。实际上，孟子“辟墨”在很大方面是以吸收墨家思想的方式悄然进行的。[①]牟复礼指出："孟子把天看做可以回应（response）人们的感受和需要的力量，墨子的天则不同，它知道人的需要，并且勒命人拜服它无尚的意志。"[②]孟子在吸收墨子"天志"思想的同时，亦重视人的主观能动性。这样，墨子"神道设教"的依据——天，在孟子这里就转而成为人性之善的依据，融入到人道教化之中。

与孟子不同，荀子对"神道设教"的反对更为直白地表现出来。荀子对天道等神秘主义存而不论，以强烈的理性主义，倡导以礼治来维护社会的稳定，劝导人们通过不断的学习礼仪知识来安身立命，而不是依赖神道与巫术。《荀子》中的《天论》《非相》等篇，对天道、神道、巫术等各种形式的神秘主义展开了严厉批判。荀子从理论上对"神道设教"的打压，以及战国中后期功利主义的泛滥，使得主流儒者对"神道设教"的兴趣大大降低了。

六、结语

马工堆帛书《要》篇与上博简《鲁邦大旱》等文献的发现，表明孔子也曾以"神道"来"设教"。结合春秋晚期的历史形势，我们可以发现，孔子向"神道设教"的转型是不得已而为之。

贵族阶层日益没落，宗法制度面临严峻的挑战，"世衰道微，邪说暴行有作，臣弑其君者有之，子弑其父者有之"[③]。没落的贵族阶层需要心灵的慰藉与解脱。孔子以人道教化弟子，开创了一条修己安人之路。有志于安人的君子，只有不断地修己，完善道德与知识，才可以实现安人的理想。可是，在现实生活中，有德的君子不一定有位，有位之人不一定有

① 孔德立：《关于墨子"非儒"与孟子"辟墨"》，载《北京师范大学学报》2009年第6期。

②〔美〕牟复礼：《中国思想之渊源》，王立刚译，北京：北京大学出版社，2009年，第88页。

③［宋］朱熹：《四书章句集注》，北京：中华书局，1983年，第272页。

德。德与位理论上的统一与实践中的不统一，是造成儒家困境的主要原因。但这种困境在孔子这里似乎并不存在，孔子把修己作为终身行之的事业，以自身的言行引领弟子不断提升修养与尊严。但广大的孔子弟子与普通民众却很难坚守孔子式的修己之路。所以，信念的动摇就在所难免。孔子弟子与普通民众也需要新的思想资源。

在这种现实需要的条件下，孔子通过《周易》《春秋》等文本的传播，借助民间神道与巫术的信仰观念，以神道来加强人道教化，就可以覆盖尽可能多的教化人群，尽量增强儒家教化的力量。但孔子的“神道设教”在他的整个教化体系中，只是人道教化的辅助。

笃信“神道设教”的墨子对孔子虚设神道的做法不满，遂提出了批评。墨子“非儒”促使孔子后学进一步反思儒家的利弊得失。值得注意的是，与墨子同时代的孔子之孙子思，在《中庸》中对“神道设教”进行了有力的论证。在郭店简《五行》篇中，子思对人道与天道分别进行了界定与论述，并塑造了兼具人道与天道的圣人，从而为儒家的人道教化树立了典范。可见，子思确实是沿着孔子晚年的思想方向继续前进的儒者。但是,《要》、《鲁邦大旱》以及竹帛《五行》等此类文献却都失传了。这也说明，在儒家后来的发展中，弘扬“神道设教”的一派儒者并不占主流地位。孟子的性善论，不再需要一个外在的天道或者神道来执行教化，而是主要通过主体的学习与反省来实现修己安人的目标。荀子公开对子思、孟子“五行说”的非议，对神秘主义的批判，对墨子的不屑一顾，都在很大程度上影响了儒家思想的发展路向。

上博简《鲁邦大旱》等新发现文献出现的历史“失忆”，并不是偶然的，是在历史传承中经受外来学派的批评与本学派自我反思而做出的价值选择的结果。这个结论或许对理解简帛佚籍的历史“失忆”有所帮助。

原载《世界宗教研究》2010年06期。

作者简介

孔德立，山东曲阜人，1974年出生，历史学博士。现任首都师范大学哲学系教授，兼任中华孔子学会副秘书长、常务理事，孟子研究院特聘专家，山东省泰山学者。

也谈孔子的人性观

郭海燕

关于孔子的人性论，历来学界有各种争论，或从善、恶的方面来理解，或从自然性、社会性方面来探究。其实，孔子没有明言人性之善恶，他强调人的本质是仁，与其说是一种性善论，毋宁说具有引人向善的意义。近年出土的简帛文献多有谈及人性的内容，也为我们理解孔子的人性观提供了重要资料。笔者拟结合传世文献和出土文献对孔子的人性论略作探讨，以求教于学界同仁。

一

在《论语》中，孔子直接谈到人性问题的地方仅有一处，即“性相近也，习相远也”（《论语·阳货》）。因为孔子对此没有做特别的解释，所以引发了后世的诸多争论。傅斯年先生对先秦文献中的“性”进行统计分析后指出：“后人所谓性者，其字义自《论语》始有之，然犹去生之本义为近。”[①]金景芳先生认为“相近”包括两层意思：“第一，从人之性对犬之性牛之性来看，人与人为同类，所以说‘相近’。‘相近’表明人有共性。

① 刘梦溪主编：《中国现代学术经典·傅斯年卷》，石家庄：河北教育出版社，1996年，第10页。

第二，从人类自身来看，人与人虽属同类，但智愚壮羸万有不同。所以应当说‘相近’，不应当说相同。这表明人又有个性。总之，二者都是指人的自然性而言。‘习’则不然。‘习’是指人的社会性。”[①]这里金先生明确指出，人性实际上包括自然性和社会性两个方面。其说不无道理。

人作为一种生物体的存在，首先具有生物体所固有的生理本能和自然欲望，饮食男女、趋暖避寒、谋求安全等都属于生物本能。孔子并不否定这种性的存在。所以，他说：“饮食男女，人之大欲存焉。死亡贫苦，人之大恶存焉。”[②]但我们并不能据此认为孔子的人性说就是纯粹的自然人性论。对于孔子的人性思想，只有将性和习相联系，才能得其真实意蕴。综观孔子的思想，他是从人禽之别的角度来思考现实生活中人的问题的。《论语·微子》中，孔子曰：“鸟兽不可与同群，吾非斯人之徒与而谁与？”对于孝道，孔子也是从人和犬马的区别方面来考虑。子游问“孝”，孔子回答说：“今之孝者，是谓能养。至于犬马，皆能有养；不敬，何以别乎？”（《论语·为政》）在孔子看来，人和动物的区别就在于人的道德性，这就是“仁”。“仁者，人也。”[③]在此，“仁”被孔子规定为人之为人的本质，仁是一种具有“善”质的道德规范或境界。但孔子并没有说人性天然就是“仁”或者善，而是站在理想主义的立场上认为人的本质应当是“仁”，人性应该朝着“仁”的方向去培养，换言之，孔子“人性论的关键不在于对某种‘实然’状态的描述，而在于对人性‘应然’存在的讨论”[④]。

对于《中庸》中“仁者，人也”这句话，朱熹的诠释可谓深得孔子学说的本旨，他说，“学者须是求仁”，“圣人亦只教人求仁”。[⑤]“仁”是孔

① 金景芳、吕绍纲、吕文郁：《孔子新传》，长春：长春出版社，2006年，第97页。
② 杨天宇撰：《礼记译注》上，上海：上海古籍出版社，2004年，第275页。
③ 杨天宇撰：《礼记译注》下，上海：上海古籍出版社，2004年，第700页。
④ 赵明：《先秦儒家政治哲学引论》，北京：北京大学出版社，2004年，第27页。
⑤ ［宋］朱熹著，［宋］黎靖德编：《朱子语类》第1册，武汉：崇文书局，2018年，第86页。

子为人的修身所提出的一个道德标准，是人性塑造的目标和方向。孔子一直勉励人们要努力行仁，“苟志于仁矣，无恶也”（《论语·里仁》），“君子去仁，恶乎成名？君子无终食之间违仁，造次必于是，颠沛必于是”（《论语·里仁》）。仁是如此重要，以至于人们可以为了它而舍弃生命，正所谓“志士仁人，无求生以害仁，有杀身以成仁”（《论语·卫灵公》）。在孔子那里，仁的境界如此之高，就连最得意的弟子颜回也只能做到“其心三月不违仁”。但是“仁”又并非人们所可望而不可即的，人都有为仁的潜质或潜能，人的先天所受之性包含了各种发展的可能，“仁”只是其中的一种潜能，不是一种现成的德性，还需要后天的培育才能变成现实。从这个意义上说，人性是可以塑造的，习于善则善，习于恶则恶。因此，为了使人成“仁”，孔子十分强调“习”的作用。在“性”与“习”中，人的先天本性固然重要，但也离不开后天的习染和教养。所以孔子又说“少成若天性，习贯之为常”①，后天的“习”可以变化先天的质性，使“性”产生恒常。戴震云：“孔子但言相近，意在于警人慎习，非因论性而发，故不必直断曰善与欤？”②张岱年先生亦有一段中肯的说明：“孔子所谓性，乃与习相对的。孔子不以善恶讲性，只认为人的天性都是相近的，所来的相异，皆由于习。”③在此，孔子特别强调人后天的努力，人只要肯行仁，肯“志于仁”，就会离“仁”的理想更进一步。

徐复观先生对孔子的人性论有详细的论说，他将孔子思想中的“天命”和“仁”相结合进行分析，认为孔子所言天命或天道是指道德的超经验的性格而言，“把性与天命连在一起，性自然是善的”④。徐氏虽将人性判定为“仁”，但同样也承认“仁”并非人性的自然呈现，人只有在后天

① 黄怀信译注：《大戴礼记译注》，上海：上海古籍出版社，2019年，第67页。

② ［清］戴震：《孟子字义疏证》，北京：中华书局，1982年，第30页。

③ 张岱年：《中国哲学大纲》，北京：商务印书馆，2015年，第300页。

④ 徐复观：《中国人性论史·先秦篇》，上海：上海三联书店，2001年，第79页。

的“下学上达”中才能证知仁的存在，换言之，人性中只有“仁”的端倪，仁的实现亦需要人们后天的道德实践。从这个意义上说，他并不认为人性天然就是仁，也不否认人性有其他发展的可能，同样重视后天的“习”，这与我们上面所论似乎并无不同。

虽同为新儒家的代表人物，牟宗三先生对孔子人性论的认识，却与徐复观先生不同。他以其敏锐的思辨力和深邃的洞察力，将孔子以前“论”字之义做了分析，其结论显然较之傅斯年先生有更精深细致的发展。他指出，孔子以前论“性”多“自生言性”，自生言性只表示就“自然生命”之特征而言，乃“实然之性”。此乃古代传统之主流。当然，《左传》中师旷及子太叔所言“天地之性”则有超越的意义与道德价值的意义，开后来就人言超越之性或义理当然之性之门。“自生言性”为儒家所继承，为儒家人性论之消极面，非儒家所特有；而超越之性、义理当然之性，乃是儒家之创造，是儒家人性论之积极面，为儒家所特有。而孔子之“仁”乃是其成立的关键。[①]牟宗三先生与徐复观之见不同，并未将性善论归之于孔子。

另一位新儒家代表唐君毅先生，亦明言：“然就孔子之已明言者上看，则固尚无性善之论也。”他指出：“今若就孔子之将‘性相近’与‘习相远’对举之旨以观，则其所重者，盖不在克就人性之自身而论其为何，而要在以习相远为对照，以言人性虽相近，而由其学习之所成者，则相距悬殊。……此即孔子不重人性之为固定之性之旨，而隐涵一‘相近之人性，为能自生长而变化，而具无定限之可能’之旨者也。”[②]可见，唐氏主要是从人性之可能或方向上来理解孔子人性说的，更指出孔子对“学”的重

① 牟宗三：《心体与性体》上，长春：吉林出版集团有限责任公司，2013年，第171—187页。

② 唐君毅：《唐君毅全集》第18卷《中国哲学原论·原性篇》，北京：九州出版社，2016年，第11页。

视，即后天习染之关键。

在《论语》中，与孔子讨论人性密切相关的还有两章，即与此章相接的一章："子曰：'唯上智与下愚不移。'"（《论语·阳货》）还有"子曰：'中人以上，可以语上也；中人以下，不可以语上也。"（《论语·雍也》）傅斯年先生曾对此有过论述，他将古代人性说分为"特别论"与"普遍论"二者，孔子以前为盛行"特别论"，孟子则为"普遍论"之代表，而孔子介于二者之间，处于过渡阶段。他指出："孔子以为人之生也相近，因习染而相远，足征其走上普遍论的人性说已远矣，然犹未至其极也。故设上智下愚之例外，生而知，学而知，困而学之等差。"又谓："孔子以为人之生也，大体不远，而等差亦见，故必济之以学，然后归于一路。孔子认为尽人皆须有此外工夫，否则虽有良才，无以成器。"[①]其实，对于这两章，我们可以结合郭店楚简《成之闻之》中的一段话来理解。《成之闻之》，有学者称之为《天常》，其中提出了关于人性的看法，现引录如下：

> 圣人之性与中人之性，其生而未有非之。节於而也，则犹是也；虽其於善道也，亦非有译娄以多也。及其博长而厚大也，则圣人不可由与墠之，此以民皆有性而圣人不可莫也。

简文大意是说："圣人之性和中人之性，在初生时无法分别，就学时也还是一样；就连善道，也不是有什么特别吸引的力量，使之有所改变。只是到了性发挥博大的时候，圣人便不是中人能够追随效仿的了。这是人都有性，而圣人的境界不是勉强能达到的缘故。"[②]

李学勤先生指出，这一章的目的是对孔子的性论做进一步的阐释。简文云"民皆有性"，又说"圣人之性与中人之性，其生而未有非之"，这是

---

① 刘梦溪主编：《中国现代学术经典·傅斯年卷》，石家庄：河北教育出版社，1996年，第122—123页。

② 李学勤：《试说郭店简〈成之闻之〉两章》，载《烟台大学学报（哲学社会科学版）》2000年第4期。

“性相近”，而且是性善论的雏形。说“及其博长而厚大也，则圣人不可由与效之”，“圣人不可慕也”，这是“习相远”，也合于“唯上智与下愚不移”。简文只谈中人之性，没有说到中人以下，正合于“中人以下，不可以语上也”。[①]简文认为，人性存在着等差之别，但这种差别不是天生存在的，而是性经过充实、发挥之后，才有了圣人和中人的区别。所以，圣人和中人的区别并不是先天就存在的，而是因“习”而“相远”。这里的“性”不仅有先天的天赋，也包括了后天的培养。关于《成之闻之》，学界公认属于七十子[②]时代的作品，距离孔子时代不远，应是对孔子思想最相接近的理解。

在孔子的思想中，虽然认为人性应当是仁，但在具体的论述中未明确将性与仁连在一起。到了子思那里，已经有性与仁、善、不善连言的论述。郭店楚简中有《性自命出》篇，据学界的一般看法，应为子思早年的作品。子思乃孔子嫡孙，幼年之时学于孔子，亲受孔子教诲，不可避免地受孔子晚年思想的影响，我们可由此反观孔子的人性论。简文明确指出，“善不善，性也”，人性中都有善与不善两种潜质，其具体为善或不善与后天的“教”和“习”有关。“仁，性之方也，性或生之。”“方”，本有等同、比喻意，在此用为“表示”“标志”的意思。仁爱是人性的表示，而性则是人天生具有的。“爱类七，唯性爱为近仁。”人的爱有七种，只有发自本性的爱接近于仁，因为仁直接来自性。作者承认现实中有性善之人，“未教而民恒，性善者也”[③]。从简文的内容来看，作者已经提出“性善”论，并试图将性与仁结合起来，这应该是对孔子思想的进一步引申。

---

① 这里采用的是李学勤先生的隶定和释文。其中，“斆”，从“兽”省声，读为“效”；“莫”读为“慕”。参见李学勤：《试说郭店简〈成之闻之〉两章》，载《烟台大学学报（哲学社会科学版）》2000年第4期。

② “七十子”指的就是孔门七十二贤。七十，是举其成数。

③《性自命出》，见荆门博物馆编：《郭店楚墓竹简》，北京：文物出版社，2002年，第68—71页。

二

孔子不仅指出人性中有为仁的潜能，还进一步将人性与礼结合起来。对于人性和礼的关系，在孔子之前已经有人论述过。礼是天道与人道的结合，表现着天地的本性，是人应该效法的对象。但在现实中，人却常常违背这一点，所以要用礼来节制人的性情，以正人性之曲直。此处强调人要成为“成人”，需用礼对人性进行提升。但这里的礼是落在人性之外的，是一种外在的规范，并非对人本性的要求。

至孔子时，对礼的认识发生了重大转变。孔子生活在春秋末年，当时周王室名存实亡，诸侯纷争，社会动荡。面对这种局面，孔子认为，人们只有奉行周礼，才能建立有序的社会，但面对当时“礼崩乐坏”的现实，他又不得不做深层次的思考。“人而不仁，如礼何？人而不仁，如乐何？”（《论语·八佾》）孔子强调礼乐须以“仁”为精神内涵，实际上是在为礼的存在寻找内在的人性依据，是要使人们意识到遵礼是出于人性的要求，而不是迫于外在的强制。从《阳货》篇中孔子和宰我关于“三年之丧”的对话，我们可以看出这种意图。作为“天下通丧”的三年之丧，是礼的重要内容，但在孔子看来，三年之丧的礼绝不是一种简单的仪节，它所蕴含的是对父母的孝，而孝是一种发自内心的真情实感，并非他人强加于己。孔子将对礼的遵行不再寄望于外在的强制措施，而将其诉之于人性的自觉，这就给礼注入了人性的内容，把礼由“原来的僵硬的强制规定，提升为生活的自觉理念，把一种宗教性神秘性的东西变而为人情日常之用，从而使伦理规范与心理欲求融为一体。‘礼’由于取得这种心理学的内在依据而人性化”[①]。自此，“礼”不再仅是作为外在的强制性的东西起作用，而是把“仁”作为内在的理性自觉的力量来支撑。这样，孔子纳仁于礼，实

① 李泽厚：《新版中国古代思想史论》，天津：天津社会科学院出版社，2008年，第21页。

现了对礼的创造性转换。

上博竹书《诗论》中有孔子谈及“民性固然”的内容，我们从中也可以看出孔子对人性的认识。《诗论》中提道：

> 孔子曰：吾以《葛覃》得祇初之诗，民性固然：见其美，必欲反其本。夫葛之见歌也，则以“絺绤”之故也；后稷之见贵也，则以文武之德也。吾以《甘棠》得宗庙之敬，民性固然：甚贵其人，必敬其位，悦其人，必好其所为，恶其人者亦然。……【吾以《木瓜》得】币帛之不可去也，民性固然：其忞志必有以谕也。其言有所载而后入，或前之而后交，人不可干也……

学界对简文中的“民性”所指，认识有所不同。廖名春先生认为，简文所说的“只是人的一种自然情感，……它既有别于持性善论的孟子，也有别于持性恶论的荀子，是一种早期阶段的人性论。……简文对这种（‘民性’）……主张引导和升华”。庞朴、黄怀信等先生亦认为“不是性善、性恶那样的人性，而是刚柔、缓急、高明、沉潜之类的血气心知之性”或“自然心性”。而李锐指出，这里的“民性固然”并非都是自然人性，而是里面有不同的层次。“祇初”“宗庙之敬”“币帛之不可去”是孔子对人性所做的提升，他最后的指归是把礼和人性联系起来。孔子是借人性来说礼，从人固有本性上谈论礼不可少，为礼寻找人性的基础。①

对于以上诸种说法之是非，我们难以遽下结论。但从简文来看，孔子并没有指出性有善恶之分，而是认为人的自然性情在礼的引导下，可以发生改变。孔子说的性既有自然性，也有经过礼的引导和升华之后的社会性。

---

①〔澳〕陈慧、廖名春、李锐：《天、人、性：读郭店楚简与上博竹简》，上海：上海古籍出版社，2014年，第161—171页。

三

孔子认为人性应该为仁，而仁不是现成的德性，人只有通过“修身”“习礼”等后天德性的学习和践履，才能实现人性向“仁”的转化。孔子曾有过“绘事后素”的比喻，绘画固然需要白的底色，也须以五彩加以勾勒，否则无法完成一幅优美的画卷。同样，人性的塑造也离不开后天的培养。所以，孔子十分注重后天的环境、教育对人性塑造培养的作用。他认为人要选择有仁厚之俗的地方居住，才能有利于人性的修养。“里仁为美，择不处仁，焉得知？”（《论语·里仁》）论及教化，孔子十分重视“六经”。孔子认为“六经”中蕴含着“先王之道”，具有教化的功能。在“六经”之中，他尤为看重《诗》《礼》《乐》对人性的陶冶培养。在论及一个人的成长过程时他说：“兴于诗，立于礼，成于乐。”（《论语·泰伯》）在孔子看来，人的修身离不开诗、礼、乐的培育和规范。

诗，感于自然，发于性情，是人真实情感的流露，能够引发人情感上的共鸣。孔子认为：“《诗》三百，一言以蔽之，曰‘思无邪’。”（《论语·为政》）朱熹曰：“凡诗之言，善者可以感发人之善心，恶者可以惩创人之逸志，其用归于使人得其情性之正而已。”[①]这些言论非常恰当地概括了诗可以导人向善的特点。孔子教育学生，首先教授的也是诗。《大戴礼记》《孔子家语》中有“吾闻夫子之施教也，先以诗”或“先以诗、书”的记载。孔子“学诗”“教诗”，不仅在于所谓“不学诗，无以言”（《论语·季氏》），或“多识于鸟兽草木之名”（《论语·阳货》），而是从诗的“兴”“观”“群”“怨”中使人的感情得到渲染和引导，情感得到升华，从而成就人的善性。

同时，孔子十分注重用礼对人的自然性情进行引导和约束。他认为，

---

① ［宋］朱熹：《四书章句集注·论语集注》卷一，北京：中华书局，1983年，第53页。

一个人“仁”德的培养，不仅需要自身自觉地去践行仁道，真正做到“为仁由己”，还要用礼去克制自己的私欲。正所谓“克己复礼为仁”，克己，即克制自己的欲望，复礼即用礼约束自己。孔子绝不是说要禁止人的欲望，因为人的欲望是无法禁绝的，只能限制和引导。所以当弟子原宪问：“克、伐、怨、欲不行焉，可以为仁矣？”孔子回答说：“可以为难矣，仁则吾不知也。”（《论语·宪问》）因为好胜、自夸、怨恨、贪欲源于人自然的欲望和天性，是无法彻底消除的。人只有在礼的约束下，克制自己的私欲，遵守应有的规范，才能引导人性向着仁的方向发展，最终实现“天下归仁”。孔子说，“知及之，仁不能守之，虽得之，必失之”，“知及之，仁能守之，庄以莅之。动之不以礼，未善也”。（《论语·卫灵公》）“知”“仁”“庄”诸德，如果不用礼来节制和引导，就无法成就其善。如前所述，礼并不仅仅是一种仪节，其中渗透着人的内在情感，因此也可涵养人的道德情操。子曰：“生，事之以礼；死，葬之以礼，祭之以礼。”（《论语·八佾》）“所重：民、食、丧、祭。”（《论语·尧曰》）刘宝楠云：“丧以哀为主，祭以敬为主。丧祭者，所以教民反本追孝也。”[①]孔子重祭祀之礼，是要在追念先祖的情感中，培养人对父母的孝心，最终实现“民德归厚”。

除了诗、礼之外，乐也是人的重要修身途径之一。我们知道，礼与乐是不可分割的。礼是一种规范体系，而乐则是礼之内在精神的外在体现，“礼以道其志，乐以和其声”“礼节民心，乐和民声”[②]，“‘礼’因‘乐’而由一种庄严的外在规定转化为人之内心欲求，人因此而从内心产生出自我节制的精神力量。这是一种潜移默化的人性陶冶和驯化”[③]。对于“成于乐”，朱熹解释说：“乐……可以养人之性情，而荡涤其邪秽，消

①［清］刘宝楠：《论语正义》下册，北京：中华书局，1990年，第765页。

②杨天宇撰：《礼记译注》下，上海：上海古籍出版社，2004年，第468、472页。

③赵明：《先秦儒家政治哲学引论》，北京：北京大学出版社，2004年，第124页。

融其查滓。故学者之终，所以至于义精仁熟，而自和顺于道德者，必于此而得之，是学之成也。”[①]乐是人格完成的最高境界。孔子说：“礼乐不兴，则刑罚不中。刑罚不中，则民无所措手足。”（《论语·子路》）孔子把礼乐作为人自我修养、培养情操的重要手段和化民成俗的要政。孔子本人亦有极高的音乐修养，曾闻韶乐而“三月不知肉味”，即是说音乐可以使人的自然情欲得到净化，精神得到超越，人性在不知不觉中得到了提升。

综上所述，孔子没有明言人性是善还是恶，而是强调人的本质应该是仁，人性应当向着“仁”的方向去培养。他重视用诗、礼、乐对人性进行塑造和提升，以实现自然人性向道德人性的转化。孔子所言的人性，不仅有先天的秉性，也包括后天的塑造和培养，是自然性和社会性的结合。

原载《孔子研究》2010年第3期。

作者简介

郭海燕，1978年出生，历史学博士，滨州学院孙子研究院副教授，主要致力于先秦秦汉史及孙子兵学研究，出版《孙子兵法　孙膑兵法品读》《止戈为武：中国传统兵学》等著作，在《孔子研究》等刊物发表论文多篇，主持省社科规划课题1项。

---

① [宋]朱熹：《四书章句集注·论语集注》卷四，北京：中华书局，1983年，第105页。

孔子晚年遗说研究

——以“哀公问孔”材料为研究中心

秦　飞

“哀公问孔”的材料，是以哀公问、孔子答的宾主问答体形式记录的对话材料，是孔子晚年关心鲁国政治的结果，在孔子遗说中有重要的地位和意义。但学界一直未给予足够关注，很少有学者注意这些材料并进行系统研究。基于这一情况，我们试图从材料的界定、材料的来源和对材料的认识三方面来说明研究这一“单元”材料的价值和意义。

一、“哀公问孔”材料的界定

“哀公问孔”的材料多以“（鲁）哀公问于孔子曰”开篇，以“孔子对曰”或“子曰”作答，有些典籍甚至直接就有以两人的对话为内容，以此为篇题的篇目，如《荀子·哀公》《礼记·哀公问》《大戴礼记·哀公问五义》《大戴礼记·哀公问于孔子》《孔子家语·哀公问政》等。总之，这些“哀公问孔”的材料在形式上，采用哀公问、孔子答的宾主问答体形式记录对话；在文本上，涉及先秦、两汉时期的文献典籍及一些出土文献；在内容上，包含孔子对王道政治、君子修养、性情天命以及军事刑罚等问题的看法；在境界上，反映了孔子晚年“从心所欲，不逾矩”的生命格调，是研究孔子不可多得的材料。

为了更好地研究孔子，人们一直试图将《论语》等典籍中有关孔子言行的记载进行事迹编年，但由于史料匮乏、文本反映的信息不充分等原因，孔子事迹编年有很多问题，存在的争议也很大。然而，“哀公问孔”这些材料的时间分期非常明确，发生在孔子周游归鲁后即鲁哀公十一年至鲁哀公十六年（前484—前479）的6年里，属于孔子晚年遗说的重要组成部分。

孔子归鲁后的鲁国在诸侯国中已经沦为中小邦国，多受排挤；在国内，正如当初有权决定孔子归鲁的是季康子而非鲁哀公，已是“政在三桓”的局面，政治尤其被以“三桓”之首的季氏把持着。鲁哀公虽想承其祖志，极力摆脱这种态势以重振公室，但却已是积重难返。对于孔子来说，“三桓”执政始终是乱臣贼子“名不正则言不顺”的僭越，他对季康子的态度始终是批判的。哀公十一年即孔子归鲁的那一年，季康子借口为应对连年的战事和窘迫的内政外交，欲增加赋税实施“用田赋”政策，派举荐孔子归鲁的冉有前去咨询孔子的意见。虽然孔子是在弟子冉有的帮助下得到季氏的准许才得以归鲁的，但这并没有影响孔子对此事的态度。他对季氏这种不按照礼的原则做事的行径十分愤慨，对前来咨政的冉有“三发而不对”，冉有多次询问孔子均不应答。事后孔子义正辞严地说：“君子之行也，度于礼，施取其厚，事举其中，敛从其薄。如是则以丘亦足矣。若不度于礼，而贪冒无厌，则虽以田赋，将又不足。且子季孙若欲行而法，则周公之典在。若欲苟而行，又何访焉？”（《左传·哀公十一年》）最后，季氏仍决定继续实行“用田赋”政策，孔子对“季氏富于周公，而求也为之聚敛而附益之”的冉有十分气愤，曰：“非吾徒也。小子鸣鼓而攻之，可也。”（《论语·先进》）这恐怕是孔子对弟子最严厉的一次训斥。

与之不同，哀公虽非圣王明君，但为哀公提供政事咨询，教导他如何“为政治国”，对于孔子来讲是顺“礼”成章更是符合礼乐制度的。哀公十四年（前481年），齐国陈恒弑君，对陈恒犯上作乱的行径，孔子无法做到视而不见，他“沐浴而朝”，首先向哀公而非握有实权的季氏请求讨伐陈恒。对此，孔子并非不了解哀公的政治尴尬和“三桓”的独断专行，但他选择首先向哀公请示，是出于对哀公的敬重和对“礼”之尊卑有序的尊崇。另外，“哀公问孔”的很多材料也都显示了孔子对哀公的包容和对其行先王之道的期许。一次，孔子侍坐于哀公，“哀公问：‘敢问人道谁为大？’孔子愀然作色而对曰：‘君之及此言也，百姓之德也，固臣敢无辞而对。人道政为大……’”（《礼记·哀公问》）从孔子“愀然作色”，神情立刻严肃起来来看，哀公有“人道孰为大”这样的古代圣贤的思考，是孔子始料未及的。这显然不同于哀公“昔者舜冠何冠乎”[①]等肤浅的提问，哀公此次的思考惠及百姓，合乎孔子之道，孔子十分欣慰地将其王道政治思想道与哀公听。对于孔子的包容和教导，哀公十分感激。孔子去世时，哀公亲自前去吊唁，并亲致诔文曰：“旻天不吊！不慭遗一老，俾屏余一人以在位，茕茕余在疚，呜呼哀哉，尼父！毋自律。”（《史记·孔子世家》）这充分表达了哀公对孔子的尊崇和无限哀思。

那么，“哀公问孔”这些孔子遗说，到底是怎样的一些资料，其又反映了怎样的思想呢？

在整理“哀公问孔”材料时，我们选取了代表哀公与孔子对话情况的先秦、两汉时期的文献典籍及相关出土文献作为考察对象。经整理，“哀公问孔”的材料涉及《孔子家语》《说苑》《大戴礼记》《荀子》《礼记》《韩非子》《论衡》《论语》《史记》《新序》《韩诗外传》《吕氏春秋》《左传》《淮南子》《庄子》《尸子》《孔丛子》共17部传世文献[②]，以及俄藏敦煌写本《孔子家语》、上博简《鲁邦大旱》、定县八角廊汉简《哀公问五义》和阜阳双古堆一号木牍之《鲁哀公问孔子当今之时》等

①《荀子·哀公》载：“鲁哀公问舜冠于孔子，孔子不对。三问，不对。哀公曰：‘寡人问舜冠于子，何以不言也？’孔子对曰：‘古之王者，有务而拘领者矣，其政好生而恶杀焉。是以凤在列树，麟在郊野，乌鹊之巢可俯而窥也。君不此问而问舜冠，所以不对也。’”

② 按各典籍中“哀公问孔”材料涉及的文献数量递减的顺序排序。

4处出土文献。总体来说，这些“哀公问孔”的材料成分复杂，分布零散，且存有大量重文。它们以子部文献为主，经部次之，史部又次之，无集部典籍；其中又以诸子类文献（其中儒家类最多，另还有法家、道家、杂家类）所占比重最大，礼类次之，四书类、正史类、诗类、春秋类也都有涉及。不仅如此，若将子部的法、道、杂三家争议较大的“哀公问孔”的材料暂置不论，剩余经部、史部以及子部儒家类的文献又有以下两个明显特征：一是在广义上，它们基本可视为儒家类文献，反映了先秦、两汉时期的儒家文化典籍的传播与流传，为我们进一步研究其背后的思想史内涵打开了方便之门。二是它们以汉代史料汇编型文献居多，如《孔子家语》《说苑》《大戴礼记》《礼记》《新序》《荀子》《论衡》《韩诗外传》《吕氏春秋》等都带有史料汇编的性质。正如一些学者研究的那样：“先秦古书也像后世文集，往往是由后人搜集整理而成。但这个过程还要复杂得多。”[①]足见“哀公问孔”涉及的典籍情况多么复杂。也正因如此，其不仅可以帮助我们研究文献流传的规律，而且，史料汇编型文献在反映编者写作意图的同时，也将此前的史料较好地保存了下来，从而将我们的研究推向更早的年代。

二、“哀公问孔”的材料来源

“哀公问孔”的材料在历史上经历了漫长的流传过程，这个过程非常复杂，使得这部分孔子遗说几经变化。那么，它们最初是如何被记录、流传的呢？根据我们的考察，其大致应有以下五种可能：

第一，孔子自己所记。在“哀公问孔”的材料中，《孔子三朝记》（后简称《三朝记》）应是孔子“退而记之”的传本。近年来《三朝记》

---

① 李零：《李零自选集》，桂林：广西师范大学出版社，1998年，第30页。

的可靠性和研究价值得到越来越多人的认可，尤其在上博简中又发现有许多内容可与之相互印证，[①]《三朝记》的可靠性由此得到了进一步证实。一般认为,《大戴礼记》中《千乘》《四代》《虞戴德》《诰志》《小辨》《用兵》《少闲》7篇即为《三朝记》的内容，[②]且7篇在先秦时期单篇流传。章太炎先生曾言:“七十子后学者所记,《汉志》不入‘论语家’，独《三朝记》入‘论语家’，殆以《三朝》七篇文理古奥，与众篇不同，或是孔子手作，或是孔子口说、弟子笔录者尔。”[③]章氏的说法不无道理，而且我们认为其很可能是出于孔子手作，这从《三朝记》的著录情况就可以得到印证。《三朝记》最早著录于刘向《别录》，其云:“孔子见鲁哀公问政，比三朝，退而为此记，故曰《三朝》。”[④]按照古汉语的行文习惯，“退而为此记”应是承前省，与前面“比”“退”的行为主语都是指孔子，这至少说明在刘向、刘歆父子看来,《三朝记》应是孔子所记。对此，有学者持否定意见，他们认为“古书不皆手著”[⑤]，而且孔子自称“述而不作”，故而《三朝记》不应是孔子所作。先秦古书的确少由作者手著，但也有例外，如与孔子同时代的孙武之《孙子兵法》即是一例。关于孔子自称“述而不作”，学者多以为这是孔子的自谦之语，孔子“祖述尧舜，宪章文武”的“信而好古”是在汲取先王之道的基础上的进一步提升与升华，其

---

① 参见朱赟赟《〈孔子三朝记〉考述》，曲阜师范大学2011年硕士学位论文。另外,《左传》《荀子》等对其也多有征引。

② 最早明确提出这一说法的是宋代的王应麟，清代的王聘珍、孔广森、阮元、朱骏声、孙诒让等人也赞成此说，章太炎、杨宽、高明、黄怀信、方向东等人持相同意见。但也存在一些不同认识，如颜师古、章学诚认为《大戴礼记》中仅存其一篇，而清人王昶则认为《大戴礼记》中有五篇。

③ 章太炎:《国学演讲录》，上海：华东师范大学出版社，1995年，第109页。

④ 见司马贞:《史记索隐》之《五帝本纪》。先秦文献《孔子三朝记》在《七略》《汉书·艺文志》《隋书·经籍志》等也有著录。其中刘向之子刘歆的《七略》亦云:“孔子三见哀公，作《三朝记》七篇，今在《大戴礼》。”

⑤ 余嘉锡:《目录学发微·古书通例》，北京：中华书局，2007年，第287页。

意义等同于创作，《孔子三朝记》便应属于这种情况。

第二，鲁国的史官所记。“哀公问孔”的材料，是鲁君哀公与孔子的对话，依据史官制度的记录传统，统治者的言行向来是史官记载的一个重要内容。而且，春秋时期史官对于记言特别看重，这一时期存在着一个渊源有自而连绵不绝的立言传统，并且由此催生出“君子”这一社会群体，其直接影响了以后的诸子文化及其文献记载方式，如《论语》以“子曰”的形式载录了孔子的言语，这一形式就应源于史官文献。[①]“哀公问孔”的材料含有鲁国史官的记载，对此学界之所以存有疑问，是认为春秋末期史官制度已经衰落，加之鲁国“政在三桓”的局面，史官流散严重，鲁君哀公的言行是否仍由史官记载就难以确定。

首先需要澄清的是，“天子失官，学在四夷”（《论语·先进》）虽然反映了春秋时期史官流散的情况，但这主要是从周王室衰微的角度论说的，对诸侯国来说，情况刚好相反。那些从周王室流散出来的史官，正是被这些诸侯国吸收，一些邦国的文化制度建设因此加快了进程。以楚国为例，《左传·昭公二十六年》载：“王子朝及召氏之族、毛伯得、尹氏固、南宫嚚奉周之典籍以奔楚。”范文澜先生对此曾精辟地分析道：“这是东周文化最大的一次迁移，从此楚国代替东周王国，与宋鲁同为文化中心。”[②]这个评价虽不一定十分贴切，但今天能在当时的楚地出土大量的简帛文献，却也印证了这一说法的合理性。许兆昌先生在论述春秋时期史官制度的变迁时，将史官的流散大致分为前后两个时期：第一时期发生在春秋早期，王室力量衰退，诸侯国兴起，于是王朝的史官流向诸侯国。第二时期是春秋中晚期以后，随着诸侯国政权重心的下移，诸侯的史官逐渐流入卿大夫之

① 详细论述可参见过常宝的《原史文化及文献研究》之第五章“君子文化与士人传统”，北京：北京大学出版社，2008年，第176—243页。

② 范文澜：《中国通史》第一册，北京：人民出版社，1978年，第116页。

家。[①]许氏的说法大致没有问题，但王子朝一事反映出两个问题：一是史官流散分期的界限不是绝对的；二是史官制度的衰落并不代表这一制度的消亡，不然周王室在经历了春秋早期的流散之后至春秋晚期的王子朝时，早已没有可供再次流散的史官和典籍了。[②]一般来说，一个制度衰落之后会面临两种结果，要么继往开来，要么推倒重来。历史上，中国的史官制度并没有因为这两次变迁而被推倒重来，相反，它与时俱进，在春秋时期形成“史官转型的一个黄金时期”[③]，从而迎来了中国史官制度的新纪元。

鲁国有重视礼乐文化建设的传统，正所谓“周礼尽在鲁矣”（《左传·昭公二年》）。孔子作《春秋》一事虽有争议，但《春秋》原作者是鲁国的史官，这一点却是可以肯定的，这也说明孔子之时鲁国的史官制度应是比较健全的。具体来说，春秋末期史官制度虽有衰退，职责发生变化，但史官的记事和宗教这两个最本质、最中坚的职责，反而在史官制度的衰落中被凸显出来，而且随着社会的发展，春秋史官还广泛地参与到政治事务中，逐渐承担起社会意识形态建设和监督统治的责任，历史意识也逐渐增强。[④]尤其在春秋战国之际，随着私学、士文化的兴起，史官群体的演变分化十分激烈，大量史官向行政官僚和学术群体转化。[⑤]这种演变使他们更接近于后来意义上的史官，有着秉笔直书、针砭时弊、向为政者进谏诤言等职责。如在“哀公问孔”材料中，孔子与哀公讨论当今之时最贤德

① 许兆昌：《试论春秋时期史官制度的变迁》，载《烟台师范学院学报》1998年第2期。

② 又如在哀公六年，《左传》还记载说：“有云如众赤鸟，夹日以飞三日。楚子使问诸周大史。”

③ 过常宝：《原史文化及文献研究》，北京：北京大学出版社，2008年，第83页。

④ 可参见过常宝《原史文化及文献研究》之第三章《春秋史官的话语权力》，北京：北京大学出版社，2008年，第83—125页；另，林晓平《春秋战国时期史官职责与史学传统》一文中有对春秋战国史官职名及活动的统计，见《史学理论研究》2003年第1期，第59—69、158页。

⑤ 丁波：《试析春秋战国之际史官群体的演变分化》，载《中国社会科学院研究生院学报》2002年第6期。

的君主卫灵公时，就提到了卫国史官史鳝，卫灵公十分器重史鳝，“必待史鳝之入而后敢入”[①]。史鳝能有如此大影响，说明当时的史官不仅已经进入行政官僚体系中，而且还发挥着举足轻重的作用。至于鲁哀公时有无伴君左右的史官，回答是肯定的。这在“哀公问孔”材料中就有明确体现：齐国陈恒弑君，孔子“沐浴而朝”请求讨伐陈恒，此事在《论语》《左传》《史记》等均有记载，其中《左传》中哀公与孔子的对话就是史官所记。另外，“哀公问孔”的材料中还有一处关于史官随侍哀公的记载，《淮南子·人间训》载：“鲁哀公欲西益宅，史争之，以为西益宅不祥，哀公作色而怒，左右数谏不听，乃以问其傅宰折睢曰：‘吾欲益宅，而史以为不祥，子以为何如？’”此事还见于《孔子家语·正论解》《新序·杂事五》和《论衡·四讳》等，虽仅在《淮南子》中有史官参与的记载，其可靠性无法与《左传》相比拟，但也间接地说明了“哀公问孔”的史料中包含有史官的记载。

第三，七十子及其后学所记。此观点得到学界较广泛的认同，如班固《汉书·艺文志·六艺略序》谈到《论语》的成书问题时就云：“《论语》者，孔子应答弟子、时人相与言而接闻于夫子之语也。当时弟子各有所记，夫子既卒，门人相与辑而论纂，故谓之《论语》。”此外，《孔子家语》和《礼记》的材料来源，也以七十子后学的笔记为主。[②]对于这种记录形式，有论者称：“传承文化的那支笔从史官手中转移到七十子后学手中，记载内容则由王侯卿士大夫治国言论变为孔子言行。七十子后学继承了史官秉笔记载的传统，仿照史官的‘君举必书’而从事‘师举必书’，他们一丝不苟地记载孔子言行，而文章也大都采用《尚书》《国

① 见于《孔子家语·贤君》，此事在《说苑·尊贤》以及安徽阜阳双古堆汉墓木牍也有记载，但木牍仅存“鲁哀公问孔子当今之时”的标题。

② 陈剑、黄海烈在其文《论〈礼记〉与〈孔子家语〉的关系》中特以图表加以说明，见《古籍整理研究学刊》2005年第4期，第59—64页。

语》中宾主问答的形式。”[①]质言之，那些带有强烈史谏信念流向民间转型为学术群体的史官，也直接影响了后来的士文化，这在七十子及其后学身上有着明显体现。

当时，孔子在其弟子心目中“仰之弥高，钻之弥坚”（《论语·子罕》），孔子弟子记录孔子言行是常有之事。一次，子张向孔子请教“行”，由于当时未备竹简，情急之下“子张书诸绅”（《论语·卫灵公》），将孔子的话记在了自己衣带上。类似的记载还有很多，如：

冉有跪然免席，曰：“言则美矣！求未之闻。”退而记之。（《孔子家语·五刑解》）

子贡以告孔子，子曰：“小子识之：苛政猛于暴虎。”（《孔子家语·正论解》）

叔仲会，鲁人，字子期，少孔子五十岁。与孔琁年相比。每孺子之执笔记事于夫人，二人迭侍左右。孟武伯见孔子而问曰：“此二孺子之幼也于学，岂能识于壮哉？”孔子曰：“然！少成则若性也，习惯若自然也。”（《孔子家语·七十二弟子解》）

可见，孔子弟子不仅有记录孔子嘉语善言的习惯，而且在遇到一些重要问题时，孔子也会提醒弟子加以记录，甚至还会安排专人负责记录。“哀公问孔”的材料也含有七十子及其后学的笔记，而且孔子弟子记录这些孔子遗说的形式是多样的。结合“哀公问孔”的材料，我们试做简单分析：

第一种情况是，与孔子同见哀公的孔子弟子所记，此属孔子弟子的亲历实录。有学者对七十子后学的笔记内容有过分类，其中一类便是“孔子应对时人，如孔子应对鲁哀公、季康子等”，并言“这一类内容多为亲

① 陈桐生：《商周史官文化向战国士文化的转变及其对说理散文的影响》，载《文史哲》2008年第3期。

历弟子所记载"[①]，这一说法不无道理。如在《孔子家语·辩政》篇中就有这样的记载："（子贡问孔子）昔者齐君问政于夫子，夫子曰'政在节财'；鲁君问政于夫子，夫子曰'政在谕臣'；叶公问政于夫子，夫子曰'政在悦近而来远'。三者之问一也，而夫子应之不同……。"根据这段文字记载，三人问政于孔子时子贡很可能都在现场，否则不会发出"三者之问一也，而夫子应之不同"的疑问。孔子弟子陪同年迈的孔子一同觐见哀公，退朝后作有记录也不无可能。而且，文献中也有不少哀公与孔子弟子对话的记载，如《论语》中就有"哀公问社于宰我"（《论语·八佾》）、"哀公问于有若"（《论语·颜渊》）等。

第二种情况是，孔子在日常教学、谈话中提及与哀公的对话，弟子对此作有记录。以上博简《鲁邦大旱》为例，根据简文记载，孔子在与哀公的对话结束退朝后，还与子贡对朝堂之事进行了一番讨论。文载："（孔子）出，遇子贛，曰：'赐，尔闻巷路之言，毋乃谓丘之对非欤？'子贛曰：'否。'（子曰）'緊吾子如重名其欤？'"[②]孔子常因材施教，哀公与孔子的对话对其弟子尤其是政事科的弟子是非常好的教学素材，这些内容很可能被其中一些弟子记录下来。

第三种情况是，孔子弟子从鲁君、史官等处得知并加以记录。如在"哀公问孔"的对话材料中，有"哀公异日以告闵子"的记载，虽出于《庄子·德充符》，是庄子伪托之事，但孔子归鲁后，孔子许多弟子在鲁为政为官，[③]哀公、史官等与他们讨论国政并无不妥。

第四，"时人"的口耳相传及传抄。在先秦，由于受到记录条件的限

---

① 陈桐生：《商周史官文化向战国士文化的转变及其对说理散文的影响》，载《文史哲》2008年第3期。另外两类是"一是孔子对众弟子口述礼仪、阐述礼义以及进行道德教诲，这一类为众弟子所共同记载；二是个别弟子就某一学术问题向孔子请教，这一类多由请教的弟子记载，如上博简《子羔》《子弓》的记录者应为子羔、仲弓"。

② 马承源：《上海博物馆藏战国楚竹书》（二），上海：上海古籍出版社，2002年，第207页。

③ 参见李启谦《孔门弟子研究》之"弟子任官表"，济南：齐鲁书社，1987年，第245—246页。

制，口耳相传是当时记录历史、传播文化的一个主要方式。孔子归鲁之前即已盛名在外，正所谓“有朋自远方来”，犹如孔子问礼老聃，一些仰慕孔子、与孔子志同道合的人也会前来问学，将在孔子处的见闻记录下来也是常有之事。根据《论语》的记载，与孔子言的“时人”多是鲁定公、鲁哀公、卫灵公、季康子、孟懿子、陈司败、仪封人等国君和大夫，他们关心如何为政治国，孔子与他们或者哀公与他们论及哀公问政的内容也并不足为奇。何况孔子之时，时人议论朝政并未受到限制，甚至至战国时，还出现大量游走于各国之间为为政者出谋划策的游士和纵横家。如史书中就有很多“告之”“闻之”等内容的记载，这种时人之间的口耳相传也可能出现在“哀公问孔”的材料中。此外，当时各国史书也是对外开放的，如昭公二年，韩宣子在鲁“观书于大史氏”后，感叹说：“周礼尽在鲁矣！”（《左传·昭公二年》）孔子声名在外，鲁国内外不是没有传抄、传诵史官记录的那部分“哀公问孔”材料的可能，加之春秋晚期史官、典籍仍有流散，“哀公问孔”的材料也可能因此流散到民间。

第五，后人的附会。余嘉锡《古书通例》中有“古书多造作故事”例，云：“夫左史记动，右史记言，既是据事直书，故其立言有体……若夫诸子短书，百家杂说，皆以立意为宗，不以叙事为主；意主于达，故譬喻以致其思；事为之宾，故附会以圆其说；本出于荒唐，难与庄论。惟儒者著书，较为矜慎耳。”针对宾主问答之辞，他还特别强调说：“诸子著书，词人作赋，义有奥衍，辞有往复，则设为故事以证其义，假为问答以尽其辞，不必实有其人，亦不必真有此问也。”[①]记录有“哀公问孔”材料的《庄子》即是如此。此书行云流水，多有神来之笔，郭沫若曾云：“以后的神仙中人，便差不多都是奇形怪状的宝贝。民间的传说、绘画上的形象，

① 余嘉锡在《古书通例》卷二中有详细论述，见《目录学发微·古书通例》，北京：中华书局，2007年，第252—253、258页。

两千多年来成为了极陈腐的俗套，然而这发明权原来是属于庄子的。”[①]在《庄子》一书中，塑造了神人、圣人、真人、至人、残疾人等一批奇特的人物形象，他们生活肆意洒脱，多有过人之处，给人留下了深刻的印象。仅《德充符》一篇，庄子就设计了6个这样的人物，其中“哀公问孔”中所讲的“恶人”——哀骀它即为其中一位。以“恶人”相称是因为传说此人身体残疾，相貌极丑，但与之形成强烈对比的是，哀骀它拥有品德高尚的灵魂。这个虚构的故事是庄子为表达其思想而创造的，类似的记载在先秦说理散文中非常常见，尤其喜借古代圣贤以增强说服力，孔子就常摇身一变变为别家的“形象代言人”开讲说教。

三、对“哀公问孔”材料的认识

通过对“哀公问孔”材料的界定和来源的分析，我们对这些孔子遗说的重要性及其价值意义有了一个新的认识。在此基础上，我们从“哀公问孔”的材料及其反映的思想两方面再做进一步阐发。

“哀公问孔”的材料，较为全面地涵盖了魏晋以前不同形态的文献典籍，以及一些出土的新史料，反映了从先秦到两汉学术由自由转向一统的嬗变，较为充分地展现了我国古代文化典籍的流传过程及其反映的思想史内涵和意义。通过考察“哀公问孔”的材料来源我们发现，这些材料不乏真实可靠的内容，但也有后人的虚构和伪托，需要我们在具体研究过程中认真分辨。此外，因为古书的成书、流传过程相当复杂，除一些古书立于学官或有官本之外，多数都经过了诸多改动，写定之前如此，即便是在写定之后也会有后人的增减和修改。如“哀公问孔”所记之孔子沐浴而朝，请求讨伐齐国陈恒就是一个典型的例子。此事在《论语》《左传》《史记》

---

① 郭沫若：《十批判书·庄子批判》，北京：东方出版社，1996年，第205页。

及《孔子家语》等均有记载。《左传》中的记载显然是史官所记且立于学官的官本，是哀公与孔子对话的实录。史载：

甲午，齐陈恒弑其君壬于舒州。孔丘三日齐，而请伐齐三。公曰："鲁为齐弱久矣，子之伐之，将若之何？"对曰："陈恒弑其君，民之不与者半。以鲁之众，加齐之半，可克也。"公曰："子告季孙。"孔子辞。退而告人曰："吾以从大夫之后也，故不敢不言。"

《左传》的记载不仅记录了时间、地点、人物、行为及前因后果等历史事件，其还具有重要的思想价值，是研究孔子的重要材料；不仅是一般的历史事件，其还是有思想价值的思想史事件。"其意义不是通过事件与事件之间的时空因果关系在经验上体现出来，而是心灵对经典的回应。"①此事在《论语》中的记载又是另一番模样。《论语·宪问》载：

陈成子弑简公。孔子沐浴而朝，告于哀公曰："陈恒弑其君，请讨之。"公曰："告夫三子。"孔子曰："以吾从大夫之后，不敢不告也。君曰'告夫三子'者。"之三子告，不可。孔子曰："以吾从大夫之后，不敢不告也。"

《左传》和《论语》的记载虽有差异，但都是有关孔子言行的实录，只是各有侧重而已。史官一般随侍君主左右，哀公与孔子对话时显然有史官随侍，他们秉笔直书，在记录哀公言行的同时，也将孔子伐齐的主张记录在案。我们知道"子之所慎：齐，战，疾"（《论语·述而》），孔子主张禁残止暴，极少谈论军旅之事，一次，卫灵公问及孔子如何布阵打仗，孔子十分气愤，次日便离开了卫国。所以，这里有关孔子军事思想的记载是十分珍贵的，其能够得以流传有赖于当时的史官。质言之，史官的记载偏重于"史"的方面。这在《史记》两处具有代表性的关于陈恒弑君的记载中也得到了印证。一处是在《田敬仲完世家》中，其将齐国田氏家族的

① 陈少明：《经典世界中的人、事、物》，上海：上海三联书店，2008年，第49页。

历史和重要历史事件做了系统介绍，其中就包含对陈恒弑君一事前因后果的详细记载，但并未论及孔子讨伐陈恒的部分。另一处是在《鲁周公世家》中，此处记载十分简练，将整个历史事件一句话交代清楚，云："十四年，齐田常弑其君简公于徐州。孔子请伐之，哀公不听。"与史官不同，孔子弟子的记载是对"孔子辞，退而告人"的事后内容的实录，对哀公与孔子在朝堂之上讨论的内容未必尽知，而且《论语》在编撰孔子言行时也有自己的选编原则，所以他们的记载有别于史官，一言以蔽之，他们的记载更偏重于"思"的方面。总之，由于史官和孔子弟子的知识涵养、身份位置和价值取向等的不同，他们对同一事件的记载也会不同，但都是尊重历史的实录。另外，此事在《孔子家语》中亦有记载：

> 齐陈恒弑其君简公，孔子闻之，三日沐浴而适朝，告于哀公曰："陈恒弑其君，请伐之。"公弗许。三请，公曰："鲁为齐弱久矣，子之伐也，将若之何？"对曰："陈恒弑其君，民之不与者半。以鲁之众，加齐之半，可克也。"公曰："子告季氏。"孔子辞，退而告人曰："以吾从大夫之后，吾不敢不告也。"

从记载的内容来看，《孔子家语》对此事也是忠于历史的记载。对于此书的成书及其可靠性问题，杨朝明先生对此有深入讨论。他认为，由于《孔子家语》是孔氏家传，在流传过程较少受到各种因素的影响，其记载是基本可靠的，该书完全称得上"孔子研究第一书"[①]。犹如孔子嫡孙子思所言："臣所记臣祖之言，或亲闻之者，有闻之于人者，虽非其正辞，然犹不失其意焉。"[②]

那么，流传复杂的"哀公问孔"材料反映了怎样的思想呢？

---

① 杨朝明：《〈孔子家语〉的成书与可靠性研究》，《〈孔子家语〉综合研究》，济南：齐鲁书社，2017年，第3页。

② 王均林、周海生译注：《孔丛子》，北京：中华书局，2009年，第116页。

孔子自卫返鲁后，“然鲁终不能用孔子，孔子亦不求仕”（《史记·孔子世家》），于是孔子将主要精力投入到整理历史文化典籍和从事教育中。虽然未被委以重任的孔子对鲁国政治难以发挥重要作用，但被尊奉为“国老”的他充分发挥其“政治顾问”的作用，哀公和季康子经常会向孔子咨询政事。[①]“哀公问孔”的材料正是在这种背景下产生的，所以这些孔子遗说有一个明确的主题即如何“为政治国”，集中体现了孔子政治思想的形态，以及“从心所欲，不逾矩”的精神境界。

孔子“为政治国”思想的精要可用“为政以德”（《论语·为政》）和“为国以礼”（《论语·先进》）来概括。“为政”与“为国”虽然大致一致，但也有细微差异：“为政”的主体侧重于“为政者”；而“为国”的重心则在于“国”。针对两个不同主体，孔子回应的方式、方法也有不同。在孔子看来，“为政者”尤其要注意修养德性，以自身的表率带头作用带动周围的人上行下效以实现“无为”德治，正所谓“为政以德，譬如北辰，居其所而众星共之”（《论语·为政》），由此推广开来就可以实现天下大治，所以孔子格外注重君子修养德性。而“国”作为一个政治实体，虽然与为政者如何为政密切相关，但两者的表现形式不同，“为国”需要一个更富有外在规定性的东西来管理秩序，对孔子来说这个东西就是“礼”。《论语》中直接讲到如何“为国”的地方有两处：一处是《里仁》篇，载：“子曰：‘能以礼让为国乎？何有！不能以礼让为国，如礼何？’”对于“礼”来说，“让”是它的根本，没有“让”的“礼”会流于形式，“让，礼之主也”（《左传·襄公十三年》）。另一处记载是《先进》篇的最后一章，记载了孔子与随侍弟子子路、曾皙、冉有、公西华“各言其志”的事情，孔子哂笑子路，在对其的评论中明确提出了“为国以礼”的治国方针。

① 可参见杨朝明主编的《孔子事迹编年》之第五编“鲁哀公问”和第六编“季康子问”两部分内容，北京：中国社会科学出版社，2012年，第272—338页。

"哀公问孔"所体现的"为政治国"的思想，同样可以用"为政以德"和"为国以礼"来概括。但这些孔子遗说不像《论语》中的章节一样短小精悍，它记录的内容更加充实立体而有深度，与孔子其他思想相互贯通。如哀公在与随侍的孔子讨论"人道孰为大"①时，孔子从"人道政为大"渐次递进，形成"人道—政—爱人—礼—敬—大婚"这样一个较为系统的论说体系，最后以"大婚"为收尾展开集中论述。有学者对这一记载的总结十分精彩，其言："在继承和发扬传统宗法观念的基础上，孔子从人道应该合于天道的高度出发，全面论述了诸侯婚姻的重要意义。他首先指出：'天地不合，万物不生，大婚，万世之嗣也。'认为诸侯的婚配既是合于天道的人道行为，也是国家政治延续的根本所在，并最后得出'仁人之事亲也如事天，事天如事亲'的天人合一的论断，使人间的伦理法则与天道自然达到和谐统一，为宗法伦理政治建立了坚实的形上基础。事实上，孔子这里强调指出诸侯婚姻的天道根源，正是出自孔子本人对人间政治伦理的高度重视，孔子的此类论述，不过是为了明确'政者，正也。君为正，则百姓从而正'的主题，其落脚点还是在于君主品德的培养，体现了孔子对君主人格品质的一贯要求。"②这充分反映了孔子晚年更加融会贯通的思想体系和"从心所欲，不逾矩"的人生境界，对于我们进一步深入研究孔子及其思想尤其是其晚年思想提供了帮助。

但如前所说，"哀公问孔"的材料涉及的典籍文献和流传过程都较为复杂，这就使得这些材料反映出的思想也较为复杂。它不仅包含了孔子的思想，而且还有孔子弟子及后学的理解与延伸，以及诸子别家的借题发挥甚至是后人的伪托等，隐含了不同时代和不同学派的思想烙印。如同孔安国说的那样，包含有"好事者或各以意增损其言，故使同是一事而辄异辞"

---

① 关于此事的记载见于《礼记·哀公问》《孔子家语·大婚解》和《大戴礼记·哀公问于孔子》。

② 杨朝明、宋立林主编：《孔子家语通解》，济南：齐鲁书社，2009年，第27—28页。

（《孔子家语·后序》）的情况。故而我们在使用这些材料之前，要对它们进行细致的考察，有“史”的眼光和经典诠释学的思考，在考察这些材料的成书和可靠性的基础上，与《论语》中反映的孔子思想相互对照，以丰富我们对孔子及其思想的认识。

原载《东岳论丛》2014年第4期。

作者简介

秦飞，1987年出生，历史学博士，东北大学秦皇岛分校讲师，主要研究方向为中国古代思想史、早期儒家文献思想研究。先后在《浙江学刊》《东岳论丛》等核心期刊发表学术论文10余篇，主持国家级等不同级别课题共7项。

孔子之学:“道前定”而“行笃敬”

卢巧玲

作为安立中国人生命的学问，孔子儒学特别强调立志起信与亲证悟入，树立并坚定正确的价值观念。社会要和谐，国家要安宁，人心要和顺，就要挺立价值与信仰，牢牢筑起道德的堤防。孔子儒家十分重视价值观的树立与培养，孔子就强调“士志于道”，希望“志于道，据于德，依于仁，游于艺”。他少年立志，一生求道，希望“学行天下”，这在《论语》等相关著作中也得到了体现或印证。

一、道前定则不穷

孔子思想来源于对现实的观察与思考，来源于他自己的人生体验。他自述自己的人生经历，说:“吾十有五而志于学，三十而立，四十而不惑，五十而知天命，六十而耳顺，七十而从心所欲，不逾矩。”(《论语·为政》)从孔子明志、立身、求道的经历，可知无论人生经历怎样的阶段，立志、明志最为关键，最为重要。何谓“志”？朱熹曰:“心之所之谓之志。”[1]所志为何，意味着确定了自己的奋斗目标，明确了自己的奋斗方向，因而也就有了人生的方向标。立志对于人生的意义，诚如近人程树德

---

①［宋］朱熹:《四书章句集注》，北京：中华书局，1983年，第54页。

先生引《反身录》所云："志道则为道德之士，志艺则为技艺之人，故志不可不慎也，是以学莫先于辨志。"①

孔子有自己的"道德经"，他说："夫道者，所以明德也；德者，所以尊道也。是以非德道不尊，非道德不明。"（《孔子家语·王言解》）作为人生方向的"道"决定作为行为规范的"德"，有了正确的价值观，有了正确的信仰与价值判断，才会去思考做一个什么样的人，故《中庸》说"道前定则不穷"。有了正确的价值观，有了既定的价值取向，就确定了人的理想、信念、目标、方向。如果没有"道"，缺乏理想、信念，就没有了未来与希望。

君子应当志存高远，在担当与引领的层面发挥更为重要、更为关键的作用，故君子"谋道不谋食""忧道不忧贫"（《论语·卫灵公》）。孔子儒家在教授弟子"修齐治平"的君子之道、为政之道时，就特别强调志趣之大小，勉励弟子尽心求道，对于子夏"学稼""学圃"之事，孔子斥之曰："小人哉，樊须也！"（《论语·子路》）并明确指出"女为君子儒，无为小人儒"（《论语·雍也》）。对此，朱熹《四书集注》引谢氏曰："子夏文学虽有余，然意其远者大者或昧焉，故夫子语之以此。"②同为儒者，其中亦存在人品高下、志趣大小之分。孔子设教希望弟子"学而优则仕"，能够有远大的志向与信念。

理解孔子儒学，就要在这样的"境界"与"格局"上去着眼，这恰如《论语·宪问》中两处谈论管仲时孔子以之为"仁"的记载：

> 子路曰："桓公杀公子纠，召忽死之，管仲不死。"曰："未仁乎？"子曰："桓公九合诸侯，不以兵车，管仲之力也。如其仁，如其仁。"

---

① 程树德：《论语集释》，北京：中华书局，1990年，第445页。

② ［宋］朱熹：《四书章句集注》，北京：中华书局，1983年，第88页。

子贡曰："管仲非仁者与？桓公杀公子纠，不能死，又相之。"子曰："管仲相桓公，霸诸侯，一匡天下，民到于今受其赐。微管仲，吾其被发左衽矣。岂若匹夫匹妇之为谅也，自经于沟渎而莫之知也。"

孔子认为，与管仲之"仁"相较，"树塞门""有反坫"等无礼行为以及行事之"不义"皆是小的方面，正所谓"大德不踰闲，小德出入可也"（《论语·子张》）。与此一致，与洒扫、应对之类的"小节"相较，孔子更主张弟子追求"穷理、正心、修己、安人之道"①。

人要立志，树立信念，更要信念坚定，要有"遁世不见知而不悔"（《中庸》）的执着。只有这样，才能落实到具体的行动，才能避免"半涂（途）而废"。其实，《中庸》之"至诚"之道，就是要人在正确的方向上努力坚守与坚持，此即所谓"择善固执"。方向明确才能道路坚定，《中庸》引孔子之言论证"中庸"之易"择"不易"守"，指出："人皆曰予知，驱而纳诸罟擭陷阱之中，而莫之知辟也。人皆曰予知，择乎中庸而不能期月守也。"不言而喻，能够"道前定"且始终"志"于此道并非易事，孔子也有"道不行，乘桴浮于海"（《论语·公冶长》）的思想，但孔子心怀大志，希望自己的思想学说能够为时代所认可、所行用，能够"学行天下"。

孔子关心天下，心系苍生。他希望看到人们价值观念符合道义，希望"道"的实现，对实现"明王之道"抱有深切的愿望。当然，孔子对当时的现实有着清晰的了解，曾言："道之不行也，我知之矣。"（《中庸》）尽管如此，他仍然"知其不可而为之"，说："苟有用我者，期月而已可也，三年有成。"（《论语·子路》）在这种"知其不可"却仍然"为之"的做法中，孔子信念之坚定可见一斑。

---

①［宋］朱熹：《四书章句集注·大学章句序》，北京：中华书局，1983年，第1页。

二、《论语》的“编者之心”

表面上看来，《论语》以语录体展现孔子及其弟子言行，但其编纂目的却是保存“夫子本旨”，传承孔子思想。

孔子很早就开始收徒授学。[①]在长期的教学交流过程中，孔门弟子有随时记录孔子之言的习惯，如《孔子家语·七十二弟子解》中记载：

> 叔仲会，鲁人，字子期，少孔子五十岁。与孔璇年相比。每孺子之执笔记事于夫子，二人迭侍左右。

这段材料很清楚地说明，在孔子晚年教学过程中，有人专门记录其言论，这使得其言行的许多资料被保留下来。只是，这里有一个客观的事实，那就是孔子以后的人们在传述这些言论时，往往难以避免“各以巧意而为枝叶”（孔安国《孔子家语后序》）。因此，为保存“夫子本旨”，孔门弟子后学就会将“各自所记”“辑而论纂”，《论语》的编纂从而成为迫切的需要。

关于《论语》的作者及成书，《汉书·艺文志》中有明确记载：“《论语》者，孔子应答弟子、时人，及弟子相与言而接闻于夫子之语也。当时弟子各有所记。夫子既卒，门人相与辑而论纂，故谓之《论语》。”可知，一方面，《论语》是孔门弟子对孔子言行资料的直接记载，另一方面，因为是不同弟子所记，侧重点不同，且所记数量可观，成书过程中必然有所拣选。这应该就是孔安国《孔子家语后序》所说：“弟子取其正实而切事者，别出为《论语》。”一个“取”字，点出了《论语》成书问题的

---

①《左传·昭公二十年》记载：“琴张闻宗鲁死，将往吊之。仲尼曰：‘齐豹之盗而孟絷之贼，女何吊焉？’”钱穆先生说：“琴张乃孔子的弟子，殆在当时已从游。”而当时孔子年三十一，故孔子至晚三十一岁已经授徒设教。

关键。

《论语》既然是经过认真拣选的“正实而切事者”，那么我们可以推想，孔子逝世后，面对“儒道分散”“各得一体”，以及“各以巧意而为枝叶”之类的情形，需要有人出来主持整理孔子遗说，以孔子之“言”表达孔子之“意”。事实上，孔子去世后，其弟子后学面对孔子离开而留下的真空，非常怀念与他一起对答、交流、畅谈、论辩的时光或情形，渴望继续得到如同孔子生前一般的教诲，于是有人想到推举合适的人来讲学，就像孔子生前那样。

据《史记·仲尼弟子列传》记载，孔子去世后，子夏、子张、子游等人甚至以有若“状似夫子”，曾经推举其为“师”。对此，《孟子·滕文公上》也有记载：“昔者孔子没，……他日，子夏、子张、子游以有若似圣人，欲以所事孔子事之。”但他毕竟不是孔子，难以服众，因而受到责难与质疑。可见，有合适的人来主持或亲自结集孔子遗说，以表达孔子的思想与精神，是人们的殷切期待。

正如《韩非子》中所说，孔子以后，儒分为八，孔子后学的分化显然体现了人们传承“真孔子”的需要。谁是“真”孔子？谁来确定？只有孔子能确定自己，因此，用孔子的言论来表达孔子，才是最恰当的方式和方法。于是，《论语》的编纂不会是任意的材料堆砌，而无疑应当在用力去表达孔子的思想逻辑，以“编者之心”去努力靠近“孔子之心”。不言而喻，《论语》除了其“正实而切事”的特点，还会有其特定的选材标准、严密的内在逻辑。

关于《论语》的编纂者，学术界一直存有争议。其实，无论是谁，在孔子去世不久的当时，能够得到孔门后学的认可，担此重任，一定是对孔子的追求、主张都有着比较准确、全面的把握，且德高望重之人。经过深入分析思考，我们认为《论语》由子思主持完成的说法更为合理。[①]

较之其他编纂者的猜测，子思身份特殊——孔子的嫡孙、曾子的学生，因此对孔子有着更深的了解，能够更好地把握孔子的思想及其追求。史料显示，子思堪当此任。

据《孔丛子·记问》载：

> 夫子闲居，喟然而叹。子思再拜请曰："意子孙不修，将忝祖乎？羡尧、舜之道，恨不及乎？"夫子曰："尔孺子，安知吾志？"子思对曰："伋于进善，亟闻夫子之教：其父析薪，其子弗克负荷，是谓不肖。伋每思之，所以大恐而不懈也。"夫子忻然笑曰："然乎，吾无忧矣。世不废业，其克昌乎！"

孔子叹息，尚在年少的子思却能安慰乃祖之心，从而使孔子欣慰。可以推断，后来的子思一定会精心编辑孔子遗说，也确实能够更好地理解、把握孔子思想，并体现在《论语》的编纂之中。

三、"学而时习之"的追求

孔子的一生是求道的一生，对于他最为关切的问题，自然应该在整理孔子遗说时体现出来，并理所当然地出现在《论语》开宗明义的位置。而《论语》首章首篇"学而时习之"的理解，是把握孔子此追求的关键。可以说，"学而时习之"正是孔子一生的追求所在，也是我们全面把握《论语》全书乃至孔子思想的"金钥匙"。

---

① 一方面，从《论语》中厚重的曾子言论可知，除了曾子门人，他人一般不会如此编辑；另一方面，在孔门后学严重分化的背景下，能够聚集这么多的材料，合理的推论只能是材料汇集后，由一人进行整理编订，而此人必定是曾子门人中地位尊隆之人，那么符合条件的只有子思。另外，《孔子家语》属于"孔氏家学"范畴，而其与《论语》"并时"的情况表明，二者的整理与编订者只能是子思。详见杨朝明：《新出竹书与〈论语〉成书问题再认识》，载《中国哲学史》2003年第3期。

对于《论语》开篇三句话，传统上一般认为是孔子对学习方法、交友、人不知三个方面的态度，而“学而时习之”翻译为“学习要经常去温习”，这在某种程度上是将孔门教学等同于古代小学教育，事实是否如此，此观点是否正确，应结合对孔子之学的整体把握才能做出正确判断。

孔子教学无疑是成功的，而“弟子三千，贤者七十二”的教学成就，主要得益于其“有教无类”的教育主张、“诲人不倦”的教学品格，但孔子的“有教无类”是有条件的，那就是弟子需要达到一定的年龄。[①]

据文献记载，周代学制包括小学、大学两个阶段。《大戴礼记》载：“古者年八岁而出就外舍，学小艺焉，履小节焉；束发而就大学，学大艺焉，履大节焉。”（《大戴礼记·保傅》）可见，就当时而言，孔子从事的是“大学”之教。因此，只有到了束脩之年，达到“成童志明”，才能够入孔门受教。

关于“大学”之教，朱熹《大学章句序》载：“及其十有五年，则自天子之元子、众子，以至公、卿、大夫、元士之适子，与凡民之俊秀，皆入大学，而教之以穷理、正心、修己、治人之道。”[②]这里，朱熹对周代“大学”入学年龄、入学对象以及学习内容做了详细介绍，大学是为政之学，学习的是“穷理、正心、修己、治人”的道理，懂得如何修身、齐家、治国、平天下。

孔子杏坛设教，对弟子进行的正是君子之道、为政之道的培养。所以，按照传统对“学而时习之”的理解，对孔子之学的把握未免有失恰当。鉴于此，有学者回归经典，从孔子思想出发，提出“学而时习之”之

①《论语·述而》载：“自行束脩以上，吾未尝无诲焉。”对于其中的“束脩”，历来解读不尽相同，主要观点有两种：第一，干肉说；第二，束带修饰。我们从第二种观点，即孔子办学不分贵贱，但有年龄限制，只有束带修饰，到了一定年龄的人向我求学，我才“有教无类”“诲人不倦”。

②［宋］朱熹：《四书章句集注》，北京：中华书局，1983年，第1页。

“学”是名词，当译为“思想主张”，开篇三句话应该理解为：“如果我的学说被社会普遍接受，在社会实践中加以应用，那不是很令人感到喜悦吗？即使不这样，有赞同我学说的人从远方而来，不也是很快乐吗？再退一步说，社会没采用，也没有人理解，但自己不怨愤恼怒，不也是有修养的君子吗？”这样的解读似乎更加符合孔子的人生追求，也更加准确地把握了《论语》编者的出发点与立足点。

其实，早已有学者做出了这样的解释，清人毛奇龄曾提出要将“学”字理解为名词，他在《四书改错》中提出：“错矣！学者，道术之总名。”程树德也持此观点，他在《论语集释·学而上》中指出：“‘学’字系名辞，《集注》解作动辞，毛氏训之是也。”[①]按照两位先生的解释，首章“学”字应该与“道”相近，作名词，理解为思想主张及对社会、人生的总体认识。

实际上，《论语》中曾多次将“学”字用作名词，如：

> 吾十有五而志于学。（《论语·为政》）
>
> 士志于道。（《论语·里仁》）
>
> 志于道。（《论语·述而》）

三处材料中，“学”“道”明显是同位词，作名词，意思是“思想主张”。再如《论语·述而》篇中，“德之不修，学之不讲”之“学”亦作此用法。

其他文献典籍中将“学”字用作名词的情况也多有出现。如《礼记·学记》中载：

> 安其学而亲其师，乐其友而信其道。

因为安于他的学说才敬爱他作为自己的师长，因为赞同他的主张才和他成为好友。显然，“学”与“道”意义相同，作名词，意思是“思想学说”或“主张”。

---

① 程树德：《论语集释》，北京：中华书局，1990年，第4页。

再如被称为“孔子研究第一书”①的《孔子家语》中记载，孔篾与宓子贱入仕后，孔子曾先后问其为政之“得”与“亡”，孔篾认为没有得到什么，却在三个方面有所失，因为公事繁忙，故“学”不得“习”，不得“明”；而宓子贱认为没有失去什么，在三个方面有所得，因为所“学”得“行”而“益明”。可见，二人关注的都是自己所“学”有没有得“习”、得“行”，有没有在实践中得到应用，且材料中孔子对此“学”与“习”是认可的，可知，这里对孔子之“学”与“习”的理解是恰当的。而且很明显，此处之“学”作名词，指“思想主张”，这可以说是“学而时习之”的最好注解。

另外，从文本来看，首篇首章三个分句层层递进，不能割裂。三个分句中，“说”“乐”“愠”都是表达内心感受，却包含不同的情感层次，也就是说，三者所对应的“学而时习之”“有朋自远方来”“人不知”，对情绪的影响是不同的，而传统解读本身没有层次的差别，自然也不会带来不同的情感体验，这就使得前后的衔接过于生硬。若从孔子思想出发，从自己的思想学说处于“社会普遍接受”“有志同道合之人”“没人理解”三种不同境遇时的心情来理解，则前后衔接更加顺理成章，内在统一，同时进一步证实了开篇“学”字作为名词“思想主张”的正确性与合理性。

“学而时习之”作为《论语》的开篇第一章，其重要地位不言而喻，这是孔子“志”之所在，也是其一生的追求所在，而将关于孔子的思想主张能够被社会接受作为首篇首章的主题，充分凸显了编者对孔子思想的把握。从文本角度而言，将开篇“学”字作为名词“思想主张”，使三个分句连贯一致，前后衔接更加合理。

---

① 杨朝明：《孔子家语通解》代前言《〈孔子家语〉的成书与可靠性研究》，济南：齐鲁书社，2009年。关于《孔子家语》的可靠性及其学术价值与意义，杨先生在此文中有详细考究、论述。

四、笃行善道的境界

有了“前定”的“道”，才会有实行的“笃”。就像真正的“知”一定落实在“行”上，“立志”与“笃行”是二位一体的。只有“志于道”才能“行笃敬”，“行笃敬”是“志于道”真真正正的落地、踏踏实实的表现。只有由“志学”而“笃行”的过程实现，人才能完成自身生命意义的提升，这就是笃行善道的人生境界。故《中庸》说：“果能此道矣，虽愚必明，虽柔必强。”

孔子志向明确，希望王道大行，实现仁政德治，这一点，在其生命最后的感慨与遗憾中也有充分体现。每个人在其生命的最后，即将撒手人寰的时刻，都会对自己的人生充满思考，孔子此时的话更是语重心长，不无遗憾。《孔子家语·终记解》记载，临终前七日，孔子一大早起来，就感慨泰山之颓、梁木之坏、哲人之萎，并在发出天下没有能够尊崇我学说的圣明君王的叹息后，“七日而终”。“人之将死，其言也善”（《论语·泰伯》），作为知道自己将不久于人世的临别之语，孔子在感叹社会无道、“明王不兴”的同时，更是对自己思想主张最终未能被“有国者”接受并推行而遗憾，而这恰恰说明了孔子的一生追求所在，以及对自己理想信念的执着。

正是在这样的理想信念下，孔子一生坚持不懈，一方面积极入仕，先后为鲁国“中都宰”“司空”“大司寇”；另一方面带领弟子周游列国，这种“政治流亡”式的人生经历，目标是寻找可栖之“木”，实现心中之“道”。这种矢志不渝的精神，在文献中多有记载，如面对长沮、桀溺等人“滔滔者天下皆是也，而谁以易之？且而与其从辟人之士也，岂若从辟世之士哉？”的质疑与不解时，孔子毫不动摇，坚持认为：“鸟兽不可与同群，吾非斯人之徒与而谁与？天下有道，丘不与易也。”（《论语·微子》）将传承中华文明、继承文武之道作为自己的历史使命，充分传达了孔子为追求自己的政治理想矢志不渝的精神。

孔子对理想信念的追求是执着的、笃定的，却并非盲目的。他对自己思想学说及其社会现实有着清晰的认识，当自己的“道”不能为天下所容，孔子一方面“知其不可而为之”，同时能够“人不知而不愠”。如《孔子家语·在厄》篇记载，陈蔡被困，断粮七日，从者皆病，此时，除了孔子继续讲诵，弦歌不废，仍然保持乐观态度，弟子也纷纷陷入困惑。子路认为君子不应该陷入困厄，质疑老师不够仁德，不够睿智；子贡也提议老师将其主张的标准“少贬焉”。对此，孔子的态度是坚持自己，他认为决定自己主张能否被接受的，不是个人品质或者主张本身，而是时势。当然，这里孔子的坚守不是“愚顽不化”，而是一种“时”的思想，充分体现了他对自己所处时代及处境的深刻认识，所以他主张“修其道”以“求其容”，因为真正的君子不会因为自己的处境不同而改变自己的节操，即使身处困厄，也能乐在修身，坚持自己的追求。

这种坚守与开篇“人不知而不愠”的人生境界恰好一致，而首篇首章三句话也恰恰成为孔子一生追求的真实写照。孔子“十五而志于学”，一生的追求就是“学行天下”，所以，如果自己的学说能够被“有国者”推而行之，被社会普遍接受，达成一生所愿，“不亦说乎”；退而言之，若不能为天下容，却并不孤单，仍有志同道合若“颜氏之子”者的理解与支持，孔子的一句“有是哉”道出了内心的喜悦，“不亦乐乎”；再退一步，“人不知”而“不愠”，这是孔子“君子”境界的充分展示，既有对自己学说的坚守，又有对自己所处时代的充分认知，进一步印证了孔子“学行天下”的追求及“行笃敬”的人生境界。

原载《现代哲学》2019年第2期。

作者简介

卢巧玲，女，1981年出生，历史学博士，孔子研究院副研究员，研究方向为孔子与中国文化。

优入圣域：颜子对孔学的生命诠释

宋立林

山东曲阜“复圣”颜子庙右侧有一道石坊，上书“优入圣域”四个隶书大字。这显然是后人对孔门弟子颜子之极高赞誉。然而位居“四科之首”、孔子寄予厚望的颜子却“不幸短命死矣”，其身后并未留下可资后人研读的著述，以至于今天有人在提及孔庙配享时有“退颜进荀”之议。这就警示我们，对于古人津津乐道的“孔颜”道统及“优入圣域”之论，需要有一个真切的理解。要理解颜子在孔门地位之取得，不能局限于哲学义理之诠释，必须紧扣孔子儒学之基本特征，把握颜子对孔子思想之诠释，非赖于文字，乃呈现于生命。

儒学之为儒学，关键在于孔子之思想创造。但平心而论，儒学生命力之所在，端赖于历代儒者对孔子儒学思想的不断诠释。若无孔子弟子与后学的不断诠释，儒学便难以成为战国时代之显学；若非董仲舒、郑玄等人之诠释，儒学便难以成为汉唐时代之经学；若不经程朱陆王之诠释，儒学便难以成为宋明时代之理学。一部儒学史实即一部诠释史，其中既包括对五经四书的经典诠释，也包含着对孔子思想的义理诠释，还体现于历代大儒通过践履所彰显的生命诠释中。

儒学乃“修己安人”之学，在历史上形成了一套全面安顿人间秩序的学说体系。虽思及于天人之际，事涉乎世间万物，然其所关注的核心在“人”。在某种意义上说，儒学是生命的学问。这一传统奠基于孔子和孔门弟子。孔子之学阐释了关于人生的价值与意义，呈现为一种价值与意义的信仰，而孔子的一生恰恰是其生命价值学说、意义信仰的践履过程。在他73年漫长的一生中，生命已经化作了学问，而学问也已化作了生命。正如学者所赞誉的那样，他的生命情调是他的学说的最直观也最浑全的展露。[①]确实如此，孔子是一位生命在场的圣哲。孔子用生命展现了一个理想的人格形态，为儒家树立了人格典范。

孔子的生命之学，成德之教，除了需要进行理论的阐发和诠释之外，更重要的在于亲身的体知和体证。这可以视为儒家的一种思维方式。两千年来，真正能够亲身体验和感受孔子人格魅力的，只有他的及门弟子。孔门弟子，尤其是像颜子、曾子这样"优入圣域"的人物，无不是因为亲见亲证夫子的圣人气象而为其所折服的。如孟子所谓"七十子之服孔子"是"中心悦而诚服"（《孟子·公孙丑上》）；如颜子所谓"仰之弥高，钻之弥坚，瞻之在前，忽焉在后。夫子循循然善诱人，博我以文，约我以礼，欲罢不能。既竭吾才，如有所立卓尔。虽欲从之，末由也已"（《论语·子罕》）。此后，孔门后学乃至整个儒家传统，无不强调生命的践履。因此，从诠释学的视野来看中国古代诠释传统的时候，就不仅要紧紧盯住经学的文本诠释、义理阐发，更要重视历代儒者对于经典所载之道的生命践履这一生命诠释维度。因此，如果说"中国思想史的发展是以不断地对原典进行重新诠释的形式开展的"[②]，那么我们可以说，儒学的发展就不仅仅是以对原典的重新诠释而展开的，还包括历代儒者的生命诠释。没有历代儒者对于"人能弘道"的坚守，没有历代儒者通过对道和生命的自我理解，进而进行贯穿终身的生命践履、生命诠释，儒学就会单薄许多。对于儒家传统而言，甚至可以说言语的诠释远不如生命的践履来得重要。正如

---

① 黄克剑：《由命而道：先秦诸子十讲》，北京：线装书局，2006年，第70页。

② 姜广辉主编：《中国经学思想史》第一卷，北京：中国社会科学出版社，2003年，第40页。

殷鼎先生所指出的，“人在生活中解释人生，人又生活在解释与理解活动之中。解释与理解参与到生活的每一方面”，“所有的理解与解释行为，都是公开或隐蔽地在理解历史、文化、传统或现实中去谋求理解和解释人自身，理解因而同时是人的自我理解”。①

我们强调生命的诠释，重视孔门弟子通过自身生命的践履工夫，正是基于孔子之道的特征。孔子所开创的儒学思想，不同于西方那种以知识理论形态呈现的哲学体系，从本质上讲它是一种归本于人的身心性命、人格完善的实践智慧。这就决定了儒学的践履工夫和哲理诠释必然是统一的。因此，如果不重视道德践履的工夫，而是将之摒除于哲学的诠释方法之外，便会遮蔽经典诠释的源头活水。明儒有“即工夫即本体”的话头，其所强调的就是道德践履工夫与超越的道德价值的不二而一。道德践履工夫是体证、呈现道德本体的唯一路径。在现代汉语中，我们还经常使用“生命诠释”这样的说法，比如说某人用生命诠释了什么精神。这便是汉语受到中国文化特质影响的某种反映。确如安乐哲先生所说的那样：“孔门弟子也不是在简单地、‘客观地’观察夫子的见解与客观世界的一致性的基础上理解、接受、修正或扬弃孔子的观点。与之相反，孔子的观点是实实在在地在日常生活中被感觉、被体验、被实践、被践履的。”②

一、生命的学问：儒学的体知和体证

中国哲学以“人生”为中心，孔学又被称为“人学”。这是现代新儒家的共识。马一浮先生《释学问》一文指出：“学问却要自心体验而后得，

① 殷鼎：《理解的命运——解释学初论》，北京：生活·读书·新知三联书店，1988年，第1页。

② 〔美〕安乐哲、〔美〕罗思文著：《〈论语〉的哲学诠释·导言》，余瑾译，北京：中国社会科学出版社，2003年，第5页。

不专恃闻见；要变化气质而后成，不偏重才能。”[①]梁漱溟先生主张孔门之学乃是“人生实践之学”[②]，他说：“儒家孔门之学为体认人的生命生活之学，要在反躬修己的实践，不宜以哲学思想目之。”[③]牟宗三先生在《中国哲学十九讲》第一讲开宗明义地提出“中国哲学的主要课题是生命”，他说：

> 中国哲学，从它那个通孔所发展出来的主要课题是生命，就是我们所说的生命的学问。它是以生命为它的对象，主要的用心在于如何来调节我们的生命，来运转我们的生命、安顿我们的生命。这就不同于希腊那些自然哲学家，他们的对象是自然，是以自然界作为主要课题。[④]

牟宗三认为，对于以“生命”为中心的学问如果没有相应的心灵，当然亦不会了解中国哲学。以西方哲学为标准，来在中国哲学里选择合乎西方哲学的题材与问题，那将是很失望的，亦是莫大的愚蠢与最大的不敬。[⑤]在中国古代哲学中，成圣成佛的实践与成圣成佛的学问是合一的。这就是中国式或东方式的哲学。在牟先生看来，中国文化在发轫的地方就将着眼点放在了“生命”上，也正是由于对生命的重视、对生命的关心，才引出“重德”的传统。这就与古希腊的“尚智”传统产生了歧异。关心我们自己的生命，就不能从知识上去讲，而只能从德性方面来讲。而从德性的角度来关心生命，不仅不同于知识的讲法，而且是更高一层的讲法。

---

① 马一浮：《宜山会语》，载滕复编：《默然不说声如雷——马一浮新儒学论著辑要》，北京：中国广播电视出版社，1995年，第68页。

② 梁漱溟：《东方学术概观》，载《梁漱溟全集》第七卷，济南：山东人民出版社，1989年，第330页。

③ 梁漱溟：《儒家孔门之学为体认人的生命生活之学》，载《梁漱溟全集》第七卷，济南：山东人民出版社，1989年，第497—498页。

④ 牟宗三：《中国哲学十九讲》，上海：上海古籍出版社，1997年，第14页。

⑤ 牟宗三：《中国哲学的特质》，上海：上海古籍出版社，2007年，第6页。

这就是“实践”的问题。所以，儒家思想乃是致力于“开辟价值之源，挺立道德主体”，在这一方面没有哪一家能够超过儒家。

杜维明先生在此基础上提出了“体知”的概念。他根据张载“闻见之知”与“德性之知”的区分，提出了“德性之知是一种体知”的看法。在杜维明看来，德性之知是一种内在体证之知，是从事道德实践必备的自我意识。如果说闻见之知是经验知识，那么，德性之知则是一种体验、体知，虽然不能离开经验，但是不同于经验知识。[①]他说，儒家的人学也可以称之为体验之学。所谓“体验”是活生生的有血有肉的人所感受的具体经验。这种经验不仅给我们带来如人饮水冷暖自知的内在知识，而且能够发挥长期彻底的转化功能。体验之所以不同于一般的经验，正是因为它是体之于身的经验，而不是浮光掠影的一般印象。以此类推，体认、体察、体证、体会、体味、体玩、体究及体知和一般的认识、考察、证实、品尝及理解也大不相同。凡能“体知”的都是“知行合一”的表现，既能“知得真切笃实”，又能“行得明觉精察”，因为所体之于身的正是自家受用的分内事。[②]这一观念的提出，对于深刻理解儒家道德实践具有极大的启发意义，它使儒家身心一贯、知行合一的精神豁然呈现。

有学者以“为己之学”概括孔学。所谓“为已”，就是“已”的发展与转化。美德的培养和精神的修炼，都是以“成已”为宗旨的。因此，这毫无疑问地可以昭示儒家之学的特点，那就是偏重于实践，以实践为落脚点，而这个实践的中心则是个人也就是“已”这个主体的心性修养、道德养成和人格提升。

---

① 关于“体知”，可以参考杜维明《论儒家的“体知”——德性之知的涵义》，载其著《灵根再植——八十年代儒学反思》，北京：北京大学出版社，2016年，第140—153页；杜维明：《儒家“体知”传统的现代诠释》，载其著《儒家精神取向的当代价值（21世纪访谈）》，北京：北京大学出版社，2016年，第161—177页。

② 详参杜维明：《从身、心、灵、神四层次看儒家的人学》，载其著《灵根再植——八十年代儒学反思》，北京：北京大学出版社，2016年，第103—104页。

子贡曾经有一个非常值得玩味的比喻。根据《荀子·法行》记载，南郭惠子问子贡："夫子之门，何其杂也？"子贡回答："君子正身以俟，欲来者不距，欲去者不止。且夫良医之门多病人，檃栝之侧多枉木，是以杂也。"孔门何以庞杂？子贡的解释里用了两个比方："良医之门多病人，檃栝之侧多枉木。"孔子好比是良医，孔门弟子则是病人；孔子好比檃栝，而孔门弟子则是枉木。与子贡的比喻相似的另一则故事也可以帮助我们理解孔子与孔门弟子之间的这种关系。《孔子家语·子路初见》篇记载了子路与孔子第一次见面时的对话，其间尚不免有一种紧张。原文如下：

子路见孔子。子曰："汝何好乐？"对曰："好长剑。"孔子曰："吾非此之问也，徒谓以子之所能，而加之以学问，岂可及乎？"

子路曰："学岂益也哉？"孔子曰："夫人君而无谏臣则失正，士而无教友则失听。御狂马不释策，操弓不反檠。木受绳则直，人受谏则圣。受学重问，孰不顺哉？毁仁恶士，必近于刑。君子不可不学。"

子路曰："南山有竹，不揉自直，斩而用之，达于犀革。以此言之，何学之有？"孔子曰："括而羽之，镞而砺之，其入之不亦深乎？"

子路再拜曰："敬而受教。"

这一故事反映的是孔子要劝子路从已受学的曲折过程。由此可知，"学问"在孔子这里，绝非一般的知识，而是有关"修身"成为"君子"的"实践智慧"。或者用宋明儒的话来讲，这是一种"德性之知"而非"闻见之知"。正如李泽厚先生所指出的，孔学儒家的"学"，主要指现实的实践行为，而非书面的诵读研究。他强调，孔门的学，是一种行为优于知识，行为先于语言的广义之学。[①]何以见得？因为孔子所谈论的恰恰也是子贡"檃栝"与"枉木"的问题。孔子说"木受绳则直"，引出"人受谏则圣"，显然是认为每个人都会如自然之枉木一样，必须经过后天的加工

① 李泽厚：《论语今读》，北京：生活·读书·新知三联书店，2008年，第39页。

才能变直，成为木材，也必须经过“学问”和“受谏”的过程才能成为“君子”或“圣”。但是子路却颇为自信地认为自己并非枉木，而是“不揉自直”的“南山之竹”。孔子并未反驳，反而顺势诱导，人不应该像竹木一样停留在“直”的境地，而应该进一步“加工深造”，可以使自己“入之深”，即境界更高一层。当这样一番论辩之后，子路“幡然醒悟”，再拜而受教。这样，子路从一个“性鄙，好勇力，志伉直”（《史记·仲尼弟子列传》）的“卞之野人”（《尸子》），投身孔门，开始了“圣贤”的成长之旅。而我们看子贡的“良医”与“病人”之喻，确乎发自其本人的体会与体验，因此具有较强的可靠性，使我们可以借由这一比喻去认识孔子与弟子之间的关系。

孔门弟子投入孔子门下，当然并不会全然没有“利禄”方面的考虑，但是其中的贤者，恐怕都是出于自我成长的需要。作为“病人”，七十子应该都有自己的人生病痛——对生命的困惑和疑问，对理想与现实的纠结，对人生意义的迷茫，对生命价值的忧虑，乃至对于义利之辨的困扰，等等。而孔子作为“良医”，显然并不能通过一个思辨的药方就解除这些“病人”的病痛。我们通过对《论语》的考察，就会发现七十子的困惑与疑问，包括“问仁”“问孝”“问行”“问政”等，都并非纯粹的知识问题，而是实践问题。而孔子的每一次回答，都不是“定义”式的。即以孔子对“仁”的回答为例，我们可以发现，他对“仁”的论说和指点是多维度多层面的，所有的话都是切近着提问者的生命状态的，孔子往往采取以取譬、举例等方式从入手予以点拨，所谓“启发”是也。而这种通过言语方式的点拨，也是不得已而为之。因为，在孔子那里，“仁”的浑全意味，只能靠心领神会，通过生命体验来理解、呈现，而决不能通过纯粹思辨和知识化手段来分析、理解。其实，后来的读者通过《论语》等经典的阅读，所能体会到的，也不纯粹是知识，而是通过思接千古的对话所得到的生命启迪。

孔子重视教化。教化是儒家人物的天职，也是儒家思想中最为核心的内容之一。据《说文解字》:“教,上所施下所效也。”南宋毛晃《增注礼部韵略》:“凡以道业诲人谓之教,躬行于上风动于下谓之化。”所谓教化,即教而化之,是希冀以“春风化雨”的方式使人“成人”,这是一种精神的造就与陶冶,是一种人格的塑造与提升,即思想脱离蒙昧与偏曲,心灵得以安顿,生命呈现意义,政治运行有序,社会达致和谐,这便是孔子“人文化成”的王道政治理想。教化不是外在的,不是强加于人的,而是人的自我成长的内在需求。教化与自我成长密不可分,它构成了一种精神的回环运动。这正与德国哲学家伽达默尔(Hans-Georg Gadamer)关于教化的理解有异曲同工之妙:人需要教化,人是以教化方式存在的。在教化中不断脱离动物性而向着普遍人性提升。人类教化的一般本质就是使自身成为一个普遍的精神存在。①孔子“述而不作”,以承继和发扬先王之道为理想,删定“六经”,并以之为载体,阐发诠释出儒家的教化深义,形成六经之教。经典的传习,所重在教养教化;②儒家经典就是儒家企慕圣境的心灵记录。③

由此应知,孔门之学作为一种“为己之学”,重在本己心灵的安顿,其管钥在于体知与体证。刘宗周曾说:“圣贤只就眼前道理,即身证学问,而万物一体之意,随大小广狭,即以自见。如人一身,或得一体,或具体而微,而斟酌于元气之周施,上天下地,往古来今,尽在此间。此是洙泗家风。”④刘宗周所谓“即身证学问”,即我们所谓的“体知”和“体

① [德]汉斯-格奥尔格·伽达默尔著,洪汉鼎译:《真理与方法》(修订译本),北京:商务印书馆,2007年,第22—23页。

② 李景林:《教化的哲学——儒学思想的一种新诠释》,哈尔滨:黑龙江人民出版社,2006年,第2页。

③ 黄俊杰:《试论儒学的宗教性内涵》,载其著《东亚儒学史的新视野》,上海:华东师范大学出版社,2008年,第87页。

④ [明]刘宗周:《论语学案》卷一,见《刘宗周全集》第一册,杭州:浙江古籍出版社,2007年,第335页。

证”，就是指以身家性命来体验、感知，以身心灵神合一的方式验证于道。揆诸儒学史，儒学之发展实在离不开个体生命融入社会生活的工夫，即要求人们在动静语默之间、洒扫应对之时，特别是在人伦日用之中，对自己所亲历的事务与事情细加体味。所以，儒学在本质上体现为生活性、伦常性和社会性的统一。正如宋儒陈淳所云：“凡日用间千条万绪，各一一精察其理之所以然，而实践其事之所当然，然后合万理为一理。”[①]儒家的体知与体证之学，既关乎理论，更重在实践，既辨别是非，更验证善恶，格外强调知行合一，不偏废道、学、政。若无见于此，则对于儒家之学、儒学之道，便难有真正的理解。而这种体知与体证，反过来也可以说是对儒学之道的一种诠释方式。今天，我们透过“四书”等经典，可以发现“孔子成德之教中其独特的生命智慧方向之一根而发，此中实见出其师弟相承之生命智慧之存在地相呼应”[②]。下面，我们就以“四书”等为主，来考察孔子、颜子师徒“相承之生命智慧之存在地相呼应”这一儒学诠释之路径。

二、颜子之好学

由孔子开启的儒家生命之学，本质上是一种与希腊“认知性哲学”不同的“引导性哲学”。认知性哲学追求的是“什么”，而引导性哲学探究的则是“如何”。前者导向是以认识论和方法论为基础的理论建构，而后者导向是以存在（自我或世界）的转化为目标的引导性立场。[③]在孔子的影响下，中国文化走出了一条不同于欧洲和印度的中国文化之路。孔子弟子在亲受孔子教诲之下，以其个人的生命成长，践履了孔子思想，诠释了孔子学说的意义。

---

① [宋] 陈淳：《北溪字义》，北京：中华书局，1983年，第32页。

② 牟宗三：《心体与性体》上，上海：上海古籍出版社，1999年，第17页。

③ 详参陈畅：《理学道统的思想世界》，上海：上海书店出版社，2017年，第282页。

司马迁在《史记·孔子世家》中说：“孔子以诗书礼乐教，弟子盖三千焉，身通六艺者七十有二人。”在《仲尼弟子列传》开篇又说：“受业身通者七十有七人。”这里的“身通”一词很值得玩味。“通”在中国哲学里是一个极为重要的范畴。通，含有感通、融通等不同意涵。这里显然是融会贯通之义，但是也不能忽视其中所包含的“感通”之义。这里的“六艺”并非指“礼乐射御书数”等“技艺”性的“小六艺”，而是指《诗》《书》《礼》《乐》《易》《春秋》六经之“大六艺”。对于经典之“通”，显然少不了“感通”之意涵。七十子之徒，能够登堂入室，对于经典有所“通”，则对于孔子之道更有所“通”。只不过，七十子之徒毕竟天资禀赋、气质个性各有差异，其所“通”的层次与境界也便会参差不齐。《论语》中有所谓“四科十哲”之说：“德行：颜渊，闵子骞，冉伯牛，仲弓。政事：冉有，季路。言语：宰我，子贡。文学：子游，子夏。”这一说法应该是孔门弟子中的一个较为普遍的共识。当然，“十哲无曾”也为后儒留下了一大公案。由此所谓“四科”可知，孔门弟子也是各有优长。这一点，我们还可以通过《孔子家语·弟子行》参互理解。此不赘述。

《孟子·公孙丑上》曾经记载孟子师徒关于圣人的对话。弟子问：

> 昔者窃闻之：子夏、子游、子张皆有圣人之一体，冉牛、闵子、颜渊则具体而微。敢问所安。

孟子对此只淡淡地说了一句：“姑舍是。”并未置可否。对此，我们无法揣测孟子的态度和看法。不过，从后面“乃所愿，则学孔子”的话来看，恐怕上述这些孔门弟子并未入得了孟子法眼。但是由“昔者窃闻之”一句观之，这是一早就有且流传的说法。由这一分判而论，“子夏、子游、子张”是各得圣人之一体，是比较偏的，而冉伯牛、闵子骞和颜子，则是“具体而微”，显然已经得孔子之“全”，只不过体量不足而已。由此观之，此三子的“生命实践”层次和境界显然要高于子夏诸人。这一点也呼应了《论语》“四科”的说法。“德行”科弟子显然高于其他诸科。其实我们可以从此推测一下，得出以下结论，那就是政事科的冉有和子路，言语科的宰我与子贡，显然都是得“圣人之一体”的，是有所偏失的。正如朱子所谓，“德行，得之于心而见于行事者也”，“德行是个兼内外、贯本末、全体底物事。那三件，各是一物见于用者也”。[①]不过，《孟子》下文还有一句：“宰我、子贡、有若，智足以知圣人。”能够“知圣人”，显然不仅是“智力”的问题，而是指“闻道”而言的。我们即以子贡为例。子贡在孔门中是仅次于颜子的弟子之一。孔子曾经将他与颜子并提，结果子贡有自知之明地说：“赐也何敢望回？回也闻一以知十，赐也闻一以知二。”（《论语·公冶长》）其实正如钱穆先生所评判：“观孔子与回孰愈之问，见二人在孔门之相伯仲。”[②]正如前章所论，子贡在孔门中的地位并不低。他得到孔子垂青也非无由。孟子所谓“智足以知圣人”是也。《孟子·公孙丑上》记载子贡与孔子的一段对话：

> 昔者子贡问于孔子曰：“夫子圣矣乎？”孔子曰：“圣则吾不能，我学不厌而教不倦也。”子贡曰：“学不厌，智也；教不倦，仁也。仁且智，夫子既圣矣！”

子贡的说法绝非谀媚之词。从“学不厌，智也；教不倦，仁也”的说法看，子贡确乎算是“智足以知圣人”的。但即便如此，子贡与颜子的差距也是显而易见的。

世所公认，颜子在孔门弟子中居于“首席”，也因为如此，虽然他“不幸短命死矣”，也没有留下任何著述，但仍然稳居儒家道统之中。从汉至唐，颜子都是以孔子弟子代表的身份出现的，所以颜子得以与孔子并称“孔颜”。到了宋明，随着理学兴起，颜子的道统地位更加不可摇动。

---

① [宋]黎靖德编：《朱子语类》卷三十九，北京：中华书局，1986年，第1010页。

② 钱穆：《先秦诸子系年·孔子弟子通考》，北京：中华书局，1985年，第81页。

“二程”曾经这样评论儒家的三位圣人：

> 仲尼，元气也；颜子，春生也；孟子，并秋杀尽见。仲尼无所不包；颜子示“不违如愚”之学于后世，有自然之和气，不言而化者也；孟子则露其材，盖亦时然而已。仲尼，天地也；颜子，和风庆云也；孟子，泰山岩岩之气象也。观其言，皆可见之矣。仲尼无迹，颜子微有迹，孟子其迹著。孔子尽是明快人，颜子尽岂弟，孟子尽雄辩。①
>
> 颜、孟之于圣人，其知之深浅同，只是颜子尤温淳渊懿，于道得之更渊粹，近圣人气象。②

由此可见，在程子心目中，孟子的境界尚不如颜子。我们知道，孔子之教乃成德之教，而成德以“优入圣域”为鹄的，“域”在这里并不表示地域和空间，而是一种由实践而来的圣贤之境界、气象。颜子之所以能够“优入圣域”，端赖其“工夫”。学界一般把“工夫论”视为宋明儒学所特有，认为先秦时期儒家尚未发展出工夫论。先秦儒家虽无系统的“工夫论”，然而毕竟有其修身的工夫。一般而言，所谓工夫，是指人自觉地在生命中实践和实现其自我本质的努力。这种生命践履的工夫，显然不同于一般的知识的学习和哲理的思辨，它的重点在于体认、证知，倾向于内在的领悟与体验。孔子所谓“下学而上达”，其所谓学即此学，其所谓达，乃是达于“知天”，即进入圣域，显见这是生命的体知之学。孟子所谓“尽心—知性—知天”，其所谓“知”也是体知。而孟子用一“尽”字更是凸显了内在心灵的工夫，不是靠思辨所能获得的。这正是儒家哲学以生命为中心，高度肯定人的生命价值与意义，高扬人的道德主体性的表征。钱穆先生曾指出，在中国文化中，“就人生论之，人生最大目标、最高宗旨，即在能发明天命。孔子为儒家所奉称最知天命者，其他自颜渊以下，其人品德性

① [宋]朱熹、吕祖谦：《近思录》卷十四《总论圣贤》，上海：上海古籍出版社，2010年，第348页。

② [宋]程颢、程颐：《二程遗书》，上海：上海古籍出版社，2000年，第199页。

之高下，即各以其离于天命远近为分别。这是中国古代论人生之最高宗旨，后代人亦与此不远，这可说是我中华民族论学分别之大体所在”[①]。

颜子何以能够实现孔子所谓“下学而上达”这一命题，其实早已有人注意并试图予以解决。北宋大儒胡安定在太学执教时，曾向诸生提出了一道命题：“颜子所好何学论？”程颐（也称伊川先生）就此题写下一篇宏论，载于《河南程氏文集》卷八《伊川先生文四》。程伊川开篇破题道：“圣人之门，其徒三千，独称颜子为好学。夫《诗》《书》六艺，三千子非不习而通也，然则颜子所独好者，何学也？学以至于圣人之道也。”[②]我们知道，胡安定此题，源自《论语》。《论语·雍也》载：“哀公问：‘弟子孰为好学？’孔子对曰：‘有颜回者好学，不迁怒，不贰过。不幸短命死矣，今也则亡，未闻有好学者。’”《论语·先进》又载：“季康子问：‘弟子孰为好学？’孔子对曰：‘有颜回者好学，不幸短命死矣，今也则亡。’”伊川对此的答案是“学以至于圣人之道”。接着他解释道：

> 凡学之道，正其心，养其性而已。中正而诚，则圣矣。君子之学，必先明诸心，知所养，然后力行以求至，所谓自明而诚也。故学必尽其心。尽其心，则知其性，知其性，反而诚之，圣人也。[③]

在这里，伊川指出了儒门“工夫论”是所谓“自明而诚”，是由明心、正心、养性，然后力行，最后达到诚的境界，也就是成圣的境界。在伊川看来，孔子是“生而知之”“自诚明”的圣人，颜子和孟子是“学而知之”。只可惜天不假年，颜子“不幸短命死矣”，因此，“颜子之与圣人，相去一息”。颜子只差一点就达至孔子所达到的圣人境界了。也就是说，颜子的工夫路径是正确的，只因为去世过早而不能臻于化境。最后伊川说：“不求诸已而求诸外，以博闻强记巧文丽辞为工，荣华其言，鲜有至于道

① 钱穆：《中国文化对人类未来可有的贡献》，载《中国文化》1991年第1期。
② [宋]程颢、程颐：《二程集·河南程氏文集》，北京：中华书局，2004年，第577页。
③ [宋]程颢、程颐：《二程集·河南程氏文集》，北京：中华书局，2004年，第577页。

者。则今之学，与颜子所好异矣。”[①]由此可见，在伊川眼中，颜子的所好、所学，乃是达至圣人的正学。用今天的话来说，这是一种内在的生命体知体证，而非外在的博闻强记、摆弄辞藻。

其实颜子的境界，显然已经极高，与孔子“未达一间”而已！这是其他孔门弟子所不及的，因此颜子才能得到孔子“独称好学”的殊荣。伊川之所以对颜子如此看重，这与宋明儒者对内圣工夫的重视分不开。“内圣外王”一词虽然出自道家的《庄子》一书，但是“以之表象儒家之心愿实最为恰当”[②]。所谓“内圣”，就是内在于个人自己，自觉地做圣贤工夫，也就是道德实践，以发展完善其德性人格。而所谓“外王”，就是外达于天下，行王者之道，属于政治理想。在牟宗三先生看来，“内圣”工夫是人人可为的，即孟子所谓“求则得之，舍则失之”，是“求之在我者”，只要想做就可以做到的；而“外王”则是“求之有道，得之有命”的，并非人人皆有条件去实现。既然如此，“求之在我者”才能看作儒家之最内在的本质。当然，儒家内圣的道德践履又与一般宗教不同，并不完全以退缩在个人之成德领域为满足，而是“不能与政治划开”，所以，政治方面的追求也可以看作儒家本质的一面。但是，很显然，宋明儒者虽然并未割裂“内圣外王”，但是其特重“内圣”一面则无可异议。[③]宋明儒者的最大贡献就在于通过凸显“内圣”，强调“成德之教”，而彰显孔子在中国文化中的开创者地位。在宋明儒者那里，“儒之为儒必须从王者尽制之外部的礼乐人伦处规定者进而至于由圣者尽伦之‘成德之教’来规定，方能得其本质，尽其生命智慧方向之实”[④]。这显示了宋明儒学之为“新儒学”之“新”的所在。

---

① [宋] 程颢、程颐：《二程集·河南程氏文集》，北京：中华书局，2004年，第578页。

② 牟宗三：《心体与性体》上，上海：上海古籍出版社，2017年，第4页。

③ 参见牟宗三：《心体与性体》上，上海：上海古籍出版社，2017年，第4—7页。

④ 牟宗三：《心体与性体》上，上海：上海古籍出版社，2017年，第13页。

“内圣”之学，在孔门显然以颜子为最高。《论语·先进》篇所录四科十哲，德行科以颜渊为首。我们可以通过文献来一窥颜子践履工夫之层次、德性修为之境界。

其一，颜子是极为聪慧之人。孔门之中以子贡为“智德”之代表，然而夫子问子贡：“汝与回也孰愈？”子贡当即回应：“赐也何敢望回？回也闻一以知十，赐也闻一以知二。”这里虽然不免有子贡自谦的成分，但是足见子贡对于颜子佩服到五体投地，毫无相互轩轾之意。颜子之心存慧根，乃是他对于道的体证与体知。尤其颜子与孔子的“相遇”，可谓儒学史上最重要的一段佳话。“先知觉后知，先觉觉后觉”，颜子的慧根被孔子所点醒所启悟。孔颜师徒一同走在践仁祈圣的生命践履之路上，可谓真正的同道。

其二，颜子对孔子之道、之言、之教“无所不说（悦）”。如此聪慧之人，对于孔子之教，却是一番“无所不悦”的表现。这“无所不悦”，说明颜子对于孔子之生命、之思想领悟得透彻且心领神会、无不信服，故而“悦”。由此可知，颜子于夫子之道，庶几乎契应神髓、全面认可、毫无质疑。故程子认为此是“与圣人同尔”①之故。这与宰我、子路等人不断地质疑夫子，显然有天壤之别。当然，颜子这种对孔子之教的“不违”，在世俗智者看来，恐怕有些“愚”的意味。所以，孔子说：“吾与回言终日，不违如愚。”然而，这只不过是表面现象。故而孔子接着评论道：“退而省其私，亦足以发。回也不愚。”（《论语·为政》）朱子对此的解释是：“私，谓燕居独处，非进见请问之时。发，谓发明所言之理。”②李泽厚对此表示不同意见。他说：“颜回在《论语》中的形象总是这样的‘愚’、默、神秘。”③所以，他将这一句翻译为：“回头来看他的行为等

① [宋] 程颢、程颐：《二程遗书》，上海：上海古籍出版社，2000年，第167页。

② [宋] 朱熹：《四书章句集注》，北京：中华书局，1983年，第56页。

③ 李泽厚：《论语今读》，北京：生活·读书·新知三联书店，2008年，第67页。

等，却使我也受到启发，回是一点也不笨呀！”我们虽然认为，这样的翻译不一定错，但朱子的诠释更符合此处语境。朱子引用了其师李侗的话，更透辟地诠释了颜子的精神：“颜子深潜纯粹，其于圣人体段已具。其闻夫子之言，默识心融，触处洞然，自有条理。故终日言，但见其不违如愚人而已。及退省其私，则见其日用动静语默之间，皆足以发明夫子之道，坦然由之而无疑，然后知其不愚也。”①颜子的工夫在于“默而识之”，故程子云：“颜子默识，曾子笃信，得圣人之道者，二人也。”②

其三，颜子对夫子之道践履“不惰”。《中庸》云：“力行近乎仁。”对于为己之学而言，仅仅有高度的认可还不够，必须对所认可的真理、道理进行力行。而在此方面，颜子无疑又是踏踏实实的一个人。颜子不仅对孔子之道“心有所通，性有所系，道有所契”，而且能够做到“欲罢不能”。孔子说：“语之而不惰者，其回也与！”（《论语·子罕》）这与上引“吾与回言终日”是一个意思。师生之间能够“言终日”，做到“语之而不惰者”，正是十分相契的表现。言默之间，心灵相通，故能终日。朱子引范氏曰：“颜子闻夫子之言，而心解力行，造次颠沛未尝违之。如万物得时雨之润，发荣滋长，何有于惰，此群弟子所不及也。”③由此可见“体道之勇，莫如颜子”④。又载孔子评价颜子：“惜乎！吾见其进也，未见其止也。”（《论语·子罕》）这与孔子批评冉有的“今女画”（《论语·雍也》），形成鲜明的对比。朱子注云：“颜子既死而孔子惜之，言其方进而未已也。”⑤这正与颜子“欲罢不能”的自述相符合，体现其学之不厌、奋进不怠、力行不息的精神，正是其“优入圣域”的保障。

---

①［宋］朱熹：《四书章句集注》，北京：中华书局，1983年，第56页。

②［宋］程颢、程颐：《二程遗书》，上海：上海古籍出版社，2000年，第166页。

③［宋］朱熹：《四书章句集注》，北京：中华书局，1983年，第114页。

④［明］刘宗周：《论语学案》卷二，见《刘宗周全集》第一册，杭州：浙江古籍出版社，2007年，第405页。

⑤［宋］朱熹：《四书章句集注》，北京：中华书局，1983年，第114页。

其四，颜子践履的工夫是“克己复礼为仁”。《论语·颜渊》篇首章记载：

> 颜渊问仁。子曰：“克己复礼为仁。一日克己复礼，天下归仁焉。为仁由己，而由人乎哉？”颜渊曰：“请问其目。”子曰：“非礼勿视，非礼勿听，非礼勿言，非礼勿动。”颜渊曰：“回虽不敏，请事斯语矣。”

这一章非常重要。朱子将之视为“传授心法切要之言”，显然是认为这一章包含了儒门践行“仁”的工夫要旨。仁，是孔子思想之最核心主旨。孔子并未给仁以明确的定义，而是随机指点。宋明理学家从“天理人欲”之辩出发诠释本章。如朱子曰：

> 仁者，本心之全德。克，胜也。己，谓身之私欲也。复，反也。礼者，天理之节文也。为仁者，所以全其心之德也。盖心之全德，莫非天理，而亦不能不坏于人欲。故为仁者必有以胜私欲而复于礼，则事皆天理，而本心之德复全于我矣。归，犹与也。又言一日克己复礼，则天下之人皆与其仁，极言其效之甚速而至大也。又言为仁由己而非他人所能预，又见其机之在我而无难也。日日克之，不以为难，则私欲净尽，天理流行，而仁不可胜用矣。朱子又引用程子的话来佐证自己的意见：

> 非礼处便是私意。既是私意，如何得仁？须是克尽己私，皆归于礼，方始是仁。①

此处所引大概是程子的话。明道亦以“私”训己，他说：“克己则私心去，自然能复礼，虽不学文，而礼意已得。”②明儒刘宗周亦云：“就其井然不淆处识是礼，就其杂然拘蔽处识是己。盖天理、人欲之别名也。”③

---

①［宋］朱熹：《四书章句集注》，北京：中华书局，1983年，第132页。

②［宋］程颢、程颐：《二程遗书》，上海：上海古籍出版社，2000年，第68页。

③［明］刘宗周：《论语学案》卷三，见《刘宗周全集》第一册，杭州：浙江古籍出版社，2007年，第430页。

在刘宗周看来，“‘克己复礼’者，撤尽气拘物蔽之障，而复还先天继善之良。”[①]刘宗周在解释“四勿”时说：“非礼勿视、听、言、动者，心存于视、听、言、动之时而不动于己私之谓也。”[②]很显然，刘宗周是以“私”来诠释“己”的。他还说：“分己礼而对立，其要归于克复而为仁，是虞廷之训也。”[③]故他称这一章是“孔门授受第一义”“万世儒学之极规”[④]。

清儒反对宋儒的意见，而追本于汉儒，采取马融训“克”为“约”的看法。近人李泽厚即持此说，程树德、钱穆也都认为本章前后两个“己”不能训为二解，皆当作“身”来解释，因此所谓克己就是约身。[⑤]

然而关键在于，“己”是否必须是一个意涵？我们认为，“克己”与“由己”的“己”并不是一回事，或者说，分别指向“己”的两个维度。在儒家看来，“自己”一方面具有“道德理性”，属于“道德主体”，另一方面又属于“修身”“反思”的对象。正如儒家将人心分为“道心”与“人心”一样，必须将二者合观，才能把握其全义。明儒唐伯元指出：“知由己，然后能克己，能克己，然后能复礼。”[⑥]清儒简朝亮《论语集注补正述疏》引述了这样一种观点：“复礼曰克己，胜己之人欲也。为仁曰由己，

---

①［明］刘宗周：《论语学案》卷三，《刘宗周全集》第一册，杭州：浙江古籍出版社，2007年，第430页。

②［明］刘宗周：《论语学案》卷三，《刘宗周全集》第一册，杭州：浙江古籍出版社，2007年，第431页。

③［明］刘宗周：《论语学案》卷三，《刘宗周全集》第一册，杭州：浙江古籍出版社，2007年，第431页。

④［明］刘宗周：《论语学案》卷三，《刘宗周全集》第一册，杭州：浙江古籍出版社，2007年，第431页。

⑤ 不过，钱穆先生对“克己”的解释在其著作中并不统一。例如，《中国思想史》第六讲《孔子》中，提到“克己”时，夹注云：“克，克也，胜也。把自己私的一面克去，莫要让它放肆。是克己。”钱穆：《中国思想史》，北京：九州出版社，2011年，第17页。该书初版于1952年，1977年作者重校再版。而《论语新解》撰著于1963年。

⑥［清］黄宗羲：《明儒学案》卷四十二《甘泉学案六》，北京：中华书局，2008年，第1004页。

从己之天理也。”指出“己”并非一个意涵。由己与克己，只有在明白了“己”的两个维度之后，才能融通。检阅古籍，我们发现其实元代的袁俊翁早已有了上述看法，他在《克己由己复礼非礼二己字二礼字同异》一文中作了详尽辨析：

此章章旨，若专以二“己”字、二“礼”字论之，则二“己”字有不同，二“礼”字无以异。若以克己由己之工夫而论，则二“己”字不免为异中之同；以复礼非礼之气象而论，则二“礼”字不免有同中之异。何以言之？上“己”字与“礼”字对言，则此“己”字属乎私；下“己”字与“人”字对言，则此“己”字出于正。上下二“礼”字则皆指天理言之而无异旨。此夫人之所共知也。然究其立言之旨，二“己”字皆是就学力上说来，试即学力究之，克己者自治之谓，由己者自任之谓。盖皆求其在我而已也。二“礼”字皆是向天理中提出，试即天理推之，复礼者统言天理本然之体，非礼者特言天理当然之则。盖不免有显微精粗之间也。要之，由己之己，善也；克己之己，本非善，以克己言之则亦善矣。复礼之礼，正也；非礼之礼，本亦正，以非礼言之，则不正矣。学者惟能以非礼为戒，则自足致复礼之效；惟能以由己为心，则自足成克己之功。互而观之，克己乃所以制其非礼，由己乃所以求其复礼。反复玩味，会异为同，究其功用，一而已矣。他日颜渊仰钻瞻忽之叹，尝谓夫子博我以文，约我以礼。合而言之，此二“我”字，盖能以由己为心，而成克己之功矣。此一“礼”字，盖能以非礼为戒，而致复礼之效矣。宜乎！夫子赞易之复，独称其庶几；论心之仁，独称其不违。良有以夫！嗟乎！颜渊问仁一章，曰己曰礼，固可观颜子入道之门。颜渊喟叹一章，曰我曰礼，又可见颜子造道之域。颜何人哉，希之则是。①

① [元] 袁俊翁：《四书疑节》，见《景印文渊阁四库全书》第203册，上海：上海古籍出版社，1987年，第759—760页。

袁氏对于本章“克己”“由己”及“复礼”“非礼”之间的异同，辩证条贯，既能道出其中的差异，又能见到其间的联系。他说：“上‘己’字与‘礼’字对言，则此‘己’字属乎私；下‘己’字与‘人’字对言，则此‘己’字出于正。”又谓：“要之，由己之己，善也；克己之己，本非善，以克己言之则亦善矣。复礼之礼，正也；非礼之礼，本亦正，以非礼言之，则不正矣。”与我们的看法正好相合。其实，即使训为“约束”“抑制”，那么这个“己”也不是“由己”的那个“己”。“为仁由己”，强调的显然是“己”作为道德主体的一面，是予以高度肯定的，这是与“人”相对的，而不是那个需要约束的对象。“克己”则与“复礼”相对，“己”是指那个不合于“礼”的“己”，也就是“私欲”。因此，宋儒对于“克己”的诠释，并无不妥。

陈来先生对“己”的“双重性”有一分析。他说，“己”也是一个很重要的概念，有双重性。一方面“己”为“修”的对象，“正”的对象，这个意义上的“己”是个人利益、欲求、主观立场的综合；另一方面“己”又是实践的主体性，“为仁由己”。[①]陈先生这一看法与我们一致，再次佐证了笔者对这一问题的思考。

其五，颜子能够做到“其心三月不违仁”。依照颜子的性格，当孔子指出践履工夫路向是“克己复礼为仁”时，并在具体指示了“四勿”条目后，颜子所谓“回虽不敏，请事斯语”的答复，一定是能够认真落实的。正如朱子所谓“颜渊闻夫子之言，则于天理人欲之际已判然矣，故不复有所疑问，而直请其条目也”[②]。很明显，颜子了悟孔子的教诲乃是一种生命践履工夫，是一种体证体悟之学，所以必须“事”，而非仅限于一种“头脑风暴”。正是这种踏实的践履，才能真正凸显“克己复礼为仁”之

① 陈来：《孔子·孟子·荀子：先秦儒学讲稿》，北京：生活·读书·新知三联书店，2017年，第41页。

②［宋］朱熹：《四书章句集注》，北京：中华书局，1983年，第132页。

效。据《论语·雍也》载，孔子有“回也，其心三月不违仁，其余则日月至焉而已矣”的话，程子对此诠释道：“三月，天道小变节，言其久也，过此则圣人矣。不违仁，只是无纤毫私欲。少有私欲，便是不仁。”程子认为，只要不违仁超过了三个月，就可以超凡入圣了。朱子引尹氏说：“此颜子于圣人未达一间者也，若圣人则浑然无间断矣。”[①]《中庸》记载有孔子的话：“回之为人也，择乎中庸，得一善，则拳拳服膺而弗失之矣。”正可与此章相参证。正如程子所谓“颜渊事斯语，所以进于圣人”[②]。这里的“心”，其实就是人的主体意识，或者说是指人的内在德性状态。当然这里的“心”也与上文分析的“己”一样，具有两个维度。借用《尚书·大禹谟》关于“道心”“人心”的概念，可以更深地理解此处的“心”。“人心”“道心”本是一心，或者准确地说，代表了“心”的两个维度：一个是欲求欲望之心，这是所谓“人心”，代表了人的动物性的一面；一个是追求天理天道之心，此所谓“道心”，代表了人的精神性的一面。如果知觉顺从耳目之欲，便是人心；反过来，如果知觉顺从义理，便是道心。虽圣人不能无人心，故需“克己复礼”工夫；虽小人不能无道心，故可“为仁由己”。因此，“其心三月不违仁”，一方面指人的道德主体的“道心”，一方面又隐含着“惟危”需要克制的“人心”。“心性论”虽然是儒家血脉，但孔子论仁较多，谈“心”极少。故而这一处极为重要。正如梁启超先生所言：“《论语》称颜子‘其心三月不违仁’，为儒家后来讲心的起点。仁为儒家旧说，心为后起之说，心仁合一，颜子实开端绪。”[③]

其六，颜子“三月不违仁”的体现就是“不迁怒，不贰过”及“无伐善，无施劳”。《中庸》载孔子之言：“仁者，人也。”仁是人之所以为人的内在本质。因此，按照孟子的说法，“仁”并非“外铄”而来，乃是“我

---

①［宋］朱熹：《四书章句集注》，北京：中华书局，1983年，第86页。
②［宋］朱熹：《四书章句集注》，北京：中华书局，1983年，第132页。
③ 梁启超：《儒家哲学》，上海：上海人民出版社，2009年，第121页。

固有之”，所以，孔子才会说：“我欲仁，斯仁至矣。”“为仁由己，而由人乎哉？”因此，孔子的仁学，就是希望每个人意识到内在于自己生命的“仁”之端倪或根芽，通过“克己复礼”的工夫，使得“仁”能够不断地被觉悟、被追求，最后凸显、彰显出来。颜子的践履工夫，便成功诠释了孔子这一思想。

“不迁怒，不贰过”是孔子对颜子的肯定。康有为以为：“不迁怒，不贰过，皆克己之学。”[①]“喜怒哀乐”是人之情绪，对于情绪的节制，是“克己”工夫的重要内容。何晏《论语集解》云：“凡人任情，喜怒违理，颜渊任道，怒不过分。迁者，移也。怒当其理，不移易也。不贰过者，有不善未尝复行也。”[②]此将“情”与“道”对立而言，任情则易于“违理”，“违理”就是“任道”的对立面，合乎道理的“情”才是值得称道的。此是颜子好学之证。何谓“不迁怒”？何谓“不贰过”？宋儒的解释与汉儒并无不同。对于“不迁怒”，何晏以“怒当其理，不移易也”[③]为训，程颐以“喜怒在事，则理之当喜怒者也，不在血气则不迁”[④]为解，二者的训解皆以“当理”为说。对于“不贰过”，皇侃以“凡情有过必文，是为再过”，而有过未曾不知，“知则不复文饰以行之，是‘不贰’”[⑤]为诠；程颐则以“有不善未尝不知，知之未尝复行”[⑥]为释；张载则训为“慊于己者，不使萌于再”[⑦]；朱子则以“怒于甲者，不移于乙；过于前者，不复于后”[⑧]为解，十分简约，只是对于“迁”的解读与何晏、皇侃、程颐等

---

① 康有为：《论语注》，北京：中华书局，1984年，第72页。
② ［南朝梁］皇侃撰，高尚榘校点：《论语义疏》，北京：中华书局，2014年，第126页。
③ ［南朝梁］皇侃撰，高尚榘校点：《论语义疏》，北京：中华书局，2014年，第127页。
④ ［宋］朱熹：《四书章句集注》，北京：中华书局，1983年，第84页。
⑤ ［南朝梁］皇侃撰，高尚榘校点：《论语义疏》，北京：中华书局，2014年，第126页。
⑥ ［宋］朱熹：《四书章句集注》，北京：中华书局，1983年，第84页。
⑦ ［宋］朱熹：《四书章句集注》，北京：中华书局，1983年，第84页。
⑧ ［宋］朱熹：《四书章句集注》，北京：中华书局，1983年，第84页。

稍有差异，不过二者的训解其实是可通的。对此，明儒刘宗周的诠释则更为周详，其云：

学莫约于治心。心之体发而为喜怒哀乐，各中其节。心有不存，而七情先受其蔽矣。七情之蔽，惟怒易乘，故颜子之学于惩忿得其大者。凡怒缘感生，而随感以观理，若有一定之域。然试就天理分数检出入之倪，即动些子，亦是迁。此际更无强制法可施，惟颜子学以克己，直能克去此血气之私而毫不妄溢，其发也，适还其可怒之理而已，何迁之有？只此是心体浑然完复时，几于无过矣。苟有过未尝不知，知之未尝复行也，何贰之有？以怒征其常心，以过征其暂时，时时保任，时时剥换，一日而超凡证圣无难。此其好学之力，诚有非他人所敢望者。寻常说惩忿，说改过，人人理会得，只不迁不贰，是颜子独步精神，故夫子叹之。[①]

诚如刘宗周所说："寻常说惩忿，说改过，人人理会得。"这是稍有理性的人，都会明白的浅显道理，但是"理会得"却不一定能做到。儒家之学，"不离日用常行内"，可是却"直造先天未画前"，看似极其平常，但"平常即伟大"，并非人人能够做到，尤其是时时刻刻做到的。故刘宗周称此是"颜子独步精神""非他人所敢望"。

除了"不迁怒，不贰过"之外，颜子还能以"无伐善，无施劳"为志愿。对于"无伐善，无施劳"的解释，古往今来也有不同。孔安国对此的解释是："自无称己善也。""无以劳事置施于人也。"[②]朱熹的注释有所不同："伐，夸也。善，谓有能。施，亦张大之意。劳，谓有功。"[③]在朱子看来，"无伐善，无施劳"是一个意思，就是不自夸能，不自居功。不过，

---

①［明］刘宗周：《论语学案》卷二，见《刘宗周全集》第一册，杭州：浙江古籍出版社，2017年，第340页。

②［南朝梁］皇侃撰，高尚榘校点：《论语义疏》，北京：中华书局，2014年，第122页。

③［宋］朱熹：《四书章句集注》，北京：中华书局，1983年，第82页。

朱子还引用了另一种解释，就是将“劳”训为“劳事”，即孔安国的解释。他认为这种解释“亦通”。还有人将“伐”解释为“败坏”，则是牵强之说。

当然，“不迁怒、不贰过”与“无伐善，无施劳”，都并未臻至化境。程子云：“若颜子之非礼勿视、听、言、动，不迁怒贰过者，则其好之笃而学之得其道也。然其未至于圣人者，守之也，非化之也。假之以年，则不日而化矣。”[①]又云：“颜子不自私己，故无伐善；知同于人，故无施劳。其志可谓大矣，然未免出于有意也。至于夫子，则如天地之化工，付与万物而己不劳焉，此圣人之所为也。”[②]复云：“颜子所言不及孔子，‘无伐善，无施劳’，是他颜子性分上事。孔子言‘安之、信之、怀之’，是天理上事。”[③]宋儒程明道云：“学者当学颜子入圣人为近，有用力处。”[④]即便如此，在孔门贤弟子中，颜子则是最近乎圣人之道者，孟子所谓“具体而微”者是也。

三、孔颜乐处

梁漱溟先生认为，孔子最重要的观念是仁，最昭著的态度是乐。[⑤]这真是对孔子之道透彻的体知。“仁”与“乐”，一个是道德生命的本体，一个是道德生命的发用，二者是一种体用关系。这种“乐”绝非一种普通的情感，而是道德生命的呈现。通过生命的践仁而呈现乐的境界，并非易事。正因为颜子好学，终于克己复礼为仁，其修身之境界，庶几乎优入圣

① [宋]朱熹：《四书章句集注》，北京：中华书局，1983年，第84—85页。
② [宋]朱熹：《四书章句集注》，北京：中华书局，1983年，第82—83页。
③ [宋]程颢、程颐：《二程遗书》，上海：上海古籍出版社，2000年，第137页。
④ [宋]程颢、程颐：《二程遗书》，上海：上海古籍出版社，2000年，第69页。
⑤ 李渊庭、阎秉华整理：《梁漱溟先生讲孔孟》，北京：中华书局，2014年，第27页。

域，后世得以“孔颜”并称，备受后儒赞颂仰慕。

颜子践仁工夫，受到后儒的交口称赞。至宋儒，更是津津乐道，将“孔颜乐处”为践履工夫的境界追求。据《二程遗书·二先生语二上》所记语录云：“昔受学于周茂叔，每令寻颜子、仲尼乐处，所乐何事。”①然周敦颐对于孔颜乐处之理解，却因书缺有间，未得其详。我们只能从其《通书》略窥一二。周敦颐《通书·颜子第二十三章》云：

> 颜子“一箪食，一瓢饮，在陋巷，人不堪其忧，而不改其乐”。夫富贵，人所爱也。颜子不爱不求而乐乎贫者，独何心哉？天地间有至贵至爱可求而异于彼者，见其大而忘其小焉尔。见其大则心泰，心泰则无不足。无不足则富贵贫贱处之一也。处之一则能化而齐。故颜子亚圣。②

朱子认为，这所谓“至贵至富、可爱可求”的，就是“孔颜乐处”。这种境界，是不能用“言语解会”的，而只能靠着“深思而实体之”。这是一种生命的体知体证，不是哲理的思辨。根据“二程”的说法，是周茂叔“每令寻孔颜乐处，所乐何事”，可见这是周敦颐的践履体证之所得，而化为指引后学入德之门径。再根据黄庭坚的评价，我们可确知周敦颐确乎于此有所得。黄氏谓濂溪先生：“人品甚高，胸怀洒落，如光风霁月。廉于取名，而锐于求志；薄于徼福，而厚于得民；菲于奉身，而燕及茕嫠；陋于希世，而尚友千古。”③这种境界不是庶几与颜子一致吗？然而，周敦颐关于“孔颜乐处”的诠释，我们仅见于此，故朱子尝感慨道：“然所以指夫仲尼、颜子之乐，而发其吟风弄月之趣者，亦不可得而悉闻矣。”④

---

①［宋］程颢、程颐：《二程遗书》，上海：上海古籍出版社，2000年，第66页。

②［宋］周敦颐：《周敦颐集》，长沙：岳麓书社，2002年，第42—43页。

③《宋史·道学传·周敦颐传》，见《周敦颐集》附录，北京：中华书局，1990年，第87页。

④［宋］朱熹：《通书后记》，载［宋］周敦颐：《周敦颐集》，北京：中华书局，1990年，第49页。

人或以为，周敦颐的“吟风弄月”“胸怀洒落，如光风霁月”是“仙风道气”，或以为“其哲学含有道家气味也”（陈荣捷语），虽是皮相之见，但并非无由。其实孔颜乐处本身，确乎有似于庄子的逍遥之乐。但是，我们认为，庄子之学，可能恰恰出于颜氏之儒，而并非孔颜受到道家影响。章太炎先生首先提出了庄子与颜氏之儒的关系。他说：

> 儒家之学，在《韩非子·显学篇》说是“儒分为八”，有所谓颜氏之儒。颜回是孔子极得意门生，曾承孔子许多赞美，当然有特别造就。但孟子和荀子是儒家，记载颜子的话很少，并且很浅薄。《庄子》载孔子和颜回的谈论却很多。可见颜氏的学问，儒家没曾传，反传于道家了。《庄子》有极赞孔子处，也有极诽谤孔子处；对于颜回，只有赞无议，可见庄子对于颜回是极佩服的。庄子所以连孔子也驳斥，也因战国时学者托于孔子的很多，不如把孔子也驳斥，免得他们借孔子作护符。照这样看来，道家传于孔子为儒家；孔子传颜回，再传至庄子，又入道家了。至韩退之以庄子为子夏门人，因此说庄子也是儒家。这是“率尔之论，未尝订入实录”。他因为庄子曾称田子方，遂谓子方是庄子的先生。那么，《让王篇》也曾举曾原、则阳、无鬼、庚桑诸子，也都列名在篇目，都可算作庄子的先生吗？①

章先生发现了庄子对于颜子有赞无弹，指出“颜氏的学问，儒家没曾传，反传于道家了”，这无疑是一种卓识。但是他认为“道家传于孔子为儒家；孔子传颜回，再传至庄子，又入道家了”，却说得不够确切。自然，孔子曾经受到老子影响，故孔子思想中亦有“无为”思想，却不宜说“道家传于孔子为儒家”，因为孔子之儒学，其主要渊源在周公和六经，而不在老子。说庄子是儒家，固然不当，但说庄子与颜子有一定的思想关联，则并非无稽之谈。而郭沫若先生的评论似乎更为公允：

---

① 章太炎：《国学概论》，北京：中华书局，2003年，第36页。

我怀疑他（指庄子）本是“颜氏之儒”。……庄子是从颜氏之儒出来的，但他就和墨子“学儒者之业，受孔子之术”而卒于“背周道而用夏政”一样，自己也成立了一个宗派。①

除此之外，钱穆也认为，“庄子思想，实仍沿（延）续孔门儒家，纵多改变，然有不掩其为大体承续之痕迹者。……若谓庄子思想，诚有所袭于孔门，则殆与颜氏一宗为尤近”②，“要之庄子关于人生哲学之理想，必有与孔子颜渊一脉相通之处”③。唐君毅也认为：“庄子之学与颜回之学，明有相契应之处。”④李泽厚更是深刻地指出：“庄子虽以笑儒家、嘲礼乐、反仁义、超功利始，却又仍然重感性，求和谐，主养生，肯定生命，所以它与孔门儒学倒恰好是由相反而相成的，即儒、道或孔、庄对感性生命的肯定态度是基本一致或相同相通的。所以，‘比较起来，在根本气质上，庄子哲学与儒家的“人与天地参”的精神仍然接近，而离佛家、宗教以及现代存在主义反而更为遥远。’”⑤综上可知，庄子的“道家气味”，与儒家尤其是与颜子确乎有极相通之处。深得颜子之学影响的周敦颐，其思想有所谓“道家气味”，不亦宜乎？当然，说颜子有“道家气味”显然是以后人的思想衡量前人的，其实我们反过来应该说，庄子深得“孔颜乐处”之气象。那么，周敦颐显然也是深得“孔颜乐处”之气象的。据文献记载，朱熹的老师李延平“每诵此言，以为善形容有道者气象”⑥。这“有道者气象”，是指周敦颐“得道”“有道”，此正是儒家所极力追求的生命境界。

---

① 郭沫若：《十批判书·庄子的批判》，《郭沫若全集·历史编》第2册，北京：人民出版社，1982年，第190页。

② 钱穆：《庄老通辨》，北京：生活·读书·新知三联书店，2002年，第148页。

③ 钱穆：《庄老通辨》，北京：生活·读书·新知三联书店，2002年，第152页。

④ 唐君毅：《孔子在中国历史文化的地位之形成》，载其著《中华人文与当今世界补编》，桂林：广西师范大学出版社，2005年，第289页。

⑤ 李泽厚：《华夏美学·美学四讲》，北京：生活·读书·新知三联书店，2008年，第96页。

⑥ [宋] 朱熹、吕祖谦：《近思录》卷十四《总论圣贤》，上海：上海古籍出版社，2010年，第355页。

这孔、颜乐处，均出自《论语》所记。孔子之乐，见于《述而》：

子曰："饭疏食饮水，曲肱而枕之，乐亦在其中矣。不义而富且贵，于我如浮云。"

颜子之乐见于《雍也》：

子曰："贤哉，回也！一箪食，一瓢饮，在陋巷。人不堪其忧，回也不改其乐。贤哉，回也！"

对于孔子之乐，程子曰："非乐疏食饮水也，虽疏食饮水，不能改其乐也。不义之富贵，视之轻如浮云然。"程子的说法显然是有见地的。孔子之乐，并非乐于困顿、贫乏，而是即使困顿与贫乏也无法撼动其初心，不能改变其所乐。程子又曰："须知所乐者何事。"[①]这里程子已经点出了"孔颜乐处，所乐何事"的命题。朱子则说："圣人之心，浑然天理，虽处困极，而乐亦无不在焉。"[②]明儒刘宗周说：

圣人日用动静，莫非天理。以天为休而不系于物，则常乐矣。圣心之天不可见，就乐地而见，故曰乐天。此乐不必在疏水、曲肱中，只就疏水、曲肱中拈起亦在。看圣人此等气象，分明浩浩无边。浮云富贵，正是乐中滋味觑破时作此眼界，曰不义云。[③]

可见，刘宗周对孔子之乐的看法，与程朱相一致。李泽厚则对宋明理学的看法，有认同，有批评。他说："'乐'什么？某种准宗教的心理情感状态也。……它高于任何物质生活和境界本身，超乎富贵贫贱之上。而此语的诗情画意，更使人流连不已，千古传诵。说它为审美境界，固宜。"他接着指出："问题在于'七情之正'与这种'天人之乐'的关系。理学将二者截然划开甚至对立，将前者视同仇敌。近代自然人性论相反，斥后

---

①［宋］朱熹：《四书章句集注》，北京：中华书局，1983年，第97页。

②［宋］朱熹：《四书章句集注》，北京：中华书局，1983年，第97页。

③［明］刘宗周：《论语学案》卷二，见《刘宗周全集》第一册，杭州：浙江古籍出版社，2017年，第365页。

者为神秘迂腐，片面发展前者。两皆失之。‘孔颜乐处’固然指‘天人之乐’，即孟子所谓‘上下与天地同流’之乐，但并不贬低或排斥‘七情之正’的世俗之乐，如孟子所谓‘得天下英才而教育之’的‘乐’，‘独乐乐与众乐乐’之‘乐’，等等。”①

对于颜子之乐，程子曰：“颜子之乐，非乐箪瓢陋巷也，不以贫窭累其心而改其所乐也，故夫子称其贤。”这与对孔子之乐的解释如出一辙，是真切的。又说：“箪瓢陋巷非可乐，盖自有其乐尔。其字当玩味，自有深意。”②这里也是提醒读者要“玩味”其中的深意。在别处，程子又曰：“若颜子箪瓢，在他人则忧，而颜子独乐者，仁而已矣。”③

对于程子所谓周茂叔之教，朱子则谓：“程子之言，引而不发，盖欲学者深思而自得之。今亦不敢妄为之说。”④刘宗周对此感慨道：

> 茂叔教人，每令寻孔颜乐处，所乐何事？此个疑案，后人鲜开消得，一似指空花、踏幻影，无有是处。程子说不是贫，又不是道；朱子又说未尝不是道，若有极口道不出者，毕竟是何事？此事不从言说得，不从妙悟得，学者须实学孔颜之学始得。孔颜乐处，即是孔颜学处。子曰：“不怨天，不尤人，下学而上达，知我者其天乎！”何不乐之有？善乎，王心斋氏之言曰：“学然后乐，乐然后学。学即乐，乐即学。天下之乐无如此学，天下之学无如此乐。”然则孔颜之乐也，乃其所以合于愤也与？⑤

对颜子之乐，李泽厚同样不满意于宋明理学家的诠释。他在诠释“回也，其心三月不违仁”时指出，仁在这里可能指的是某种具有神秘性的人

---

① 李泽厚：《论语今读》，北京：生活·读书·新知三联书店，2008年，第219—220页。

②［宋］朱熹：《四书章句集注》，北京：中华书局，1983年，第87页。

③［宋］程颢、程颐：《二程集·程氏外书》，上海：上海古籍出版社，2000年，第352页。

④［宋］朱熹：《四书章句集注》，北京：中华书局，1983年，第87页。

⑤［明］刘宗周：《论语学案》卷二，见《刘宗周全集》第一册，杭州：浙江古籍出版社，2017年，第346页。

生最高心理状态，怀疑“仁”即是宋明理学宣讲的“孔颜乐处”。这种境界是一种瞬间把握、稍纵即逝、难以长久保持的，可以用禅宗的“瞬间永恒感”来理解。孔颜之乐，不是乐贫困。这是儒家与某些宗教的大不同之处。儒学的最高境界是“天人合一”的神秘快乐。不过，他依然批评宋明理学将“世俗情感”与“天人之乐”对立起来。①在诠释“箪食瓢饮”一章时，他引用了马王堆帛书《五行》篇的话予以参证。《五行》云：“君子无中心之忧则无中心之智，无中心之智则无中心之悦。无中心之悦则不安，不安则不乐，不乐则不德。”李泽厚先生认为，这里的“乐”并不脱离感性和心理，这种快乐是“一种经由道德而达到的超道德的境界”②。

李泽厚借用人类学、宗教学等知识，进一步开拓了对孔颜乐处的诠释。他提出了一个著名的命题——“乐感文化”，以及与西方的“罪感文化”、日本的“耻感文化”相比较。他指出，“乐”在中国哲学中实际具有本体的意义。这种“乐”是以身心与宇宙自然合一为旨归的，其实质是审美的而非宗教的。③在李泽厚先生看来，孔子、颜子这种“乐”，既是对外在世界的实践性的自由把握，又是对人道、人性和人格完成的关怀。它既是人的自然性的心理情感，同时又是已远离了动物官能的快感，而达到心灵的实现和人生的自由，其中积淀、融化了人的智慧和德行，成为在智慧和道德基础上的超智慧、超道德的心理本体。这是人生，也是审美。这种“乐”是一种仁的最高层次。④李泽厚的看法是深刻的。孔子儒学，没有对彼岸世界的追求，强调人的世俗生活与宇宙的相通性，因此更加肯定生命、强调世俗、重视实用、重视情感。

---

① 李泽厚：《论语今读》，北京：生活·读书·新知三联书店，2008年，第179—180页。
② 李泽厚：《论语今读》，北京：生活·读书·新知三联书店，2008年，第183页。
③ 李泽厚：《中国古代思想史论》，北京：生活·读书·新知三联书店，2008年，第329页。
④ 李泽厚：《华夏美学·美学四讲》，北京：生活·读书·新知三联书店，2008年，第57页。

当然，相对于孔子之乐，颜子之乐也依然“微有迹”。正如刘宗周所言：“颜子之乐，从忧上勘出，正是工夫得力时。以夫子之乐观之，犹带许多辛酸味在。”①不过，即便如此，由于“回无气质之病而好学不惰，纯粹精微”，故能够“优入圣域，近于道矣”。②

原载《中国文化》2018年秋季号（总第48期）。

作者简介

宋立林，1978年出生，历史学博士，山东省泰山学者青年专家，曲阜师范大学优秀传统文化教育中心副主任，孔子文化研究院副院长（兼），中华礼乐文明研究所所长，兼任中华孔子学会理事，《孔子研究》副主编，贵阳孔学堂学术委员会委员，山东曾子研究会副会长，济南汶源书院院长。

---

①［明］刘宗周：《论语学案》卷二，见《刘宗周全集》第一册，杭州：浙江古籍出版社，2017年，第365页。

②［明］刘宗周：《论语学案》卷三，见《刘宗周全集》第一册，杭州：浙江古籍出版社，2017年，第424页。

颜、孟"亚圣"易位考论

——从曲阜碑刻文献谈起

陈　霞

曲阜是鲁国故地，孔子的故乡，儒学的发源地。随着后世统治者尊孔崇儒之风的日盛，曲阜成为历代君王、公卿士大夫礼拜的必至之地。他们在对孔子等圣贤顶礼膜拜的同时，也留下了大量的封诰、祭文、赞辞等文献资料。这些文献资料，多体现在曲阜及其周围的石碑上。在其中，我们发现有不少关于"亚圣"的记载，其中多指"颜回"，这和现在所认为的"亚圣"即孟子有所出入。

实际上，"亚圣"起初即并非孟子的专称。在孔子弟子及其后学中，颜回、荀子等都曾"优入圣域"，被称作"亚圣"；唐宋时期，"亚圣"一度成为颜回的专有称呼；宋元以来，孟子地位逐渐上升，并于元至顺元年（1330年）被元文宗加封为"邹国亚圣公"，颜回的封号则改为"兖国复圣公"；明嘉靖九年（1530年），明世宗又将孟子的尊号直接改为"亚圣"，颜回则称为"复圣"。从此，"亚圣"成为孟子的专有封号。对于颜、孟之间"亚圣"之位的变易，前贤时哲早有论述，但对"亚圣"的出现及其含义，以及这一封号的历史变迁，叙述得不甚详细。本文在前人研究的基础上，借助曲阜的碑刻文献，参考传世文献，对上述问题进行再梳理，希望通过对这一称号历史变迁的考察，认识儒学在不同时期的变化与发展。

一、早期文献中的“亚圣”称谓及其含义

“亚圣”一词，最早出现于东汉时期。赵岐（约108—201）在《孟子题辞》中称孟子为“命世亚圣之大才者也”[①]，而同为东汉末年的祢衡（173—198），在他为曲阜颜庙撰写的《颜子庙碑》中则赞颜回“亚圣德，蹈高踪”[②]。颜子、孟子二人都被称为“亚圣”，可见，“亚圣”起初并不专指某一人。

考之其他文献。汉代以来，除了颜回、孟轲之外，人们也以“亚圣”称呼他人。例如，三国徐干在其《中论序》中曾以此称呼荀子，“荀卿子、孟珂怀亚圣之才，著一家之法，明圣人之业”[③]。晋葛洪《抱朴子·正郭》篇中则以此称呼郭林宗：“嵇生以为‘太原郭林宗竟不恭三公之命，学无不涉。名重于往代，加之以知人。知人则哲，盖亚圣之器也’。”[④]郭林宗，即郭泰（128—169），是东汉末年太原介休人，博通“三坟五典”，思想以儒学为主，在当时因不愿就官府的征召而著名，为时人所敬仰，因此，魏晋时期的嵇康认为他“盖亚圣之器也”。

由此来看，在“亚圣”一词出现的早期阶段，它并不特指某一个人，而是一个泛指的称呼，可以是孔子赞许的弟子，可以是传承孔子衣钵的大儒，也可以是才智、道德比较出众的儒家后学。总而言之，这一称呼尚属民间称谓，是对那些才智、名位稍次于圣人的人的一种称呼。

既然“亚圣”最初所指可以清楚，那么“亚圣”所“亚”、所次于

---

①［清］焦循：《孟子正义》（上），沈文倬点校，北京：中华书局，1987年，第13页。

② 此碑目前已不存，碑文存于《陋巷志》卷六。骆承烈《石头上的儒家文献——曲阜碑文录》附录一《曲阜外与孔子有关的碑、碣》著录原文，济南：齐鲁书社，2001年，第1101页。

③［魏］徐干：《中论解诂》附录一《序跋》，孙启治解诂，北京：中华书局，2014年，第393页。

④ 杨明照撰：《抱朴子外篇校笺》卷四十六《正郭》，北京：中华书局，1991年，第449页。

者又是谁呢？也就是说，在“亚圣”一词出现的汉魏时期，人们所认可的“圣人”是谁？是如后世所理解的，仅指孔子而言吗？

在儒学系统中，孔子的确是被后人称颂的圣人。虽然孔子认为圣人是人之最高等，①且在当时之世很难见到，②但在其生前，已经有人将他比作圣人。例如，当时鲁国的太宰就问子贡曰：“夫子圣者与？何其多能也？”子贡回答说：“固天纵之将圣，又多能也。”（《论语·子罕》）但孔子是反对人们称他为圣人的，他说：“若圣与仁，则吾岂敢？抑为之不厌，诲人不倦，则可谓云尔已矣。”（《论语·述而》）在孔子去世之后，在其门人后学的推崇下，孔子更是一步步被圣人化。据孟子记载，孔子的弟子宰我、子贡、有若都对孔子极尽赞赏。宰我曰：“以予观于夫子，贤于尧舜远矣。”子贡曰：“自生民以来，未有夫子也。”有若曰：“自生民以来，未有盛于夫子也。”（《孟子·公孙丑上》）三人所言，已将孔子抬高到“生民以来”第一圣人的地位。孟子也赞叹孔子为“集大成者”“圣之时者”，在孔子的圣人化进程中，孟子做出了重要贡献。

由此可见，在战国末年，孔子已经成为儒家所推崇的圣人。而给予孔子更明确的圣人身份，也可以说完成孔子圣人化的，则是西汉时期的司马迁。司马迁在《史记·孔子世家》之末总结说：“天下君王至于贤人众矣，当时则荣，没则已焉。孔子布衣，传十余世，学者宗之。自天子王侯，中国言六艺者折中于夫子，可谓至圣矣。”③我们现在所称呼孔子的“至圣”一词，即由此而出。与此同时，随着儒学地位的提升，统治者对孔子的尊崇封谥也不断。北魏太和十六年（492年），孝文帝就封孔子为“文圣尼

---

①《孔子家语·五仪解》记孔子将人分为五等，他说：“人有五仪：有庸人，有士人，有君子，有贤人，有圣人。”圣人是最高等。见杨朝明、宋立林主编：《孔子家语通解》，济南：齐鲁书社，2009年，第58页。

②《论语·述而》记孔子之言曰：“圣人，吾不得而见之也，得见君子斯可矣。”

③《史记》卷四十七《孔子世家》，北京：中华书局，1982年，第1947页。

父”，给予其圣人之尊。

显然，汉代以来，孔子可以说是公认的圣人，“亚圣”稍次之。实际上，除了孔子，当时公认的圣人还有一位，那就是被后人称为“元圣”的周公。《礼记·文王世子》说：“凡学，春官释奠于其先师，秋冬亦如之。凡始立学者，必释奠于先圣、先师。”这是国家举行祭祀先圣、先师的释奠礼，而其中祭祀的对象“先圣”，郑玄解释说：“先圣，周公若孔子。”[①]可见，在当时，周公和孔子都是人们敬奉祭祀的圣人。自汉以下，虽然其间或有变换，但周公作为“先圣”被文庙祭祀一直持续到唐代。唐玄宗以孔子取代周公为“先圣”，升颜回为“先师”。

综观以上，在儒学系统中，周公和孔子一直是公认的圣人。而比“亚圣”才智、名位还要高的圣人应该主要是指周公和孔子而言的。这从《抱朴子·正郭》的记载中也可以看出。

前面提到东汉末年的郭林宗被竹林七贤之一的嵇康看作“亚圣之器”，并认为“及在衰世，栖栖惶惶，席不暇温，志在乎匡断行道，与仲尼相似”。而抱朴子（葛洪自称）不以为然：

> 余答曰：“夫智与不智，存于一言，枢机之玷，乱乎白圭，愚谓亚圣之评，未易以轻有许也。夫所谓亚圣者，必具体而微，命世绝伦，与彼周、孔其间无所复容之谓也。若人者，亦何足登斯格哉！”[②]

在此，葛洪不赞成嵇康认可郭林宗具有“亚圣之器”。他认为“亚圣”是对一个人很高的评价，必须具有“具体而微”“命世绝伦”的才智，并且要“与彼周孔其间无所复容”，也就是说，其行为处事、人生境遇等并不是一定要与“周孔”相似的。通读《正郭》篇，这里的“周孔”，指的就是周公与孔子。显然，葛洪认为“周孔”是比“亚圣”更高一层次的

---

①［汉］郑玄注，［唐］孔颖达疏：《礼记注疏》卷二十《文王世子》，见《武英殿十三经注疏》（五），济南：齐鲁书社，2019年，第2823页。

②杨明照撰：《抱朴子外篇校笺》卷四十六《正郭》，第452页。

圣人。

所以，“亚圣”在其出现的初期阶段，也即由汉至唐这段时期，并不是一个专有称呼，而是指儒学系统中，才智、名位稍次于圣人的人。而其所稍次于的圣人，也不是仅指孔子，而是主要指周公和孔子。

二、唐宋金元时期“亚圣”多指颜回

唐代以来，人们以“亚圣”称呼颜回者居多。这一称呼在曲阜当地的碑刻文献中多有记载。例如《开元十一年御制老孔颜赞残石》，此碑刻于唐玄宗开元十一年（723年）五月，其中的“颜回赞”曰：

杏坛槐（市），儒术三千。回也亚圣，丘也称贤。四科之首，百行之先。秀而不实，得无恸焉。①

碑中不仅将颜回列于孔子之后，一并作赞，而且明确记载“回也亚圣”。再如《天宝元年兖公之颂碑》，此碑立于唐玄宗天宝元年（742年）四月，由当时的朝仪郎行曲阜县令张之宏撰文。碑文记载“渤海李公”至阙里游访，行至陋巷，见“城郭犹是”“陋巷空存”之景象十分感慨，于是对张之宏建议：“张令文蔚国章，智树仁策，扚光可大，誉望克韶，宣王既以铭焉，兖公岂宜阙尔。”张之宏表示：“恭惟嘉命，勒兹徽猷。俾夫亚圣，同之前美。”②于是对颜回故居进行了一番整修，并撰写颂文刊刻于石碑之上。唐玄宗开元二十七年（739年）诏封颜回为“兖公”，碑文中“兖公”即指颜回。而且从此碑刻立的背景、过程的叙述看，“俾夫亚圣，同之前美”中的“亚圣”，也是指颜回。

①《开元十一年御制老孔颜赞残石》，载杨朝明主编：《曲阜儒家碑刻文献辑录》第2辑，济南：齐鲁书社，2015年，第73页。

②《天宝元年兖公之颂碑》，载杨朝明主编：《曲阜儒家碑刻文献辑録》第4辑，济南：齐鲁书社，2018年，第24页。

以上两碑是唐玄宗时期的两块碑刻，明确称颜回为“亚圣”。考之史籍，除了东汉时期有对颜回称“亚圣”的记载外，唐代以前，很少有“亚圣”这一称呼，唐以后，则开始增多。这体现了唐代推重儒学中尊崇孔子与颜子的特点。

颜回，字子渊，与孔子同为鲁国人，是孔子生前最得意的弟子。孔子喜爱颜回，其原因，一方面是颜回勤奋好学。孔子曾问子贡：“女与回也孰愈？”子贡回答：“赐也何敢望回？回也闻一以知十，赐也闻一以知二。”孔子也感叹说：“弗如也，吾与女弗如也。”（《论语·公冶长》）另一方面是颜回仁德出众。孔子称赞他说：“回也，其心三月不违仁，其余则日月至焉而已矣。”（《论语·雍也》）“贤哉，回也！一箪食，一瓢饮，在陋巷，人不堪其忧，回也不改其乐。贤哉，回也！”（《论语·雍也》）而最让孔子欣慰的是，颜回与孔子志同道合，是最了解孔子的人。《史记·孔子世家》与《孔子家语·在厄》都记载了孔子师徒曾“厄于陈、蔡之间”“绝粮七日，外无所通，从者皆病”。在这种困境下，即使子路、子贡这样亲近的弟子，也对孔子有所抱怨，认为孔子应该顺应时势，降低“道”的标准。而只有颜回宽慰孔子说：

> 夫子之道至大，故天下莫能容。虽然，夫子推而行之，不容何病，不容然后见君子！夫道之不修也，是吾丑也。夫道既已大修而不用，是有国者之丑也。不容何病，不容然后见君子！①

可见，颜回对孔子的“道”有着精准的理解，并且是孔子不畏艰难推行大道的坚定拥护者与支持者。在四处碰壁、“天下莫已知”的情况下，有一个勤奋好学，且能理解自己、支持自己的弟子，孔子怎能不喜爱呢？

也正是因为颜回与孔子的这种亲密关系，在后世的尊孔崇儒中，颜回

① 杨朝明、宋立林主编：《孔子家语通解》，济南：齐鲁书社，2009年，第245页。

随着孔子地位的提高而一再受到褒封。自汉代起，颜回即被列为七十二贤之首，在统治阶层的祭孔活动中，颜回往往独享配祀之尊。到了唐代，颜回的地位更加提升。唐太宗贞观二年（628年），太宗李世民诏升孔子为“先圣”，颜子则进而递升为“先师”。随后，唐代帝王又接连加封颜子为“太子少师”“太子太师”“兖公”。由此可见颜回所受尊崇一再提升。前述《天宝元年兖公之颂碑》，现存于曲阜汉魏碑刻博物馆，而据记载，此碑最初是立于当时的大成殿中的，颜回在唐代的地位之尊由此可见一斑。

鉴于颜回地位的提升，唐代以来，人们以“亚圣”称呼颜回者逐渐增多，宋金元时期，“亚圣”甚至一度成为颜回的专称。例如，宋代胡瑗《周易口义·系辞下》记载：

> 子曰：颜氏之子，其殆庶几乎！有不善未尝不知，知之未尝复行也。义曰：此孔子言知微知彰、知柔知刚也，自古已来惟颜子一人而已，其庶几可以近之。夫颜氏之子者，即孔门之高弟、亚圣之上贤，能知祸福之萌、吉凶之兆……[①]

其中称颜回为“亚圣之上贤”。又如宋郭雍撰《郭氏传家易说》卷八：

> 颜子亚圣之道，未能无过，故《论语》称不贰过：未能无得失，故《中庸》言“得一善则拳拳服膺而弗失之”。由此则知几于圣人矣，故此言其殆庶几乎。

其中也以“亚圣”称呼颜回。

除了文献记载以外，传世碑刻中也如此称呼。例如，曲阜颜庙所存《明昌五年重修兖国公庙记碑》记曰：

> 颜子贫居陋巷之中，一箪食，一瓢饮，人不堪其忧，孔子贤

① ［宋］胡瑗著，白洪辉、于文博、〔韩〕徐尚贤点校：《周易口义》，北京：中国社会科学出版社，2021年，第468页。

之。……当时洙泗之间，杏坛之上，济济然三千之徒，颙颙然七十之贤，无能出其右者。可谓绝伦离类，宜乎后世，称为亚圣。①

其中称赞颜回因在孔门中“无能出其右者，可谓绝伦离类，宜乎后世”之地位，而被“称为亚圣”。曲阜孔庙十三碑亭所存《承安二年党怀英撰重修至圣文宣王庙碑》，此碑立于金章宗承安二年（1197年）三月，其碑阴有元仁宗延祐六年（1319年）时任朝列大夫、山东东西道肃政廉访副使的刘文撰写的祭孔、颜、孟祭文三篇，其中颜子的祭文中说：

兖国公：惟公位崇亚圣，名冠四科。鼓瑟自怡，乐道为任。有攀鳞附翼之志，无施劳伐善之心。礼祀大贤，光隆永世。②

其中明确称颜子为“亚圣”，而孟子的祭文则说：

邹国公：惟公生禀淑质，名推大才。立王化之基，治儒术之道。遵行仁义，距放邪淫。垂万世之宪言，宜诸生之礼祀。③

其中以“大才”称呼孟子。“亚圣”在这一时期专称颜子，由此可见。

此外，曲阜所存《大德十一年保护颜庙圣旨禁约碑》《至大四年保护颜庙禁约碑》《皇庆元年颜庙晓谕诸人通知碑》《至顺二年立延祐元年曲阜文庙免差役赋税碑》等，都明确称颜子为“亚圣”。

由以上碑文及其他传世文献记载来看，唐宋以来，人们多以“亚圣”称呼颜回。而且这一称呼并非只是民间的尊称，它出自当时的公卿士大夫之口，甚至出现在皇帝的圣旨里。可见，“亚圣”已是对颜回的一个公认的称呼。

---

① 骆承烈：《石头上的儒家文献——曲阜碑文录》上，济南：齐鲁书社，2001年，第193页。

②《承安二年党怀英撰重修至圣文宣王庙碑》，载杨朝明主编：《曲阜儒家碑刻文献辑录》第3辑，济南：齐鲁书社，2017年，第51页。

③《承安二年党怀英撰重修至圣文宣王庙碑》，载杨朝明主编：《曲阜儒家碑刻文献辑录》第3辑，济南：齐鲁书社，2017年，第51—52页。

三、宋元以来孟子地位的提升与获封“亚圣”

孟子“亚圣”这一称呼，除了东汉赵岐用过之外，宋元以前，文献很少记载。但自宋代起，称孟子为“亚圣”者开始增多。

《周易口义》卷九《渐》记曰：

> 义曰：……孟子之母为子三徙其邻，卒使其子为万世亚圣之贤，盖其择贤善之力也。①

其中说孟母为了使孟子养成良好的德性，曾三次搬家，最终成就孟子为“万世亚圣之贤”。如果说这里孟子的称呼不像颜子那样直接，那么到了元代，“亚圣”似乎成为孟子的一个和颜子一样被“公认”的称呼。例如《元太宗九年曲阜文庙免差役赋税碑》②，是对孔、颜、孟三氏子孙蠲免差役赋税的圣旨碑。其中记载：

> ……今准袭封衍圣公孔元措申：曲阜县见有宣圣祖庙，其亚圣子孙历代并免差发，目今兖国公后见有子孙八家，邹国公后见有子孙二家，事除已行下东平府照会。是亚圣之后，仰依僧道一体蠲免差发去讫，并不得夹带他族。仰各家子孙准上照会施行。奉到如此。右札付亚圣兖国公、邹国公之后子孙，准此。③

---

① ［宋］胡瑗著，白辉洪、于文博、〔韩〕徐尚贤点校：《周易口义》，北京：中国社会科学出版社，第296页。

② 此碑在骆承烈所著的《石头上的儒家文献——曲阜碑文录》中称为《元贞三年曲阜文庙免差役赋税碑》，在蔡文彪《元代白话碑集录》称为《一二九七年曲阜文庙免差役赋税碑（一）》。据学者考证，以上两书将此碑所立时间定为元成宗元贞三年（1297年）与元成宗大德六年（1302年）都是不准确的，实际上应该是窝阔台汗九年，即1237年。（参见萧启庆：《内北国而外中国：蒙元史研究》（上），北京：中华书局，2010年，第84页）

③ 此碑在曲阜未发现。但因为此圣旨同时也颁发给“邹国公之后”，故邹城亦刻立此碑，现录此圣旨的石碑存于孟庙启圣殿院甬道东侧。碑文可参见刘培桂编著：《孟子林庙历代石刻集》，济南：齐鲁书社，2005年，第37页；蔡美彪编著：《元代白话碑集录》，北京：社会科学出版社，1955年，第42页。

从碑文看，“其亚圣子孙”，应该指“兖国公后”和“邹国公后”，那么，“亚圣”即指兖国公颜子和邹国公孟子二人。这是曲阜所存碑文中对颜子、孟子并称“亚圣”的最早记载。后又有《延祐元年曲阜文庙免差役赋税碑》[①]记曰：

……又据邹县状申，孟在委系亚圣邹国公四十九代孙，将合纳地税肆斗一升，除免相应。得此。本部议得，亚圣兖国公颜氏子孙颜宽等八家税石，已经呈准省部除免了当外，亚圣邹国公孟氏子孙孟信、孟成二家，乙未、壬子二年籍面内明，该滕县孟信、孟成系孟子五十代孙，邹县孟在系孟子四十九代孙。即与都堂钧旨连送户部，更为照勘地亩税石数目。如无违碍，依上施行。[②]

在此一碑文中，也同称颜子、孟子为“亚圣”。虽然这一时期，还是称颜子为“亚圣”者居多，但从中也可看出孟子地位有了很大提升。

孟子生前的遭遇和孔子相似，虽然博学善辩，名闻于四方，但因其政治主张过于迂阔，不适合“霸道”相争的战国时代，故而不见用于诸侯，社会地位也不高。就其思想学说来看，在先秦时期，因孔子去世以后，“儒分为八”，孟子学派也只是其中的一派，并未取得权威地位。虽然后来司马迁撰《史记》，有《孟子荀卿列传》一篇，但在西汉中期及其以后很长时间，孟子的地位都相对较低。孟子地位的转折始于唐朝中期，学界将其称为“孟子升格运动”。

奠定孟子升格理论基础的，是唐代古文运动领袖韩愈（768—824）。出于对抗唐代佛教日益兴隆的现实需要，韩愈在他著名的《原道》一文中提出“道统论”，并明确列出“道统”人物名单：“尧以是传

---

① 此碑在曲阜未发现，邹城孟庙有存，碑文与“元太宗九年曲阜文庙免差役赋税”的圣旨同刻于一碑。

② 碑文参见刘培桂编：《孟子林庙历代石刻集》（第37页）、蔡美彪《元代白话碑集录》（第71页）。

之舜，舜以是传之禹，禹以是传之汤，汤以是传之文、武、周公，文、武、周公传之孔子，孔子传之孟轲；轲之死，不得其传焉。”①在这里，韩愈直接将孟子置于孔子之后，作为儒家道统的主要承传人，并指出孟子之后，道统不得其传，由此可见孟子地位之特殊与重要。虽然韩愈的这一提法在当时并未得到官方承认，但由此拉开了“孟子升格运动”的序幕。

到了两宋时期，孟子的地位进一步提升。北宋熙宁四年（1071年），《孟子》一书列入科举考试科目，其官学地位确立。以后，该书成为官办学校的主要教材之一、科举应试者的必读之书。北宋元丰六年（1083年）十月，孟子获封“邹国公”，这是孟子逝世一千多年以来首次由朝廷加以封赐。翌年，孟子得以配享孔子，取得了与颜回相当的地位。随着孟子地位的提升，《孟子》一书也备受尊崇。

北宋宣和年间（1119—1125），《孟子》被刻石，成为经书，列入“九经”之中。北宋理学家程颢、程颐对《孟子》非常推崇，他们甚至认为：“学者当以《论语》《孟子》为本。《论语》《孟子》既治，则‘六经’可不治而明矣。”②南宋理学家朱熹更是将《论语》《大学》《中庸》《孟子》结集在一起，并为之作了章句、注疏，合称《四书章句集注》，成为后人学习的范本和定本。由此巩固了《孟子》在儒家经典中的地位。

到了元朝，孟子的升格运动继续进行。延祐元年（1314年），元朝恢复科举考试，以《四书集注》为命题依据；至顺元年（1330年），元文宗加封孟子为“邹国亚圣公”。自此，孟子的封号中正式出现“亚

---

①［唐］韩愈：《原道》，见《五百家注昌黎文集》卷十一，景印文渊阁四库全书第1074册，台北：台湾商务印书馆，1986年，第224页。

②［宋］程颢、程颐：《河南程氏遗书》卷二十五，见《二程集》，北京：中华书局，1981年，第322页。

圣”称谓。而在孟子受封的同时，颜回的封号改为“兖国复圣公”，颜回随后即以“复圣”称号配祀孔子。颜回、孟子的“亚圣”易位得以实现。

明嘉靖九年（1530年），明世宗更定孔子祀典，改孔子封号“大成至圣文宣王”为“至圣先师”，同时，也将作为从祀者之一的孟子的尊号由“邹国亚圣公”改为“亚圣”。至此，孟子最终获封“亚圣”。虽然在此之后也偶尔有以“亚圣”称呼颜回者，但主要是对孟子的称呼。“亚圣”逐渐成为孟子的专称。更重要的是，在儒家道统说的支持下，孟子成为孔子思想学说的接班人，儒家学说也被称为“孔孟之道”。因此，孟子不仅获得“亚圣”之尊，而且“亚圣”这一称号，其含义也真正成为仅次于孔子的圣人。

四、小结

时至今日，孟子一直稳坐“亚圣”宝座。但在儒学发展的历史中，的确存在着以颜回与孟子为主的“亚圣”之位的更替。颜、孟二人的“亚圣”易位，体现了二人对孔子思想学说、对儒学发展的贡献不同。颜回虽然生前侍奉孔子，道德、学问都紧随其师，但由于去世过早，除了与孔子及其同门的对话，未能留下独立篇章，学术体系更未能形成。而孟子，身处战国乱世，却继承和发展了孔子的思想学说，实在是有大功于圣门。这从元文宗加封孟子的圣旨中即可看出：“孟子，百世之师也。方战国之从横，异端之充塞，不有君子，孰任斯文？观夫七篇之书，惓惓乎致君泽民之心，凛凛乎拔本塞源之论；黜霸功而行王道，距诐行而放淫辞。可谓有功圣门，追配神禹者矣。……英风千载，蔚有耿光。可加封邹国亚圣公。”[①]可见，颜、孟二人虽然均“优入圣域”，但在儒学发展的历史长河中，在孔子思想的传承发展中，孟子的贡献更大，影响更长远。

原载《孔子学刊》第七辑，杨朝明主编，青岛出版社，2016年。

作者简介

陈霞，1978年出生，女，山东曲阜人，历史学博士，孔子研究院副研究员。研究领域为儒家文献。

① 刘培桂编：《孟子林庙历代石刻集》，济南：齐鲁书社，2005年，第65页。

遵循与突破：大司徒与春秋时期鲁国礼乐文化的盛衰

张　磊

西周初年，周公制礼作乐，开启了周代礼乐文明的大门。鲁国作为周公的封国，有浓厚的礼乐文化氛围，素有以礼乐治国的传统。这在职官上的反映，就是鲁国大司徒掌管、推行礼乐教化。其具体情况，可据《礼记·王制》进行推测。

《礼记·王制》云：

> 司徒修六礼以节民性，明七教以兴民德，齐八政以防淫，一道德以同俗，养耆老以致孝，恤孤独以逮不足，上贤以崇德，简不肖以绌恶。

这其中就提到司徒修饬六种礼仪来节制民性，阐明七种教化来培养民的德行，并可以看出司徒推行礼乐教化可以使社会民风淳厚、孝亲敬老、尚贤崇德。郑玄注云："司徒，地官卿，掌邦教者。"[①]这说明郑玄认为《礼记·王制》记载的司徒掌管礼乐教化。《礼记》成书的时代去古未远，关于司徒负责礼乐教化的记载，虽或有润色修饰的成分，但是应该说基本上反映了周代司徒的实际情况，由此可以推测鲁国大司徒推行礼乐教化的大致情形。因此鲁国大司徒与鲁国礼乐文化的盛衰密不可分。

在春秋社会变革的背景下，鲁国大司徒季氏对周礼既有遵循、维护之

---

①［汉］郑玄注，［唐］孔颖达正义：《礼记正义》卷十三《王制》，北京：中华书局，1980年，第1342页。

举动，也有违背、突破之行为。这种矛盾心态，与大司徒季氏着力进行的社会变革交织在一起，成为透视春秋时期鲁国礼乐文化盛衰的独特视角。

一、大司徒季氏对周礼的维护和遵循

春秋时期鲁国大司徒季氏，在一定程度上保持了司徒推行礼乐教化的传统，在观念和行动上维护和遵循周礼，在邦交上运用周礼保护鲁国的利益。这主要表现在以下几个方面。

（一）大司徒季氏在观念上坚持周礼

鲁国深受周公的影响，盛行礼乐文化。鲁国大司徒既是鲁国的卿大夫，也是周公的后裔，对周礼非但不陌生，而且显示出某种亲切感和熟悉感，甚至会天然地坚持。《左传·文公十八年》记载，莒国太子仆弑纪公奔鲁，鲁宣公要赏以城邑，季文子却派人将其逐出国境。鲁宣公问如此做的原因，季文子让太史克回答说：

> 先大夫臧文仲教行父事君之礼，行父奉以周旋，弗敢失坠。曰："见有礼于其君者，事之，如孝子之养父母也；见无礼于其君者，诛之，如鹰鹯之逐鸟雀也。"先君周公制周礼曰："则以观德，德以处事，事以度功，功以食民。"……行父还观莒仆，莫可则也。孝敬、忠信为吉德，盗贼、藏奸为凶德。夫莒仆，则其孝敬，则弑君父矣；则其忠信，则窃宝玉矣。其人，则盗贼也；其器，则奸兆也。保而利之，则主藏也。以训则昏，民无则焉。不度于善，而皆在于凶德，是以去之。

季文子以周礼的标准看待莒国太子仆，认为他违背周礼的原则，是无孝敬、忠信之人，故应该被驱逐出鲁国之境。大司徒季文子特别强调"先君周公制周礼"，确实发自内心，对于先人周公所制周礼异乎寻常的坚持也就不难理解。季文子的观念应该代表了鲁国众卿大夫的基本共识。

实际上遵循周礼的观念，处处体现在大司徒季文子的认识当中。根据《左传·文公十五年》的记载，当齐国进攻鲁国的西部边境并因曹国国君朝见鲁国而攻伐曹国时，季文子以周礼为标准评价齐懿公：

齐侯其不免乎？己则无礼，而讨于有礼者，曰："女何故行礼？"礼以顺天，天之道也。己则反天，而又以讨人，难以免矣。诗曰："胡不相畏？不畏于天。"君子之不虐幼贱，畏于天也。在《周颂》曰："畏天之威，于时保之。"不畏于天，将何能保？以乱取国，奉礼以守，犹惧不终，多行无礼，弗能在矣！

季文子认为礼以顺天，乃天之常道；齐侯违礼而讨伐有礼的国家，所以难以免于祸难。这表明季文子仍然坚持以周礼的观念认识评价此事。

（二）大司徒季氏在行动上遵循周礼

鲁国大司徒季氏在行动上也遵循周礼。例如大司徒季文子详细了解礼的细节以备不时之需。《左传·文公六年》云：

秋，季文子将聘于晋，使求遭丧之礼以行。

鲁文公六年（前621年），季文子将到晋国访问，派人请求了解遇到丧事应具备的礼节，以防遇到意外之事不能处理。

根据《左传·襄公九年》的记载，鲁襄公九年（前564年），鲁襄公在季武子陪同下前往晋国。此时鲁襄公十二岁。晋悼公建议为鲁襄公举行冠礼。季武子同意这个建议，并强调说"君冠，必以祼享之礼行之，以金石之乐节之，以先君之祧处之。今寡君在行，未可具也。请及兄弟之国而假备焉"，于归国途中"及卫，冠于成公之庙，假钟磬焉，礼也"。大司徒季武子在卫国为鲁襄公举行冠礼的行为是符合周礼的，这一举动又通过遵循周礼，维护鲁国在诸侯国中的形象。

（三）大司徒季氏在邦交上运用周礼

大司徒季氏尤其重视运用周礼处理外交关系，十分注意运用周礼维护鲁国利益。这可以体现在以下几个事例之中。

1. 大司徒季文子问兵于臧武仲。《左传·成公十八年》云：

> 晋士鲂来乞师。季文子问师数于臧武仲，对曰：“伐郑之役，知伯实来，下军之佐也。今彘季亦佐下军，如伐郑可也。事大国，无失班爵而加敬焉，礼也。”从之。

鲁成公十八年（前573年），晋士鲂请求鲁国出兵。季文子向臧武仲询问出兵之事。臧武仲指出，对待大国的使者，要按照爵位次序而更加尊敬。这样符合周礼，因而季文子采纳了他的建议。

2. 大司徒季武子访晋以礼避祸。《左传·昭公六年》云：

> 夏，季孙宿如晋，拜莒田也。晋侯享之，有加笾。武子退，使行人告曰：“小国之事大国也，苟免于讨，不敢求贶。得贶不过三献。今豆有加，下臣弗堪，无乃戾也。”韩宣子曰：“寡君以为欢也。”对曰：“寡君犹未敢，况下臣，君之隶也，敢闻加贶？”固请彻加，而后卒事。晋人以为知礼，重其好货。

鲁昭公六年（前536年），季武子到达晋国，拜谢晋国不讨伐鲁国占取莒国田地。晋侯以超越正常的礼仪规格进行招待。季武子以不合周礼而退出，实际上担心如果得到额外的优待会给自己甚至鲁国带来灾祸。晋国人因此认为季武子知礼。

3. 大司徒季平子降低礼数，以表达对晋国的不满。《左传·昭公二十一年》云：

> 夏，晋士鞅来聘，叔孙为政。季孙欲恶诸晋，使有司以齐鲍国归费之礼为士鞅。士鞅怒，曰：“鲍国之位下，其国小，而使鞅从其牢礼，是卑敝邑也。将复诸寡君。”鲁人恐，加四牢焉，为十一牢。

鲁昭公二十一年（前521年）夏天，季平子面对访问鲁国的晋国人士鞅，想表达不满，所以用当年招待齐国人鲍国的礼节等级——七牢之礼进行招待，有点故意贬低士鞅和晋国，从而让士鞅发怒。鲁国人恐惧，赶紧在七牢的基础上加了四牢。

4. 大司徒季康子以周礼应对吴国威胁。《左传·哀公七年》云：

大宰嚭召季康子，康子使子贡辞。大宰嚭曰："国君道长，而大夫不出门，此何礼也？"对曰："岂以为礼？畏大国也。大国不以礼命于诸侯，苟不以礼，岂可量也？寡君既共命焉，其老岂敢弃其国？大伯端委以治周礼，仲雍嗣之，断发文身，裸以为饰，岂礼也哉？有由然也。"反自鄫，以吴为无能为也。

鲁哀公七年（前488年），季康子派子贡去见吴国大宰嚭。子贡指出，如果吴国身为大国却不能以礼命于诸侯，就会在诸侯间带来无法估量的危害；太伯认真推行周礼，但仲雍却断发文身不遵循周礼。子贡依据周礼与吴国大宰嚭进行对话以维护鲁国的利益，应该是秉承了季康子的意思。

二、大司徒季氏对周礼的违背和突破

在春秋社会礼坏乐崩的背景下，鲁国大司徒季氏也无法完全遵循和维护周礼，有时也会违背，甚至有所突破。这主要表现在以下几个方面。

（一）大司徒季氏不得已违背周礼

《左传·昭公七年》云：

晋人来治杞田，季孙将以成与之。谢息为孟孙守，不可，曰："人有言曰：'虽有挈瓶之知，守不假器，礼也。'夫子从君，而守臣丧邑，虽吾子亦有猜焉。"季孙曰："君之在楚，于晋罪也。又不听晋，鲁罪重矣。晋师必至，吾无以待之，不如与之，间晋而取诸杞。吾与子桃，成反，谁敢有之？是得二成也。鲁无忧，而孟孙益邑，子何病焉？”辞以无山，与之莱、柞，乃迁于桃。晋人为杞取成。

鲁昭公七年（前535年）鲁昭公访问楚国，是为远晋而友楚。晋将划鲁田给杞国，而周礼讲究“守不假器”，更何况是将本国土地划予别国，但如果不答应，将使鲁国招来晋国的进攻。由于面临压力，季武子不得已将鲁国成地划给杞国。这是迫于鲁国弱小而晋国强大的形势，不得已而违背周礼。

（二）大司徒季氏有意违背周礼

这体现在以下事例之中。

1. 大司徒季文子违礼而立武宫。《左传·成公六年》云：

二月，季文子以鞍之功立武宫，非礼也。听于人以救其难，不可以立武。立武由己，非由人也。

鞍之战（前589年）是鲁国向晋国请求出兵抵抗齐国的进攻，故战争的指挥听从晋国。在这样的情况下，季文子是不应该建筑纪念物以表扬这次武功的。因此季文子以鞍之功建立武宫不符合周礼。

2. 大司徒季文子违礼而将穆姜为她自己准备的棺、颂琴用于穆姜儿媳妇齐姜之葬。《左传·襄公二年》云：

夏，齐姜薨。初，穆姜使择美槚，以自为榇与颂琴。季文子取以葬。

君子曰：“非礼也。礼无所逆，妇，养姑者也，亏姑以成妇，逆莫大焉。《诗》曰：‘其惟哲人，告之话言，顺德之行。’季孙于是为不哲矣。且姜氏，君之妣也。《诗》曰：‘为酒为醴，烝畀祖妣，以洽百礼，降福孔偕。’”

鲁襄公二年（公元前571年）鲁成公夫人齐姜去世。季文子用鲁宣公夫人穆姜以前为她自己准备的棺和颂琴为穆姜的儿媳妇齐姜陪葬。这是不符合周礼的。

3. 大司徒季文子不以国君夫人之礼葬鲁定公夫人定姒。《左传·襄公四年》云：

> 秋，定姒薨。不殡于庙，无榇，不虞。匠庆谓季文子曰："子为正卿，而小君之丧不成，不终君也。君长，谁受其咎？"
>
> 初，季孙为己树六槚于蒲圃东门之外。匠庆请木，季孙曰："略。"匠庆用蒲圃之槚，季孙不御。
>
> 君子曰："《志》所谓'多行无礼，必自及也'，其是之谓乎！"

鲁襄公四年（前569年）鲁成公夫人定姒去世，却不得以国君夫人之礼安葬，而年幼的鲁襄公亦不得终其母之丧。季文子作为鲁国正卿主持这项事务，却出现如此的局面，是不符合周礼的。

4. 大司徒季武子违礼而作林钟。《左传·襄公十九年》云：

> 季武子以所得于齐之兵作林钟而铭鲁功焉。臧武仲谓季孙曰："非礼也。夫铭，天子令德，诸侯言时计功，大夫称伐。今称伐，则下等也；计功，则借人也；言时，则妨民多矣，何以为铭？且夫大伐小，取其所得，以作彝器，铭其功烈，以示子孙，昭明德而惩无礼也。今将借人之力以救其死，若之何铭之？小国幸于大国，而昭所获焉以怒之，亡之道也。"

鲁襄公十九年（前554年），季武子将缴获的齐国兵器铸作了林钟，在其上刻录铭文，记载鲁国的武功，被臧武仲批评为违礼。可见身为卿权之首的季武子有时不会把周礼当回事，而有突破周礼的行为。

5. 大司徒季武子盲目用礼。《左传·襄公二十一年》云：

> 邾庶其以漆、闾丘来奔。季武子以公姑姊妻之，皆有赐于其从者。

鲁襄公二十一年（前552年），邾庶其奔鲁而献漆、闾丘之地。大司徒季武子将鲁襄公的姑姊嫁于邾庶其，对其随从皆有赏赐，结果鲁国多盗。季孙让臧武仲捕盗，不料被臧武仲批评指出，身为鲁国正卿的季武子的过失是以礼优待窃去本国土地的邾庶其，“子召外盗而大礼焉，何以止吾盗？”这样导致鲁国人感到盗不可耻，所以盗难禁。这是盲目用礼的行为。

6. 大司徒季武子反对卿丧自朝之鲁礼。鲁昭公四年（前538年），叔孙穆子去世。《左传·昭公五年》云：

> 叔仲子谓季孙曰：“带受命于子叔孙曰：‘葬鲜者自西门。’”季孙命杜泄。杜泄曰：“卿丧自朝，鲁礼也。吾子为国政，未改礼，而又迁之。群臣惧死，不敢自也。”既葬而行。

杜泄认为卿的丧礼从朝门出去是鲁国本来的礼仪。季武子命令杜泄，安葬叔孙穆子要从西门出去。这是以前没有正式修改礼仪而现在又加以改变。季武子以违背鲁礼来彰显自己执掌国政的地位，用于处理内政斗争。

7. 大司徒季平子无礼而导致祸乱。《左传·昭公十二年》云：

> 季平子立，而不礼于南蒯。

鲁昭公十二年（前530年），初立的大司徒季平子对费邑宰南蒯无礼，最终导致南蒯之乱。

8. 大司徒季平子反对日食发生时应行之礼。《左传·昭公十七年》云：

> 夏六月甲戌朔，日有食之。祝史请所用币。昭子曰：“日有食之，天子不举，伐鼓于社；诸侯用币于社，伐鼓于朝，礼也。”平子御之，曰：“止也。唯正月朔，慝未作，日有食之，于是乎有伐鼓、用币，礼也。其余则否。”大史曰：“在此月也。日过分而未至，三辰有灾。于是乎百官降物，君不举，辟移时，乐奏鼓，祝用币，史用辞。故《夏书》曰：‘辰不集于房，瞽奏鼓，啬夫驰，庶人走。’此月朔之谓也。当夏四月，是谓孟夏。”平子弗从。昭子退，曰：“夫子将有异志，不君君矣。”

鲁昭公十七年（前525年）发生日食。叔孙昭子认为诸侯应该在土地神庙里祭祀。太史认为国君不食美味而离开正寝躲过日食的时辰。这些都招致了季平子的反对，说明季平子无意遵循周礼中的这项礼仪。

（三）大司徒季氏僭越周礼

这体现在以下事例之中。

1. 季氏“八佾舞于庭”。《论语·八佾》云：

> 孔子谓季氏[①]，“八佾舞于庭，是可忍，孰不可忍也？”

季氏，即季平子。据周礼，只有周天子才能享用八佾乐舞，而诸侯用六佾，卿大夫为四佾，士用二佾。大司徒季氏是卿大夫，应用四佾，却用八佾舞，违背、破坏周礼。孔子说季氏用八佾舞，僭用天子的礼乐，这样的事都可以容忍，还有什么不可以容忍呢？孔子主张“克己复礼”（《论语·颜渊》），以坚定的决心维护周礼，表达出对季氏违背周礼的强烈批评的态度。

2. 季氏“以《雍》彻”。《论语·八佾》云：

> 三家者以《雍》彻。子曰：“‘相维辟公，天子穆穆’，奚取于三家之堂？”

“相维辟公，天子穆穆”取自《诗经·周颂·雍》。此为天子祭庙完毕，撤去祭品时所用诗歌，意谓天子端庄肃穆祭祖，诸侯助祭。大司徒季

---

① 程树德云：“按：此季氏当指季平子。《左传·昭公二十五年》：‘将禘于襄公，万者二人，其众万于季氏。’［宋］林尧叟注：‘季氏舞八佾，恐即此事。’《汉书·刘向传》：‘季氏八佾舞于庭云云，卒逐昭公。’与《左传》、林注合，是季氏确指平子，马《注》以为桓子误也。［清］刘宝楠曰：“平子既僭，桓子当亦用之，然此言于孔子未仕时可也。若孔子既仕，行乎季孙，此等僭制必且革之。《韩诗外传》：‘季氏为无道，僭天子，舞八佾，旅泰山，以《雍》彻。孔子曰：是可忍也，孰不可忍也？然不亡者，以冉有、季路为宰臣也。’此以季氏为康子，与此马注以为桓子皆是大略言之，不为据也。”程树德撰，程俊英、蒋见元点校：《论语集释》（一），卷五，八佾上，北京：中华书局，1990年，第139页。

氏等三家在祭祖完毕撤祭品时，也演奏《雍》诗乐歌。孔子认为《雍》诗是天子祭祖乐歌，而卿大夫祭祖怎么能用呢？

3. 季氏“旅于泰山”。《论语·八佾》云：

季氏旅于泰山，子谓冉有曰：“女弗能救与？”对曰：“不能。”子曰：“呜呼！曾谓泰山不如林放乎？”

只有天子和诸侯才可祭祀泰山，季氏虽仅为卿大夫却对泰山行旅祭，所以是僭越周礼。孔子希望冉有能对季氏祭祀泰山的事情加以阻止，但冉有不能做到。孔子认为季氏违礼。

此外，大司徒季氏最大的违礼是两次驱逐鲁公。鲁昭公二十五年（前517年），季平子驱逐了鲁昭公，后来鲁昭公死于国外。季康子去世后，鲁哀公二十七年（前468年），以季氏为首的“三桓”驱逐鲁哀公远走越国，后又返回鲁国。

（四）大司徒季氏突破周礼

《左传·哀公十一年》云：

季孙欲以田赋，使冉有访诸仲尼。仲尼曰：“丘不识也。”三发，卒曰：“子为国老，待子而行，若之何子之不言也？”仲尼不对。而私于冉有曰：“君子之行也，度于礼，施取其厚，事举其中，敛从其薄。如是，则以丘亦足矣。若不度于礼，而贪冒无厌，则虽以田赋，将又不足。且子季孙若欲行而法，则周公之典在；若欲苟而行，又何访焉？”弗听。

季康子改变鲁国旧有制度，实行按田而赋，虽然破坏了孔子坚决维护的周礼，但顺应了社会发展的潮流，是历史的巨大进步。

春秋时期，社会正发生巨大变化，鲁国也是如此。鲁国大司徒季氏对周礼既有遵循和维护，也有违背和突破。这种矛盾的心态和行为既是社会形势的客观使然，也是大司徒季氏的主观选择，恰恰体现了春秋社会新旧更替的鲜明特征，体现了春秋时期鲁国礼乐文化从“犹秉周礼”（《左传·闵公元年》）到礼坏乐崩，由兴盛走向衰落的历史进程。

原载《海岱学刊》第22辑，2020年。

作者简介

张磊，1979年出生，山东梁山人，教育部人文社科重点研究基地山东师范大学齐鲁文化研究院教授、博士生导师，研究方向为出土文献与先秦秦汉史，孔子与礼学、经学、儒学史。

楚国朝聘礼新探

郭玉娟

朝聘礼，即朝礼与聘礼，是西周时期周天子与诸侯国以及诸侯国之间重要的交往仪节，也是宗周礼乐文明的重要组成部分。进入春秋时期之后，在“礼崩乐坏”的影响之下，朝聘礼在礼仪实行的阶层、具体仪节及器物等方面，均有所变化。然而，朝聘礼作为中原文化广泛认同的交往礼仪，仍为周天子以及各个诸侯国所遵循，并呈现出许多新的特点。春秋时期，随着中原文化影响力的扩大，西周时期被视为“蛮、夷、戎、狄”的周边小国也开始融入中原文化圈，楚国便是其中之一。

长期以来，对于楚文化的研究往往集中于楚文化自身的特点，即楚文化与中原文化的区别。礼作为中原文化的核心，在楚文化研究中极少涉及。事实上，楚国在从“蛮夷”之邦发展为中原强国的过程中，中原文化对其影响逐渐加深。朝聘礼作为诸侯国之间的交往礼仪，是楚国步入中原文化圈首先要应对的礼仪方式。对朝聘礼或违反或遵循甚至加以强调的过程，正能体现中原文化借由其核心——礼对“蛮夷”之邦影响力的加深。这一问题迄今未见有专文阐述，本文试图在前人的研究基础上，结合近年来出土的楚国纪年简资料，对该问题略加探讨。

一、朝聘礼之名义

朝聘礼分为朝礼与聘礼，均属五礼中“宾礼”目下。《周礼·春官·大宗伯》中将宾礼分为八目：“春见曰朝，夏见曰宗，秋见曰覲，冬见曰遇，时见曰会，殷见曰同，时聘曰问，殷眺曰视。”其中前六种礼，被定为“君之礼”。宋儒吕大临《礼记解》认为：“朝、宗、覲、遇、会、同，皆朝也”。如《礼记·祭义》所云：“朝覲，所以教诸侯之臣也。”进入春秋时期之后，由于周天子势力的衰落，诸侯争霸之风迭起，朝见礼主要转变成在小国对大国或者弱国对强国时实行。所谓“春秋之时，小国则朝，大国则否，故经所书朝事不一，皆以小事大之礼也”。

聘礼，按郑玄的理解亦为臣见君之礼，所谓“时聘曰问”“殷眺曰视”：

> 时聘者，亦无常期，天子有事乃聘之焉。境外之臣，既非朝岁，不敢渎为小礼。殷眺，谓一服朝之岁，以朝者少，诸侯乃使卿以大礼众聘焉。（《周礼·春官·大宗伯》郑玄注）

郑玄认为，天子有征伐之事，又非当朝见天子之时，诸侯便遣大夫来问天子，此为时聘。“殷眺”之“殷”，众也。一服朝之岁，来朝见天子的只有侯服，所以各服的诸侯纷纷遣卿聘于天子，即所谓众聘。聘礼也并不局限于臣见君之礼。按照《周礼》中的说法，聘礼不仅是“诸侯事天子”之礼，也是“天子抚诸侯”以及“邻国修好”之礼。简言之，聘礼就是天子与诸侯之间，以及诸侯间派使者相互问候之礼。

下面，我们就结合《左传》《国语》《史记》等传世文献中楚国所参与的朝礼与聘礼的记载，通过在行礼过程中的遵礼或违礼的表现、朝聘礼所反映的楚国实力变化过程以及中原文化对它的影响展开论述。

二、楚国的朝礼

楚人自号“蛮夷”，周夷王（前885—前878）时，楚国国君熊渠说：“我蛮夷也，不与中国之号谥。”（《史记·楚世家》）楚国对中原文化之睥睨显而易见。同时，中原诸侯国也对这个蛮夷之邦加以轻视。在周成王（前1042—前1021）时，楚国已受封“子男之田”，被纳入中原的畿服范畴之内，然而，在与其他诸侯国共同参与朝会时，仍因其蛮夷的身份，“置茅蕝、设望表，与鲜卑守燎”（《国语·晋语八》），未能获得相应的身份认同。然而，这种自外于中原文化的情况，在楚成王时期（前671—前626）得以改善。《史记·楚世家》中记载：“成王恽元年，初即位，布德施惠，结旧好于诸侯。使人献天子，天子赐胙，曰：‘镇尔南方夷越之乱，无侵中国。’”于是楚地逐渐发展为方圆千里之国。

赐命礼是诸侯即位之后，接受周天子授予车服以示对其身份加以认同的礼仪。诸侯即位后，应穿着朝服亲自朝见天子，再由天子赐以肯定其诸侯身份的命服与命圭。楚成王即位之后，也套用中原礼仪来获取周天子对其身份的认同，由于周天子对楚国有“镇尔南方夷越之乱，无侵中国”的期许，“赐胙”于楚王。胙，就是祭肉，通过赠赐祭祀文、武之庙的祭肉这种方式，周王确认了楚王的诸侯身份。

春秋战国年间，由于周天子势力的衰微，诸侯国对周天子的朝觐渐渐让位于对各个霸主国的朝觐。楚国作为霸主国之一，各诸侯国对其朝见的记载常见于史册。接受朝见时，楚国常有违礼的表现，结合这些违礼事件发生的背景，可以发现楚国往往是在知礼的情况下通过违礼来标榜自己的实力与身份。先来看几则材料：

郑伯始朝楚。楚子赐之金，既而悔之，与之盟曰：“无以铸兵！”故以铸三钟。（《左传·僖公十八年》）

三月，（鲁昭）公如楚，……楚子享公于新台，使长鬣者相。好以大屈。既而悔之。薳启疆闻之，见公。公语之，拜贺。公曰："何贺？"对曰："齐与晋、越欲此久矣。寡君无适与也，而传诸君，君其备御三邻。慎守宝矣，敢不贺乎？"公惧，乃反之。（《左传·昭公七年》）

鲁僖公十八年（前642年），郑文公朝楚，初次受到朝见的楚王一时兴起，竟赐以贵重的铜给郑文公，继而反悔并与之盟誓，令其不能用这些铜铸造兵器，郑文公遂以之铸就三枚乐钟。鲁昭公七年（前535年），楚国的章华台落成，鲁昭公朝见楚王以示祝贺，楚王在新台设宴招待昭公，并赠予名为"大屈"的大弓。继而悔之，又派薳启疆前去索要。楚国并非不知朝礼仪节中"赠礼"之事，只是楚国凭借着军事上的强势，在接受其他诸侯小国朝见时，对于"赠礼"一事提出了更多的要求，实际上是楚国在实力强大的背景下霸气外露的体现。

大多数情况下，楚国还是会按照礼制规范来行礼，史料记载中不乏楚人深知礼乐的精彩表现，甚至超过中原贵族，这是与中原文化的长期影响分不开的。

郑伯如楚，子产相。楚子享之，赋《吉日》。既享，子产乃具田备，王以田江南之梦。（《左传·昭公三年》）

许男如楚，楚子止之，遂止郑伯，复田江南，许男与焉。（《左传·昭公四年》）

三月，（鲁昭）公如楚，郑伯劳于师之梁。孟僖子为介，不能相仪。及楚，不能答郊劳。（《左传·昭公七年》）

鲁昭公三年（前539年），郑伯朝楚，楚灵王燕享郑伯并赋诗《吉日》。按《仪礼·觐礼》规定，"飨礼，乃归"，可见飨、食、燕之礼结束后，来访使者则归国。楚灵王不仅赋诗以表示愿与郑伯共同田猎，而且在燕享之后与郑伯在云梦之地进行田猎活动。鲁昭公七年，鲁国的孟僖子辅佐鲁昭公朝楚，楚国为之举行郊劳仪式，鲁国的相礼者孟僖子反而不能应答。可见，楚国作为“蛮夷之邦”，通过对中原礼制文化的吸收，在具体礼节的执行中竟已超过了礼制大国鲁国的某些贵族。

战国时期，面对着有一统天下之势的秦国，实力衰落的楚国只好以朝见者的身份出席各种朝见活动。

> 惠文君元年，楚、韩、赵、蜀人来朝。二年，天子贺。（《史记·秦本纪》）

> 惠王卒，子武王立。韩、魏、齐、楚、越皆宾从。（《史记·秦本纪》）

秦惠文王初即位（前337年），以及其子武王即位（前311年）时，楚国均至秦行朝礼，揖让周旋之间，楚国和秦国之间的实力差距已非常明显。战国晚期，楚国正值内忧外患之时，秦昭王约楚怀王到武关相会结盟。楚怀王一入武关就被扣留，秦工强迫楚怀王“朝章台”。秦人没有采用平等的礼仪对待楚怀王，而采用畿服制度中的蕃臣之礼对待他。《史记·秦本纪》记载此事谓：“楚怀王入朝秦，秦留之。”一个“朝”字已体现出双方地位的差距和秦人对楚的态度。楚怀王被视为“蕃臣”，认为是奇耻大辱，所以怒拒秦人，最后竟客死秦国。

按照《春秋会要》《春秋大事年表》等书中对春秋时期各种朝见活动的记录，整个春秋时期，大都是其他诸侯国国君前来朝见楚王，而不是相反。春秋时期，楚国对其他诸侯国的朝见活动较少，一方面是因为此时楚国对于中原文化的认同是在不断加强的过程中，另一方面，在认同度达到一定程度时，楚国已经具有很强的军事政治实力，所以更多的是迫使他国前来朝见。战国之后，随着楚国实力的衰微，便不得不以“臣”的身份朝见强秦。

三、楚简中所见楚国的聘礼

楚国的聘问礼分为出聘和入聘，即楚使聘问其他诸侯国，以及其他诸侯国派遣使者来楚国聘问。楚人首次行聘问之礼以结交中原诸夏的时间是公元前671年，《春秋·庄公二十三年》记载："荆人来聘。"杜预注曰："楚交中国始此。"此后，楚国参与聘问活动渐趋频繁。对于楚国聘礼的研究，学界就楚国与他国间进行聘礼的原因、具体的仪节方式、合礼与违礼的表现等等都进行过相关的探讨。[①]此外，了解与楚相关的聘问活动，楚铜器铭文与楚简也是不容忽视的重要材料来源，其中尤以楚简材料为多，并主要集中在"以事纪年"简中。下面就在全面搜罗相关出土材料的基础上，结合楚国聘礼的相关研究成果，对出土材料中的聘礼信息略作探讨。

上古时期，各国都有"以事纪年"的习惯，即以当时比较重要或者特殊的事件作为纪年的时间界标。这种纪年方式，在殷代晚期甲骨文、金文中开始出现。如逦方鼎（《殷周金文集成》5·2709）"唯王征井方"、小子夆卣（《殷周金文集成》10·5417）"在十月，唯子曰令望人方每"等。楚国的纪年简多数是以当年发生的重要、重大事件来纪年，简首写明"某人或某国发生某事之岁"。纪年的事项通常可以分为三类：第一类是以战争纪年；第二类是以他国使者来楚国聘问或其他活动事项作为纪年；第三类记事为杂项，即难以归为前两类的内容。目前，学界对于这些以事纪年简的研究多局限于对其年代的考证。

这些"以事纪年"的楚简资料，不仅为我们提供了年代信息，其纪年所涉及的事项又是重要的楚史、楚文化史研究的一手资料。正如刘彬徽先生所说："有的可印证史实，有的可补史载之缺，即有证史、补史之作用。"尤其是上述第二类简文，正是我们研究楚国宾礼的弥足珍贵的资料。其中涉及楚国聘问活动的简文，可参见以下各例（内容相同、多次出

① 相关研究可以参照郑春生：《朝聘礼制管窥》，载《上海师范大学学报》1991年第3期，第56—60页；刘玉堂：《楚国的朝礼和聘礼》，载《中华文化论坛》1997年第2期，第46—51页；徐杰令：《春秋聘问考》，载《北方论丛》2003年第1期，第38—42页。

现的，则只录一例）：[①]

鲁（许）绖齐客陈异致福于王之岁（新蔡简甲三217）

秦客公孙紻（鞅）问王于蒧郢之岁（天星观1号墓简，秦家嘴99号墓简）

齐客申朡问王于蒧郢之岁（天星观1号墓简）左师虘聘于楚之岁（天星观1号墓简）

齐客张果问王于栽郢之岁（望山M1简1）郙客困刍问王于郢之岁（望山M1简5）齐客陈豫贺王之岁（包山M2简8）

东周之客鲁（许）绖致（归）胙于栽郢之岁（包山M2简13）

周客监固跖楚之岁[②]（包山M2简120）

宋客盛公鵬聘楚之岁（包山M2简198）

以上所列举的以事纪年简，所记之事均与楚国参与的聘问活动有关，[③]这些简文格式类似，均以某国宾客"如""聘""问"楚国或者楚王的方式加以记载，似乎这已经形成了比较固定的表达方式。如望山简中的"问"字均借"聒"为之，读为"聘问"之"问"。[④]根据这些形式较为完整的纪年简，学者们还推测出其他形式更为简略纪年方式。如"盛公鵬之岁"（包山M2简130）、"宋客盛公鵬之岁"（包山M2简132）应该就是上面所列最后一条材料的简略表达。包山楚简的整理者认为"甘固之爨月"（包山M2简125）的"之"字后脱"岁"字，而"许绖之享月"（包山M2

① 下文中涉及到的楚简中大事记年的材料，均参照前引李学勤先生《有纪年楚简年代的研究》一文，收入《文物中的古文明》，北京：商务印书馆，2008年，第419—463页。字句的隶定方式均采用李学勤先生文章中的意见，个别不同意见将随文指出。

② "周"字之释，参见陈伟等：《楚地出土战国简册（十四种）》，北京：经济科学出版社，2009年，第57页。

③ 有学者将这些内容细化为"致胙""致福""贺"等礼节，但是这些礼节的完成必然伴随着聘问活动的进行。参见吴良宝：《战国楚简地名辑证》，武昌：武汉大学出版社，2010年，第16—19页。

④ 同上，第19页。

简132背）是“东周之客致（归）胙于栽郢之岁”的略称，从这种省略方式来看，时人对于这些聘问活动当十分了解，反映了这些聘问活动的巨大影响力。

除竹简中的材料，楚系青铜器中也发现了以事纪年的记载方式。所见材料主要包括以下几条：

> 郾（燕）客臧（臧）嘉䎽（问）王于纪郢之𡻕（岁）。
>
> 滕公昭者果跖秦之岁。
>
> 秦客王子齐之岁，大府为王飤晋镐。集脰。
>
> 向寿之岁，襄城公竞脽所造。[①]
>
> 王章之岁，□□□之告（造）戟□。
>
> 陈旺之岁，佶（造）府之戟。（《殷周金文集成》11251）

据以上铭文资料来看，青铜器铭文中大事纪年的方式较楚简上的记载更为简略，除第二则材料与简文中的说法类似之外，其他均用使臣“之岁”的方式来表达。另外，学者们也一致认同这些铭文是以其他国家的使者聘问于楚之岁纪年。只是由于缺乏传世文献的参照，这些材料所反映的具体聘问事件现在还难以考证。总之，楚简文字和青铜器铭文为我们认识楚国的聘问活动提供了新的材料，证明战国时期楚国与其他六国之间仍存在着比较频繁的聘问往来，这些交往活动影响力很大，因此成为纪年标志。

综上所述，楚国在与中原各国的交往中，逐渐受到中原礼仪制度的影响，并不断参与到这些礼仪活动中，甚至利用这些礼仪活动来实现自

---

① 董珊：《向寿戈考》，载《考古》2006年第3期，第65—70页。对于这句铭文的隶定，各位学者意见不同。具体内容参见以下文章：周晓陆、纪达凯：《江苏连云港市出土襄城楚境伊尹戈读考》，载《考古》1995年第1期，第75—77页；黄盛璋：《连云港楚墓出土襄城公竞尹戈铭文考释及其历史地理问题》，载《考古》1998年第3期，第64—70页；李家浩：《楚大府镐铭文新释》，见《著名中年语言学家自选集·李家浩卷》，合肥：安徽教育出版社，2002年，第120页。

己的政治目的。比如，楚国会通过迫使他国对自己朝见来彰显自己的地位，也会在仪式进行过程中通过故意违礼，显露霸气。楚国纪年简中惯以聘问活动作为纪年坐标，则凸显了楚国逐渐接纳这些礼仪内涵，进而对这些活动逐渐加以重视。总之，重新研究春秋战国时期楚国的朝礼和聘礼，可以为我们了解楚国的实力变化与楚国渐受中原文化影响的过程提供新的视角。

原载《理论月刊》2012年04期。

作者简介

郭玉娟，女，1983年出生，山东青岛人，历史学博士，重庆第二师范学院马克思主义学院院长助理，讲师，主要研究方向为中国传统文化及思想政治教育。

孔子、孟子、荀子“乐教”思想述略

王慕东

引言

中国古代的“乐教”传统来自原始儒家，而原始儒家的“乐教”思想同样由来已久。根据学术界的研究，早在新石器时代伊始，中国古老的音乐教育活动可能就已存在。三代以降，礼乐文化获得了长足发展。以孔、孟、荀等人为代表的原始儒家“祖述尧舜，宪章文武”，将上古的“乐教”思想发扬光大，从而奠定了中国两千年礼乐文化的基石。

“乐教”一词源自《孔子家语·问玉》，亦见于《礼记·经解》。孔子曰：“入其国，其教可知也。其为人也温柔敦厚，《诗》教也；疏通知远，《书》教也；广博易良，《乐》教也；絜静精微，《易》教也；恭俭庄敬，《礼》教也；属辞比事，《春秋》教也。”在孔子看来，“六经”各有特征，但都有益于社会伦理政治。孔子非常重视“六经”的教化功能，其中“乐教”可以使人豁达、平易而又善良。

孔子曰：“兴于诗，立于礼，成于乐。”（《论语·泰伯》）“轴心时代”的原始儒学奠定了中国传统主流文化博大坚实的思想基础，其精辟深邃的“乐教”思想，与“礼教”“诗教”思想等，共同组合成儒学人文精神的经典谱系。

礼乐文化源自上古祭祀仪式和日常活动，正所谓“始诸饮食……犹若可以致其敬于鬼神”(《礼记·礼运》)。西周以降，中国的礼乐文化进入了空前的繁荣时期，孔子撷取三代礼乐传统，追溯三王道德精神，使儒家成为诸子百家中最重视“乐教”的思想学派。孔子的“礼乐”思想在子思、公孙尼子、孟子、荀子等先秦儒家贤哲那里赓续绵延、发展更新，形成了《乐记》等集大成的“乐教”著作，成为中国两千年传统文化中“礼乐”思想的精神源泉。

在华夏文明形成的早期，“礼乐同构”为上古文化传统的基本特征。“乐”因其抒情性、“和同性”及“寓教于乐”的“化人”功能，受到先秦儒家和统治阶级的高度重视，因此“古代教民，口耳相传，……以声感人，莫善于乐”[①]。圣贤先哲们充分认识到，“移风易俗莫善于乐，安上治民莫善于礼”(《孝经·广要道》)。这说明：“乐”可以通过潜移默化、生动直观的感性形式，使人在审美愉悦中接受政治伦理的教化，并以之解决“礼教”实施中所遇到的困难。

先秦时期的“乐”是涵括音乐、诗歌和舞蹈在内的一门综合艺术形式。“诗，言其志也；歌，咏其声也；舞，动其容也；三者本于心，然后乐器从之。”(《礼记·乐记》)因此，“乐教”是集诗、歌、舞三位于一体的综合性教育形式，是提高个人修养以达致社会和谐的重要方式。如果说儒家文化是一种礼乐文化，那么“乐”更多地表现为一种手段而非目的，旨在通过艺术反映政治伦理并为其服务。这一方面形成了古代中国“美善合一”的人文传统，另一方面，“文以载道”“乐以载礼”的思想又使“乐”成为“礼”的附庸，是巩固“道统”“政统”的一种手段，而非独立的艺术门类，正所谓“声音之道，与政通矣”(《礼记·乐记》)。这在世界文明史上是一个极为独特的现象。

不仅如此，先秦儒家还将“乐教”当作达致“内圣外王”境界的修养

① 刘伯骥：《六艺通论》，台北：中华书局，1977年修订本，第104页。

途径。《孟子》曰："仁言不如仁声之入人深也，善政不如善教之得民也。善政，民畏之；善教，民爱之。善政得民财，善教得民心。"（《孟子·尽心上》）儒家"内圣之学"以自我生命的道德实践为起点，通过下学而上达的修养过程，完成道德人格的美善。因此《孟子》认为："可欲之谓善，有诸己之谓信，充实之谓美，充实而有光辉之谓大，大而化之之谓圣，圣而不可知之之谓神。"（《孟子·尽心下》）孟子于此揭示了实现道德善与人格美的基础与修养过程，也提出了儒家道德修养的理想境界。儒家以善为美，亦以美导善，二者相辅相成，仍以"礼乐"思想为准绳，这些贯穿于整个先秦儒家"乐教"思想。

推及孔、孟、荀音乐思想，其旨归仍不出"礼乐教化"的范畴。尽管其"乐教"以音乐教育为主体，并具有艺术教育的诸多特点，但"乐教"是以艺术教育为手段的政治教育和道德教育，主张以"乐"疏导人心，移风易俗，从而实现社会和谐，所强调的是艺术教化的社会影响与政治伦理功能。这也是孔子斥责"郑声"的原因。

一、孔子的"乐教"主张

孔子对于后世的影响莫过于其晚年删诗书，制六艺。而六艺之中，他似乎又对"乐"格外垂青，不仅对音乐与教育、音乐与政治、音乐的审美、音乐的内容与形式诸问题进行了精辟阐述，还建立了比较完整的儒家音乐理论体系，同时提出了把音乐作为教化民众工具的"乐教"主张，认为："广博易良，乐教也。"（《孔子家语·问玉》）他的学生子贡评价他的业绩时，独举"见其礼而知其政，闻其乐而知其德"（《孟子·公孙丑上》）。因此，我们有必要对孔子"乐教"主张进行探本发微的追溯。

（一）孔子与音乐："乐也者，圣人之所乐也"

孔子有着非凡的音乐天赋。他一生喜爱音乐，对音乐有着高深的鉴赏能力。《礼记·乐记》云："乐也者，圣人之所乐也。"孔子闻《韶》，"三月不知肉味"，于此可见孔子对音乐之钟爱。而孔子在音乐欣赏与批评方面尤具卓见，垂范后世。

1. 孔子乐之实践："讲诵弦歌不衰"

孔子自幼喜好音乐，一生不辍，时常与名人切磋技艺和讨论乐理。《史记·孔子世家》记载有孔子六十岁时向师襄子学鼓琴的事迹：

> 孔子学鼓琴师襄子，十日不进。师襄子曰："可以益矣。"孔子曰："丘已习其曲矣，未得其数也。"有间，曰："已习其数，可以益矣。"孔子曰："丘未得其志也。"有间，曰："已习其志，可以益矣。"孔子曰："丘未得其为人也。"有间，有所穆然深思焉，有所怡然高望而远志焉。曰："丘得其为人，黯然而黑，几然而长，眼如望羊，如王四国，非文王其谁能为此也！"

可见孔子对琴的学习和演奏曾下过一番功夫，力求精进，最后能理解乐曲的情感意蕴乃至感悟到文王的形象。关于孔子与音乐的故事，《史记·孔子世家》还记载有孔子适周问乐于苌弘的事迹，事后苌弘称赞他"谦让、治闻、强记，博物不穷，亦圣人之兴者乎？"孔子还曾"与齐太师语乐，闻《韶》音，学之，三月不知肉味"。即使周游列国遭遇"陈蔡之围"，"不得行，绝粮，从者病，莫能兴"之际，孔子仍"讲诵弦歌不衰"。可见其对音乐的执着追求。后人还曾记载，他在听鲁太师演奏时说："师挚之始，关雎之乱，洋洋乎盈耳哉！"（《论语·泰伯》）"子与人歌而善，必使反之，而后和之。"（《论语·述而》）孔子不仅能辨别歌声的好坏，而且能得其详而取其善，音乐素养之高由此可见一斑。

孔子不仅精于音律，娴于古乐，能奏乐器，还长于词曲和诵歌，表现出多方面的音乐才能。（1）孔子能演奏瑟、笙、磬、琴、鼓等多种乐器。“孺悲欲见孔子，孔子辞以疾。将命者出户，取瑟而歌，使之闻之”（《论语·阳货》）；“孔子既祥，五日弹琴而不成声，十日而成笙歌”（《礼记·檀弓上》）；六十岁还“学鼓琴师襄子”（《史记·孔子世家》）。《论语·宪问》载：“子击磬于卫，有荷蒉而过孔氏之门者，曰：‘有心哉，击磬乎！’既而曰：‘鄙哉，硁硁乎！莫己知也，斯已而已矣！深则厉，浅则揭。’子曰：‘果哉！末之难矣。’”此处说明孔子心存济世，以磬声表达心意，此一荷蒉之人，从孔子的磬声中领会到了孔子“吾非斯人之徒与而谁与？”（《论语·微子》）可见，孔子的磬声已与人格融为一体，显示出孔子极高的创作艺术和演奏技巧。（2）孔子嗜好音乐，喜欢唱歌，向往“浴乎沂，风乎舞雩，咏而归”（《论语·先进》）般旷达活泼、富于情趣的歌唱生活。司马迁说：“古者《诗》三千余篇，及至孔子，去其重，取可施于礼义，上采契、后稷，中述殷、周之盛，至幽、厉之缺，始于衽席……三百五篇孔子皆弦歌之，以求合《韶》《武》《颂》之音。礼乐自此可得而述。”（《史记·孔子世家》）“皆弦歌之”，即配以一定乐曲进行歌唱。孔子不仅能弹唱既成的乐曲，也能即兴咏歌，而且出口即成曲调。孔子离鲁适卫，师己相送，曰：“夫子则非罪。”孔子曰：“吾歌可夫？”遂歌曰：“彼妇之口，可以出走；彼妇之谒，可以死败。盖优哉游哉，维以卒岁！”（《史记·孔子世家》）。临终前七日，孔子负杖于门，歌曰：“泰山其颓乎！梁木其坏乎！哲人其萎乎！”孔子离鲁适卫，临别作《龟山操》，词曰：“予欲望鲁兮，龟山蔽之，手无斧柯，夺龟山何！”周游期间听到窦鸣犊、舜华被杀，即作《陬操》二十余句以哀之；在送冉求应召回鲁时又作《倚兰之操》；等等，这些都印证了孔子多方面的音乐才能。

2. 孔子乐评准则：“中和之美”

作为儒家音乐理论开创者，孔子提出了“尽善尽美”“文质彬彬”等音乐审美标准，主张将音乐的思想性与艺术性完美地统一起来。孔子认为，音乐应该给人以美感享受，并在美感享受中给人一定的思想道德教育。《论语·八佾》记载："子谓《韶》，尽美矣，又尽善矣；谓《武》，尽美矣，未尽善也。"美即其音，即音乐形式；善即其意，则为情感、道德、思想等内涵。尽美尽善与否，是孔子评价乐曲价值的一个很高的标准。孔子认为《韶》在内容和形式达到了善与美的统一，而《武》歌颂了武功，与孔子理想中的"禅让"相违背，因而他认为不是"尽善"的，整体上也就没有达到孔子"尽善尽美"的标准。不过，《武》虽然高扬杀伐征讨，但毕竟是武王伐商的战功之乐，虽"未尽善"，仍属雅乐之列；《韶》讴歌舜帝之德治，更合于孔子的礼乐人格，故"尽美、尽善"。孔子在齐国听到《韶》乐时，便受到极大的感动。《论语·述而》记载："子在齐闻《韶》，三月不知肉味。曰：'不图为乐之至于斯也。'"《韶》是孔子心目中最完美的乐曲，不仅仅是因为形式上的尽美，而且表达了一种符合孔子理想的内容，因此达到了感情上最大的满足，沟通了他理想的最高境界。由此可见，孔子的音乐审美观是建立在"善"的基础上，认为道德上的"善"是美的前提。

同时，孔子认为在音乐领域中存在着"郑声"和"雅乐"两种对立的音乐。他说："恶紫之夺朱也，恶郑声之乱雅乐也。"（《论语·阳货》）他崇尚为古代圣王歌功颂德的雅颂之声，认为只有《韶》一类的"雅乐"才是"尽善尽美"的，而"郑声"不符合"尽善尽美"的要求，因而提出要"放郑声"。为什么说"郑声"不符合"尽善尽美"呢？因为"郑声淫"，越出了"礼"的规范。只有那些符合"礼"的古典"雅乐"才是"尽善尽美"的。因此，他教导弟子们从事音乐活动时必须"约之以礼"，对于音乐必须严格遵循"非礼勿视、非礼勿听、非礼勿言、非礼勿动"（《论语·颜渊》）的原则，做到"乐而不淫，哀而不伤"（《论语·八佾》），只有这样，才能符合"尽善尽美"的审美要求。《论语·先进》记载："子曰：

‘由之瑟，奚为于丘之门’。门人不敬子路。”《说苑·修文》对这一典故作了说明：孔子之所以指斥子路不配跨进自己的门槛，是因为“子路鼓瑟，有郑鄙之声”，有“杀伐之气”，与孔子的“尽善尽美”的音乐审美观不合。

所以说，通过孔子对《韶》《武》及“郑声”和“雅乐”的不同看法，可见他是既重形式又重内容的，从理论上强调音乐的内容与形式相统一，达到“中和”之美，同时他也注意到了音乐的内容和形式的差别。

孔子首先重视音乐的内容。他说：“礼云礼云，玉帛云乎哉！乐云乐云，钟鼓云乎哉！”（《论语·阳货》）他认为音乐之所以重要，不仅在于它有钟鼓乐器悠扬悦耳的声音，而且更在于它具有深刻而丰富的政治、伦理的内容。孔子对音乐内容的构成因素进行了大量的研究，提出了“入门而金作，示情也；升歌《清庙》，示德也；下而管象，示事也。是故古之君子，不必亲相与言也，以礼乐相示而已”（《礼记·仲尼燕居》）的观点。这里的“情”与“德”便是构成音乐内容的主观因素，“事”则是构成音乐内容的客观因素。音乐的内容便是客观现象与音乐家自己的感情和社会理想的有机统一体。孔子在重视音乐内容的基础上，对于音乐的形式也很重视。他说：“乐其可知也，始作，翕如也；从之，纯如也，皦如也，绎如也，以成。”（《论语·八佾》）在此，他认为音乐形式的完美，符合音乐审美标准。孔子还进一步探索音乐的内容和形式如何和谐统一的问题。他说：“质胜文则野，文胜质则史，文质彬彬，然后君子。”（《论语·雍也》）他把内容称为“质”，形式称为“文”，如内容超过了形式就显得粗野，形式超过了内容就显得空虚，音乐的内容和形式达到有机、和谐的统一，做到“文质彬彬”，才是最理想的。这种文质兼备的思想，对后世音乐的发展产生了深远的影响。

儒家认为：“乐者，中和之纪也。”音乐应该以“和”为本，无“和”不成“乐”。但真正的“乐”仅有“和”是不够的，还应有“中”的规定性。《尚书·尧典》中“帝命典乐”一节虽未明言“乐道中和”，但“八音克谐，无相夺伦”之前尚有“直而温，宽而栗，刚而无虐，简而无傲”数语。前者言“和”，后者可谓言“中”。《论语》中孔子虽未明言“乐道中和”，但正是他第一次明确区分了“雅正之乐”与“淫乱之音”，而“雅”“淫”之别可以说正在乎“中和”。《孔子家语·观乡射》记载孔子有所谓“和乐而不流”之说。至荀子提出“礼之敬文也，乐之中和也”和“乐者天下之大齐也，中和之纪也”的主张（《荀子·乐论》），且以“乐而不流”界说之。很显然，这是对孔子“乐而不淫”的直接继承。

孔子在哲学上提倡“中庸”思想，并把它作为伦理道德的最高准则。他说：“中庸之为德也，其至矣乎！”（《论语·雍也》）孔子的“中庸”就是“中和”“无过”“无不及”“恰到好处”。孔子“中庸”思想反映到其音乐理论中，就是提倡“温柔居中”“奏中声以为节”（《孔子家语·辨乐》）的“中和之美”。所谓“中和”，就是表达喜怒哀乐的情感时始终要有所节制，“喜怒哀乐之未发，谓之中，发而皆中节，谓之和。中也者天下之大本也；和也者天下之达道也”（《中庸》）。他对《关雎》这首乐曲就是运用这个审美观点去分析评价的：“《关雎》乐而不淫，哀而不伤。”（《论语·八佾》）《论语集解》引孔安国注说：“乐而不淫，哀而不伤，言其和也。”孔子认为，凡符合“中和之美”的音乐都是美的音乐。孔子总结《诗经》的特征为“思无邪”。“思无邪”即是思想感情符合中和的标准。在儒家看来，真正的“乐”，情欲与理智、艺术与道德、形式与内容、美与善等等都应该是自然完满地统一于“中和”，这也是孔子赞美《韶》、惋惜《武》、力斥“郑卫之声”所持的准则，也是后世儒家一贯坚守的基本信条。

3. 孔子乐之修正：“《雅》《颂》各得其所”

春秋以前的乐已经相当成熟，产生了很大的教化作用。但春秋以后出现了“礼崩乐坏”局面，“乐”不仅没有再进步，反而呈现没落之势。《史记·太史公自序》说：“周室既衰，诸侯恣行。仲尼悼礼废乐崩，追修经术，以达王道，匡乱世反之于正，见其文辞，为天下制仪法，垂‘六艺’之统纪于后世。”《汉书·礼乐志》也特别指出：“周道始缺，怨刺之诗起。王泽既竭，而诗不能作。王官失业，雅颂相错，孔子论而定之，故曰：‘吾自卫反鲁，然后乐正，雅颂各得其所。’是时，周室大坏，诸侯恣行……自此礼乐丧失矣。”《汉书·艺文志》则说：“自黄帝下至三代，乐各有名，孔子曰：‘安上治民，莫善于礼；移风易俗，莫善于乐。二者相与力行，周室俱坏，乐尤微眇，以音律为节，又为郑卫所乱，故无遗法。’”乐之衰微的情形由此可见一斑。在《论语》中可以看出，当时在音乐领域有三个趋向，即谮越、新声的流行和“雅乐”的败坏。这些可见于孔子以下言论：“孔子谓季氏，八佾舞于庭，是可忍也，孰不可忍也。”“三家者以《雍》彻。子曰：‘相维辟公，天子穆穆，奚取于三家之堂？’”（《论语·八佾》）“恶紫之夺朱也，恶郑声之乱雅乐也，恶利口之覆邦家者。”（《论语·阳货》）“放郑声，远佞人。郑声淫，佞人殆。”（《论语·卫灵公》）孔子对乐的衰微现象和败化趋势的反应是“正乐”。

孔子以教化天下为职志，以振兴“雅乐”为天下倡，希望挽狂澜于既倒，返风俗于淳厚，秉着好古的宗旨，又有着丰富的乐律知识，所以能把被“郑声”搀乱的“雅乐”重新整理一番，恢复它的真相。历史上，孔子“正乐”之说，聚讼纷纭。司马迁在《史记·孔子世家》中解作“删诗”，郑玄在《仪礼·乡饮酒礼注》中解作“整理诗的篇次”，毛奇龄在《四书改错》中解为“正乐章”，包慎言在《敏甫文钞》中解为“正音律”，凡此种种，不一而足。《史记·孔子世家》记载：“诗三百五篇，孔子皆弦歌之，以求合《韶》《武》《雅》《颂》之音，礼乐自此可得而述，以备王道，成六艺。”诗、礼、乐三者一体相关，乃西周以来修身齐家治国平天下之大典章所系。在孔子之时，不仅大夫专政，骄僭越礼，亦因自西周亡后，典籍丧乱，故孔子周游返鲁，独以“正乐”为首事。“正乐”即所以“正礼”，此乃当时政治上大纲节所在。孔子之意，务使“诗教”“礼教”与“乐教”合一，移风易俗，私人修德与大群行道合一。梁启超在《孔子》中谈道：“正乐是孔子一生大事业。……礼的功用，在谨严收敛；乐的功用，在和悦发舒；两件事合起来，然后陶养人格，日起有功。”[①]此论可谓一语中的，恰中肯綮。

（二）孔子“乐教”功能观：“教成于乐”与“调和人事”

孔子对乐最重要的见解即认为音乐教育要引人入善，顺从天道，“以六乐防万民之情，而教之和”（《周礼·地官·大司徒》）。孔子对音乐教化功能的认识可概括为“教成于乐”和“调和人事”。

1. 教成于乐：“礼所不及而乐及焉”

《周易·贲卦》孔颖达疏曰：“言圣人观察人文，则诗书礼乐之谓，当法此教而化天下也。”春秋时代流行的礼乐文化，多表现在人与人、人与事的关系上，以人的生命为对象。至孔子时代，“乐教”的对象和范围变得更为广泛，扩展到治群、化群、善群而致天下太平诸义，所谓“志于道，据于德，依于仁，游于艺”（《论语·述而》）。

“兴于诗，立于礼，成于乐。”（《论语·泰伯》）这是孔子施教的次序，也是他对诗、礼、乐不同作用的认识。朱熹在《论语集注》中对音乐在教育中的重要性作了十分扼要的说明，阐述了孔子“成于乐”主张之精义：

> 诗本性情，为言易知。而吟咏之间，抑扬反复，其感人又易入，故学者之初，所以兴起其好善恶之心而不能自已者，必于此而得之。礼以恭敬谦让为本，而有节文度数之详，可以固人肌肤之会，筋骸之束，故学者之终也，所以能卓立而不为事物所摇夺者，必于此而得之。乐有五声十二律，更唱迭和，以为歌舞。八音之节，可以养人之性情，而荡涤其邪秽，消除其渣滓，故学者之终也，所以至于义精仁

① 梁启超撰，干春松等编校：《儒家哲学》，上海：上海人民出版社，2009年，第147页。

熟而自和顺于道德者必于此而得之。

孔子提出，“乐”居于“成”的地位，学诗、学礼之后，必以“乐”成之。由此，诗、礼、乐三者兼备，各致其用，发挥音乐的伦理道德功用，方能收到潜移默化的功效，进而形成良好的社会风俗。“礼乐”并重，且将“乐”置于“礼”之上，认定“乐”才能达成理想人格的境界，这是孔子“乐教”的宗旨。

《论语·宪问》云：“文之以礼乐，亦可以为成人矣。”对此，朱熹《四书集注》作了这样的分析：“成人犹言全人，廉足以养心，勇足以力行，艺足以泛应。而又节之以礼，和之以乐。使德成于内，而文见乎外。……而其为人也亦成矣。”这个分析符合孔子的原意，是非常深刻的。“成人”应该是质内文外，德才兼备。这里的“质”指人的自然本性、内在情性，以美善为特征，体现了乐“不可以为伪”的精神。“文”是指人文活动中必要的规范和文饰，是人内在情性的外在表现，体现为“礼”，所谓“礼自外作，故文”。其重要特征就是不能失之“野”，以追求美为终极目标。对此，在《礼记·文王世子》中亦可得到印证：“凡三王教世子，必以礼乐。乐所以修内也，礼所以修外也。”以文质论人的道德模式形成后，鉴于文质与礼乐、美善等范畴在原初意义上的共同价值取向，文质就成为了古代士人成就人格、道德的重要标准。扬雄云：“圣人，文质者也。”①可谓一语言中。

《中庸》中有“成己，仁也”的说法；《论语·雍也篇》也说道：“夫仁者，已欲立而立人，已欲达而达人。”仁心由己到群，由人到物，则父子有亲，君臣有义，夫妇有别，长幼有序，朋友有信。乐与仁是相通的，乐既可以发和，因而能够正情；情正则性以成，性成则人格完成。子路问成人，子曰：“若臧武仲之和，公绰之不欲，卞庄之勇，冉求之艺，文

① [汉] 扬雄：《扬子法言》，四部丛刊本。

之以礼乐，亦可以为成人矣！”（《论语·宪问》）由此可知音乐的熏陶和修养在完善人格上是不可或缺的。

能“成己”，就能以身教为主，以高尚的人格去感召人心，并以实际的行动和优美的德操去感化、启发人们本身具有的仁心、仁性，使人各守其分，各尽其职，各安其业，社会自然也就安定而和谐。要达到这个目标，就有赖于“礼乐”的发扬。“礼以明分，乐以发和”，“发和”是较为积极的，故乐的功用更为显著。“安善治民莫善于礼；移风易俗莫善于乐。”（《孝经·广要道》）“礼”与“乐”是相互为用的，而乐对于陶冶内在的情性功用极大，能使人形成广博深厚的性情和高尚的德操，清除个人内心与社会间的冲突矛盾，趋于谐和、协调。门人子游以弦歌为治，孔子即叹美之，可见音乐在政治上颇具化民成俗的功效。至于孔子所说“礼乐不兴，则刑罚不中，刑罚不中，则民无所措手足”（《论语·子路》），则更是就“礼乐”的伦理政治功能做出了积极的确认。《礼记·乐记》发展完善了孔子这一思想，认为“乐者，通伦理者也”，“声音之道，与政通矣”，“是故先王之制礼乐也，非以极口腹耳目之欲也，将以教民平好恶而反人道之正也”。“礼”是以别为本，“乐”是以和为主，治理国家，是要以礼乐教成于民，天下才能太平，人民始可安乐，如果一味滥施刑罚，只会导致社会更加紊乱。苏洵云：“用莫神于声，故圣人因声以为乐……礼所不及而乐及焉。”[①]诚哉斯言！

2. 调和人事：“成己”与“达人”

孔子是周代礼乐文化的自觉传承者，他毕生致力于营造一种基于等级秩序的和谐社会。“文质彬彬，然后君子”（《论语·雍也》）是孔子在“礼乐”教化成人的过程中为调和个人情性与道德理性之间的矛盾所设计的一

---

① ［宋］苏洵：《乐论》，见［清］曾国藩编，熊宪光、蓝锡麟注：《经史百家杂钞今注》，上海：上海书店出版社，2015年，第113页。

种理想典范。孔子说："小子何莫学乎《诗》?《诗》，可以兴，可以观，可以群，可以怨，迩之事父，远之事君，多识于鸟兽草木之名。"（《论语·阳货》）孔子提出的"兴、观、群、怨"充分发挥了诗歌的调和作用。这与他"兴于诗，立于礼，成于乐"的人生三步曲有异曲同工之妙。这些均重在强调自然天性与社会规范的相得益彰。在孔子的"兴于诗，立于礼，成于乐"的教育思想中，音乐修养是成人的重要方面。诗是修身之始，以礼为依据，由乐来完成。"诗教"与"乐教"都是使人形成良好品质的重要手段。"诗之失愚""乐之失奢"，而"愚""奢"都不是教学所要达到的最终目的，只有达到"温柔敦厚而不愚""广博易良而不奢""思无邪"的品质，才能使人的性情柔和宽广、善良朴实。而此目的的实现可以理解为仁的实现过程。孔子继承了西周、春秋以来的对超自然存在的理智态度，他要人"敬鬼神而远之"，他自已也"不语怪、力、乱、神"（《论语·述而》）。孔子注重的是人，然而人凭什么能够自作主宰呢？孔子提出了"仁"。广义的"仁"是"为人所以为人之理"，也就是人并不是仅仅具备自然生命，就可以算作人了，而是要经历"仁"的实践过程，在实践中造就完善的人格，才可以算作人。从《论语》中所记孔子言行或他与弟子关于"仁"的对话中可见，"仁"是各种社会人际关系行为的规范所编织成的网络，因此"仁"的完全实践，不但是个人自身人格的完成，也是所有社会成员人格的完成。孔子回答子贡说："仁者，已欲立而立人，已欲达而达人。"（《论语·雍也》）即是指此意。孔子"有教无类"的主张，就是从"仁"的实践过程中的个人与社会间不可切割的紧密关联上出发的。

孔子的音乐生活和音乐教化以及其生命的历程就是追求"仁"的全面实践的最佳写照。学者徐复观认为："孔子通过音乐所呈现的为人生而艺术的最高境界，即是善（仁）与美的彻底谐和统一的最高境界。"[①]实践

① 徐复观：《中国艺术精神》，沈阳：春风文艺出版社，1987年，第35页。

“仁”要由自身做起，再从和自己关系最切近的人的相处中去落实，而后以此为基础，将其扩大到跟自己关系更远的层次上去。孔子生平主张以乐教民，以乐化民，是由于音乐以调和为要素，而“调和”二字实为安身立命、接人处世之良方。“和也者，天下之达道也。”（《中庸》）孔子重视音乐“和”的作用，以音乐的谐和使民身心相安，以音乐的节奏涵养民之德性，以音乐的美感使民去野入文，在个人、家庭、社会和国家间建立一个极为和谐的生活秩序。子游以“弦歌”为治，孔子叹美之。《孝经》中的以乐配礼，“移风易俗”而“安上治民”，其意甚明。“孔子游于匡，匡人围之数匝，而弦歌不辍。”（《庄子·秋水》）“陈蔡绝粮，从者病，莫能兴，孔子讲诵弦歌不衰。”（《史记·孔子世家》）即使身陷危难之中，孔子也能以音乐调和人事，振奋人心，“以疏其秽，而镇其浮”（《国语·楚语》）。有学者谈道：“孔子之礼乐，是要使政治基于道德的秩序，而道德则基于艺术的调和，人与人，人与社会，人与宇宙之调和。”①此说甚是精准。《论语·先进》记载“四人侍坐章”，曾皙述说自己的志向是“暮春者，春服既成，冠者五六人，童子六七人，浴乎沂，风乎舞雩，咏而归”。孔子听后喟然叹曰：“吾与点也。”鲁迅先生在《听说梦》一文中指出：“孔子曰，‘盍各言尔志’，而终于赞成曾点者，就因为其“志”合于孔子之“道”的缘故也。”曾点之志，在于和谐的礼乐教化。

孔子“乐教”主张是其思想体系的重要组成部分，它继承和发扬了传统的礼乐文化，开启了先秦儒家“乐教”思想的大门，奠定了中国两千余年礼乐教化思想的基础。两千多年来，中国的教育思想可谓百家争鸣，各放异彩，但唯有儒家的“乐教”思想独尊天下，以致“二十四史”每部几乎都要申述“乐教”问题，其思想总脱不出孔子“乐教”思想之精要。孔子“乐教”思想不仅影响和主宰了中国整个封建时期

---

① 胡秋原：《古代中国文化与中国知识分子》，台北：学术出版社，1978年，第234页。

的音乐思想，而且对中国后来的音乐创作和音乐形态产生了决定性的影响。

二、孟子与荀子的“乐教”主张

孔子倡导“乐教”，重视音乐的政治伦理与社会教化功能，提出了音乐的审美标准，奠定了儒家“乐教”思想的基础。孔子后学中，继承和发扬其“乐教”思想并卓有建树的，应数孟子与荀子。

（一）孟子“乐教”主张：“乐民之乐者，民亦乐其乐”

从儒家内部来看，孔子对孟子的影响最大；在孔子后学中以曾参和子思对孟子的影响最为显著。诚如荀子所说：“子思唱之，孟轲和之，世俗之沟犹瞀儒，嚾嚾然不知其所非也，遂受而传之，以为仲尼、子游为兹厚于后生。”（《荀子·非十二子》）孟子一生致力于宣传和发扬孔子的学说，对儒学的赓续和弘扬做出了重要贡献，故后世约定俗成地将儒学称为“孔孟之道”。孟子对于孔子思想的继承和发展是多方面的。就音乐思想而言，孟子主要以孔子“仁”学思想为基础，承袭并光大了孔子及子思的音乐观。在现实中，孟子重视“乐教”传统，将“乐”看作“仁”与“义”的载体，将“礼乐”视为治国之大道。

孟子的音乐主张主要表现在以下几个方面：

1. 重视乐的作用：“仁言不如仁声入人深也”

孟子以孔子的继承者自任，强调人格修养，提倡礼乐教育。据《孟子·离娄上》记载，孟子说：“仁之实，事亲是也；义之实，从兄是也；智之实，知斯二者弗去是也；礼之实，节文斯二者是也；乐之实，乐斯二者，乐则生矣；生则恶可已也，恶可已，则不知足之蹈之，手之舞之。”又说：“离娄之明，公输子之巧，不以规矩，不能成方圆。师旷之聪，不以六律，不能正五音。尧舜之道，不以仁政，不能平治天下。……圣人既竭目力焉，继之以规矩准绳，以为方员平直，不可胜用也；既竭耳力焉，继之以六律，正五音，不可胜用也；既竭心思焉，继之以不忍人之政，而仁覆天下矣。”孟子认为乐能使人从心中乐意遵循仁义的要求。这种思想，一方面出于他对乐的感人作用的认识，如他所说：“仁言不如仁声入人深也，善政不如善教之得民也。”（《孟子·尽心上》）另一方面，也可以看出孟子提倡乐与政治相联系的观点，他认为，音乐的产生完全是由于政治伦理的需要，因此要服从礼的要求，为仁政服务。这与孔子“人而不仁如乐何”（《论语·八佾》）的观点一脉相承。

2. 主张以乐和民：“与民同乐也”

孟子论乐，更多是把音乐与政教相提并论，希望统治者用“乐”来移风易俗，化和民心。要做到这一点，统治者必须“与民同乐”。《孟子·梁惠王上》记孟子说：“古之人，与民偕乐，故能乐也。”“为民上而不与民同乐者，亦非也。乐民之乐者，民亦乐其乐；忧民之忧者，民亦忧其忧。乐以天下，忧以天下，然而不王者，未之有也。”孟子发现梁惠王好“乐”，就引导说：“独乐乐，与人乐乐，孰乐？（王）曰：不若与人。（孟）曰：与少乐乐，与众乐乐，孰乐？（王）曰：不若与众。（孟）曰：臣请为王言乐。今王鼓乐于此，百姓闻王钟鼓之声、管籥之音，举疾首蹙额而相告曰：吾王之好鼓乐，夫何使我至于此极也。……此无他，不与民同乐也。今王鼓乐于此，百姓闻王钟鼓之声、管籥之音，举欣欣然有喜色而相告曰：吾王庶几无疾病与，何以能鼓乐也。……此无他，与民同乐也。今王与百姓同乐则王矣！”（《孟子·梁惠王下》）孟子认为，“与民同乐”既是必要的，又是可能的：“与民同乐”之所以必要，是因为如果能与百姓同乐，“则王矣”。反之，如果仅仅“独乐”而非与民同乐，那就不会关心生民疾苦，必然会招致民怨和反对，就不能得民心以保社稷的长治久安。所以，音乐能沟通黎民与君主之间的感情，消除双方的隔阂。

说“与民同乐”是可能的，则是因为人性生而具有审美爱好和共同趣味，“口之于味也，……四肢之于安佚也，性也”（《孟子·尽心下》）。“至于声，天下期于师旷，是天下之耳相似也。”（《孟子·告子上》）所以，人与人之间能共同欣赏音乐，王与民之间亦是如此。

总之，孟子继承了孔子重视“乐教”的政治伦理功能的主张，并将自己的“仁政”和“性善论”观点贯穿其中，提升为“与民同乐”思想，不能不说是对孔子“乐教”思想的发扬光大。

3. 注重人格养成：“闻其乐而知其德”

孟子继承孔子注重人格养成的传统，以可化约的共同人性为基础，以主观修养为途径，强调乐对人格修养的作用。孟子以为乐与道德相通，故曰：“闻其乐而知其德。”（《孟子·公孙丑上》）孟子将“性本善”观念和人格精神德性观念注入了他对乐的论述中，认为：“君子有三乐，而王天下不与存焉。父母俱存，兄弟无故，一乐也；仰不愧于天，俯不怍于人，二乐也；得天下英才而教育之，三乐也。”（《孟子·尽心上》）孟子曰：“口之于味也，有同嗜焉；耳之于声也，有同听焉；目之于色也，有同美焉。至于心，独无所同然乎？心之所同然者何也？谓理也，义也。圣人先得我心之所同然耳。故理义之悦我心，犹刍豢之悦我口。”（《孟子·告子上》）孟子所论之“乐”，意为“理义”之乐，皆为人的道德体验之乐，同时也是人的精神体验和人的道德人格完善之乐。从美善同构的儒家“乐教”观点看，这也是“尽善尽美”的乐，实际就是具有道德感的审美快乐。孟子认为，真正能与民同乐的只有“贤者”，唯“贤者而乐此，不贤者虽有此不乐也”（《孟子·梁惠王下》）。所谓“贤者”，是指有“浩然正气”和高尚人格修养的“大丈夫”，是“富贵不能淫，贫贱不能移，威武不能屈”（《孟子·滕文公下》）的圣人。“贤者”或圣人经过“养气”等提高修养的方式扩充内心善端，能体会到“反身而诚，乐莫大焉”（《孟子·滕文公下》），进而达到“与天地同流”的境界，也就能把个人的“乐”扩充到“得志与民同之”，“与民同乐”，这才是孟子心目中理想的君子之乐。

4. 遵循乐之规律：“今之乐，由古之乐也”

孟子还将“乐”作为独立的艺术形式，进行了本体论讨论。他在与梁惠王讨论“好乐何如”“今之乐由古之乐也”时，就较深刻地论证了音乐这种艺术形式的现实功能和艺术审美体验的感受形式。《孟子·万章下》曰：“颂其诗，读其书，不知其人，可乎？是以论其世也。是尚友也。”这一方面指出了个体增进学问、培养道德的门径，同时显示了其尊重艺术本体与客体结合的观点。《孟子·万章上》说：“说《诗》者，不以文害辞，不以辞害志，以意逆志，是为得之。”所谓“不以文害辞，不以辞害志”，主要是强调尊重艺术本身的特殊性，推及音乐亦应如此。孟子这种对艺术作品不可拘泥于字辞之义而要作审美理解的观点，是符合艺术规律的。当时“说诗者”多为迎合诸侯君主的政治利益而对《诗》断章取义、牵强附会，常置文本固有的整体意蕴于不顾，阻碍了人们对《诗》的正确审美鉴赏。在这种情形下，孟子的“艺术本体论”主张具有极强的现实针对性和积极意义。

“耳有同听”“心有同悦”“今之乐由古之乐也”以及“与民同乐”，三者互相联系，从不同角度阐述了音乐自身的价值和作用，构成了孟子音乐思想的主要部分。“耳有同听”“心有同悦”“今之乐由古之乐也”，从主客体及音乐与情理的角度，探讨了音乐这种艺术形式的相对独立性，是对“恶郑声之乱雅乐”以及兴《韶》放《郑》等主张的一种突破，也是对“通乎政”“知伦理”观念的发展，既肯定了音乐共同美的存在，也为“心有同乐”提供了理论前提。通过“与民同乐”的活动方式，使不同社会阶层的成员在音乐活动中合于一体，从乐中得到共同的耳目之快，并进一步上升为道德上的共同理想，既提高了个人修养，又得到了民心，获得了民众支持，从而达致“王道”，“仁政”的目的也就达到了。

（二）荀子的“乐教”思想：“穷本极变，乐之情也”

荀子生活的战国末期，正值社会将由“诸侯异政，百家异说”（《荀子·解蔽》）的局面走向统一的阶段。荀子的“乐教”思想，一方面继承了孔子等儒家“乐教”传统，另一方面又不“蔽于一曲”（《荀子·解蔽》），而是“推儒、墨、道德”（《史记·孟子荀卿列传》）等名家言论加以综合，从而形成一个儒家“乐教”新流派。荀子的音乐思想集中表现在《荀子·乐论》中。

《荀子·乐论》有明确的针对性。此前，墨子因反对统治阶层的奢侈淫逸之故，从小生产者的实用主义出发，主张取消音乐。荀子遂著《乐论》，一方面批判墨子的“非乐”理论，另一方面也阐发了自己的音乐思想。

1. 乐之源起：“人情之所必不免也”

荀子认为乐源于情。他充分肯定了音乐的情感特征，《乐论》开篇就提出：“夫乐者，乐也；人情之所必不免也。”此前，孔孟虽重礼乐，但对乐的起源和情感问题所论甚少。荀子则对乐的起源、性质和作用进行了较详尽的论述。荀子对乐的论述是建立在他独特的人性论基础上的。他说：“不可学，不可事，而在人者谓之性；可学而能，可事而成之在人者，谓之伪，是性伪之分也。”（《荀子·性恶》）这是说“性”是自然生就的，不需要后天的学习，耳能听、目能看就是“性”。“伪”是人为之意，它并非与生俱来，而是必须经过后天的学习才能养成，如“心知礼义”就是“伪”。荀子认为，“性”表现在外就是情。人的本性是“生而好利”“生而有疾恶”“生而好声色”（《荀子·性恶》）的，是恶的。因此，“情”当然也是恶的。在此情形之下，利用“人情之所必不免”的乐来正确地引导人们的性情，从而克服人性之恶，就显得十分必要。他说：“穷本极变，乐之情也。”（《荀子·乐论》）因此，充分发挥“乐教”的政治伦理功能，从根本上改变人的性情，是音乐教育的本质所在。

在荀子看来，音乐的产生，出于人性的必然，是人们内心情志的催发，是人类宣泄情感欲望的需要，而不是由天所生。“钟、鼓、管、磬、琴、瑟、竽、笙，所以养耳也。”（《荀子·礼论》）“夫人之情，目欲綦色，耳欲綦声……此人情所必不免也。”（《荀子·王霸》）人有各种欲望爱好，就像饿了想要吃饭一样，顺乎人情，合乎人性。音乐也是由于“人情所必不免”，适应人类社会需要而自然衍生出来的；而随着音乐艺术的丰富和发展，它又被赋予移风俗正人伦的功能。《乐论》中论述道：

> 声音动静，性术之变尽是矣。……而墨子非之奈何！
>
> 声乐之象：鼓大丽，钟统实，磬廉制，竽笙箫和，筦籥发猛，埙篪翁博，瑟易良，琴妇好，歌清尽，舞意天道兼。
>
> 故齐衰之服，哭泣之声，使人之心悲；带甲婴胄，歌于行伍，使人之心伤；姚冶之容，郑卫之音，使人之心淫；绅、端、章甫、舞《韶》歌《武》，使人之心庄。

这都强调了音乐与人情、人性的关系，以及其在宣泄内心情感时的作用。

荀子反对墨子的“非乐”思想，充分肯定了音乐存在的合理性。墨子指责音乐活动劳民伤财，使“国家乱而社稷危”，为害无穷。而荀子则以人的自然本性为依据，批驳了墨子的禁欲主义观点。他指出：“若夫目好色，耳好声，口好味，心好利，骨体肤理好愉佚，是皆生于人之情性者也。”（《荀子·性恶》）导致国乱财匮的决非音乐活动，而是由于“群而无分”，背离了礼义，在于欲求的无度量。因为声色欲求无度则争，“争则乱，乱则穷”。音乐活动是正当的，关键在于应以“礼”约束之，使之遵守社会规范，使“乐”成为“道”的体现，发挥其“明道”“治人”的作用，亦即“仁义礼乐，其致一也”（《荀子·大略》）。“以道制欲，则乐而不乱，以欲忘道，则惑而不乐，故乐者，所以道乐也。”(《荀子·乐论》）若此，则音乐不但不会危害社会，反而能改变人的本性，化性为伪，使人们“群而有分”，欲求适度，增强伦理道德意识，促进社会的和谐统一。他斥责墨子“蔽于用而不知文”，认为“非乐”不但不利于治理国家，反而会使“天下乱”。

2. 乐之功用：“美善相乐”“天下皆宁”

荀子认为乐的本质在于“穷本极变，乐之情也”，音乐的实质是探求人的本性及其变化。不仅如此，他还通过分析乐的特点，提出了“乐合同”的论断，进一步表明乐以内在形式使人们和谐一致，同时从中体现出协调人际关系的不变原则。由此，乐对人的教化作用是客观存在的。荀子承袭了先秦儒家重视音乐的政治伦理的传统，在批驳墨子“非乐”理论的同时，围绕音乐问题提出了自己独到的音乐功用论，在理论的深广度上均较其前人有明显进步。

荀子首先肯定了音乐在改塑人性与陶冶品格过程中的作用。在他看来，人的“性”与“情”是天然生成的，充满本能欲望，故而是“恶”的。对此，如像墨子那样强制消除或禁欲，是行不通的。音乐作为“道”的体现，借其“明道”教化作用，可以疏导、制约和规范人的性情，使人从情感到言行都符合礼义，化奸为善，改恶为美。对音乐的这一功用，他在《乐论》中多有论述：

> 人不能无乐，乐则不能无形，形而不为道，则不能无乱。先王恶其乱也，故制雅、颂之声以道之，使其声足以乐而不流，使其文足以辨而不諰，使其曲直繁省廉肉节奏足以感动人之善心，使夫邪污之气无由得接焉。
>
> 乐在宗庙之中，君臣上下同听之，则莫不和敬；闺门之内，父子兄弟同听之，则莫不和亲；乡里族长之中，长少同听之，则莫不和顺。

其结论是："故夫声乐之入人也深，其化人也速。"荀子以人的情性分析为根据，注重音乐的情感作用，在视之为宣泄情感途径的同时，又把音乐作为协调情欲与礼义的杠杆，借以求得主体的感性与理性、自然性与社会性的和谐一致，最终使人达到情理兼备、群而有分、分而无争的理想境界。这种认识既与儒家注重音乐应有利于完善人格修养的一贯主张相一致，又因荀子注重音乐的感染力并强调以情感作用为途径去造就合乎理性的性情，从而使其"入人""化人"的功用论比前人的相关论述更全面、更符合规律。

其次，荀子对音乐的政治伦理作用作了明确的阐述。荀子对音乐社会功用的重视主要是从政治功利观念出发，力求使音乐成为"善民心""美政治"的工具。他主张要"贵礼乐而贱邪音"（《荀子·乐论》），"修宪命，审诗商，禁淫声，以时顺修，使夷俗邪音不敢乱。"（《荀子·王制》）。《乐论》中"贵礼乐而贱邪音"的观点渊源有自，不仅孔子主张"恶郑声之乱雅乐也"（《论语·阳货》），孟子也认为"恶郑声，恐其乱乐也"（《孟子·尽心下》）。《乐论》所说的"雅乐"，实际上蕴含着先秦统治者基本的政治思想，是先秦圣人政治的重要传承方式，也是祖先圣王的一种言说方式。所以，对雅乐的欣赏与学习也就是对一种神圣化了的政治文化的继承与坚持。荀子认为这种音乐可以帮助统治者治理民众，并帮助统治者培养合格的继承人。荀子说："和莺之声，步中武象，趋中韶护。君子听律习容而后出。"（《荀子·大略》）他将音乐与政治、国家制度、社会风俗及伦理道德紧紧联系在一起，把音乐视为一种维护"政统""道统"的有力工具和有效手段，要求"雅乐"发挥服务于政治、礼教，促进社会和谐统一的积极作用。对此，荀子在《乐论》中有两段著名论述：

君子以钟鼓道志，以琴瑟乐心。动以干戚，饰以羽旄，从以磬管。故其清明象天，其广大象地，其俯仰周旋有似于四时。故乐行而志清，礼修而行成，耳目聪明，血气和平，移风易俗，天下皆宁，美善相乐。……故乐者，所以道乐也；金石丝竹，所以道德也。乐行而民乡方矣。故乐者，治人之盛者也。

故乐者，出所以征诛也，入所以揖让也。征诛揖让，其义一也。出所以征诛，则莫不听从；入所以揖让，则莫不从服。故乐者，天下之大齐也，中和之纪也。

荀子认为音乐具有"美人""美俗""美政"的社会效用，由治心达到治人，通过聪明其耳目，陶冶其情性，进而提高道德修养，移风易俗，使个人与社会相和谐，在"乐""德""礼"的相辅相成、统一一致中，使"美善相乐""天下皆宁"。在这一点上，荀子继承了前期儒家"乐教"的主导思想倾向，与孔孟是相似的。他们均突出音乐在政治伦理教化中的实用价值，对音乐自身所应具有的相对独立的特征缺乏足够的认识与阐发，这也对后世的音乐创造与欣赏产生了消极影响。

3."礼""乐"结合："礼乐之统，管乎人心矣"

孔子固然已经注意到"礼""乐"的异同及其相辅相依的关系，但未详细明言；孟子提倡"王道"，先仁义而后礼乐，对礼乐论述也甚少。荀子则详尽地论述了"礼"与"乐"的关系。

首先，"乐"与"礼"具有目的一致性。"乐"与"礼"在当时共同面对的问题是政治秩序和伦理秩序。《荀子·王制》中有"天地不理，礼义无统，上无君师，下无父子，夫是之谓至乱"。《乐论》说："乐姚冶以险，则民流僈鄙贱矣；流僈则乱，鄙贱则争；乱争则兵弱城犯，敌国危之如是，则百姓不安其处，不乐其乡，不足其上矣。故礼乐废而邪音起者，危削侮辱之本也。""人生而有欲，欲而不得，则不能无求……争则乱，乱则穷。先王恶其乱也，故制礼仪以分之。"（《荀子·礼论》）因此，"乐"与"礼"首要的目标是恢复先王之道，所以《乐论》说："先王之道，礼乐正其盛者也。""礼乐之统，管乎人心"，"乐"与"礼"的目的都在于意识上的协调与管制，这样的结果是："名声于是白，光辉于是大，四海之民莫不愿得以为师，是王者之始也。"最后，"乐"与"礼"都指向德，《乐论》说："君子明乐，乃其德也。"外在的规范最终转化为内在的心灵愉悦和满足，外在和内在、社会和自然在这里获得了"德"的统一。

其次，"乐"与"礼"在功能上又有着较大区别。《乐论》说："且乐也者，和之不可变者也；礼也者，理之不可易者也。乐合同，礼别异。礼乐之统，管乎人心矣。穷本极变，乐之情也；著诚去伪，礼之经也。"乐的原则和功能是"合同"，维护社会群体的和谐一致；而礼的原则和功能是"别异"，是维护社会群林的等级差到。礼注重的是外在理性规范，乐注重的是内在情感熏陶。乐的特征是"穷本极变"，是从内心建立和塑造情感形式，正所谓"声音动静，性术之变尽是矣"。乐不是外在的强制，而是内在的引导。从这一角度来看，乐比礼就更为直接和关键。乐通过陶冶性情、塑造情感以建立内在人性来与礼协同一致，达到维系社会和谐的日的。"穷本极变"的过程是一种"化"："夫声乐之入人也深，其化人也速。"而礼则在于彰显一种"诚"："著诚去伪，礼之经也。"荀子对"诚"做过这样的阐释："君子养心莫善于诚，致诚则无它事矣。惟仁之为守，惟义之为行。诚心守仁则形，形则神，神则能化矣。诚心行义则理，理则明，明则能变矣。"荀子没有把"诚"束缚在个人的心灵世界或道德修养里，而将其扩延于整个宇宙："变化代兴，谓之天德。天不言而人推其高焉，地不言而人推其厚焉，四时不言而百姓期焉。夫此有常，以至其诚者也。"（《荀子·不苟》）这说明礼不是简单地强制，而是通过感性形式使礼变成人们愿意接受的东西，从而启发人的自觉，乃至将道德准则通过教育而变成人的内在需求。

荀子认为内外能够转化，"乐""礼"可以互动。"圣人纵其欲，兼其情，而制焉者理矣。"（《荀子·解蔽》）乐"导情"，礼"制欲"。乐激发情感和欲望，使人有旺盛的生命活力；礼节制情感和欲望，使之不放任自流。乐是感情的流露、意志的表现，其功能在于张扬与宣泄；礼是行为仪表的纪律和限制，其功能在于调整节制。《乐论》说："乐者，乐也。君子乐得其道，小人乐得其欲。以道制欲，则乐而不乱，以欲忘道，则惑而不乐。故乐者，所以道乐也。"乐功能的实现在于将使自然人的"欲"和社会人的"礼"相统一。这样乐既可以"道乐"，抒发情感，又可以"道德"，实现道德教化，进而达到治人的目的。乐是在冲突中求和谐，礼是于混乱中求秩序；乐易起同情共鸣，礼易显出等差分际；乐使异者趋于同，礼使同者现其异；"乐"和"礼"使不同地位不同身份不同利益的群体调和起来，尽可能地达成和善或一致。故曰："礼乐之统，管乎人心矣。"（《荀子·乐论》）荀子关于"乐"与"礼"的关系的论述可谓精深备至。

（三）荀子与孟子"礼乐"思想之异："礼法"与"礼乐

儒家礼乐教化思想导源于孔子，发展于思孟，完善于荀子。但荀子的礼乐观与孔孟礼乐思想又有一些根本区别。

第一，荀子在礼乐教化中突出了音乐对征诛的作用。他认为，"故乐者，出所以征诛也，入所以揖让也，征诛揖让，其义一也。……故乐者，天下之大齐也，中和之纪也"，"乐姚冶以险，则民流僈鄙贱矣；流僈则乱，鄙贱则争；乱争则兵弱城犯，敌国危之如是"（《荀子·乐论》）。不仅如此，他还认为音乐具有"兵劲城固，敌国不敢婴"（《荀子·乐论》）的作用，最终发挥出统一天下的政治功用。而孔子是否定征伐之音的，"谓《武》尽美矣，未尽善也"。孟子更是反对征战，故把音乐归结成仁义为乐，"仁之实，事亲是也；义之实，从兄是也；智之实，知斯二者弗去是也；乐之实，乐斯二者。乐则生矣，生则恶可已也。恶可已，则不知足之蹈之，手之舞之"（《孟子·离娄上》）。荀子的这一观点与他生活的战国晚期战乱频仍的历史背景紧密相关。

第二，荀子是从孔孟“礼治”到韩非“法治”的过渡人物，在其礼乐思想中法治成分较重。荀子指的礼具有法的内涵，在《荀子·成相》篇中他说，“故非礼，是无法也”，“故学也者，礼法也”。《荀子·成相》开篇便道：“请成相，世之殃，愚暗堕贤良。人主无贤，如瞽无相，何伥伥！”从某种意义看，如果荀子的《乐论》已被时贤认定为其礼乐教化论的代表之作的话，那么他的《成相》篇则是其礼乐实践的标本。荀子用这种通俗易懂、朗朗上口、节奏明快，颇有“新声”意味的音乐形式来针砭时弊。他还说：“君法明，论有常，表仪既设民知方，进退有律，莫得贵贱孰私王？”（《荀子·成相》）这充分证明他把“法治”提高到一个前所未有的高度，甚至成了礼的代名词。不但用老百姓都能听懂的说唱形式，而且直接运用法治的观点通过音乐形式告诫君王、人臣、诸侯和庶民，这一点是具有进步意义的。不管从荀子对礼乐之本的论述，还是从礼乐对社会的功用的论述，都是为了推行“隆礼、重法”的政治主张，这也是其礼乐教化思想核心内容的教育目的，使得礼、法、乐三者并举，从而实现“令行禁止，天下为一”的政治理想。

第三，孟子关于乐的谈论涉及“心有同悦”“与民同乐”等。孟子以一种“今之乐，由古之乐也”的折中态度提高了“新声”的地位。就此而言，孟子乐的价值观基本上是中立的，虽强调其伦理价值，但这种价值是从属于主体内在心性情感的，是由内而外的。荀子认为孟子所谓“人之学者，其性善”是错误的，原因在于：“是不及知人之性，而不察乎人之性伪之分者也。凡性者，天之就也，不可学，不可事。……不可学、不可事之在天者，谓之性；可学而能，可事而成之在人者，谓之伪，是性伪之分也。”（《荀子·性恶》）这里后天的“伪”与自然的“性”形成对比。孟子的学说偏重于“内圣”，荀子则偏重于“外王”。在荀子看来，“尧、禹者，非生而具者也，夫起于变故，成乎修，修之为，待尽而后备者也”

（《荀子·荣辱》）。在孟子看来，乐是一种娱乐，这种娱乐性本身不与健康的社会政治秩序对立。荀子关于礼乐的论述，无论是内容还是在形式上，都把礼乐拓宽了许多，较之孔孟有了较大的飞跃。这亦使得受礼乐教化的人不仅是君臣、大夫、诸侯，更多的是所谓庶民。礼乐教化思想深入人心，真正成为治人治国的手段，同时对乐的推广与传播也起到了积极的作用。

总之，荀子不仅继承了孔子"乐教"思想的主旨，并且在乐的起源、"礼""乐"结合及乐对人内心情感的影响方面，大大演化和发展了孔子"乐教"的思想内容，又在对墨子"非乐"进行回击批判的同时完善了自己的音乐思想，重新形成了较完整的"乐教"思想体系。荀子"乐教"思想基本代表了战国时期儒家音乐思想的主流。

三、结语

"乐教"传统由来已久。"乐教"在古代思想史和教育史上占有特殊的地位。俞正燮谓："周成均之教，大司成、小司成、乐胥皆主乐，……通检三代以上书，乐之外无所谓学。"[①]以孔孟荀为代表的儒家承袭了上代的礼乐教化传统，形成系统的"乐教"思想体系，将上古"乐教"思想发扬光大，奠定了中国两千年礼乐文化的基石。

上古"乐"乃诗、乐、舞之复合体。这种综合性的乐引起人们的重视，并非因其娱乐性，而是因其教化功能。而乐被赋予如此多的功能，是有一个演变过程的。中华文化的精神特质，可用"礼乐"二字概括，二者异质同构，相得益彰。礼乐并称，有着深远的根源。大体而论，先秦礼乐

---

①［清］俞正燮：《癸巳存稿》卷二，见孟宪承等编：《中国古代教育史资料》，北京：人民教育出版社，1961年，第38页。

的发展经历了两个阶段。第一阶段的标志是周公“制礼作乐”。西周以具体而复杂的礼乐体制代表了真正意义上的思想一统，成为后世诸子追奉的“黄金时期”，这也是礼乐由原始宗教文化演变为政教伦理文化时期，特点是“乐”主“礼”辅；第二阶段是春秋“礼崩乐坏”。在此背景下，孔子以“仁”为核心对礼乐进行了理论总结，使之进一步人间化、情理化。

孔子对于后世的影响莫过于其晚年删《诗》书，制“六艺”。而“六艺”之中，他似乎又对乐格外垂青，不仅对音乐与教育、音乐与政治、音乐的审美、音乐的内容与形式诸问题进行了精辟阐述，还建立了比较完整的儒家音乐理论体系，同时提出了把音乐作为教化民众工具的“乐教”主张，认为：“广博易良，乐教也。”（《孔子家语·问玉》）他的学生子贡评价他的业绩时，独举“见其礼而知其政，闻其乐而知其德”。孔子对乐最重要的见解即认为音乐教育要引人入善，顺从天道，“以六乐防万民之情，而教之和”。孔子对音乐教化功能的认识可概括为“教成于乐”和“调和人事”。

孔子后学中，继承和发扬其“乐教”思想并卓有建树的，首数孟子与荀子。可以说，儒家礼乐教化思想导源于孔子，发展于思孟，完善于荀子。但荀子的礼乐观与孔孟礼乐思想又有一些根本区别。

孟子一生致力于宣传和发扬孔子的学说，对儒学赓续与和弘扬做出了重要贡献，故后世约定俗成地将儒学称为“孔孟之道”。孟子对于孔子思想的继承和发展是多方面的。就音乐思想而言，孟子主要以孔子“仁”学思想为基础，承袭并光大孔子及子思的音乐观；在现实中，孟子重视“乐教”传统，将乐看作“仁”与“义”的载体，将礼乐视为治国之大道。

荀子生活的战国末期，正值社会将由“诸侯异政，百家异说”（《荀子·解蔽》）的局面走向统一的阶段。荀子的“乐教”思想，一方面继承了孔子等儒家“乐教”传统，另一方面又不“蔽于一曲”（《荀子·解蔽》），“推儒、墨、道德”（《史记·孟荀列传》）等名家言论加以综合，从而形成一个新的儒家“乐教”流派。荀子的音乐思想集中表现在《荀子·乐论》中。此前，墨子因反对统治阶层的奢侈淫逸之故，从小生产者的实用主义出发，主张取消音乐。荀子遂著《乐论》，一方面批判墨子“非乐”理论，同时也阐发了自己的音乐思想。

尽管存在百家争鸣，以孔孟荀为代表的先秦时期儒家礼乐思想仍在社会上占据主流地位，这一时期可以说是儒家“乐教”思想发展的巅峰。起于孔子的儒家礼乐思想不断延续、发展和更新，最终逐步形成为先秦儒学乃至于整个中国传统文化中礼乐思想的源泉，对当代和后世产生了巨大影响。

原载〔韩〕《儒教文化研究》（国际版）第十三辑，成均馆大学，2010年。

作者简介

王慕东，曲阜师范大学美术学院党委书记。

先秦儒家礼学“内向化”的三次转向

吴信英

“先秦儒学”是指孔子与其弟子共同缔造的原始儒家思想。与道家、墨家、法家否定和批判三代礼乐文明相迥异，孔子及其弟子秉持“祖述尧舜、宪章文武”和“述而不作”的大文化观，对三代礼乐文明尤其周礼进行了由外而内、由表及里的继承和反思，由此开创和奠定了以礼为特质的儒家思想和中华民族五千年礼仪文明的基因。在这一反思中，礼乐实现了从强调外在伦理规范到注重内在生命信仰的转向，即礼由最初关注自然天命的神、鬼的祭祀，转而关注人世、人心，进而在礼学的思想层面挖掘了“仁—情—心”作为内在源泉，具有深刻的人文意识与浓郁的道德追求，这种变化可称为“内向化”。在这种历时性的逻辑展开下，孔子、子思、孟子对礼的这种继承性建构使礼获得了源源不断的内在动力和形而上学支持。这一研究得益于20世纪末诸多新出文献，尤其郭店简的“礼作于情”上承孔子“克己复礼”的仁学，下启孟子“辞让之心”的礼论，如此得以勾稽礼学“内向化”的动态模式的全景，揭示了这一转型的思想特质。

中国礼制萌芽于龙山时代，迨至西周，礼制在维护社会秩序规范的制度层面不断完善，并发挥着重大的作用。实现这一秩序图景的是周公“制礼作乐”，建立了以宗法血缘为基础的政治文化模式，达到了礼制文明的

“黄金时代”。较之夏、商二代的“巫觋文化”和“祭祀文化”[①]，周公在扬弃和损益夏、殷礼的基础上加入了“德”的思考，要求君主要“明明德”“敬德保民”，以施行德政，以礼乐治国。三代礼乐文明演进的显著特征贯穿了一条主线，这条主线就是人文色彩的逐渐加重：由最初关注自然天命的神、鬼的祭祀，转而关注人世，通过礼来安排现实秩序，并要求在上位的统治者要“为政以德”，正如王国维先生所指出的，周礼“制度典礼者，道德之器也”[②]。较之夏殷之礼，周代“礼乐文化”显示了更为现实的人文关怀和理性特色。

春秋中期以降，随着宗法权力的转移和社会阶层流动的加剧，统治者或为达政治目的粗暴僭越礼乐制度，或穷奢极欲而丧德失能，导致民风不古、人心浇漓，建立在此基础上的周礼秩序必然受到挑战，史称“礼崩乐坏”。“礼崩乐坏”实际有两层含义：一方面，原有的制度体系、信仰体系崩塌，质疑不断；另一方面，制度层面的崩坏促使礼衍生出另一种形式——礼作为一种观念，进入研究视野。礼与仪相别（实为仪与义的分离），源自对当时诸多名实不符之礼的质疑，是礼的制度层面和思想层面分化的最初形式，礼观念层面“名”的意涵已被抽象出来并受到重视。以孔子、左丘明为代表的精英阶层敏感地觉察到这一点，在《左传》中，鲁庄公十五年（前679年）至鲁僖公三十二年（前628年）间的五十余年中，“礼”被提及多达20余次，对礼的重视也达到了无与伦比的程度，称“礼，天之经，地之义，民之行”（《左传·昭公二十五年》）。晋国大夫

---

① 陈来教授将夏商周三代文化分别称为“巫觋文化”“祭祀文化”和“礼乐文化”。见陈来：《古代宗教与伦理：儒家思想的根源》，北京：生活·读书·新知三联书店，2009年，第10页。

② 王国维：《殷周制度论》，见《观堂集林》卷十《史林二》，北京：中华书局，1956年，第451页。

子大叔评价徒有虚表地施行的礼“是仪也，非礼也”[①]。《左传》俯拾即是的“礼也”“非礼也”成为时人士大夫判断是非的标准。

一、孔子：“克己复礼为仁”

对于西周礼乐文明，孔子有着“郁郁乎文哉”的赞许和“吾从周”的追求。《论语》中子张等困惑于未来社会的治乱持危而发问“十世可知也”：“子曰：‘殷因于夏礼，所损益，可知也；周因于殷礼，所损益，可知也；其或继周者，虽百世可知也。’”（《论语·为政》）孔子在总结三代礼乐文明变化规律的基础上，不仅摒除了子张等时人的疑惑，而且提出了文质之变、“克己复礼”的倡议，为化解礼治在理论和现实的危机奠定了基础，从而形成了三代之礼“因革损益”的礼学观，为思考当时所谓的“传统与现代”的问题作出了积极回答。《论语·阳货》记孔子语：“礼云礼云，玉帛云乎哉？乐云乐云，钟鼓云乎哉？”礼绝不应只是人们表面上看到的那些玉帛钟鼓和行礼者的进退揖让等仪则，也不是争权夺利者随意践踏的旧礼或标榜的新礼。如何阐明和挖掘礼的内在精义、追寻“礼之本”、寻找“其或继周者”的“百世可知”成为早期儒家的致思方向。

作为公认的第一位私学老师，孔子“删诗书”“定礼乐”，不仅教授可安身立命的传统“六艺”——礼、乐、射、御、书、数，通过简化贵族礼仪，扩大为全民人伦日用，因势利导地参与了礼的社会化、平民化进程，使礼普及和完备。同时他更注重以精神层面的诗、书、礼、乐、易、春

① 这种说法在辑录孔子及七十子及后学礼学思想的《礼记》中分别对应有数与义、文与节、“礼之文”与“礼之本”、文与质等更精致化的区分。从春秋到战国的文献，如《左传》《荀子》都有大量对礼和仪区分的各种说法，如礼之文、礼之貌、礼之容与礼之质、礼之本、礼之实。

秋等“六艺”[①]提升人的素养，以“克己复礼”主导礼内涵的实质化发展。“克己复礼”其实古已有之，《左传·昭公十二年》记载：“仲尼曰：‘古也有志，克己复礼，仁也。信善哉。’”与之对应的，《论语·颜渊》篇记曰：

颜渊问仁。子曰：“克己复礼为仁。一日克己复礼，天下归仁焉！为仁由己，而由人乎哉？”颜渊曰：“请问其目”，子曰：“非礼勿视，非礼勿听，非礼勿言，非礼勿动。”颜渊曰：“回虽不敏，请事斯语矣。”

视、听、言、动皆合于礼，要依礼行事，用礼来约束自己，才是“为仁”。《论语》中孔子认为仁包含“爱人”和“为己”两个面向，此处孔子以“克己”来定义仁，“复礼”即自觉遵从礼的行为规范，是仁的外在规范。这些要求貌似并不难，即便是有一定理解能力和行为能力的孩童都可以做到。但能做到就是实现仁吗？其实不然，有学者已经解释得很清楚，“只有在内心深处对‘礼’有了高度的认同并化为自己的愿望，方能真正自主自觉、心悦诚服、毫不勉强地用礼来约束自己，是谓‘克己复礼’。经过‘克己’之‘复礼’是发自内心的自觉行为，具有自主性和自律性，故为‘真’、为‘实’；不经过‘克己’之‘复礼’不是发自内心的、自主自觉的行为；心中并不情愿，徒具虚文而已，故为‘伪’、为‘虚’”[②]。

实际上，孔子是将仁与礼绑定为人之为人的规定性，“人而不仁，如礼何？人而不仁，如乐何？”（《论语·八佾》）仁为礼本，只有实现了仁，

① 杨朝明：《真实的孔子》，载《光明日报》“国学版”2010年1月18日。按《大戴礼记·保傅》的说法，孩童至“八岁而出就外舍，学小艺焉，履小节焉”，即礼、乐、射、御、书、数。孩子到十五岁左右，要“束发而就大学”，“学大艺”“履大节”，就应当学习做人与社会管理。孔子教授七十子的“六艺”主要是“大学”的主要内容，指诗、书、礼、乐、易、春秋六种科目，是所谓“大艺”“大节”。

② 白奚：《援仁入礼，仁礼互动：对“克己复礼为仁”的再考察》，载《中国哲学史》2008年第1期，第126页。

礼乐才能真正实现，人才能成为真正具有道德含义的主体。内在的“仁”保证了“礼”实行的真实和有效，而外在“礼”的实践则实现了内在之“仁”的涵咏和提升。只有强调仁礼互动，实现内外兼修，礼才不至于沦为虚文。此外，孔子还认为礼是人内在情感的外在表现，所以行礼主体要以人的内在心理情感作为基础，“礼与其奢也，宁俭；丧，与其易也，宁戚”（《论语·八佾》）。由此可见，孔子援仁入礼，着力挖掘礼的真精神，注重归纳人从礼的施行所呈现出的自觉、需求、情感升华等内在因素，以此寻求礼所展示的真生命为礼论的本质。这是礼“内向化”发展的第一次转向。

《韩非子·显学》中著名的“儒分为八”，说明孔子以后儒门分化各有侧重。孔子提出“援仁入礼”，是一种仁礼并重的思想，七十子在此基础上对孔子思想进行了本质性深化和转进，后学大致可分为礼仪派和重仁派。其中子张、子夏、子贡等注重礼的外在仪则，终由荀子“隆礼重法”的思想发扬光大。这一派重视礼的实际操作和应用，并将之推广到制度层面，是一种守礼、传承礼或者称之为“复礼”。颜回、曾子、子游、子思等发扬了礼的内在性，即“仁”的一面，而后以孟子为大成。重仁派主张以仁统帅礼，是内在“仁”，即“克己”充分发展的前提下，侧重强调礼对个人内在的意义，这实际上是在新的社会条件下使仁与礼合一，反映了礼学“内向化”的新发展。

二、郭店儒简子思学派：“礼形于内”

被称为“孔孟之间驿站”[①]的郭店简面世前，学界一般都将礼的道德化完全归功于孟子，然而伴随着郭店儒简《性自命出》《五行》等篇对心

① 庞朴：《孔孟之间的驿站——郭店楚简中儒家学说的地位》，载《中国青年报》1999年11月7日。

性、五行的讨论，这一传统认识亟须修正。郭店简中67次“㤅”形仁字和大量以“心”为旁的字暗示了儒学的新动向：“从身从心”的“㤅”，即表示心中思考着自己（的身），用当时的话说，就是重视仁学克己、修己、成己、慎独的面向，即关注个体人的内在世界，由此了解性情的内在生成机制，开创了儒家以“㤅”为基础的心性学说，为礼教提供心性学基础。《性自命出》[①]集中讨论了性（德）、情、心、志、命（道）等重要范畴，与《中庸》中的“诚”等概念可谓一脉相承。该篇12处20个“情”字和《语丛二》中对情各种细致的划分引起了学者的极大关注。这里“情”的意涵远比现代语言的“情感”更丰富，有情实、情性、感情等义。儒简之所以“重情”，是因为礼的原理根源在人心灵的自然感情。该篇虽重“情”但不“唯情”[②]，“始者近情”（《性自命出》），礼的兴作虽由情而发，却是“终者近义”。如果说重“情”有侧重内在本能性情之嫌，而“以义制情”不仅不是对本能性情的禁锢，反而突显了人的内在精神自觉性，这种自觉性正来自社会历史发展进步中人类长期形成的社会心理规范。

《五行》篇不仅揭示了几千年来被荀子诟病的思孟“五行”所指为何，更展示了子思学派在战国时期德性生成的典型范式。将仁、义、礼、智、圣这五者既表述为“形于内”的“德之行”，也描述为“不形于内”的“行”，展示了德行内外兼修的思考，是礼学“内向化”转向的又一理论创获。《语丛一》：“……生（悳）德，（悳）德生礼，礼生乐。”德礼关系可参考《说文》释“悳”（德）为：“直心，外得于人，内得于己。”

① 荆门博物馆编：《郭店楚墓竹简》，北京：文物出版社，1998年。简文参考李零：《郭店竹简校读记》（增订本），北京：中国人民大学出版社，2007年。竹简引文皆出自此书，只标注篇章。

② 彭林：《始者近情，终者近义：子思学派对礼的理论诠释》，载《中国史研究》2001年第3期，第11页。

《周礼》郑注："德行，内外之称，在心为德，施之为行。"[①]五行中礼、义与仁、智、圣不同之处在于，仁、智、圣本来属于道德性理论，是内在的；而礼、义本属于"行"，即社会的、客观的外在规范。但子思却将五者等而视之，本属"行"的礼、义的"内向化"是子思学派礼学思想的独特性，作为"五行"之一的礼的"形于内"的形式即是礼"内向化"运行方式得以呈现。在"内向化"的发展过程中，礼扮演着双重角色：它既是内向化德性，又是内向化德性的外在德行。

《五行》根据"形于内"这一动态过程及与心产生的不同影响而将心区分为外心、中心。[②]"中心"更多的是和仁关系密切，是仁所居住的地方，是礼的内在动力源。心作为本源，能感知情感因素，如悦、忧及有关致思、成德的智、圣。与"中心"相对，"外心"直接与礼有关：

以其外心与人交，远也。远而庄之，敬也。敬而不懈，严也。严而畏之，尊也。尊而不骄，恭也。恭而博交，礼也。（《五行》）

首先，外在符合礼的仪则施行，因为有距离感而获得一系列的庄、敬、严、畏、尊、恭的内在心理感受，从而产生敬畏感和恭敬感，由弱而强。随着这些感受的不断加强和巩固，最终彻底深入"内心"，内化为德性洗礼心性。这一阶段在内心形成、显现的是与礼仪相应的礼德。这是礼德内化的第一阶段，也即《五行》篇首"礼形于内，谓之德之行"过程的第一步。其次，礼德既已形成于"内心"，再油然而生，并持续加强、巩固的敬畏感和恭敬之情的驱动下，经由"中心"的"仁"向外扩展，最终具化为符合时宜的仪则，将内心的情感经理性的加工、礼文的修饰而呈现

①［汉］郑玄注，［唐］孔颖达疏：《礼记正义》，上海：上海古籍出版社，2008年，第1458页。

②《说文》云："中，内也。"按马王堆汉墓帛书《说》部："外心者，非有它（他）心也，同之心也，而又胃（谓）外心也，而有胃（谓）中心。""中心"实际是指心中，即内心。魏启鹏：《德行校释》，成都：巴蜀书社，1991年，第51页。

于外。这是礼德内化的第二阶段，至此，“形于内”的礼德“内向化”才最终完成。与毫无内心情感和道德认同的行礼相比，“形于内”的“德之行”意味着德行的内外兼得，而不是偏失一隅。礼仪化过程所实现的内心情感共鸣就是对人的文化建构的过程。

郭店儒简在构建礼的“内向化”的同时，也开始了礼的形而上学化，这隐含在中国传统“天人合一”思维范式中。“绝地天通”后商周的“天人合一”是将帝王作为人间的唯一代表，在巫的协助下与天沟通。子贡说夫子罕言“性与天道”（《论语·公冶长》），至七十子“天人合一”有了新的实现路径。《性自命出》开篇即言：“性自命出，命自天降。道始于情，情生于性。”在子思学派看来，礼与（人）道是统一的，礼是（人）道的具体反映。所以天、命、性、情、礼（道）各范畴及其相互关系可以用以下简图来表示：天—命—性—情—礼（道）。天由外在于人而进入了人，赋予人以命；命是内在于人的、固有的存在而为性；性内在人心，外显为情。这样个人就可以通过自身（的心）所显示的情、性、命而上达天，与天沟通合一，而礼是现实世界中实现个人价值和道德世界的方式。基于此，郭店儒简体现了对于人道中人性、情性的关切，即关注点从人的外在生命存在形式的礼、名分等，转向侧重个体内在生命情感、情性的存在（个体性身心的存在为主及在此基础上的社会性存在），这可以视作礼“内向化”的第二次转向。

三、孟子：“恭敬之心，礼也”

伴随着战国中后期新旧秩序更替下愈加纷繁的社会变动，孟子接续子思考察人心、人性的救治方案，他略去《五行》中较高远、难实现的“圣”，直接将“形于内”的仁、义、礼、智阐释为一般人所具有恻隐、羞恶、辞让、是非“四心”。较之子思的《五行》篇，孟子的仁、义、礼、智四德已经完全是伦理道德意涵，“四心”说在理论建构上更为成熟和精致。李泽厚先生认为孔子之后，“将外在的社会规范化为内在自觉意识这一主题，却确乎由孟子发扬而推至极端”[①]，由此完成了心性之学的建构。

孟子认为礼是内在于人性，即“礼，恭敬之心也”（《孟子·告子上》），“辞让之心，礼之端”（《孟子·公孙丑上》），孟子认为礼所表现的恭敬、辞让是最可宝贵的，礼之“敬人”与仁之“爱人”都是发自内心的待人之道。所以要以仁与礼作为一切行为的内在出发点。“君子所以异于人者，以其存心也。君子以仁存心，以礼存心，仁者爱人，有礼者敬人。爱人者，人恒爱之；敬人者，人恒敬之。”（《孟子·离娄下》）仁是本于恻隐之心的哀怜之情，有种施予的姿态；而礼则恰好消融了这种强势的含义，以对等的敬为本，以“自卑而尊人”更易于对方接受。孟子以礼义并称，有“礼门义路”的说法。孟子说：“夫义，路也；礼，门也，惟君子能由是路，出入是门也。”（《孟子·万章下》）路与门看似不相关，实际却彼此通达：门是路的开启站，路指引门的方向。礼作为门，是联系和开启义路，使人走向行义之路的关节点。

同时，孟子弱化了内在心性“情”的环节，直击情性的本源——心成为个人和天（或道）保持交流的唯一媒介，心是认识性和天的发端，由此实现了简约化的“心—性—天”（《孟子·尽心上》）的“天人合一”的个体化、内向化的贯通。孟子认为“四端”之心是人之所以为人的本质，是人先天的善性表现，礼作为四德之一，是沟通天人的桥梁，从而完成了礼的道德形上学的建构。沿孔子、子思等礼的内向化趋势的不断跟进，孟子将礼内化于心，礼完全贯穿于人心、人性的超越层面，发展为道德形而上礼学。有学者将孟子的礼直接称之为“内在之礼”[②]。这种“内在之礼”

① 李泽厚：《新版中国古代思想史论》，天津：天津社会科学院出版社，2008年，第36页。

② 陈碧强：《由外在之礼到内在之礼：孟子思想内化的一个具体案例》，复旦大学2011年硕士学位论文。

是以心论礼，“仁以存心，礼以存心”（《孟子·离娄下》），礼与仁都是心存在的方式，且“礼节斯仁义”，礼是仁、义的具体实践，并可为仁、义张目。孟子将礼定义为门、人伦和心这三者是一一递进的。首先，礼作为门，是外在的礼仪规范，是道德实现的现实依据；再者，“礼节仁义”，礼是实现具体亲亲、尊尊等人伦关系所必需的，礼与仁义是并列的；进而，礼是“辞让之心”，将礼内在于心，由此连接人内在的道德，礼由外在而内化于心，实现了礼的哲学化和道德形而上学化，是礼学思想内化和超越的最高形式。这可以视作礼“内向化”的第三次转向。

孟子说“礼”是人心所固有的，并不是说礼的实现只需要内省式的修身。较之西周时期，孟子之礼虽然从现实层面有所退缩，但对外在之礼的重视却是丝毫未减。《孟子》一书中对外在之礼的记载很多，其中包括朝觐之礼、爵禄名分之礼、巡狩之礼、征伐之礼等国礼，还包括冠、婚、丧、祭、朝、聘、乡射、乡饮酒礼、相见等各种日用之礼，孟子皆以“仁政”为概括。作为儒家学派的中坚力量，孟子不仅重诗书，同样重视礼乐意义的阐释和践行，绝不可将孟子之礼简单理解为仁、义的附属而轻易抹杀礼在孟子思想中的重要地位。孟子之礼的最大意义在于，它开启了人的意义世界的呈现，赋予了人自由、平等、自觉的生命主体，道德理性促使人开始关注个人的生命力，是人的生命意识的自我解放。而且“四端”必须扩而充之，达至外铄并时时保养，勿“求其放心”，才能使礼行之于内，并贯穿于外。这是道德主体的挺立和道德情感上升为道德理性的完成，与西周时以“集体意志”求得人的尊严的等级之礼对人的禁锢迥异。

四、结语

浸淫于三代礼乐文明，礼由殷周对人间（等级）制度秩序的总体安排，至孔子从仁出发，关注人的内在；至郭店儒简子思学派转而关注个人内心的情性；最终由孟子将礼完全内置于人心，完成了礼的“内向化”发展理路。这是先秦儒家面对“礼坏乐崩”的现实而积极展开的礼乐本原探索，即“从内在心性角度实现对礼乐生活之制度可能的终极奠基”①。礼的“内向化”实际是战国时期儒学“内向化”发展的一个案例，它是儒学“内在超越”的实现过程，为儒学哲学思辨的提升和道德理论的建构做出了贡献。这一工作主要由子思和孟子完成，而礼学哲学化进程以形而上学化和内向化两条路径展开：所谓形而上学化，就是把礼的根源通过情（或心）向天追溯（礼—情/心—性—命—天），从而论证其不可动摇的合理性。所谓内向化（仁—情—心），就是深化礼在性情之中的正当地位（“礼作于情”“礼形于内”），以礼作为人性基础。这二者都是指向德性根本性的途径，以达到礼的哲学转向，获得道德形而上学化的本质。

正如杜维明教授所说，礼是“人文化”、人性化的过程。②礼的“内向化”过程中所抽象出大量关于人的内在本质精神的概念，如理、敬、诚、信、忠、义等升华为独立的人格品质，并参与到中华民族精神的铸造中。无论历代礼书如何修订，礼仪如何变化，中华礼文化内在的义理和精髓乃至变化标准已由先秦儒家所奠定并传承不息。经过礼的“内向化”构建，先秦儒家礼的内在精神价值的挖掘工作基本完成，儒家实现了“自新”的“温和的哲学突破”③和“内在超越”。与孔子、子思、孟子一系不断向内求索而挖掘礼的“内向化”相对，荀子认为礼由外作，将礼外延为法，完备了礼的外在制度层面的建构。一如孔子说“文质彬彬，然后君子”(《论语·雍也》)，儒家文质兼备，内、外两个进路都得到了充分的

① 张树业：《礼乐政教的心性论奠基：孟子礼乐论及其思想史效应》，载《中国哲学史》2012年第3期，第71页。

② 杜维明：《杜维明文集》（第三卷），武汉：武汉出版社，2002年，第81页。

③ 雅斯贝尔斯：《历史的起源与目标》，北京：华夏出版社，1989年，第9页。

发展，作为特殊的“包容的连续型”①文化发展模式，铸就了中国文化独特的“内向化”气质。

原载《中国哲学史》2017年第3期。

作者简介

吴信英，女，1984年出生，安徽阜阳人，历史学博士，南阳师范学院副教授，孔子研究院泰山学者青年专家魏衍华团队成员，主要研究方向是礼学思想史、先秦儒学思想史。

① 张光直：《连续与破裂：一个文明起源新说的草稿》，载《青铜时代二集》，北京：生活·读书·新知三联书店，1990年，第131页。

释奠礼与文庙祭祀的合流及其文化意蕴

刘续兵

文庙祭祀，作为一种特殊的祭祀活动，在中国有着两千多年的历史，于明清之际达到了鼎盛。历代的文庙祭祀名目中，释奠礼都是最高规格的祭祀礼仪，甚至在某种程度上成了文庙祭祀的专称。但是，考察历史记载，我们可以发现，这二者的合二为一经过了漫长的时间。

一、孔子之前的释奠礼

我国古代非常重视祭祀，有“国之大事，在祀与戎”之说。其中，以拜“天地山川”为“祭”，以拜“祖宗先人”为“祀”，后来逐渐成为一个名词。

“祭”字，由“手”“月”（即肉）和“示”（即神）三个象形独体字构成，古音同“杀”，有杀生之义，本指杀牲（以手持肉）以献神。“祀”字，《说文解字·示部》云“祭无已也”，也就是祭祀不断的意思。如果作一下区分，“祭”大概指祈求天地山川及神灵的佑护，“祀”就是寄望于后代子孙的繁衍不绝。

祭祀，按其对象可分为三种：天神、地祇、祖先。荀子说：“礼有三本：天地者，生之本也；先祖者，类之本也；君师者，治之本也。无天地，恶生？无先祖，恶出？无君师，恶治？三者偏亡焉，无安人。故礼，上事天，下事地，尊先祖而隆君师，是礼之三本也。”（《荀子·礼论》）关于选择具体神祇的标准，前于孔子百年的鲁国贤人柳下惠就曾经说：“夫圣王之制祀也，法施于民则祀之，以死勤事则祀之，以劳定国则祀之，能御大灾则祀之，能捍大患则祀之。非是族也，不在祀典。”“加之以社稷山川之神，皆有功烈于民者也。及前哲令德之人，所以为明质也；及天之三辰，民所以瞻仰也；及地之五行，所以生殖也；及九州名山川泽，所以出财用也。非是不在祀典。”（《国语·鲁语上》）“有功烈于民”“前哲令德之人”等等，都应在祭祀的范围之内。

儒家重视祭祀，更多的是着眼于血缘宗法社会的现实需要。祭祀祖先，乃出于对亲情的维护与延续，而源自血缘的亲情乃是维系宗法社会和谐秩序的一个重要纽带。通过连续不断的庄严的仪式，追思前人的恩德，使自己的内心得到升华。因此儒家提倡祭祀鬼神的意图就是所谓“慎终追远，民德归厚”（《论语·为政》），要实现的还是社会秩序的稳定与和谐，这也是一种“神道设教”的教化之道。从这个意义上说，“释奠礼”正是对“前哲令德之人”的追思和纪念。

“释奠”一词，现在看到的最早记载是《礼记》之《王制》与《文王世子》篇。《王制》曰：“释奠于学。”郑注：“释菜奠币，礼先师也。”《文王世子》云：“凡学，春官释奠于其先师，秋冬亦如之。”又谓：“凡始立学者，必释奠于先圣、先师。”又云：“天子视学，……适东序，释奠于先老。”可见，其对象乃“先圣、先师”“先老”，而这都与“学”有关。至于“先圣、先师”“先老”到底何指，至汉代已经失传，即使郑玄这样的经学大师在注释时也是前后矛盾，错误丛出了。

而《周礼》《仪礼》《礼记》中尚有“释菜”“释采”“舍采”“舍奠”等相关记载。郑玄《文王世子》注以为，“释”与“舍”、“采”与“菜”通假，“舍奠”即“释奠”。而郑注又谓“释菜”较“释奠”为轻。“释奠者，设荐馔酌奠而已，无迎尸以下之事。”不过，综合《周礼》中关于

“舍奠”的记载，主要集中于山川或宗庙之奠，与“释奠”主要行于学宫有明显不同。

释奠礼举行的时间，根据孔颖达和马端临《文献通考》的说法，有“常时之释奠”与“非时之释奠”之分。常时，谓春夏秋冬四时所行之释奠。非时，指“始立学”“天子视学”和“出征反”之时的释奠。而主持者乃“有司”或“官”，可见这是一种官方祭祀活动。

于此可知，此时的释奠礼虽然肯定与孔子无关，但却是一种与“学”“教”有关的活动，这便为日后释奠礼与孔子祭祀合流奠定了基础。

二、释奠礼与周公、太公

由汉至唐，释奠礼并未明确为祭祀孔子专用。汉明帝永平二年（59年），“上始率群臣躬养三老、五更于辟雍，行大射大礼。郡县道行乡饮酒于学校，皆礼圣师周公、孔子，牲以犬”①。《册府元龟》卷四十九的记载稍异，作“皆祠先圣先师周公、孔子，牲以太牢，孟冬亦如之”。②两处记载的祭祀等级不同，但都是周公、孔子并称，且周公在孔子之前。

李唐建立之初，高祖于武德二年（619年）下诏：

> 惟兹二圣（指周公、孔子），道着群生，守祀不修，明褒尚阙。朕君临区宇，兴化崇儒，永言先达，情深绍嗣。宜令有司于国子学立周公、孔子庙各一所，四时致祭。③

此时周公、孔子仍无轩轾。五年后的武德七年（624年），高祖幸国子学，亲临释奠，以周公为先圣，以孔子配享。孔子从“先圣”降为“先师”，于释奠中退居配享之位。

---

①《后汉书》志第四《礼仪上》，北京：中华书局，1965年，第3108页。

②［北宋］王钦若等编：《册府元龟》卷四十九，北京：中华书局，1960年，第549页。

③《旧唐书》卷一百八十九《儒学列传上》，北京：中华书局，1975年，第4940页。

贞观二年（628年），房玄龄等人上书言：“臣以周公、尼父，俱称圣人，庠序置奠，本缘夫子。故晋宋梁陈及隋大业故事，皆以孔子为先圣，颜回为先师，历代所行，古人通允。”[①]唐太宗乃罢祀周公，仍以孔子为“先圣”，以颜回配享。

高宗永徽年间（650—655），释奠礼再一次发生逆转，复以周公为“先圣”，孔子为“先师”。根据黄进兴先生的推测，这次高宗释奠变革，实际上是受郑玄之学的影响乃至左右。[②]具体情形如何，尚有待深考。不过，这次逆转很快遭到朝臣的反对。太尉长孙无忌、礼部尚书许敬宗等上书，力争恢复贞观定制。经过一番努力，最终高宗同意恢复贞观旧制，孔子重新取得了“先圣”的地位，而周公配享武王。

此外，在唐代，释奠礼不仅用于祭祀孔子、周公，还用于祭祀武成王姜太公。开元十九年（731年），令两京、天下诸州各置“太公庙”，以张良配享，以太牢之牲、轩悬之乐、八佾之舞，于春秋二仲上戊日释奠太公。开元二十七年（739年），追封孔子为“文宣王”；肃宗上元元年（760年），追赠太公为“武成王”，其释奠之礼一同“文宣王”。于是文、武并存。释奠太公以“八佾”之舞，文庙释奠则仅用“六佾”，可见颇有轩轾。至宋代，对武成王的祭祀仍存在。不过，释奠太公，古无成例，因时特兴，昌盛一时则可，但终究无法与文庙释奠相提并论。随着科举制度的兴盛，孔子的地位远非太公可望。如唐肃宗时，曾一度因旱灾罢中小祀，太公庙在其列，而太学释奠孔子却行之如仪。唐德宗时，兵部侍郎李纾上书，请求将武成王庙祭祀规格予以裁降，甚至有人主张革除其王号。[③]至明代，朱元璋废止武成王庙祭祀，释奠礼复归于一，专祀孔子。

---

① [宋]王溥：《唐会要》卷三十五，北京：中华书局，1955年，第635—636页。

② 黄进兴：《圣贤与圣徒》，北京：北京大学出版社，2005年，第40页。

③ 黄进兴：《圣贤与圣徒》，北京：北京大学出版社，2005年，第42—43页。

三、释奠礼定于孔子

释奠之对象变为孔子，大概始于魏晋时期。但官方祭孔子却非始于魏晋，而可以追溯到汉初。

据司马迁记载，汉朝的开国皇帝刘邦就曾“过鲁，以太牢祠焉”。刘邦自淮南过鲁，以太牢祠孔子发生在汉高帝十二年（前195年）十一月。[①]刘邦早年以蔑视儒生闻名，但在其建立政权之后，因陆贾的劝谏，加之叔孙通为其制定礼仪，方认识到儒学对其统治的重要性。此番过鲁，恐怕也是出于叔孙通的主意，以太牢大礼祭祀孔子，向天下的儒生和士人发出信号，从而吸引更多的士子进入汉政权。这次祭祀，开启了后世皇帝和官方祭祀孔子的先河。

不过，我们也不必过高地估计其意义。因为汉初主要推行的是黄老之学，儒学尚未受到真正的重视，孔子的价值并没有得到统治者的充分认可。在很长一段时间里，对孔子的祭祀都没有提上议事日程。即使在汉武帝采纳了董仲舒“罢黜百家，独尊儒术”的建议之后，对孔子的官方祭祀依然迟迟不见踪影。

然而，有一些信息足堪玩味。汉景帝、武帝时期，文翁任蜀郡太守，修学宫。据《日知录校注》：“汉文翁成都石室设孔子坐像，其坐敛蹠向后，屈膝当前，七十二弟子侍于两旁。”[②]朱彝尊《曝书亭集》亦有类似说法。[③]后世甚至有《文翁礼殿图》行世。[④]可以推想，既设孔子像就应有祭祀之事。这虽是地方个别行为，却表明孔子即便在边陲之地也已得到

---

①《史记》卷四十七《孔子世家》，北京：中华书局，1959年，第1946页。

②［清］顾炎武著，陈垣校注：《日知录校注》，合肥：安徽大学出版社，2018年，第819页。

③［清］朱彝尊：《曝书亭集》卷五十六，《四部丛刊》初编（集部），上海：商务印书馆，第433、441页。

④ 胡兰江：《文翁礼殿图小考》，载《中国典籍与文化》2002年第3期。

足够的推崇。

西汉后期，朝廷已经开始对孔子祭祀有所重视。据《孔氏祖庭广记》卷五记载："前汉元帝初元中，下诏太师褒成君霸以所食邑八百户祀先圣。"[①]《册府元龟》卷四十九《帝王部·崇儒术》对此有详细记载："元帝即位，征高密相孔霸以师，赐爵关内侯，号褒成君。霸上书，求奉孔子祭礼。帝下诏曰：'其令师褒成君、关内侯霸，以所食邑八百户祀孔子焉。'故霸还长安，子福名数于鲁，奉孔子祀。帝好儒术文辞，颇改宣帝之政，言事者多进见，人人自以为得帝意。"[②]相关记载亦散见于《汉书·孔光传》。

汉成帝绥和元年（前8年），梅福建议，封孔子之世以为殷后。遂封孔子后孔吉为殷绍嘉侯。二年，又下诏："封孔子世为殷绍嘉公。"[③]汉平帝元始元年（1年）正月，王莽当政。六月，封"孔子后孔均为褒成侯，奉其祀。追谥孔子曰褒成宣尼公"[④]。"封周公、孔子后为列侯，食邑各二千户。莽更封为褒成侯，后避王莽，更名均。"[⑤]四年，改封殷绍嘉公曰宋公。

东汉时期，官方的孔子祭祀因皇帝的数次临幸而得以出现。《孔氏祖庭广记》卷五云："后汉光武建武五年，破董宪，还幸鲁，使大司空祀先圣。"[⑥]《汉书·光武帝纪》也记载了这次祭祀。汉明帝永平十五年（72年），"三月，……还，幸孔子宅，祠仲尼及七十二弟子。亲御讲堂，命皇太子、诸王说经"[⑦]。汉章帝建初二年（77年）三月，"祠孔子于阙里，及

①［金］孔元措编撰：《孔氏祖庭广记》卷五（孔子文化大全本），济南：山东友谊出版社，1989年，第145页。

②［北宋］王钦若等《册府元龟》卷四十九，北京：中华书局，1960年，第549页。

③《汉书》卷六十七《梅福传》，北京：中华书局，1962年，第2924—2927页。

④《汉书》卷十二《平帝纪》，北京：中华书局，1962年，第351页。

⑤《汉书》卷八十一《孔光传》，北京：中华书局，1962年，第3365页。

⑥［金］孔元措编撰：《孔氏祖庭广记》卷五（孔子文化大全本），济南：山东友谊出版社，1989年，第145页。

⑦《后汉书》卷二《明帝纪》，北京：中华书局，1965年，第118页。

七十二弟子”[①]。对此，《册府元龟》卷四十九《帝王部·崇儒术》的记载更为翔实：“东巡狩，还，过鲁，幸阙里，以太牢祀孔子及七十二弟子。作六代之乐，大会孔氏男子二十以上者六十三人，命儒者讲论兰台，令史孔僖因自陈谢。帝曰：‘今日之会宁于卿宗有光荣乎！’对曰：‘臣闻明君圣主，莫不尊师贵道。今陛下亲屈万乘，辱临敝里，此乃崇礼先师，增辉圣德，至于光荣，非所敢承。’帝大笑曰：‘非圣者子孙，焉有斯言乎！’遂拜僖郎中，赐褒成侯。损及孔氏男女钱帛。诏僖从还京师，使校书东观。”[②]

汉代皇帝虽多次幸鲁“祠孔子”，甚至用“太牢”之礼，不过，可以推想，此时并无固定的祭祀礼制可言。西汉末年时梅福说：“仲尼之庙不出阙里，孔氏子孙不免编户。”[③]据立于汉桓帝永兴元年（153年）的《永兴元年乙瑛置守庙百石卒史碑》记载，“孔子作《春秋》，制《孝经》，删述五经，演《易》系《辞》，经纬天地，幽赞神明，故特立庙。褒成侯四时来祠，事已即去。庙有礼器，无常人掌领，请置百石卒史一人，典主守庙，春秋飨礼，财出于王家钱，给犬酒直”[④]。可见，当时虽有褒成侯专门奉祀，但因其仕于京师，唯四时来祠，孔子庙尚无固定的守护官吏。

东汉《永寿二年韩敕造礼器碑》记载，汉桓帝永寿二年（156年），鲁相韩敕“修造礼乐，胡辇器用。存古旧宇，殷勤宅庙”[⑤]。汉灵帝建宁二年（167年）所立之《鲁相史晨飨孔庙碑》又记载，史晨于建宁元年四月到官，“乃以令日拜谒孔子，望见阙观，式路虔跽，既至升堂，屏气拜手。祗肃屑僾，仿佛若在，依依旧宅，神之所安”。随后所刻《史晨奏

①《后汉书》卷三《章帝纪》，北京：中华书局，1965年，第150页。

②［北宋］王钦若等：《册府元龟》卷四十九，北京：中华书局，1960年，第550—551页。

③《汉书》卷六十七《梅福传》，北京：中华书局，1962年，第2925页。

④ 房伟辑录：《永兴元年乙瑛置守庙百石卒史碑》，见杨朝明主编：《曲阜儒家碑刻文献辑录》（第1辑），济南：齐鲁书社，2015年，第16页。

⑤ 骆承烈：《石头上的儒家文献——曲阜碑文录》（上），济南：齐鲁书社，2001年，第19页。

祀飨庙碑》又云："臣以建宁元年到官，行秋飨，饮酒畔官（当作泮宫）毕，复礼孔子宅，拜谒神坐，仰瞻榱桷，俯视几筵，灵所依凭，肃素犹存。而无公出酒脯之胡祠，臣即以奉钱修上案食醊具，以叙小节，不敢空谒。""虽有褒成世享之封，四时来祭，毕纪归国。臣伏见临辟雍日，祠孔子以太牢，长吏备爵，所以尊先师重教化也。""本国旧居，复礼之日，阙而不祀，诚朝廷圣恩，所宜特加。""出王家谷，春秋行礼，议共禋祀。"①

从史晨的话来看，东汉末年，孔子祭祀依然远非国之大典。但是，自东汉明帝开始，在辟雍祭祀孔子却已经成为惯例。而至魏晋时期，辟雍祭祀孔子便与释奠礼合流了。据《晋书》卷十九《礼志》记载：

> 礼，始立学必先释奠于先圣先师，及行事必用币。汉世虽立学，斯礼无闻。魏齐王正始二年二月，帝讲《论语》通；五年五月，讲《尚书》通；七年十二月，讲《礼记》通。并使太常释奠，以太牢祠孔子于辟雍，以颜回配。武帝泰始七年，皇太子讲《孝经》通；咸宁三年，讲《诗》通；太康三年，讲《礼记》通。惠帝元康三年，皇太子讲《论语》通。元帝太兴二年，皇太子讲《论语》通。太子并亲释奠，以太牢祠孔子，以颜回配。成帝咸康元年，帝讲《诗》通。穆帝升平元年三月，帝讲《孝经》通。孝武宁康三年七月，帝讲《孝经》通。并释奠如故事。穆帝、孝武并权以中堂为太学。②

此时的太学或辟雍释奠礼的主要对象已经确定为孔子，而所用礼制也为"太牢"礼。在魏晋时期，这一释奠礼多在幼年皇帝或太子通一经之后举行；而更为隆重的是天子的视学礼。南北朝时期，这一制度被沿袭下来。

这样，经过数百年的演变和发展，释奠礼在这一时期逐渐定型完备，

---

① 刘续兵辑录：《建宁二年史晨前后碑》，见杨朝明主编：《曲阜儒家碑刻文献辑录》（第1辑），济南：齐鲁书社，2015年，第31—33页。

②《晋书》卷十九《礼志上》，北京：中华书局，1974年，第599页。

以孔子为释奠的主要对象这一制度基本得以确立，尽管后世仍有波动。

四、文庙释奠规格的演变

孔元措《孔氏祖庭广记》记载："宋孝武皇帝孝建元年十月，诏建仲尼庙，制同诸侯之礼。"[①]于此，孔子庙建制得以升格。这是见诸载籍的文庙升格的开始。《孔氏祖庭广记》又云："南齐明帝永泰元年，诏增仲尼祭秩。后魏显祖皇兴二年，以青徐既平，遣中书令兼太常高元，以太牢祀先圣。"[②]

值得注意的是，南齐武帝永明三年（485年），议定孔子庙释奠"设轩悬之乐，六佾之舞，牲牢器用，悉依上公"[③]。这是对孔子释奠礼规制的一次定型。据《南齐书·礼志》记载，其实早在南朝宋文帝元嘉时期，裴松之就建议"应舞六佾"，只是"以郊乐未具，故权奏登歌"。[④]《文献通考·学校考四》则记载，元嘉二十二年，"太子释奠，采晋故事"。注文曰："应舞六佾，宜设轩悬之乐，牲牢器用悉依上公。"[⑤]未知孰是。不过，永明所议定释奠之礼，则十分明确，对后世产生了很大影响。

许嵩《建康实录》记载，东晋孝武帝在京畿建康首立宣尼庙，专供祭祀孔子之所。这成为孔子庙从阙里走向外地的开始。[⑥]而孔祥林先生的考证，同样以为京师国学孔子庙的创建时间应在东晋孝武帝时期。[⑦]此时因

---

①［金］孔元措编撰：《孔氏祖庭广记》卷三（孔子文化大全本），济南：山东友谊出版社，1989年，第101—102页。

②［金］孔元措编撰：《孔氏祖庭广记》卷五（孔子文化大全本），济南：山东友谊出版社，1989年，第46页。

③《南齐书》卷九《礼志》，北京：中华书局，1972年，第144页。

④《南齐书》卷九《礼志》，北京：中华书局，1972年，第144页。

⑤［元］马端临：《文献通考》卷四十三《学校考四》，北京：中华书局，2018年，第1254页。

⑥［唐］许嵩：《建康实录》卷九，北京：中华书局，1986年，第283页。

⑦孔祥林：《孔子庙创建时间考》，载《孔子研究》2007年第6期。

曲阜恰恰处于南北政权互相争夺之地，阙里孔子庙常罹兵燹。北魏孝文帝不仅在太和十三年（489年）立孔子庙于京师平城，以与南齐武帝同年立孔子庙于京师建康相对应，更于太和十九年（495年）亲幸曲阜，亲祠孔子庙，[①]封孔子后裔为“崇圣侯”[②]。此后，“孔庙外地化的现象，随着南北政权的分岐，日趋显著”[③]。如，北齐甫建，文帝即于天保元年（550年）诏封“崇圣侯”，食邑一百户，以奉孔子之祀，并下令鲁郡以时修复文庙，务尽褒崇。[④]而南朝梁武帝于天监四年（505年）立孔子庙于京师建康。此时南北政权竞相褒封孔子及其后裔，重视孔子祭祀，充分显示出文庙祭祀制度所发挥的象征力量，定然裨益安邦定国之计。

可见，魏晋南北朝时期，虽然儒学的独尊地位受到外来佛学和本土道教的冲击，但是对于孔子的尊崇和祭祀，反而不亚于“独尊儒术”的两汉。此中消息，颇堪玩味。

文庙祭祀制度，经过两汉魏晋南北朝漫长的发展、演变，到了盛唐时期，得以基本定型。虽然在唐初，孔子祭祀曾有波动起伏，但文庙祭祀史上的一些重要制度和事件，如文庙从祀制的基本确立、州县皆立孔子庙、文庙释奠的海外传播等，都出现在这一时期。

特别是唐太宗贞观四年（630年），令州县学皆立孔子庙，[⑤]这一举措，极大地推动了文庙在全国的兴建。正如黄进兴先生所言：“此举促使士子耳濡目染儒者成圣希贤的荣耀，大有潜移默化之功。”[⑥]之后，虽有短暂逆流，但文庙遍布全国的情形无法改变。如明代《弘治十七年御制重建阙里孔子庙碑》云：“古之圣贤，功德及人，天下后世立庙以祀者多

①《魏书》卷七下《高祖孝文帝纪》，北京：中华书局，1974年，第177页。
②［金］孔元措编撰：《孔氏祖庭广记》卷一（孔子文化大全本），第66—67页。
③ 黄进兴：《圣贤与圣徒》，北京：北京大学出版社，2005年，第33页。
④《北齐书》卷四《文宣帝纪》，北京：中华书局，1972年，第51页。
⑤《新唐书》卷十五《礼乐五》，北京：中华书局，1975年，第373页。
⑥ 黄进兴：《圣贤与圣徒》，北京：北京大学出版社，2005年，第50页。

矣。然内而京师，外而郡邑，及其故乡靡不有庙；自天子至于郡邑长吏通得祀之，而致其严且敬，则惟孔子为然。”[①]作为文庙祭祀制度重要组成部分的从祀制度，即祭祀孔子之时，以孔子弟子后学以及历代大儒附祭的制度，也在唐代开始定型。这种配享、从祀制度，并非文庙祭祀所特有，而是借鉴了古代其他祭祀制度而出现的。古代祭典有主配之分，如《孔子家语·郊问》记载：“郊之祭也，迎长日之至也。大报天而主日，配以月。”[②]文庙祭祀中的从祀制度应当是对此类祭祀的借鉴。

其实，文庙从祀制度的雏形可以上溯到东汉明帝在曲阜祭孔时并及七十二弟子，这应当看作是弟子从祀孔子的滥觞。陈锦《文庙从祀位次考》认为“弟子从祀始此”。[③]而弟子配享孔子之例，至少在东汉末年即已出现。至曹魏齐王芳之时，形成了辟雍祀孔、以颜回配享的惯例。传统上多以为颜渊配享始于汉高祖，陈锦即主此说。[④]然而，配享与从祀真正成为一种文庙附祭制度，却要经历更加漫长的过程。到唐代，圣、哲、贤、儒的文庙祭祀体系基本确立，标志着文庙祭祀制度的大体定型。

宋代，文庙从祀制度的一个最大的变化就是“四配”（复圣颜回、宗圣曾子、述圣子思、亚圣孟子）的确立。这是与宋代儒家道统意识、道学兴起紧密相关的。“四配”于宋代定型，历经元明清，除明初一段小波折之外，未曾动摇。

宋徽宗崇宁三年（1104年），下诏改文庙“文宣王殿”名为“大成殿”，孔子塑像用天子冕，十二旒。南宋高宗绍兴十年（1140年），改释

---

① 孔丽辑录《弘治十七年御制重建阙里孔子庙碑》，见杨朝明主编：《曲阜儒家碑刻文献辑录》（第1辑），济南：山东友谊出版社，1989年，第247页。

② 杨朝明、宋立林主编：《孔子家语通解》，济南：齐鲁书社，2013年，第338页。

③［清］陈锦：《文庙从祀位次考》（孔子文化大全本），济南：山东友谊书社，1989年，第1140页。

④［清］陈锦：《文庙从祀位次考》（孔子文化大全本），济南：山东友谊出版社，1989年，第1143页。

奠文宣王为大祀。这是对文庙祭祀规格的一次提升。但五十余年之后，宋宁宗庆元元年（1195年），又降文庙祭祀为中祀。

金、元两代对于孔子祭祀亦是十分重视。作为少数民族政权，他们也意识到，文庙祭祀的象征意义对维护政权稳定的重要价值。因此，金代往往由皇帝亲自主持文庙释奠，阙里孔子庙十三碑亭中的金代碑亭仍为孔子庙现存建筑中最重要的文物古建筑之一。孔子封号在元代达到了极点。大德十一年（1307年），元武宗以“先孔子而圣者，非孔子无以明；后孔子而圣者，非孔子无以法”[①]，诏封孔子为“大成至圣文宣王”，遣使诣阙里，以太牢祀孔子。

明初，对文庙释奠的态度有短暂反复。洪武二年（1369年），下诏孔庙春秋释奠，止行于阙里，天下不必通祀。可是次年，下诏革除诸神封号，唯独保留了孔子的历代封号，又表明对孔子的格外重视和推崇。洪武十五年（1382年），下诏各州县通祀孔子，恢复释奠。这种反复，一方面反映了朱元璋对待孔子乃至士人集团的矛盾心态；同时，据学者研究，洪武二年废止天下通祀孔子，可能与他个人和孔氏家族的嫌隙误会有关。[②]

真正产生影响的是明世宗嘉靖的释奠改革。嘉靖九年（1530年）十一月，明世宗采纳张璁的建议，对文庙祀典进行了改革：一是撤除孔子的王号，称“至圣先师”，并削除从祀弟子爵号，四配称“某圣某子”，十哲以下及门弟子称“先贤某子”，左丘明以下皆称“先儒某子”；二是毁除塑像，改用木主；三是另立启圣祠，主祭叔梁纥，而以从祀弟子之父配享从祀；四是简化祭祀礼制；五是重新认定从祀诸儒。[③]明成化年间，祭孔子

① 骆承烈：《石头上的儒家文献——曲阜碑文录》(上)，济南：齐鲁书社，2001年，第250页。

② 黄进兴：《道统与治统之间》，载《历史语言研究所集刊》，1990年。

③ 对于嘉靖九年的文庙祭祀制度改革，陈东先生、黄进兴先生都有很好的归纳。参见陈东：《释奠制度与孔子崇拜》，载《国际儒学研究》第十五辑，第261—278页；黄进兴：《圣贤与圣徒》，北京：北京大学出版社，2005年，第92—94页。

用八佾舞，升为大祀；嘉靖时又复为中祀。

清军入关之后，对于文庙祭祀基本上取继承明制的基本态度，其尊崇孔子、祭祀孔子的程度，较之以往历代有过之而无不及。康熙、雍正、乾隆三朝，对于孔庙、孔府的崇重和恩赐，超越以往，在祭孔仪式上也达到了新的高度。据《清史稿·礼志》记载："孔子德参两大，道冠百王。自汉至明，典多缺略。我圣祖释奠阙里，三跪九拜。曲柄黄盖，留供庙庭。世宗临雍，止称诣学，案前上香、奠帛、献爵，跪而不立。黄瓦饰庙，五代封王。圣诞致斋，圣讳敬避。高宗释奠，均法圣祖，躬行三献，垂为常仪。"[①]这已经将释奠升为大祀，不过并未正式规定而已。到了清朝即将寿终正寝的光绪三十二年（1906年），正式定祭孔子为大祀。这是文庙祭祀规格的最后一次提升，但数年以后，清朝的大厦就倾塌了。

总之，文庙祭祀的规格，自唐以来，一向定为中祀。除了宋、明、清代曾短暂地升为大祀外，基本上维持了这一定制。然而，自孔子去世之后，对其纪念与祭祀，上至帝王，下至士子，从时间和空间上，是其他诸教无法比拟的。其中的原因非常简单，那就是孔子是文化道统的象征，也是政统、教统的象征。

五、文庙祭祀的文化意蕴

绵延两千余年的文庙祭祀，作为中国历史上非常独特的一种文化现象，其中所蕴含的文化信息，无疑具有极大的价值。

1. 文庙始立的"拟血缘性"

孔子去世后，孔子弟子以及鲁人对其纪念一直延续不绝，其中所体现

---

①《清史稿》卷八十四《礼志三》，北京，中华书局，1977年，第2538页。

的文化意义非比寻常。孔子弟子对于孔子的纪念和祭祀，前无成例可寻，后有影响至深。

汉唐之后，阙里孔庙具有了家庙与国庙的双重性质。所谓家庙，其祭祀当然是孔子后裔对祖先的祭祀，属于血缘性祭祀。不过，我们考察文庙形成的原初过程，这种血缘性祭祀却若隐若现。孔子去世之后，“祭孔”首先应当出现于其家庭之中，但当时孔子之子孔鲤先孔子而逝，其裔孙子思恐怕尚未成人，所谓家族祭祀之事，也只是依理推测，并无明文可据。故探讨文庙祭祀的原初意义，其家庙祭祀并不在我们的论述范围之内。我们以为，真正意义的祭祀孔子活动，发生在孔子弟子依孔宅立庙之后，体现为孔子弟子对于老师孔子的祭祀活动。

显然，此种祭祀不属于血缘性祭祀，然而其师生之间的关系，实非寻常可比。孔子以其伟大的人格魅力、渊博的学识加之以慈父般的关怀，赢得了弟子们衷心的拥戴和尊敬。孔子和弟子之间建立了深厚的感情，而“孝”这个原本属于血缘—宗法范畴的伦理，已经超越了狭隘的亲情，可以适用于孔门师生之间。《论语·为政》记载子夏问“孝”，孔子说：“色难。有事，弟子服其劳，有酒食，先生馔，曾是以为孝乎？”这里，尽管孔子以为“有事，弟子服其劳”“有酒食，先生馔”尚未真正达到“孝”，但将“弟子”“先生”纳入“孝”的领域进行讨论，便暗示了当时“先生”“弟子”之间的“拟血缘”关系。[①]如果说，对本句所谓“先生”“弟子”还有不同的理解，难以论证孔门师生之间这种超越血缘的“拟血缘”关系存在的话，那么典籍所记载的几则事例，则完全可以作为佐证。

弟子颜回去世，孔子表现出了超乎寻常的悲痛。弟子子路去世，孔子

---

① 对于此处“先生”和“弟子”的传统理解，先生指父母或年长者，弟子则指弟与子。黄怀信先生则以为当理解为老师与学生。宋立林先生也有这种认识。参见黄怀信：《论语新校释》，西安：三秦出版社，2006年，第29页。另，宋立林：《帛书〈缪和〉〈昭力〉中子为孔子考》，载《周易研究》2005年第6期。

也有类似的表现。《论语·先进》记孔子说："回也视予犹父也。"这自是实情。这种感情从孔子去世后更突出地表现出来。据史料记载，孔子去世后，"门人疑所以服夫子者"。因为过去的丧服礼，并无为"师"服丧这一项。这时子贡说："昔夫子之丧颜回也，若丧其子而无服，丧子路亦然。今请丧夫子如丧父而无服。"随后将夫子"葬于鲁城北泗水上"，殡葬"兼用三王礼，所以尊师，且备古也"。此处"丧夫子如丧父而无服"之"如"，便真切反映了当时孔子弟子对于孔子的深厚感情，已比拟之于父亲了。[①]

虽然此处所涉及的还仅仅处于"丧""葬"阶段而未及"祭"的阶段，但阙里孔庙之祭祀，却正是从此而立。我们以为，阙里孔庙之设，就是出于孔子弟子纪念、怀念老师，从而将孔子所居旧宅改造为庙，成为后世文庙的雏形，开启了文庙祭祀的历史。这里需要强调的是，发生在孔门师生之间的这种"祭祀"活动，乃是模仿祭祖活动而来，但又超越了一般的亲情，开创了祭祀史上的一大变革，为其增加了一项新的内容：祭祀老师。这种祭祀老师的模式，因为儒家的推扬而延续下来成为传统。

局限于孔门弟子之间的"祭孔"，因之具有了"血缘性"与"非血缘性"并行的特征，其中文化传承的意味与亲情延续的意义，同时存在，并行不悖。将"师"纳入祭祀对象，成为中国文化尊师重教的重要标志。正如李纪祥先生所云，祭孔成为具有流传与传承的文化大事，成为师生关系中的神圣性象征。[②]而司马迁所谓，汉代之前鲁国人对于文庙的持续祭祀，便是由孔门师生之间的"拟血缘性"到"非血缘性"的过渡。随着后世文庙被逐渐纳入官方祀典，其"拟血缘性"转移到了民间的"生"祭"师"中去，而"祭孔"则成为"非血缘性"祭祀活动的一种，即所谓对于"前哲令德之人"的祭祀之典，其中的"亲情""血缘性"完全消解，而

① 杨朝明、宋立林主编：《孔子家语通解》，济南：齐鲁书社，2013年，第465页。

② 李纪祥：《代代相传：祭祖与祭孔的血缘性与非血缘性传统》，载韩国成均馆大学编：《文庙释奠礼的省察与定立》，2007年，第95页。

“文化意义”“政治意义”凸显。

2. 汉唐之后:“祭孔”所以重教

自阙里始立，至明清时代，遍布全国的文庙已有1560余座，尚不计海外为数众多的文庙。历代之所以十分重视文庙祭祀，其意义当然主要在于尊重作为伟大思想家的孔子本人，尊重以孔子为代表的历代圣哲，尊重以孔子所创立的儒学为代表的优秀传统文化，这应该是孔子祭祀的本质意义所在。

孔子在中国文化史上的地位决定了后人对他的尊崇。柳诒徵先生说:“孔子者，中国文化之中心也；无孔子则无中国文化。自孔子以前数千年之文化，赖孔子而传，自孔子以后数千年之文化，赖孔子而开。”①梁漱溟先生说:“孔子以前的中国文化差不多都收在孔子手里，孔子以后的中国文化又差不多都从孔子那里出来。”②孔子身上承载了上古三代的历史文化，凝结着孔子以前中国先人的智慧创造，更奠定了中国文化的基本精神，影响后世既深且远。

尊其人乃重其道。此即《礼记·学记》所谓:“安其学而亲其师，乐其友而信其道。”孔子有大功于中国文化，文庙之设，即是为了尊崇孔子之道。宋末元初的学者熊鉌说:“非道德功言，足以得夫圣统之正传者，不足以与此也。”③这里的所谓“圣统”，当然指的就是孔子；“与此”，就是从祀于孔子。明洪武二年，明太祖诏文庙春秋释奠止，行于曲阜，天下不必通祀。于是，有儒者钱唐上疏说:“孔子垂教万世，天下共尊其教，故天下得通祀孔子，报本之礼不可废。”侍郎程徐亦上疏说:“古今祀典，独社稷

① 柳诒徵:《中国文化史》上册，上海：东方出版中心，1988年，第231页。

② 梁漱溟:《东西文化及其哲学》，北京：商务印书馆，1999年，第150页。

③［宋］熊鉌:《三山郡泮五贤祠记》,《熊勿轩先生文集》卷三，上海：上海商务印书馆，1936年，第33页。

三皇与孔子通祀天下。民非社稷、三皇，则无以生；非孔子之道，则无以立。尧、舜、禹、汤、文、武、周公，皆圣人也，然发挥三纲五常之道，载之于经仪，范百王，师表万世，使世愈降而人极不坠者，孔子力也。孔子以道设教，天下祀之，非祀其人，祀其教也，祀其道也。今使天下之人读其书，由其教，行其道，而不得举其祀，非所以维人心，扶世教也。"[1]文庙中除了祭祀孔子，还祭祀儒家后学，关于这一点，前人也说得十分明白："太庙之有从祀者，谓能佐其主，衍斯世之治统也，以报功也。文庙之有从祀者，谓能佐其师，衍斯世之道统也。"[2]文庙祭祀孔子，乃为尊祀其教、尊祀其道。文庙以后儒配享、从祀，乃为衍续儒学道统也。

3. 文庙祭祀与儒学嬗变

黄进兴先生对于文庙祭祀有着如下的精到见解："历代孔庙从祀制无疑均是一部钦定官修儒学史，十足体现历史上儒学的正统观。"[3]虽然此处仅以从祀制立论，但以之纵观整个文庙祭祀制度的嬗变，无疑也是十分贴切的。

孔子在历史上地位的起伏、儒学在历史上地位的升降，均可以在这一部文庙祭祀史上得以展现。尤其可以从文庙从祀制的变革中，发现儒学本身的学术、信仰变化。体察文庙祭祀之演变，我们发现，其规格和礼制基本上呈上升趋势，但其间也多有起伏变化。而历朝历代的祭祀变革无不彰显了其时的世风与时势变化。

以孔子的封号为例。历代统治者对孔子的封号基本上是逐步提高的。唐开元二十七年追谥为"文宣王"；宋真宗则加谥为"至圣文宣王"；元武宗时期，孔子的封号达到了历史的顶峰，尊为"大成至圣文宣王"，如

---

①《明史》卷一百三十九《钱唐传》，北京：中华书局，1974年，第3981—3982页。

②［明］王士贞：《弇州山人四部稿》卷一一五，上海：上海古籍出版社，1987年，第899页。

③ 黄进兴：《圣贤与圣徒》，北京：北京大学出版社，2005年，第115页。

《至大四年祭告玄圣庙碑》所云："褒崇侈典，享祀缛仪，自汉唐以下未有若皇元之盛也。"[①]鲁迅先生说这是"一个阔的可怕的头衔"[②]。然而真的如此吗？横向比较，便可窥其中奥妙。王葆玹先生说："李唐奉老子为祖先，兼行三教而以道教为第一，尊崇孔老而以老子居首，如唐玄宗等追号老子为帝而仅封孔子为王，加号老子为'大圣'，而孔子只称为'圣'。"[③]宋代亦是如此。宋真宗虽然封孔子为"至圣文宣王"，但老子却是"太上老君混元上德皇帝"。赵文坦先生曾撰文指出，元武宗之尊孔，乃出于儒臣阎复之推动，而皇帝本人则是儒学修养最差的。而且当时政治的一大特点即是封爵过滥，此"大成至圣文宣王"的尊号便无太多的实质意义了。尤其是蒙古贵族信奉藏传佛教，因此将之与同时的佛教、道教相比，更可见此尊号之轻。[④]

明代立国之初，朱元璋曾罢祀孟子。其原因就是孟子曾说过"君之视臣如土芥，则臣视君如寇仇"的话，被视为大逆不道，非臣子所应言。这恰是明代专制统治加强的一个显著信号。而嘉靖九年的文庙祭祀改革，其中一个原因便是皇帝乃以藩王入嗣大统，因追崇生父而与当时的士大夫集团矛盾升级，改革文庙祀典，目的即是借机打压士大夫集团的势力。

而文庙从祀制的确立与变化，更直接地体现着儒学内部正统观的相互争夺。唐代贞观年间以左丘明等二十二人配享文庙，其中多数为汉唐注疏专家。这表明所推崇的便是所谓"传经之儒"，与当时颁布《五经正义》、崇尚汉唐经学的风气有天然的联系。至宋代，随着道学的兴起，孟

---

① 骆承烈：《石头上的儒家文献——曲阜碑文录》（上），济南：齐鲁书社，2001年，第257页。

② 鲁迅：《在现代中国的孔夫子》，见《且介亭杂文二集》，北京：人民文学出版社，1973年，第80页。

③ 王葆玹：《正始玄学》，济南：齐鲁书社，1987年，第9页。

④ 赵文坦：《元朝封孔子尊号"大成至圣文宣王"的背后》，载《文史知识》2008年第2期，第144—147页。

子、子思地位升格，颜、曾、思、孟四配开始定型，这无疑是道学道统观的直接实现，说明其时道学大盛，成为时代风气，影响到了国家对于文庙祀典的安排。到了明代末叶的崇祯十五年（1642年），将周敦颐、“二程”、张载、邵雍、朱熹等六人尊为“先贤”，凌驾于汉唐诸儒之上，使“明道之儒”地位上升。雍正二年（1724年）及其后的增祀，出现了另一种儒者形象：“经世之儒”。其中的重要人物以诸葛亮、王夫之、黄宗羲、顾炎武等为代表。

当然，不管是传经之儒、明道之儒还是经世之儒，其进退升降，除了最终由帝王决定之外，还要得到多数儒者的认可。正如清儒胡承诺所云：“从祀之贤，七十子无得而议焉，其余则历代所损益也。是以进而俎豆，退而黜夺，莫不经众贤所论，以求众心所同，而后跻于先圣、先师之侧。”进退的标准则在于是否“有益于天下后世者”。凡“尊王道、传经义、师法后人，为书佐人主，黜邪说以卫道”者，“皆有益于天下后世者也，天下后世所欲得而师之也”。因此，这些儒者要“进而祀之”，目的“非有私于其人”，而以“其道无日不在人心”。可见，在儒者看来，对于孔子学说和正道经典有所发明，有所维护，可以教化人心，所谓“扶纲常，淑人心”者，就应当被升入孔庙从祀。[①]

历代统治者之所以对于文庙祭祀如此热心，在很大程度上源于其赢取政权合法性的意图。文庙祭祀作为国家祀典，为统治者所控制，黄进兴称之为“统治阶层的专利”，乃是“帝国运行不可分割的一环”[②]，非一般百姓所能觊觎。

从另一方面来说，祭祀孔子又是历代士人的盛典。儒生们普遍觉得

---

① ［清］顾炎武撰，［清］黄汝成集释：《日知录集释》，长沙：岳麓书社，1994年，第533—534页。

② 黄进兴：《圣贤与圣徒》，北京：北京大学出版社，2005年，第183页。

“从祀大典，乃乾坤第一大事”[①]。以至于某些儒生说：“梦在两庑之间。”还有文人说：“人至没世而莫能分食一块冷肉于孔庙，则为虚生。”[②]这些都体现了文庙释奠对于士人群体的重要象征意义和心理抚慰作用。

孔子在士人中的影响力，不能不使帝王意识到祭祀孔子所具有的重大意义。正如司马迁所谓：“诸侯卿相至，常先谒而后从政。”（《史记·孔子世家》）足资为证。

原载《孔子学刊》第二辑，杨朝明主编，上海古籍出版社，2011年。

作者简介

刘续兵，孔子研究院副院长，孔子研究院礼乐文明中心副主任，研究员。中华孔子学会理事，山东省历史学会理事，山东省海峡两岸经济文化发展促进会理事。研究方向为文庙祭祀制度、传统政德思想。

① ［明］瞿九思：《孔庙礼乐考》，济南，山东友谊出版社，1986年，第45页。

② 黄进兴：《圣贤与圣徒》，北京：北京大学出版社，2005年，第111页。

文庙祭祀与儒家道德信仰

房 伟

古人有言："凡治人之道，莫急于礼。礼有五经，莫重于祭。"（《礼记·祭统》）祭祀与社会人心密切相关，具有"昭孝息民，抚国家，定百姓"[①]的功用，对于保持社会秩序的稳定具有重要意义，是治理国家首先要考虑的问题。因而，古人将之与事关国家生死存亡的战争相提并论，言曰："国之大事，在祀与戎。"（《左传·成公十三年》）

文庙祭祀继承了学校释奠尊师重道、传承文明的传统，同时经过后世儒家的意义转化，它也成为传统社会中道德信仰的表征。也就是说，文庙之中主祭孔子并以历代儒家圣贤从祀关乎社会道德信仰，其根本用意在于表达对孔子及其所创立价值观的礼敬与尊崇。前辈学者的文庙祭祀研究多以政治、文化为切入点，尚少有学者从道德信仰的角度来探讨文庙祭祀的作用。故笔者不揣浅陋，力图从文庙祭祀发展的历史进程中找寻其对社会道德信仰建构的意义，不正之处，尚祈指教。

一、孔子之先的学校释奠

祭祀孔子在中国已经持续了两千多年，其祭祀仪程虽属后创，但礼之

①《国语》卷18《楚语下》，上海：上海古籍出版社，1978年，第567页。

依据却渊源有自，可以追溯至古时的学校释奠。释奠，又称“舍奠”，是通过设置酒食以奠祭的仪式。古人重视知识传授与经验传承，对于前代圣哲及德行高尚的人有着特殊的尊重，而这种尊崇之义、报功之情正是通过在学校中举行“释奠”祭祀的方式来实现的。

（一）学校释奠有“常时”与“非时”之别

前人曾言及学校释奠：“释奠有六：始立学，释奠一也，四时释奠，有四通前五也，《王制》师还释奠于学，六也。”①然而此种概括并不全面，仅学校释奠来说，就有四时释奠、始立学释奠、师还释奠及天子视学释奠。

四时释奠、始立学释奠的记载同见于《礼记》：“凡学，春官释奠于其先师，秋冬亦如之。凡始立学者，必释奠于先圣、先师。”（《礼记·文王世子》）春、夏、秋、冬四季，学官都要在学校举行祭祀先师的释奠礼，以表达对先师的敬仰，称为“四时释奠”。学校始立之时，也会同时祭祀先圣和先师。

天子率军出征前和胜利回师之时也会在学校行释奠礼，《礼记》曰：“天子将出征，受命于祖，受成于学。出征执有罪，反，释奠于学，以讯馘告。”（《礼记·王制》）学校与战争的关联典籍中多有记载，《诗经》曰：“矫矫虎臣，在泮献馘。”（《诗经·鲁颂·泮水》）按：“泮”即指古代诸侯国设立的学校。《孔丛子》亦曰：“舍奠于帝学以受成……舍奠于帝学以讯馘告，大享于群吏，用备乐。”（《孔丛子·问军礼》）出征前，定兵谋于学；出征归来，则需要向先师献俘，以报告成功。

军旅征伐与祭祀先师看似毫不相关，实则有着深刻的关联。一方面，古人认为，学校乃人才之所出，资之于学然后行，必有功于征伐，有功则

①《礼记正义》卷20，见［清］阮元校刻：《十三经注疏》，北京：中华书局，2009年，第3045页。

不可以不报。另一方面，释奠礼也是彰显帝王文治武功的绝佳时机，宋人司马光说："受成献馘莫不在学，所以然者，欲其先礼而后勇力也。"①明人李之藻也认为："武事之不忘告也，而况文德乎哉。"②清人更是直言："受成献馘一归于学，此文武之盛制也"③。

此外，天子视学时也会举行释奠礼："天子视学，大昕鼓征，所以警众也。众至，然后天子至，乃命有司行事，兴秩节，祭先师、先圣焉。有司卒事反命，始之养也。适东序，释奠于先老。"（《礼记·文王世子》）天子来到学校，首先命令学官各司其职，按照常礼祭祀先圣、先师。学官们祭祀完毕，开始行养老之礼。这时天子会来到东序，以祭奠先老。天子视学之时，同样会举行释奠礼，这正是《礼记正义》所言及的六种学校释奠中未曾提及的。

虽然释奠礼仪也会出现在学校以外的祭祀活动中，如《周礼》曰："大会同，造于庙，宜于社。过大山川，则用事焉。反行舍奠。"（《周礼·春官宗伯·大祝》）据贾公彦疏，此时释奠礼用于宗庙。《周礼·春官宗伯·甸祝》又曰："甸祝掌四时之田，表貉之祝号，舍奠于祖庙、祢亦如之。"（《周礼·春官宗伯·甸祝》）祭祀山川、先祖亦会有释奠礼。但需要指出的是，"释奠"对于学校的意义是非同寻常的，在学校中祭祀先圣、先师只能采用释奠之礼，而山川庙社之中尚有封禅、禘礼、飨礼等仪式，故马端临言山川庙社之祭不止于释奠，而学校祭祀仅释奠而已。④

学校是举行释奠礼的主要场所，概言之，可有"常时释奠"与"非时

① [明] 丘濬：《大学衍义补》卷114，见《景印文渊阁四库全书》第713册，台北：台湾商务印书馆，1986年，第340页上。

② [明] 李之藻：《頖宫礼乐疏》卷3，见《景印文渊阁四库全书》第651册，台北：台湾商务印书馆，1986年，第80页下。

③ [清] 梁国治等：《钦定国子监志》卷3，见《景印文渊阁四库全书》第600册，台北：台湾商务印书馆，1986年，第40页下。

④ [宋] 马端临：《文献通考》卷43，北京：中华书局，2011年，第1248页。

释奠”之别。[①]所谓“常时释奠”，指春、夏、秋、冬四时所举行的释奠。郑玄曰：“不言夏，夏从春可知也。”[②]所谓“非时释奠”，指的是没有固定时间的释奠仪式，“始立学释奠”“天子视学释奠”“出征返释奠于学”以及在山川、庙社中的释奠就同属于这一类型。

（二）学校释奠祭祀“先圣”“先师”

依文献所记，学校释奠以“先圣”“先师”或“先老”为祭祀对象，根据不同的释奠类型，或需要同时祭祀先圣、先师，或只需祭祀先师。《礼记》曰：“凡始立学者，必释奠于先圣、先师。”郑玄注“先圣”为“周公若孔子”（《礼记·文王世子》）。孔颖达进一步解释曰：“以周公、孔子皆为先圣，近周公处祭周公，近孔子处祭孔子。故云‘若’。若是不定之辞，立学为重，故及先圣，常奠为轻，故唯祭先师。”[③]其疏解以“立学”与“常奠”对言，立学为重而常奠为轻，故立学时必释奠先圣、先师，“常时释奠”时则仅祭祀先师。陈澔注亦云：“立学事重，故释奠于先圣、先师。四时之教，常事耳，故惟释奠于先师，而不及先圣也。”[④]

学校释奠之“先圣”“先师”具体何指，典籍中或不提及，或有违事实。郑玄释“先师”言：“周礼曰：‘凡有道有德者，使教焉，死则以为乐祖，祭于瞽宗。’此之谓先师之类也。若汉，《礼》有高堂生，《乐》有制

① 贾公彦曰：“非时而祭曰奠”。马端临认为：“此为山川庙社而言之也。学之释奠则有常时者有非时者”。参见［宋］马端临：《文献通考》卷43，北京：中华书局，2011年，第1248页。

② ［汉］郑玄注，［唐］孔颖达疏：《礼记正义》，见李学勤主编：《十三经注疏》（标点本），北京：北京大学出版社，1999年，第630页。

③ ［汉］郑玄注，［唐］孔颖达疏：《礼记正义》，李学勤主编：《十三经注疏》（标点本），北京：北京大学出版社，1999年，第631页。

④ ［元］陈澔：《陈氏礼记集说》卷4，见《景印文渊阁四库全书》第121册，台北：台湾商务印书馆，1986年，第792页上。

氏，《诗》有毛公，《书》有伏生，可以为之也。”[①]黄进兴认为，郑玄显然是受到所处时代学术氛围的影响，以“偏善一经”的经师解“先师”之意。[②]李纪祥则更进一步指出：“郑玄又以汉时经师作经文‘先师’之模拟，则或恐与事实有违，盖平民于周代立制必不能为天子兴学之‘先师’，凡得列为周室学官执‘释奠’‘释菜’礼中之‘先师’者，即令不与天子同宗，亦必为百官贵族也。”[③]

如前所述，前人对“先圣”“先师”的注释与疏解，显然受到自身所处社会学术思潮的影响，带有明显的时代印记。实际上，以“先某”作为祭祀对象，在传统祭祀中并非特例，除“先圣”“先师”外，还有先农、先蚕、先火、先炊、先医、先卜等见诸典籍。这类祭祀对象都是为后人带来无限福祉的文明先驱，是某一技能或领域的创始者。只是由于时间久远，他们的姓名已不可考证，因而祭祀时只能用“先农”“先蚕”“先医”等来代替。学校释奠中所祭祀“先圣”“先师”“先老”即属此类：“古人每事必祭其始之人，耕之祭先农也，桑之祭先蚕也，学之祭先师也，一也。”[④]可见，学校释奠所要表达的正是对古老中华文明的敬意，具有鲜明的提倡文教的意义。[⑤]

（三）学校释奠仪程

考诸经文，有关学校释奠仪程的记载十分有限，我们只能从后儒对经文的注疏中去找寻某个程序的细节。

---

① ［汉］郑玄注，［唐］孔颖达疏：《礼记正义》，见李学勤主编：《十三经注疏》（标点本），北京：北京大学出版社，1999年，第630页。

② 黄进兴：《圣贤与圣徒》，北京：北京大学出版社，2005年，第59页。

③ 李纪祥：《前孔子时代的古释奠礼考释》，载《文史哲》2012年第2期。

④ ［明］顾炎武：《日知录》卷14《嘉靖更定从祀》，见《景印文渊阁四库全书》第858册，台北：台湾商务印书馆，1986年，第723页下。

⑤ 彭林：《祭祀万事师表：释奠礼》，载《文史知识》2003年第10期。

依据郑玄的解释，学校释奠仪程并不复杂，他认为："释奠者，设荐馔酌奠而已，无迎尸以下之事。"孔颖达疏："直奠置于物，无食饮酬酢之事。"[①]释奠只是把祭品摆放在神主之前，礼毕，致祭者之间不需要互相敬酒，而且没有迎尸以后的环节。"迎尸"是我国古代祭祀时的一个重要仪式，指以活人代死者接受祭奠。至于学校释奠时为何不用"尸"，孔颖达解释说："所以无尸者，以其主于行礼，非报功也。"[②]学校释奠主要在于行礼，因此无迎尸之事。

马端临云："释奠之礼，有牲币，有合乐，有献酬。"[③]其后，明人李之藻又谓："释奠有牲币，有合乐，有献。"[④]牲币、合乐、献（酬）乃是释奠的应有环节。但是否均为学校释奠所必有程序，则应分别进行考释。

学校释奠中有币帛，这主要是指始立学释奠而言。《礼记》曰："凡始立学者，必释奠于先圣、先师。及行事必以币。"（《礼记·文王世子》）与其他学校四时之释奠相较，"始立学"显然是较为隆重的，贵族子弟入学的始年，举行"始立学"之礼，不但要释奠"先师"，对于"先圣"也要一并举行。不仅如此，始立学释奠还需要使用币帛，陈澔注云："行事谓行释奠之事必以币，必奠币为礼也。始立学而行释奠之礼，则用币。四时常奠不用币也。"[⑤]可见，用"币"与否，成为学校释奠礼轻与礼重之差异的重要体现。需要指出的是，马端临与李之藻所言"牲币"，主要见于山川庙社之释奠而非学校释奠。《周礼·春官宗伯·大祝》所载"反行舍奠"是

---

①［汉］郑玄注，［唐］孔颖达疏：《礼记正义》，见李学勤主编：《十三经注疏》（标点本），北京：北京大学出版社，1999年，第630页。

②［汉］郑玄注，［唐］孔颖达疏：《礼记正义》，见李学勤主编：《十三经注疏》（标点本），北京：北京大学出版社，1999年，第630页。

③［宋］马端临：《文献通考》卷43，北京：中华书局，2011年，第1248页。

④［明］李之藻：《頖宫礼乐疏》卷3，见《景印文渊阁四库全书》，台北：台湾商务印书馆，1986年，第651册，第80页上。

⑤［元］陈澔：《陈氏礼记集说》卷4，见《景印文渊阁四库全书》，台北：台湾商务印书馆，1986年，第121册，第792页上。

一种祭宗庙告祖先的仪式，属于告祭的范畴。而《礼记》又曰："诸侯适天子，必告于祖，奠于祢，冕而出视朝，命祝史告于社稷、宗庙、山川，乃命国家五官而后行，道而出。告者五日而遍，过是非礼也。凡告用牲币，返亦如之。"（《礼记·曾子问》）因而，学校之释奠始立学方有币帛，而山川庙社之释奠皆有牲币。

学校释奠中有"合"，即"合乐"。《礼记》曰："凡释奠者必有合也，有国故则否。凡大合乐，必遂养老。"（《礼记·文王世子》）郑玄注曰："国无先圣、先师，则所释奠者当与邻国合也。若唐虞有夔、伯夷，周有周公，鲁有孔子，则各自奠之，不合也。"[①]他认为"必有合"是指与邻国合祭，而"国故"则是指一国故有之文明先驱，有如夔、伯夷之于尧舜时代，周公之于周代，孔子之于鲁国等。这种理解可能并不准确，刘清之以为此处之"合"系指"合乐"。他说："合谓合乐也。春释菜合舞，秋颁学合声，释奠则并合之，以侑神也。"[②]陈澔也以"合"系指经文后所云之"大合乐"，而郑玄"旧说"则"未知是否"。陈氏云："凡行释奠之礼，必有合乐之事。若国有凶丧之故，则虽释奠，不合乐也。常事合乐，不行养老之礼；惟大合乐之时，人君视学，必养老也。旧说：合者，谓若本国无先圣先师，则合祭邻国之先圣先师。本国故有先圣先师，如鲁有孔颜之类，则不合祭邻国之先圣先师也。未知是否。"[③]细较之，陈氏较能扣紧经文为释，于义为长。至于"国故"，陈祥道认为："国有故则否，与《曲礼》曰'岁

①［汉］郑玄注，［唐］孔颖达疏：《礼记正义》，见李学勤主编：《十三经注疏》（标点本），北京：北京大学出版社，1999年，第632页。

②［宋］卫湜：《礼记集说》卷51，见《景印文渊阁四库全书》第118册，台北：台湾商务印书馆，1986年，第73页下。

③［元］陈澔：《陈氏礼记集说》卷4，见《景印文渊阁四库全书》第121册，台北：台湾商务印书馆，1986年，第792页上。

凶，祭祀不县’同意。”[①]朱熹也认同这种看法，他说：“国故当为丧纪凶札之类。”[②]因此可知，学校释奠必会演奏合乐，但国家遭遇变故除外。

马端临与李之藻所言“释奠有献（酬）”者，乃指“聘宾释奠”，并非指学校释奠。根据《仪礼·聘礼》，诸侯间相聘问，国君派遣卿大夫为使者，出聘前后会进行一系列的礼仪活动。使者将出聘之前会“释币于祢”，而后“释币于行”；归，则亦“释币于门”，最后“释奠于祢”。使者返国，于祢庙之中行释奠礼，此时会有“献（酬）”的仪程。根据郑玄所注，此时初献由主人即出使者以酌进献，室老亚献、士三献。“献（酬）”虽未明确于学校释奠中施行，但其三次进献的程序与后世文庙祭祀之“三献礼”有显著关联，故可将其视为后世礼制之依据。至于马、李二氏所言存在“献酬”与“献”之区别，李纪祥则认为李之藻所云之“献”似较马端临所云“献酬”更为准确。他提出，“献”“酬”义不同也，“献”指行“释奠”祭于祢庙，以酒进奠之礼；而“酬”则谓礼成后酬宾之事。故言释奠，当以李氏所言“有献”为确，盖“有献”即是“三献”之“献”。[③]

综上所述，学校祭祀是施行释奠仪节的主要场所，有“常时”与“非时”之别。同时，祭祀对象会有所不同，如四时常祭仅祭祀“先师”，而“始立学”释奠则同时祭祀“先圣”与“先师”。至于“先圣”“先师”具体何指似难以明确，但以“先”字为名则显然蕴含有文明传承的意味。就仪程而言，学校释奠主要是献出币帛等祭品向先圣、先师表达敬意，同时配以乐。总之，学校释奠并非一般意义上的血缘祭祀，其体现的是尊师重道、传承文明的传统。

---

①［宋］卫湜：《礼记集说》卷51，见《景印文渊阁四库全书》第118册，台北：台湾商务印书馆，1986年，第72页下。

②［宋］卫湜：《礼记集说》卷51，见《景印文渊阁四库全书》第118册，台北：台湾商务印书馆，1986年，第73页下。

③ 李纪祥：《前孔子时代的古释奠礼考释》，载《文史哲》2012年第2期。

二、孔子之后的文庙祭祀

孔子之前的学校释奠固然与祭祀孔子毫无关联，但从根本上讲，学校释奠是一种与“学”和“教”有关的活动，体现着对于本民族文化传统的敬意。在保持学校释奠原有文化内涵的基础上，后世儒家通过提升仪制、增删仪程等方式，将学校释奠转化为祭祀孔子及儒家圣贤的文庙祭祀。

（一）主祭孔子

学校释奠祭祀“先圣”“先师”，其主祭对象因时而异。文庙祭祀则主祭孔子，当然这一过程也经历了长时段的历史演变。

孔子去世后，民间就开始了自发的祭祀。孔子弟子子贡“庐于冢上，凡六年，然后去”，且“鲁世世相传以岁时奉祠孔子冢，而诸儒亦讲礼乡饮大射于孔子冢”[①]。帝王亲祀孔子则肇始于汉初，汉高帝十二年（前195年），刘邦自淮南过鲁，以太牢祭孔子，首开先河。后光武帝刘秀营造太学且亲自临幸，然史书并没有记载当时所祭祀之先圣、先师为何人。汉明帝永平年间，修明养老习射之礼，郡县道学校皆祭祀周公、孔子，于是孔子始祀于庠序之间。汉灵帝建宁二年（170年），鲁相史晨上书请求祭祀孔子应“依社稷，出王家榖，春秋行礼”[②]，灵帝下诏准许。此时祭祀孔子已经享受和社稷同样的规格，不过此举似乎应该仅限于阙里孔子庙。可见，至东汉时期，民间性质和官方性质的祭孔都已出现，学校祭祀的对象依然是周公和孔子两人，专属孔子的祭祀还仅限于阙里，故此时孔子的地位只能说是尊而不贵，恰如梅福所言：“仲尼之庙不出阙里，孔氏

①《史记》卷47《孔子世家》，北京：中华书局，1959年，第1945页。

② 刘续兵辑录：《建宁二年史晨前后碑》，见杨朝明主编：《曲阜儒家碑刻文献辑录》第一辑，济南：齐鲁书社，2015年，第32页。

子孙不免编户。”①

魏晋南北朝时期，学校祭祀更加兴盛。一方面，帝王或太子每通一部儒家经典，必释奠于辟雍，并且这种“通经释奠”的形式逐渐成为一种常态。另一方面，在举行祭祀的过程中开始使用乐舞，南朝宋文帝元嘉二十二年（445年），皇太子释奠于太学，乐用登歌；永明三年（485年），朝廷商议释奠释菜当行何礼，用何乐及礼器，在历史上第一次明确规定了学校祭祀的乐舞、祭器和祭品。②

周公、孔子共享释奠礼是一直以来的传统，但孔子取代周公独享学校祭祀则成为发展趋势，然而这一过程却十分复杂。魏晋南北朝时，学校祭祀虽仍以周公、孔子为主祭，但周公地位逐渐淡化。东晋成帝时，时人范坚与冯怀书问对答，其中就谈道“汉氏以来，释奠先师惟仲尼，不及公旦”③。唐武德二年（619年），高祖令国子学立周公、孔子庙各一所，四时致祭。武德七年（624年），高祖亲临国子学祭祀，以周公为先圣，孔子配享，此举引发儒者的不满。贞观二年（628年），唐太宗采纳左仆射房玄龄、博士朱子奢的建言，“罢周公，升孔子为先圣，以颜回配”④。到了高宗永徽年间，又复以周公为“先圣”，孔子则降为“先师”，以配享周公。不过高宗显庆二年（657年），太尉长孙无忌、礼部尚书许敬宗等领衔上疏，祈求“改令从诏”，恢复贞观旧制，“进”孔子而“出”周公。在他们看来，周公践极摄政，辅佐成王，功比帝王，因此周公应纳入治统祭祀，以配享成王。他们的主张得到了皇帝的肯定，最终孔子复升“先圣”，而周公则配享武王。至此，文庙祭祀制度基本定型，孔子稳居享主之首，明列国家祀典，再未动摇。

---

①《汉书》卷67《梅福传》，北京：中华书局，1962年，第2925页。

②《南齐书》卷9《礼志》，北京：中华书局，1972年，第144页。

③［宋］李昉：《太平御览》卷535《释奠》，北京：中华书局，1960年，第2427页。

④《新唐书》卷15《礼乐志五》，北京：中华书局，1975年，第373页。

（二）以文庙为祭祀场所

孔子所代表的儒家思想是国家长治久安的根本保障，历朝历代不断修建文庙，正是为了彰显崇儒尊道的国策。在这一过程中，文庙由单纯祭拜孔子的“家庙”转而成为代表中国文化的“文庙”。文庙已经远远超出了纪念性建筑的功用，成为中华民族文化的象征。

文庙源于阙里，《史记・孔子世家》记载：“故所居堂，弟子内，后世因庙，藏孔子衣、冠、琴、车、书，至汉代二百余年不绝。”其规模，仅是“茔不过百亩，封不过三版，祠宇不过三间”[①]，这是一种家庙建筑与祭孔建筑合为一体的场所。东汉桓帝时，司徒吴雄、司空赵戒以鲁相乙瑛之言，上书请置百石卒史一人，“典主守庙，春秋享礼，财出王家，钱给犬酒直”[②]。守庙官的确立，表明阙里孔子庙的管理由孔子后裔的家族行为改变为国家行为。

孔子庙与学校的结合，推动了其“走出”阙里的进程。魏晋南北朝时，京师及地方官学中开始建立孔庙。东晋太元九年（384年），尚书谢石上书建议修建学校，“请兴复国学，以训胄子”，孝武帝采纳了他的建议，“其年选公卿二千石子弟为生，增造庙屋一百五十五间”[③]。这是建在首都国学的第一座孔庙，为孔庙与学校的结合奠定了基础。据《隋书・礼仪志》记载：“后齐制，新立学，必释奠礼先圣、先师。……郡学则于坊内立孔、颜庙。”[④]因此，国家规定地方官学建造孔庙最晚不会迟于北齐时期。

---

①［清］孔继汾：《阙里文献考》，济南：山东友谊出版社，1989年，第522页。

② 房伟辑录：《永兴元年乙瑛置守庙百石卒史碑》，杨朝明主编：《曲阜儒家碑刻文献辑录》第一辑，济南：齐鲁书社，2015年，第16页。

③《宋书》卷14《礼志一》，北京：中华书局，1974年，第365页。

④《隋书》卷9《礼仪四》，北京：中华书局，1974年，第181页。

直到唐朝，这种庙学布局才最终确立。唐高祖武德二年（619年），“天下略定，即诏有司立周公、孔子庙于国学，四时祠。”①贞观四年（630年），唐太宗又诏“州、县学皆作孔子庙”②。这种“庙中有学、学中设庙、庙学合一”规制的确立，极大地促进了孔庙的建设。从此，“州县莫不有学，则凡学莫不有先圣之庙矣”③。“庙学合一”的规制使得文庙的数量大为增加，到清代时，中国有国子监、府学、州学、县学、厅学、乡学等各级学校孔子庙1740多所。④孔庙由阙里而遍布华夏大地，县及县级以上城市皆有孔庙，成为中国古代城市的标配。

（三）建立文庙从祀制度

文庙中除主祭孔子外，还会附祭历代官方认可的儒家圣贤，诸如颜回、曾参、朱熹等均享受此殊荣。此制度的形成，既有上古礼制作为依据，又有后世儒家的大力推动。

在传统礼制中，有祭祀必定有配享，如祭天要主日配月，祭社以句龙配，祭稷则以周弃配。文庙从祀制度无疑会受此影响，据《后汉书》记载，东汉永平十五年（72年），明帝东巡过鲁，祀仲尼及七十二弟子，这是孔门弟子从祀文庙的滥觞。三国曹魏正始年间，齐王曹芳通习儒家经典后派遣太常于辟雍祭祀孔子，同时以颜渊配享。晋宋时期，国学释奠基本沿用此规制，以颜渊配享孔子。文庙从祀制度自东汉以来渐次形成，基本上形成了以颜回为代表的仲尼七十二弟子从祀体系，奠定了文庙从祀制度的初步基础。

唐代是文庙从祀制度发展的关键时期，随着孔子独居学校祭祀，从祀

① 《新唐书》卷198《儒学传》，北京：中华书局，1975年，第5635页。

② 《新唐书》卷15《礼乐五》，北京：中华书局，1975年，第373页。

③ ［宋］马端临：《文献通考》卷43，北京：中华书局，2011年，第1270页。

④ 孔祥林：《世界孔子庙研究》（上卷），北京：中央编译出版社，2011年版，第8页。

人物的选取标准也得到进一步完善。贞观二十一年（647年），唐太宗以左丘明、公羊高等二十二位先儒从祀文庙，但孔门弟子除颜回、子夏外，全都不在从祀之列。这种局面在开元八年（720年）得到改观，玄宗李隆基命以“圣门四科”的颜回、子夏等十名弟子从祀文庙，并图画孔门弟子及二十二贤于庙壁之上。这为今后的文庙从祀制度树立了典范，孔门弟子及儒家圣贤同时从祀文庙成为定制。

文庙从祀诸儒虽入祀原因各异，但无一不是“文章”“道德”俱佳的楷模，儒家思想的精义正是通过他们得以传承和深化。于是，在文庙中出现了以孔子为中心、从祀贤儒相环绕的教化体系，有效促成了儒生“成圣希贤”的归属感。因此，文庙从祀对于传统社会的重要意义不言而喻，故明人瞿九思曾言：“从祀大典，乃乾坤第一大事。”[①]

（四）完善祭祀仪制与仪程

文庙祭祀时配有乐舞和歌章。文庙祀典的专用乐歌出现于隋朝，称为《诚夏》，取“至诚感神”之意[②]，是在古代郊祀乐《五夏》及周代“文武”二舞的基础上演变而来。此后，历代都会为文庙祭祀制定专门的音乐。各朝乐章名称虽不同，但均取嘉名，以昭一代之制，如唐用“和”、宋用“安”、金用“宁”、元用“安”、明用“和”、清用“平”。历代文庙祭祀乐歌曲调旋律变化不大，歌诗内容也以赞颂孔子功德为主，基本保持了六代之乐中《韶》《武》二乐的基调。

文庙祭祀中，与音乐、歌声相伴的是祭祀舞蹈。国学释奠用舞始于东

---

①［明］瞿九思：《孔庙礼乐考》卷5，见《续修四库全书》第824册，上海：上海古籍出版社，2002年，第734页上。

②“至诚感神。”孔传：“诚，和。”孔颖达疏：“帝至和之德尚能感于冥神。”参见［汉］孔安国传，［唐］孔颖达疏：《尚书注疏》卷3，见《景印文渊阁四库全书》第54册，台北：台湾商务印书馆，1986年，第88页上。

汉，《后汉书·儒林传》中记载："建武五年，乃修起太学，稽式古典，笾豆干戚之容，备之于列，服方领习矩步者，委它乎其中。"但舞蹈的形式和等级并没有明确记载。宋元嘉年间，"元嘉立学，裴松之议，应舞六佾，以郊乐未具，故权奏登歌"[①]。到南齐永明三年（485年），朝廷决定文庙祭祀采用"轩县之乐""六佾之舞"。应当说，南北朝时期是文庙祀典采用六佾舞的开端，也是历史上孔子庙堂使用歌、舞、乐三位一体形式之始。

相比于学校释奠，后世文庙祭祀程序更为完备。文庙祭祀仪程以"三献礼"为中心环节。所谓"三献"，是指祭祀时献酒三次，包括初献爵、亚献爵、终献爵。最迟到北齐时，祭祀孔子已经开始采用这种形式。"后齐将讲于天子，先定经于孔父庙……讲毕，以一太牢释奠孔父，配以颜回，列轩悬乐，六佾舞。行三献礼毕，皇帝服通天冠、绛纱袍，升阼，即坐。"[②]

唐代时则专门制定了以此为核心的祭祀仪程，同时用于"皇太子释奠孔宣父"和"国子释奠孔宣父"[③]。随后历代文庙祭祀仪程虽仍有不少改进，但均以此为底本。

概言之，孔子后，人们对其祭祀一直未曾中断，由自发转向自觉。所谓"自发"，是指孔子祭祀尚仅限于阙里一地，多为周边民众的自发行为，至太史公游历曲阜之时，此情此景尚在。所谓"自觉"，乃是指孔子成为文化正统性象征后，孔子祭祀已非孔氏一家之祭祖行为，而成为国家祀典的组成部分。国家祀典层面的文庙祭祀显然与前述学校释奠有着密切关联，尊师重道、传承文明的精神实质一脉相延。可以说，文庙祭祀的产生进一步凸显了人文色彩，不仅具有宣扬儒家传统伦理道德的功用，而且也在很大程度上影响了传统中国的信仰建构。

---

①《南齐书》卷9《礼志》，第144页。

②《隋书》卷9《礼仪四》，北京：中华书局，1974年，第180页。

③ 根据《大唐开元礼》的记载，除献官和祝文略有不同外，皇太子释奠和国子释奠的仪式相同。

三、文庙祭祀对传统社会道德信仰建构的作用

文庙祭祀蕴含的文化信息极其丰富，有着鲜明的宣扬文教的特质，在传统社会道德信仰建构过程中发挥了重要作用。

（一）尊“道”而非祭“神”

天下通祀孔子，并非使孔子神圣化，而是推崇其“道”与“教”，这使得文庙祭祀的人文意识凸显而宗教色彩淡化。

明洪武二年（1369年），朱元璋下令文庙祭祀止行于曲阜，天下不必通祀。此举遭到刑部尚书钱唐、侍郎程徐等大臣的明确反对。《明史》记载，钱唐“伏阙”上疏：“孔子垂教万世，天下共尊其教，故天下得通祀孔子，报本之礼不可废。”侍郎程徐更是提出：“孔子以道设教，天下祀之，非祀其人，祀其教也，祀其道也，今使天下之人，读其书，由其教，行其道，而不得举其祀，非所以维人心、扶世教也。”[①]两位儒臣认为，孔子“以道设教”“垂教万世”，天下人“读其书，由其教，行其道”，世道人心因之稳定，社会得以有序。所以，后世祭祀孔子首先在于“报本”，报答孔子教化之功。但从更深层次而言，文庙祭祀并非仅祀其人，而是祭祀由孔子所代表的中国文化传统，即侍郎程徐所谓“祀其教”与“祀其道”。也就是说，通过文庙祭祀向天下表明对孔子所确立的价值观的推崇，以此来达到社会的安定有序。

柳诒徵先生说：“盖自汉以来，虽已举国崇奉孔子之教，而立庙奉祀，近于宗教性质者，乃由人心渐演渐深，踵事增华之故。”[②]这表明，中国文化尤其是儒家文化非常富于理性精神，而不是像西方文明那样具有深沉的

①《明史》卷139《钱唐传》，北京：中华书局，1974年，第3981—3982页。

② 柳诒徵：《中国文化史》（上），上海：上海三联书店，2007年，第252页。

宗教意识。文庙祭祀的根本目的，在于通过祭祀孔子，以尊崇孔子之道，最终求得社会的安定有序。不论是祭祀的手段，还是祭祀的最终目的，文庙祭祀始终着眼于现实社会，而非虚幻的彼岸世界。

（二）以教化为大务

如前所言，文庙祭祀通过举行各种祭祀仪式来推行孔子之道，其根本目的在于维护社会的安定有序。换言之，如果说文庙祭祀的仪程只是外在形式，那么维人心、扶世教才是祭祀的目的和追求。因此，文庙祭祀始终以教化为大务。

文庙祭祀的教化功能集中体现在文庙从祀体系中。孔子之于儒家具有创立之功，但孔子之道的传承延续则离不开后儒的阐发和弘扬。故历代将有功于儒家传承的先贤、先儒从祀文庙，以此为士人提供“榜样”与“模范”，成为他们效法的对象。

文庙从祀使士人耳濡目染成圣希贤的荣耀，对于他们的道德信仰有着显著的塑造作用。王阳明于万历十二年（1584年）获准从祀文庙，这是明代思想文化史和政治史上的大事。但在此之前，对于他能否入祀文庙，朝廷中已激辩了数十年。反对者认为，朝廷已册封他为“新建伯”，不需要再将他纳入文庙从祀；但赞成者却认为，伯爵之名只是一个世代的荣耀，而文庙从祀却是“万代之典”。

王阳明及其后学争入从祀文庙，其背后既体现出传统士人对“事功”的复杂态度，也显现出文庙祭祀之教化的深刻影响。其实，王阳明本人在晚年讲学时几乎很少提及他早年在平定“宸濠之乱”时的辉煌功绩。除去刻意回避的因素外，或许可以表明王阳明本人也认为自己的生命价值更应该体现在儒家道统的传承上，而不是单纯局限于外在的事功之上。或者说，阳明的目标是要做“圣贤”，而不是做事功上的“一代豪杰”。

文庙从祀的教化作用在传统社会中影响深远。直到晚清时期，远在山西太原赤桥村的刘大鹏还在其编著的地方志《晋祠志》中还说道："人至末世而莫能分食一块冷肉于文庙，则为虚生。"[①]可见，从祀文庙的象征意义已经深入人心。

可以想见，当士人进入文庙祭拜，虽然圣人往矣，但遗容尚存，遗言尚在，此时一种俨然若见圣人的情感仍会油然而生。后退而就学，诵诗读书，体之身心，验之践履，无不期待自己的一言一行、一举一动能够无愧于圣人，人的情感由此得到升华。由此，通过文庙祭祀以教民之意得以实现，"然后以之孝亲敬兄，忠君爱民，随所施而皆当，风俗有不归于厚者，鲜矣"[②]。

（三）礼不往教

文庙祭祀作为传统社会道德信仰建构的一种方式，不仅深刻影响了中国社会，而且还传播到日本、韩国、越南等国家。3世纪左右，朝鲜就开始举行文庙祭祀。11世纪时，越南开始兴建孔庙祭祀孔子。15世纪起，日本建立了大量孔子庙进行祭祀。时至今日，这些国家依然延续着文庙祭祀的传统。

文庙祭祀是儒家思想的载体，日本、韩国、越南等国与中国一样祭祀孔子，体现出他们对中华文明的认同。文庙祭祀在这些国家的开展，推动了当地文明的进步，成为这些国家寻求真知的见证。可以说，文庙祭祀是"东亚文化圈"的重要标识。

更为重要的是，他们在引入中华文明后，还结合本民族原有文化进行创新，发展出了新的文化传统。以朝鲜文庙祭祀为例，其祭祀礼制多依据中国，但配享人物却与中国有差异，他们以朝鲜历代的18位儒学家即"东国十八贤"从祀本国文庙，从而体现出民族文化传承的脉络。可见，朝

---

① [清] 刘大鹏：《晋祠志》，太原：山西人民出版社，1986年，第201页。

② 《青州府学先圣庙记》，见 [明] 杜思修，冯惟讷纂嘉靖《青州府志》卷9，明嘉靖四十四年刻本。

鲜、日本、越南等国的文庙祭祀既保持了原有的文化内涵，表达出对孔子及儒家文化的尊崇，同时又发展出了本民族的文化特色。

文庙祭祀之于“东亚文化圈”内诸国家道德信仰建设的影响，体现出文庙祭祀“礼不往教”的特点。《礼记》曰：“礼闻取于人，不闻取人。礼闻来学，不闻往教。”（《礼记·曲礼上》）意即别人可以来学，但不会主动或强行去教授，即学习与否全凭对方自愿。朝鲜、日本、越南的文庙祭祀，就是他们主动学习中华文明、自愿崇儒尊孔、引入文庙的结果。文庙祭祀着眼于儒家文化传承，不仅有效地传播了中华文明，而且与当地文化融为一体，推动了整个区域的文明进程。它不是依靠暴力与战争，这与西方文化传播的“传教模式”有显著区别。

总之，孔子创立了以仁为核心的道德评价体系，并由此确立了中华民族的精神方向，成为中华民族的精神导师。文庙祭祀恰是通过宣扬孔子及其所创立的价值观来进行道德信仰的建构。经过了2500多年的历史沉淀，文庙祭祀蕴含着太多的文化内涵，是中国文化不可或缺的部分。它不仅仅是一场简单的仪式，更关乎中国人对本民族文化的看法、对民族历史的态度以及对自我价值的认知与觉醒。文庙祭祀不应该仅存在于冰冷的典籍记载中，更应该成为每一位国人修炼内在品质的必由之路，一场必不可少的人生礼仪。

原载《廊坊师范学院学报》2017年第4期。

作者简介

房伟，孔子研究院副研究员，孔子研究院礼乐文明中心副秘书长，济南莱芜汶源书院院长助理，山东省第五批“齐鲁文化之星”。主要研究领域为孔庙释奠礼。

孔子与《尚书》的整理

刘义峰

1923年，钱玄同在给顾颉刚的一封回信中写道：

> 孔丘无删述或制作“六经”之事。……《书》似乎是三代时候底文件类编或档案文存……但我颇疑心它并没有成书……无论今文家说是二十八篇，古文家说是一百篇，都不足信。既无成书，便无所谓完全或残缺。因为它常常被人称引，于是托古的人不免要来伪造了。现在的二十八篇中，有历史价值的恐怕没有几篇。如《尧典》《皋陶谟》《禹贡》《甘誓》等篇，一定是晚周人伪造的。①

在这段话中，我们可以看出，孔子删《书》之事被否定，《尚书》大部分篇章的价值被否定，《尚书》成书时间也被置后。

与之相反，康有为在其《六经皆孔子改制考》中说：“《书》，旧名。旧有三千余篇，百二十国；今二十八篇，孔子作，伏生所传本是也。”②皮锡瑞在其《经学通论》中也说：“大旨以为：一、当知经为孔子所定，孔子以前不得有经；二、当知汉初去古未远，以为孔子作经说必有据……”③从康有为、皮锡瑞的观点看，孔子不只与《尚书》有关系，孔子甚至直接作《书》了。

---

① 顾颉刚：《古史辨（一）》，上海：上海古籍出版社，1982年，第69—77页。

② 康有为：《孔子改制考》，北京：中华书局，1958年，第245页。

③ 皮锡瑞：《经学通论》序，北京：中华书局，2011年，第1页。

两种观点截然不同，那么，事实的真相究竟如何？孔子到底有没有删《书》？《书序》是不是孔子所作？《尚书》书名与孔子有没有关系？让我们逐一进行分析。

一、孔子删《书》

最早明确提出孔子删《书》的是《尚书纬》。《尚书纬》说：

> 孔子求《书》，得皇帝玄孙帝魁之《书》，迄于秦穆公，凡三千二百四十篇，断远取近，定可以为世法者百二十篇，以百二篇为《尚书》，十八篇为《中候》。①

在此之前，《史记·孔子世家》中是这样说的：

> 孔子之时，周室微而礼乐废，《诗》《书》缺。追迹三代之礼，序《书》传，上纪唐虞之际，下至秦缪，编次其事……故《书》传、《礼》记自孔氏。②

后来，《汉书·艺文志》也说：

> 故《书》之所起远矣，至孔子纂焉，上断于尧，下讫于秦，凡百篇，而为之序，言其作意。③

三者比较，可以发现：《尚书纬》明确认为孔子删《书》，甚至给出了具体的篇目，删前为3240篇，删后为120篇；《史记·孔子世家》虽然没有明确说孔子删《书》，但有两个问题值得我们思考，一是孔子之时，《诗》《书》缺，二是孔子整理《尚书》，上下都有一个断限；《汉书·艺文志》既提到了孔子“纂”的情况，同时也指出孔子对《书》的整理有一个断限。

---

①［汉］孔安国传，［唐］孔颖达正义，黄怀信整理：《尚书正义》，上海：上海古籍出版社，2014年，第12页。

②《史记》卷47《孔子世家》，北京：中华书局，1972年，第1935—1936页。

③《汉书》卷30《艺文志》，北京：中华书局，1962年，第1706页。

一般认为，《尚书纬》为纬书，其记载不可信。它将孔子求《书》所得的篇数精确到3240篇，显然是穿凿附会。但是，《尚书纬》认为原来的《书》很多，这一点却是正确的。夏代以前先不论，就夏商周三代的历史已经有近两千年。这么漫长的时间里，有个几千篇《书》不足为奇。

先看西周，从公元前1046年武王灭商算起，到公元前771年西周灭亡，有275年的时间。在近300年的时间里，先后有12位周王在位，分别是武王、成王、康王、昭王、穆王、共王、懿王、孝王、夷王、厉王、宣王、幽王。其中，成王时期，周公曾摄政7年。以《书序》所载《周书》篇目为例，武王时期的有10篇，康王时期的有2篇，穆王时期的有3篇。以《逸周书》为例，武王时期的有21篇，成王时期的有13篇，穆王时期的有4篇。如果将《尚书》《逸周书》反映西周时期的篇目相加可得如下数字：武王时期的有31篇，成王时期的有35篇，康王的有2篇，穆王时期的有7篇。而反映昭王、共王、懿王、孝王、夷王、厉王、宣王、幽王的竟无一篇，岂非咄咄怪事？记载周公事迹的《尚书》诸诰尽管并不完全，但它们多成书于周初已为世所公认。岂有时代越后，而《书》反少，甚至没有的呢？

再看商代，《书序》所提到的《商书》共37篇。留存到今天的有17篇，但有10篇被认为是"伪古文"，即便是被认为真的7篇，其成书时间大多被拉后。而《尚书·多士》却说："惟殷先人有册有典。"《墨子·贵义》也说："昔者周公旦朝读《书》百篇。"这到底是怎么回事呢？

答案只有一个，就是司马迁所说的"孔子之时，周室微而礼乐废，《诗》《书》缺"。那么，是什么原因造成了大量的《书》失传呢？

我们认为最主要的原因就是自然选择。开国之际多雄主能臣，他们的诰、命、誓、训中凝练了深沉的思想，是后世资治、行教的金科玉律，所以能够被后人不断学习、传抄。这也就是商汤、周文王、周武王、周公时期流传的《书》篇尤多的原因。而一些较为平庸的君主，他们死后虽然也有大量《书》篇传世，但由于政绩平平，无人传抄、整理，若干年后，竹简便逐渐腐朽了。再一个原因就是简册不易保存，当然这是一个次要原因。因为尽管竹简时间长了容易朽坏，但如果能被不断传抄的话，也还是能够流传下来的。

既然，《书》缺是一个现实情况，那么孔子还会删《书》吗？

马王堆帛书《要》篇中记述孔子的话，说：“《尚书》多於矣，《周易》未失也。”①李学勤先生推测“於”字原为“阏”，后讹而省作“於”。“阏”与下句的“失”正好互相呼应。②从这段记载可以看出，孔子之时《书》出现了缺失。相对于三代原有的大量《书》篇来说，孔子所能见到的《书》确实可以用缺失来形容。但是这并不能说明孔子见到的《书》少到无法编删的地步，并不能证明孔子没有删《书》。

在大量的先秦典籍记载中，我们无法得出《书》在当时的具体篇目。但是，从先秦文献对《书》的引用来看，我们不难窥出端倪。据刘起釪《〈尚书〉存佚各篇先秦引用情况总表》统计：以《书》《夏书》《商书》《周书》《郑书》《楚书》《夏商之书》《西方之书》《古书》为名称引总计106次，其中引今文8篇35次，引《书序》百篇余篇1篇2次，而有69次为引不知篇名逸句；分篇称引（《书序》百篇以内）共计179次，涉及26篇；分篇称引（《书序》百篇以外逸篇）35次，涉及29篇（有些篇目保存在《逸周书》中）；用某种特殊用法称引（称先王、称大臣史臣、称史志专名）共计38次。③我们对以上数字进行统计，直接称引篇名的有58篇（去除重复），其中《书序》百篇以内的26篇，仅占百篇的四分之一左右。先秦的《书》不可能都见于称引，如果我们以征引《书序》百篇的比例来反推有篇名的58篇的话，可得二百三十几篇《书》，更何况还有大量

① 马王堆帛书《要》篇，见裘锡圭主编：《长沙马王堆汉墓简帛集成（三）》，北京：中华书局，2014年，第116页。

② 李学勤：《失落的文明》，上海：上海文艺出版社，1997年，第308页。

③ 刘起釪：《尚书学史》，北京：中华书局，1989年，第69—77页。

不知名逸句及特殊用法称引未进行推算。尽管这样的计算方法存有不合理的地方，但是春秋战国存有二百篇以上的《书》应该不成问题。即使去掉部分孔子以后的作品，估计孔子之时至少应有百篇以上的《书》。

当然，东周以来，由于《书》比较分散，任何个人想搜集到全部的《书》都是困难的。但是孔子出生的鲁国为周公封国，号称姬姓班长，准许行天子之礼。因此，鲁国应该录有一些周王室重要档案的副本。加之，孔了曾经周游列国，并到周王室观《书》，孔了具备删《书》的条件。

《史记·孔子世家》说孔子“上纪唐虞之际，下至秦缪，编次其事”，这个上下的断限，本身就已经说明孔子存在删《书》的情况，也就是说唐虞之前和秦缪之后的《书》孔子未收入。而对于唐虞至秦缪的《书》，孔子也必然要进行一番整理工作，郭店楚简中引《祭公之顾命》一则出现在今《逸周书》中，可说明这一问题。孔子本人首先是一位思想家和教育家，某种意义上也是一位政治家，孔子整理古代文献的第一出发点是进行道德教化、政治教化，他并不是一位将史学价值放到第一位的史学家。这一点可以从孔子的“春秋笔法”得到充分的证明。古代的《书》虽然留存不多，孔子也不会良莠不齐、一股脑地都拿来教学。孔子选取的必然是那些益于推行教化的圣主贤臣之事。根据《史记》《汉书》的记载，孔子应是存在删《书》事实的。

二、孔子序《书》

关于《书序》的作者历来聚讼纷纭。旧说以孔子为《书序》的作者，但是自宋代以来，这种观点就不断受到冲击。吴棫是第一个疑《书序》的人，朱熹承其绪，对《书序》大量置疑，如“某看得书小序不是孔子自作，只是周秦间低手人作”[①]“小序断不是孔子做”[②]“书小序亦非孔子

① [宋] 黎靖德编：《朱子语类》卷78，北京：中华书局，1986年，第1983页。

② [宋] 黎靖德编：《朱子语类》卷78，北京：中华书局，1986年，第1984页。

作与诗小序同”[①]“书序恐只是经师所作，然亦无证可考，但决非夫子之言耳”[②]。此后，金履祥、郝敬、阎若璩、魏源、康有为等均对《书序》提出各自的怀疑。因此，要搞清《书序》与孔子的关系，必须对汉初有无《书序》有一个正确的认识。

汉代以后最早见于记载的《书序》有三个：伏生本中的《书序》、《史记》中的《书序》和孔壁本中的《书序》。

伏生本中的《书序》，《史记·儒林列传》说：

> 秦时焚书，伏生壁藏之。其后兵大起，流亡，汉定，伏生求其书，亡数十篇，独得二十九篇，即以教于齐鲁之间。[③]

这个本子后来用今文写定，并被西汉王朝立于学官。到东汉灵帝熹平四年（175年），政府刊刻石经作为标准经文。熹平石经是用当时的隶书写的，因而叫作《一字石经》。据出土的石经《尚书·文侯之命》和《书序》残石，《文侯之命》篇目下有“廿八”二字，《书序》又紧接《秦誓》经文，可见，《秦誓》是第廿九篇。石经《尚书》所依据的是夏侯氏《尚书》，属伏生所传的《今文尚书》。又《汉书·儒林传》说：“世所传百两篇者，出东莱张霸，分析合二十九篇以为数十，又采《左氏传》《书叙》为作首尾，凡百二篇。”[④]张霸伪造“百两篇”无疑使用了今文《书序》。基于以上两点，可知《伏生本》是有《书序》的。正像《尚书序正义》所说：“伏生二十九卷而序在外。”[⑤]

孔壁本中的《书序》，《汉书·艺文志》说：

> 《古文尚书》者，出孔子壁中。武帝末，鲁共王坏孔子宅，欲以

①［宋］黎靖德编：《朱子语类》卷78，北京：中华书局，1986年，第1985页。

②［宋］朱熹：《晦庵集》卷51，见《四库全书》，上海：上海古籍出版社，1989年，第507页。

③《史记》卷121《儒林列传》，北京：中华书局，1972年，第3124—3125页。

④《汉书》卷88《儒林传》，北京：中华书局，1962年，第3607页。

⑤［汉］孔安国传，［唐］孔颖达正义，黄怀信整理：《尚书正义》，上海，上海古籍出版社，2014，第19页。

广其宫，而得《古文尚书》及《礼记》《论语》《孝经》凡数十篇，皆古字也。共王往入其宅，闻鼓琴瑟钟磬之音，于是惧，乃止不坏。孔安国者，孔子后也，悉得其书，以考二十九篇，得多十六篇。安国献之，遭巫蛊事，未列于学官。①

《汉书·艺文志》载《尚书古文经》46卷，并注："为五十七篇。"②桓谭《新论·正经篇》说："《古文尚书》旧有四十五卷，为十八篇。"颜师古引郑玄叙赞云："后汉又亡其一篇，故五十七篇，则此当云五十八篇。"③按《汉书·艺文志》说孔安国"以考二十九篇，得多十六篇"，那么孔壁本中除与今文相同的29篇外，又多得16篇。今、古文相同的29篇加增多的16篇共45篇。而29篇分《盘庚》《泰誓》各为3篇，共33篇；16篇分《九共》为9篇，共24篇。33篇加24篇，正好57篇。《新论》58篇即57篇经文，外加1卷《书序》。《汉志》的46卷即《新论》的45卷再加1卷《书序》。两者对照，或差一卷，或差一篇，这应该跟《书序》的计入与否有关系。又据《尚书正义》，西晋束皙曾经引："孔子壁中《尚书》云：'将始宅殷。'"④是引孔壁本的《盘庚序》。可见孔壁古文本应该也是有《书序》的。

《史记》中所见《书序》：司马迁在撰写《史记》的过程中，曾经大量援引《书序》。据陈梦家统计，《史记》中的45个序，依郑、孔的百篇序计算，共是63篇。《史记》引述经文的7篇在孔传本中则为9篇。二者相加，为72篇。《史记》中的45个序，相当于孔传本的54个序，而孔传本的百篇共67个序。⑤司马迁肯定看到了《书序》一类的资料。"不然的话，他

---

①《汉书》卷30《艺文志》，北京：中华书局，1962年，第1706页。

②《汉书》卷30《艺文志》，北京：中华书局，1962年，第1705页。

③［汉］桓谭撰，朱谦之校辑：《新辑本桓谭新论》，北京：中华书局，2009年，第38页。

④［汉］孔安国传，［唐］孔颖达正义，黄怀信整理：《尚书正义》，上海：上海古籍出版社，2014年，第335页。

⑤陈梦家：《尚书通论》，北京：中华书局，1985年，第264—280页。

不可能在夏、殷、周、秦等《本纪》，鲁、齐、宋、燕、晋等《世家》以及《世表》《封禅书》中分别引用了形式相同的‘书序’。”[①]

如上所说，孔壁本、伏生本都是有《书序》的，《史记》撰写的过程中也采用了《书序》。那么，这些《书序》是不是百篇序呢？我们认为是的。

《史记》的45个序，相当于孔传本的54个序，而孔传本的百篇共67个序。《史记》引《书序》加引述经文，涉及孔传百篇中的72篇。而《史记》只是引《书序》撰史，并非专为保存《书序》。因此，《史记》所引《书序》无论来源如何，都应该是超过72篇的《书序》。

东汉古文家马融、郑玄曾经注百篇《书序》，孔传《古文尚书》也是百篇《书序》，前者总作一卷，后者分贯于各篇之首。这两个《书序》都与孔壁本有莫大关系，前后应有延续性，因此，孔壁本的《书序》估计应是百篇《书序》。

将《史记》中的《书序》与熹平石经《书序》以及孔壁本发展来的今本《书序》比较后发现，它们同多异少。[②]显然，它们应该是从同一个祖本发展来的。伏生本、孔壁本的《书序》均是来自先秦，《史记》所据《书序》也应来自先秦。那么，它们共同的祖本肯定历史悠久，其形成必在《尚书》整理之时。其作者只能是孔子。

《书序》为孔子所作，历史上有明文记载。《史记·孔子世家》说：

> 孔子之时，周室微而礼乐废，《诗》《书》缺。追迹三代之礼，序《书传》，上纪唐虞之际，下至秦缪，编次其事……故《书传》、《礼记》自孔氏。[③]

《史记·三代世表》说：

> 孔子因史文次《春秋》，纪年月，正时日月，盖其详哉。至于序

---

① 陈梦家：《尚书通论》，北京：中华书局，1985年，第281页。

② 陈梦家：《尚书通论》，北京：中华书局，1985年，第275页。

③《史记》卷47《孔子世家》，北京：中华书局，1972年，第1935—1936页。

> 《尚书》则略，无年月；或颇有，然多阙，不可录。故疑则传疑，盖其慎也。[①]

《汉书·艺文志》说：

> 故《书》之所起远矣，至孔子纂焉。上断于尧，下讫于秦，凡百篇而为之序，言其作意。[②]

史迁之时，去古未远，其说应有所据。但后世仍不断有人怀疑其真实性。清代崔适认为《史记》所记孔子序《书》之“序”是“次序”，不是“序跋”。[③]近人蒋善国也认为《史记》中所说的序是次序之意，并进一步认为，《汉书》中所说孔子“凡百篇而为之序”乃是对《史记》中“次序”之意的误解。[④]

从司马迁在著《史记》时，引用了大量的《书序》来看，司马迁是见过百篇《书序》的。他在《史记·三代世表》中说：“孔子……至于序《尚书》则略，无年月；或颇有，然多阙，不可录。故疑则传疑，盖其慎也。”这里的“序”能当次序讲吗？次序能说“或颇有，然多阙”吗？显然，“或颇有”是指“帝太甲元年，伊尹作《伊训》、作《肆命》、作《徂后》”[⑤]，“十一年十二月戊午，师毕渡盟津，诸侯咸会，曰：‘孳孳无怠！’武王乃作《太誓》，告于众庶”[⑥]这样有年月的《书序》；“然多阙”是指“咎单作《明居》”[⑦]，“成王既迁殷遗民，周公以王命告，作《多士》《无佚》”[⑧]等大量无年月的《书序》。因此，司马迁所说的“序《书

---

①《史记》卷13《三代世表》，北京：中华书局，1972年，第487页。

②《汉书》卷30《艺文志》，北京：中华书局，1962年，第1706页。

③ 崔适：《史记探源》，北京：中华书局，1986年，第12页。

④ 蒋善国：《尚书综述》，上海：上海古籍出版社，1988年，第7页。

⑤《史记》卷3《殷本记》，北京：中华书局，1972年，第98页。

⑥《史记》卷4《周本纪》，北京：中华书局，1972年，第121页。

⑦《史记》卷3《殷本记》，北京：中华书局，1972年，第97页。

⑧《史记》卷4《周本纪》，北京：中华书局，1972年，第133页。

传》”只能是为《尚书》作序,《汉书》的记载则明确了这一点。

孔子将《尚书》作为教材的时候，必然会对各篇的背景、内容进行简明扼要的概括，体现孔子对于各篇的理解。这是学生学习《尚书》的起点和引导，其作用如同我们现在教材中的目录、简介。

三、孔子与《尚书》之名

一般认为,《尚书》最早称《书》，这一称呼广泛流行于先秦时期。书,《说文》曰:“箸也。”[①]郭店楚简、上博竹书就是这样书写的。《说文解字叙》说:“著于竹帛谓之书。”[②]可见,“书”最早是指著于竹帛上的文字内容。早期竹简比较珍贵，应该专门用来记录政事。因此,“书”也就成为专门记载政事简册的专用名。《荀子·劝学篇》说:“故《书》者，政事之纪也。”这应该就是早期《书》为《尚书》专用名的主要原因。后来，随着竹简记录内容的日趋扩大,“书”所涵盖的范围也扩大了，可以泛指记载各种内容的竹简、帛书，但它作为《尚书》的专用名也延续下来。

对于《尚书》中“尚”字的含义，主要有三种不同观点：一种如《释名》所说:“尚，上也，以尧为上，始而书其时事也。”[③]一种如《论衡·须颂篇》所说:“尚者，上也，上所为，下所书也。”[④]再一种如郑玄所说:“尚者，上也。尊而重之若天书然，故曰《尚书》。”[⑤]第一种观点是以久远之

①［汉］许慎撰，［宋］徐铉校定:《说文解字》，北京：中华书局，2003年，第65页。

②《说文解字叙》，［汉］许慎撰，［宋］徐铉校定:《说文解字》，北京：中华书局，2003年，第314页。

③［汉］刘熙:《释名》，北京：中华书局，2016年，第91页。

④ 黄晖:《论衡校释》，北京：中华书局，1990年，第847页。

⑤［汉］孔安国传，［唐］孔颖达正义，黄怀信整理:《尚书正义》，上海，上海古籍出版社，2014年，第16页。

意解“尚”；第二种是以君王之意解“尚”；第三种是以尊崇之意解“尚”。

第一种观点获得了多数人的认可。有很多证据支持这一观点。

《墨子·明鬼下》曰：“故尚者《夏书》，其次商、周之书。”

《墨子·非命上》曰：“尚观于先王之《书》。”

《史记·五帝本纪》说：“学者多称五帝，尚矣。”①

《孔安国序》说：“以其上古之书，谓之《尚书》。”②

因此，我们认为以“久远”之意解“尚”更加符合本意。那么，《尚书》之名最早起源于何时呢？马王堆帛书《要》篇中记述孔子的话，说：“《尚书》多於矣，周易未失也。”这里，孔子亲口说出《尚书》之名。但是，更多的材料显示，孔子使用“《书》曰”“《夏书》曰”等或单篇名称引《书》更频繁。可见，单凭这一则材料尚难以认定《尚书》之名为孔子所定。

通过可靠文献记载和以上分析，我们认为孔子存在删《书》、序《书》的事实，这是孔子整理《尚书》的主要工作。

原载《中华文化论坛》2007年第1期。

作者简介

刘义峰，1975年出生，山东泰安人。历史学博士，中国社会科学院古代史研究所副研究员，中国先秦史学会理事，主要致力于古文字与先秦史研究。

①《史记》卷1《五帝本纪》，北京：中华书局，1972年，第46页。

②《孔安国序》，［汉］孔安国传，［唐］孔颖达正义，黄怀信整理《尚书正义》，上海，上海古籍出版社，2014年，第14页。

《尚书古文疏证》版本源流考

崔冠华

清代阎若璩（1636—1704）的《尚书古文疏证》（以下简称《疏证》）不仅是清代考据学的典范之作，也是中国辨伪史上的重要文献之一。据《阎若璩年谱》，阎若璩在临终前，执其子阎咏之手说："吾一生著书九种……未成者，《尚书古文疏证》《释地余论》。……余未刻成者，汝当兢兢典守，不可妄改一字，以待传者。"①这样一部具有重要意义的文献却是阎若璩生前的未成之稿，以致《疏证》传本众多，②头绪纷杂。因此，厘清其版本源流和版本系统，比较各本异同优劣，有助于解决此书在形成和流传过程中的诸多问题。

据笔者考察，现存《疏证》的版本系统主要有四个，即沈彤抄本、杭

① [清]张穆:《阎若璩年谱》，北京：中华书局，2006年，第120—121页。

② 吴通福《晚出〈古文尚书〉公案与清代学术》（上海：上海古籍出版社，2007年，第272页）列出《疏证》的版本有15个之多：（一）胡渭校抄本（据叶景葵《卷庵书跋》）；（二）沈彤抄五卷本，张穆校并跋，藏湖南省图书馆；（三）杭世骏抄本，一、四、五三卷，有跋，又有谢宝树校并跋，藏国家图书馆；（四）乾隆十年（1745年）眷西堂刊本，张穆有校本，藏山西省图书馆；又莫友芝批校本，藏贵州省图书馆；（五）《四库全书》本；（六）嘉庆元年（1796年）天津吴人骥重刊本；（七）同治六年（1867年）钱塘汪氏振绮堂重修眷西堂刊本；（八）光绪十四年（1888年）南菁书院刊《皇清经解续编》本；（九）1983年台湾商务印书馆影印文渊阁《四库全书》本；（十）1988年上海书店影印《皇清经解续编》本；（十一）1984年杜松柏辑《尚书类聚初编》影印《皇清经解续编》本；（十二）台北艺文印书馆1986年影印南菁书院版《皇清经解续编》本；（十三）1987年上海古籍出版社影印眷西堂原刊本，所阙卷一第19、20页及卷七第67页以汪氏重修本配补；（十四）偃师武亿刊本；（十五）杭州书局本。

世骏抄本、眷西堂刻本和《四库全书》本，下面分别予以考述。

一、沈彤抄本，五卷。今存第一、四、五卷，第二、三卷卷目不清，有阙失。今藏湖南省图书馆，国家图书馆有此本胶片。此抄本四册，首有“拾经楼”朱文长方印，每册卷首又有“果堂”朱文小方印。每半页十行，每行十九字，无格。第一册卷一，自第一至十六，凡十六条，有目；第二册，凡十八条，不详卷数，亦未标明条次，无目；第三册为卷四，自第四十九至六十四，凡十六条，有目；第四册为卷五，自第六十五至八十，凡十六条，有目。前有民国甲戌年（1934年）叶启勋（1900—？）题识和乙亥年（1935年）叶启发题识，末有道光二十九年（1849年）正月张穆《沈果堂钞〈尚书古文疏证〉五卷本跋》。

沈彤（1688—1752），字冠云，号果堂，江苏吴江人，著有《周官禄田考》等书。张穆（1805—1849），字诵风，号殷斋，又号石洲，山西平定人，博学于经史，撰有《阎潜丘先生年谱》。张穆《跋》云：“此本五卷，凡四册，第三卷仍缺。每册前有‘果堂’小印，第六十二篇书眉又有朱笔批云：‘余已通之于《周官禄田考》矣。’故定知为沈果堂抄本也。其第二册无篇第之数，据果堂跋，抄自顾陶元家。第五卷则藉惠定宇本补足。余三卷标题之次与今刻本略同，间有改定及亚一格引申之文率是。刻本演而愈多，辨日加密，良工不示人以朴，观此可以推见潜丘读书之心矣。……道光廿七年十月，穆为潜丘作生日，子贞初得此本，即据以补入《年谱》中。”[①]叶启勋云：“凡此一书，始则果堂得聚友朋之臧抄写成帙，而评点之。继则子贞太史得之厂肆，石州得据以校正刻本之误，并考得典实之可喜者而题记之。事逾数十寒暑，一旦归余插架，自幸翰墨因缘之深不减子贞太史矣。”可知，沈彤抄本的第一卷和第四卷未讲来源，

①［清］张穆：《沈果堂钞〈尚书古文疏证〉五卷本跋》，又见《殷斋文集》卷四，载《续修四库全书》，上海：上海古籍出版社，2002年，第1532册，第285页。

可能是其家藏残本，第二册抄自顾陶元家，第五卷则是乾隆十六年（1751年）冬从惠栋（字定宇）借抄补足的。道光二十七年（1847年），沈彤抄本为何绍基（1799—1873，字子贞，号东洲）所得，张穆见之，据以校正刻本。民国时，此本又被长沙叶启勋、叶启发兄弟所获，将之收藏于其藏书楼拾经楼、华鄂堂。

至于沈彤抄本的内部版本特征，叶启发识云："此本朱、黄两笔校注。黄笔系据顾氏不分卷本、无目本，此本目录下有'一本无目录，乃此本以前流传副本'黄笔一行，且其本较此本为略，故黄笔多有'一本无此篇数节'之批注，又断自第一卷及第二册，其明证也。朱笔则据惠氏五卷本，故尝有定宇云云之语矣。又书中有签条，载云此书淮扬刻本已毁，近日又有刻之者。上有朱字云'沈抄本有此签'，似是惠氏藏本所有，所云沈抄即指此也。盖果堂借抄之时，又随手将签条夹入此本矣。淮扬刻本即乾隆十年阎氏家板，归汪氏振绮堂，劖去板心'眷西堂'三字印行之本。近刻则天津吴氏刻本也。书根为道州何子贞学使所书，卷一首有其印记，余从其后人手得之。"

我们将沈彤抄本与杭世骏抄本对勘，不难发现，两者第一卷和第四卷的条目、内容完全相同，而第五卷存在较大的差异，主要是二者的按语有所不同。杭世骏抄本的第六十七"又按元熊朋来亦疑《武成》月日"和"又按《武成》闻有错简"两条、第六十八"又按孔疏引郑康成曰"条、第六十九"又按有伪书出，近代证佐分明"条、第七十三"又按吾友胡朏明读至此"条等按语，沈抄本缺。而沈抄本的第七十八的最后一条按语，不见于杭世骏抄本，也不见于眷西堂本和《四库全书》本。此按语内容如下：

又案《太平御览》引《晋书》曰："将作大匠陈勰掘地得《古文尚书》，奏：'今文长于古文，宜以古为正。'潘岳以为习用已久，不宜复改。"余谓此即朱子所惜张说文人不通经之过也。岳仕武帝、惠帝两朝，死于永康元年庚申，上距王肃薨四十五载。其掘地所得为五十七篇，与晋秘府同。或仅三十四篇，与后元帝所立郑氏博士同，俱未可定。要曰掘地始得，则是人间之本已极式微而诵习者寡。不然，有如建安盛时宁需地下耶？吾于此独叹尔时祖述虚玄，摈弃经典，可以见晋之衰，不独为岳文人惜焉矣。

今传本《晋书·挚虞传》为："将作大匠陈勰掘地得古尺，尚书奏：'今尺长于古尺，宜以古为正。'潘岳以为习用已久，不宜复改。"[①]而《太平御览》卷二百三十六征引《晋书》时"尺"讹为"文"。阎若璩引用此条时不核《晋书》原文以致误读，大概后来发现不妥，便将此段按语删去。据此可以推测，沈彤抄本早于杭世骏抄本，是现存最早的一个抄本。

再将沈彤抄本与眷西堂刻本进行比较，有以下几点值得注意：

第一，沈抄本第二册有十八条未标明卷数、条次，亦无目录，其中第十七至第二十七条，与眷西堂本的内容相同，篇次亦相同。其中，沈抄本中的"言古人文字多用韵篇"，在眷西堂本为第七十四"言古人以韵成文，《大禹谟》《泰誓》不识"；"言古人字多假借篇"，在眷西堂本为第七十五"言《旅獒》，马、郑读'獒'为'豪'，今仍本字"；"言《书·小序》篇"，在眷西堂本为第一百五"言百篇《小序》，伏生所未见，然实出周、秦之间"；"言《书·大序》篇"，在眷西堂本为第一百七"言安国《大序》，谓科斗文废已久，本许慎《说文·序》"；"言朱子未及疑安国《传》篇"，在眷西堂本为第一百十四"言朱子于《古文》犹为调停之说"；"言马公骕疑《古文》篇"，在眷西堂本为第一百十五"言马公骕信及《古文》可疑"；"言孔安国从祀篇"，在眷西堂本为第一百廿八"言安国从祀未废，因及汉诸儒"。

① 《晋书》卷51《挚虞传》，北京：中华书局，1974年，第1425页。

第二，沈抄本的按语与眷西堂本在顺序编排上不尽相同。如沈抄本第十七条按语“又按吴文正公《尚书叙录》信可为不刊之典矣”条在“又按予尝疑安国献《书》遭巫蛊之难，计其年必高”条之前，这与《四库全书》本相同，而眷西堂本则在其后。又如眷西堂本中第十七“又按《史记·儒林传》叙伏生今文末云”“又按《百官公卿表》”和“又按《尚书叙录》云”及以下三条，第十八自“又按宋玉《九辩》”及以下一条，第十九自“又按梅氏鷟亦谓何晏《集解论语》与郑冲同上”及以下一条，第二十一自“又按天子巡守礼云”及以下三条按语，第二十二自“又按所谓《诗序》之文”及以下二条，第二十三自“又按洪氏总计《尚书》《论语》字数颇误”及以下二条，第二十四“又按闽陈第季立有《尚书评》一篇”条，第二十五“又按《古今韵会举要》”条，第二十六自“又按《史记·楚世家》”及以下二条，第二十七“又按姚际恒立方论《咸有一德》”条等，均不见于沈抄本。又沈抄本中，“古人文字多用韵”条之后仅附“按《墨子》原文‘为鉴不远，在彼殷王’下即系以殷王”和“又按梅鹗幼穌又谓”两条按语，而眷西堂本此两条按语后另有十二条按语；沈抄本“古人字多假借”条后仅附“按《书序》‘西旅献獒，太保作《旅獒》’”一条按语，眷西堂本此条按语后另有四条按语；沈抄本“百篇《序》谓之《小序》”条后仅有“按《书》实百篇”和“又按孔颖达于《盘庚》小序下”两条按语，而眷西堂本此两条按语后另有两条按语的内容；“安国《大序》一篇”条后附有“按《说文序》以初造书契为黄帝之史仓颉”和“又按杜预《左传后序》云”两条按语，而眷西堂本此后另有五条按语的内容；“朱子于《古文》尝窃疑之”条后附有“按武进周叟曰”和“又按余戊午应荐至京师”两条按语，而眷西堂本此后另有十二条按语；“邹平马公骕字宛斯”条后附有“按近代孙鑛评《尚书》”“又按归熙甫有言”和“又按苏子由商论《周书》委曲而繁重”三条按语，而眷西堂本此后另有二条按语；“或问孔安国之从祀”条后附有“按程敏政疏亦谓后苍有功《礼记》”“又按逸《礼》三十九篇”“又按石华峙紫岚告余”和“又按余考得《牛弘列传》”四条按语，而眷西堂本此后另有十九条按语。

第三，沈彤抄本与眷西堂刻本的文字有互异之处，可据以订补刻本之阙误。如眷西堂本第一百十五条中：“邹平马公骕，字宛斯，当代之学者也。司李淮郡，后改任灵璧令。予以己丑东归，过其署中，秉烛纵谈，因及《尚书》有今文古文之别，为具述先儒绪言，公不觉首肯，命隶急取《尚书》以来。”“己丑”，沈彤抄本作“己酉”，《四库全书》本亦作“己酉”。张穆《沈果堂钞〈尚书古文疏证〉五卷本跋》说：“顺治己丑，潜丘方七岁，而公骕自康熙丁未移宫灵璧，癸丑冬卒于任所。是年适潜丘自巩昌东归，意犹及相见，遂定‘己’字为‘癸’字之讹。及检此钞本，乃作‘己酉’，是潜丘应山右乡试归来时事也，当即据此改定。”可知，眷西堂刻本误以“酉”为“丑”。张穆又指出：“又世但知潜丘字百诗，据刻本第十七篇两出阎若璩之名（按：即眷西堂本第十七条为：“愚亦谓自东晋至今一千二百五十六年，有一阎若璩者为是说矣，况乎若璩之前有文正、朱子焉！”），沈本皆作阎玚次，是又字玚次也。”可知，阎若璩又字玚次。

二、杭世骏抄本，五卷。今存第一、四、五卷，藏国家图书馆。此本三册，每一册为一卷，半页九行，行二十字，无格。第一册为卷一，自第一至第十六条；第二册为卷四，自第四十九至六十四条；第三册为卷五，自六十五至八十条。共四十八条。前有嘉庆二十二年（1817年）八月谢宝树题识，末有雍正二年（1724年）四月杭世骏跋和嘉庆二十二年八月谢宝树题识。

杭世骏（1696—1773），字大宗，号堇甫，浙江仁和（今隶属杭州市余杭区）人。乾隆时举博学鸿词科，授翰林院编修，曾撰有《阎若璩传》。此本所载杭世骏《跋》云：

先生居武林时，与西河毛氏论古文《尚书》，不合。西河归，作

《冤词》。先生归，著此书，援据谈洽，为说经家穿穴所不及。二、三卷讫未成书，而先生下世。余从绣谷吴氏得其首卷定本，四卷、五卷则九沙万氏传钞也。较他本差为完善。寓内藏书之家，其得睹此本者鲜矣。《冤词》有刊本，在《西河全集》。雍正甲辰四月朔，堇浦杭世骏跋于松吹书堂。

此《跋》与杭世骏所著《道古堂文集》卷二十六中的《古文尚书疏证跋》互有异同。《古文尚书疏证跋》是这样写的：

信《古文尚书》为真者，萧山毛简讨奇征龄之《冤词》也。疑《古文尚书》为伪者，太原阎征君百诗之《疏证》也。两家之论既如方圆枘凿之不相入，各就所见，纵横穿穴，论辩亦雄矣哉！《冤词》既刊之《西河合集》，独《疏证》五卷世鲜传本。康熙壬寅，予得第一卷于绣谷吴氏，雍正癸卯复得四、五两卷于钱塘龚明水。书凡八十篇。自十七以讫四十八，竟无由获睹其全，可为累息。征君每于卷末各有自跋。其第一卷即写成，“癸亥秋，泊武进郭外，舟忽覆。自分已无生理，私念《疏证》虽多副本在京师，然未若此本为定。当邀东坡元符三年破宿大海之例以济”。其写第四卷，“别录四本：一寄置太华山顶，友人王弘撰司之；一寄罗浮山，应某处士（笔者按：即屈大均）之请；其二本则寄千顷堂、传是楼之主人。仿《白氏文集》家藏外，别录三本例”。其写第五卷成，“年五十三，属闽谢氏写二图：一《礼堂写定图》，一《传与其人图》，藏诸丙舍秋山红树阁”。本郑康成疾笃戒子书意，征君自信之笃如此。予特为传抄二本，广陵则马君涉江有副墨，钱塘则赵君谷林置箧衍。两家皆振奇、汲古之士，质征君于九原，当哑然首肯也。①

---

①［清］杭世骏：《道古堂文集·古文尚书疏证跋》，见《续修四库全书》，上海：上海古籍出版社，2002年，第1426册，第464页。

杭世骏指出，康熙二十二年（1683年），阎若璩写成《疏证》第一卷。不久写成第四卷，阎氏将之别录四本，分藏四处。康熙二十七年（1688年），阎若璩又写成第五卷，并嘱福建谢氏写成二图。可惜的是，《疏证》第二卷和第三卷尚未成书，阎若璩便谢世了。杭世骏之意，阎若璩《疏证》原本有五卷，存者只三卷。杭世骏抄本的来源有二：康熙六十一年（1722年），杭世骏从吴焯（1676—1733，号绣谷）处得《疏证》第一卷；雍正元年（1723年），杭世骏又从钱塘龚鉴（1699—1744，字明水）处得《疏证》第四卷和第五卷，而龚鉴的这个本子是鄞县（今浙江宁波鄞州区）万经（1659—1741，号九沙）所传抄的。次年即雍正二年（1724年），杭世骏的抄本写成。不久杭世骏又特地将所得《疏证》传抄二本，分别寄置扬州马氏和杭州赵氏两家保存。

杭世骏抄本卷末谢宝树的两则识语为：

尊经即所卫道，辨伪正以尊经，百诗先生之功业伟矣！此等书必学识俱正，必能措手，岂仅以考据见长哉？先生著述颇富，《四书释地》《潜丘札记》并有刊本，而此书竟无好事者一授剞劂，殆以非场屋所便耳，是可惜也。嘉庆丁丑八月三日谢宝树识。

谨案：《四库提要》："《尚书古文疏证》八卷，凡一百二十八条，传写佚其第三卷，二卷第二十八条、二十九条、三十条，七卷第一百二条、一百八条、一百九条、一百十条，八卷一百二十二条至一百二十七条，皆有录无书。"此本止一卷、四卷、五卷所列八十条，其第十七条至四十八条均在阙卷中，所存者实止四十八条耳，约计内府所藏才及十之四五。然以杭大宗跋语考之，是书初无定本也。嘉庆丁丑八月三日宝树识。

在此，谢宝树着重指出，此本只有四十八条，为初出未定之抄本。

我们将杭世骏抄本与眷西堂刊本第一、四、五卷对比，发现二者条数相同，即都是四十八条，但内容略有差异。如杭世骏本没有眷西堂本中卷一第八中阎氏所引的姚际恒（1647—约1715）条，卷四末没有阎学林所增的《补遗》，卷五亦没有阎若璩所引的姚际恒条。眷西堂本第六十七“又按文武平桓相继而立”条、“或问城濮之役先轸将中军”条和“又按里中顾諟在瞻问”条，第七十“又按《玉海》云秦以左为上”条，第七十一“又按丙子夏冯山公寄予书”条，第七十三“又按《木兰诗》有谓必出晋人者”条和“又按昆山吴乔先生当代之善论诗者也”条，第七十六“又按甚矣左之失诬也”条，第七十七“又按上悼古文二十四篇不传”和“又按梅氏鷟信伏生有壁藏书之事”条，第八十“按王伯厚以此传为未足信考之”中的“缘其瞽说则误读《世本》”至终、“又按孔传以蔡圻内国名”“又按向以二十五篇书惟微子之命”“又按《诗小序》久而渐知其不安也”等条，杭世骏抄本均阙如。而杭世骏抄本卷五以“又按郑康成年七十尝疾笃戒子以书曰”条结尾，此条不见于眷西堂本第八十条按语中，而见于《四库全书》本《尚书古文疏证》第八十条按语中。

考眷西堂本卷八第一百二十一条云：“癸酉冬，薄游西泠，闻休宁姚际恒，字立方，闭户著书攻伪古文。萧山毛大可告余：‘此子之廖偁也，日望子来，不可不见之。’介以交余。”也就是说，阎若璩与姚际恒是在癸酉年，即康熙三十二年（1693年）结识的。由此推之，《疏证》征引姚际恒之说当在康熙三十二年之后，而眷西堂刻本中有关姚际恒的条目均不见于杭世骏抄本中。据此推知，杭世骏抄本是康熙三十二年之前阎若璩未识姚际恒时的早期抄定本。

三、眷西堂刻本，八卷，乾隆十年（1745年）朱序暤刊刻。此本是《疏证》最早也是流传最广的刻本，今国家图书馆、上海图书馆、中国社会科学院历史所等多家单位都有藏本。此后《疏证》的诸多刻本均是以此本为底本进行重修或翻刻的。如嘉庆元年（1796年），天津吴人骥重刊眷西堂本；同治六年（1867年），钱塘汪氏振绮堂又将眷西堂刻本稍作调整，重新刊修，1987年上海古籍出版社影印上海图书馆藏眷西堂本，其中所缺卷一第19、20页及卷七第67页就是依据同治六年汪氏重修本配补的；光绪十四年（1888年），南菁书院刊《皇清经解续编》，其中《尚书古文疏证》也是以眷西堂本《疏证》为底本的；1984年杜松柏辑《尚书类聚初编》，其中所收录的《尚书古文疏证》又据《皇清经解续编》本影印。另，张穆也曾校点过眷西堂本，今藏山西省图书馆；又莫友芝（1811—1871）批校眷西堂本，今藏贵州省图书馆；还有叶景葵校眷西堂本，今藏上海图书馆。

眷西堂本前有黄宗羲（1610—1695）《尚书古文疏证序》、康熙四十三年（1704年）阎若璩之子阎咏《尚书古文疏证后序》、阎若璩之孙阎学林《尚书古文疏证识》和《尚书古文疏证较阅姓氏》，末附《朱子古文书疑》和乾隆十年（1745年）岳阳钟灵的《尚书古文疏证后序》。黄宗羲《序》中云："淮海阎百诗寄《尚书古文疏证》，方成四卷，属余序之。"阎詠《序》中说："家大人征君先生著《尚书古文疏证》若干卷，爱之者争相缮写，以为得未曾有。……因命咏取《语类》四十七条、《大全集》六条汇次成编，名《朱子古文书疑》，就京师刻以行世。"阎学林识云："先君子在中翰时，尝商于辇下故旧，欲板行之以公海内，而工费浩繁，未有成局，经营于心者十余年，学林敢一日忘先君子之志哉。癸卯（1723年）、己酉（1724年），学林两至京师，先人之旧好寥寥数人，无复赞成斯事者。仲弟学机珍重先大父遗书，勤加手录，而天不假年。学林又累于食指。丙辰（1736年）以来，微秩自效，官卑俸薄，每泫然抱遗书而泣，思欲继先君子之志，如蚤虻负山，精卫之填沧海也。癸亥（1743年）春，谒同里夔州程先生。先生雅嗜先大父书，慨然捐赀，始议开雕，而淮扬士大夫更多好义者，于是阅两载而遂以蒇事。回忆学林之忧思徘徊无所措手者，又二十年于兹矣。"钟灵《序》中则提道："乾隆壬戌（1742年），因奉简命，试用江南河工，得交阎公信嵏（按：阎学林字信嵏），见其言论丰采，炼才于养，全非俗吏者流。询之，即百诗先生冢孙也。百诗先生之名耳熟已久，每以不见其著作为憾，信数因出其《尚书古文疏证》示予。”可知，早在阎若璩《疏证》尚未完稿、方成四卷之时，便请黄宗羲为之作序。但由于经费不足，《疏证》一直未得刊刻，所以在相当长的时间内，《疏证》是以抄本的形式流传的。后来，阎若璩之子阎咏、孙阎学林也都曾为此事奔走京师，均未果。直到阎若璩死后四十年，阎学林得到夔州程氏的倾囊相助，又得其他淮扬之人的襄赞，终于将《疏证》刊刻行世。

清代莫友芝《郘亭知见传本书目》卷一著录：“《尚书古文疏证》八卷：国朝阎若璩撰。乾隆乙丑刊本。此书有胡渭序，过刊本无之。”[①]胡渭《序》收录于今人所编的《清代史部序跋选》中：

> 先生每竖一义，必博考精思，故迟之又久而未成。近年多病，尝叹息谓余曰：“恐溘焉朝露，《疏证》不及成，奈何？”余为之恻然。甲申（1704）六月，先生疾作而终，《疏证》果不及成矣。呜呼，惜哉！后二岁，长君舍人咏以其书来，属余校订，且为序。余受而读之，凡八卷，卷各若干目，有通卷全阙者，有卷中阙数篇或仅成一篇者，余用太史公、文中子有录无书之例，悉仍其旧，而序之以还之，俾寿之梨枣，嘉惠来学。[②]

胡渭此篇序言，于各版本《尚书古文疏证》皆不见收录，大概在后来流传中遗落。

眷西堂本共有一百二十八条，其内容是《疏证》各本中最为完整的，其中卷二之第二十八、二十九、三十有目无文；卷三正文全缺，其中第三十三至四十一存有目录，其余则篇目无存；卷七第一百二、一百八至一百十，卷八第一百二十二至一百二十七篇目无存。而《疏证》其他三个版本卷五中均有的一条按语，却不见于眷西堂本。此按语为：

---

① [清] 莫友芝：《郘亭知见传本书目》卷一，宣统元年铅印本。

② 杨翼骧、孙香兰主编：《清代史部序跋选》，天津：天津古籍出版社，1992年，第5页。

又按：郑康成年七十，尝疾笃，戒子以书曰："末所愤愤者，徒以亡亲坟垄未成。所好群书，率皆腐敝，不得于礼堂写定，传与其人。日西方暮，其可图乎？"时建安元年丙子也。余此《疏证》第五卷写成，年五十有三。自念先王父参议公自崇祯甲申卜葬，屡不获吉壤，潜精积诚，祷于神，授以术士，始克葬今学山右古蛟龙沟之北原。后三年，果有征。闽谢氏，善写生者，适至，属写二图，一《礼堂写定图》，一《传与其人图》。观者咸叹其秀眉明目，以为康成遗照，而不知实以余像代之。因藏诸丙舍秋山红树阁，视我世世子孙云。

这条按语自述第五卷成书经过正是杭世骏《古文尚书疏证跋》之所本。

四、文渊阁《四库全书》本，八卷。此本书名作《古文尚书疏证》，无目录，无序跋，据书前《提要》，知此本为乾隆四十三年（1778）据内府藏本校上。

将《四库全书》本与眷西堂本对勘，发现两者内容有较大差异：

第一，两本按语互有缺漏。《四库全书》本卷五第一百八十条"又按郑康成年七十后"条按语，眷西堂本无；眷西堂本卷四第五十九条中"又按宋有真宗，即玄宗也"，卷五第七十三条"又按诗以时代而分固已然""又按钱牧斋极诋近日钟谭所撰《诗归》""又按朱子此诗云""又按昆山吴乔先生当代之善论诗者也"、第八十条"又按钱牧斋注杜诗"，卷六第八十八条中"又按有杭州人至居中者"，卷八第一百十五条中"按近代孙矿评《尚书》"等数条，《四库全书》本均无。

第二，条目编排次序上，两本有不相一致之处。如《四库全书》本卷二第十七条中，"又按吴文正公《尚书叙录》信可为不刊之典矣"在"又按予尝疑安国献《书》遭巫蛊之难"之前，眷西堂本则在其后。《四库全书》本卷六第八十八条在眷西堂本为卷六第九十六条。相应的，眷西堂本卷六第八十九条至九十六条，在《四库全书》本中为卷六第八十八至九十五条。

第三，眷西堂本卷四末附有阎学林增辑的《补遗》十一条，《四库全书》本将之散归入正文之中。

而将《四库全书》本与叶景葵所见到的胡渭抄本[①]相对勘，发现有诸多相合之处：

第一，眷西堂本卷四末附有阎学林增辑的《补遗》十一条，两本均将之散入正文之中。

第二，两本卷五第一百八十条按语中均有“又按郑康成年七十后”条。

第三，在条目编排次序上相同。如《四库全书》本与胡渭抄本卷二第十七条“又按吴文正公《尚书叙录》信可为不刊之典矣”以及卷六第九十六为“言晋省谷城入河南”的次序编排完全相同。

第四，叶氏所举胡渭抄本：卷四第六叶，“王肃之误因于”句下，抄本有“《孔丛子》。《孔丛子》之误，因于王舜、刘歆之本”计十六字；又第十六叶，“仿经例而为之”句下，抄本有“唐刘贶亦有是说”计七字，作

① 叶景葵《卷庵书跋·尚书古文疏证》（见顾廷龙编：《叶景葵杂著》，上海古籍出版社，1986年，第4—6页），此本有胡朏明（即胡渭，1633—1714）序，叶氏认为此本“系百诗殁后其子咏属朏明校定之本”。叶氏将之与眷西堂刻本对读，其互异之处如下：刻本无胡序，有黄梨洲序。梨洲作序时，仅见四卷以前之稿。朏明则于百诗身后代为写定，不知何以删去胡序。卷一第四十一叶（叶氏按：叶数以刻本为主，下同。）“时日曷丧”二句至“享多仪”四句，抄本双行小字，刻本改为大字。卷二第六叶，又按吴文正公《尚书叙录》一条，抄本在《史记》《汉书·儒林传》条下，刻本不同。卷四第六叶，“王肃之误因于”句下，刻本脱“《孔丛子》。《孔丛子》之误，因于王舜、刘歆之本”计十六字，抄本有之。又第十六叶，“仿经例而为之”句下，刻本脱“唐刘贶亦有是说”计七字，抄本有之，作双行小字。又第十九叶，又按《楚辞》十七卷一条，抄本提行，刻本误。又第二十叶，抄本“至宋人而亡，朱子尤其著者”，刻本改为“至宋人而亡云”。（笔者按：今核对眷西堂刻本，刻本为“至宋人而亡，朱子尤其著者”，叶氏可能将“抄本”与“刻本”误倒。）又卷四补遗第四叶，抄本“又按不特此也，即朱子亦有如《周官》篇”云云。刻本删去“不特此也即”计五字。又卷四补遗，共十一则，抄本皆列入正文，并无佚漏。刻本则谓刻成后从征君手书他本中检出。卷五下末叶，抄本有“又按郑康成年七十，尝疾笃，戒子以书”一条，计一百九十六字，刻本脱。卷六目录，第九十六，言晋省谷城入河南一条，刻本改为第八十八，与抄本次序不同。

双行小字；又第十九叶，又按《楚辞》十七卷一条，抄本提行；又第二十叶，抄本为“至宋人而亡云”，而非刻本“至宋人而亡，朱子尤其著者”；又卷四补遗第四叶，抄本为“又按不特此也，即朱子亦有如《周官》篇”云云。这些地方均与《四库全书》本相同。

据此可以推测，《四库全书》的底本“内府藏本”与胡渭抄本可能同源。又，《四库全书》本虽然抄成时间比眷西堂刻本晚，但其底本“内府藏本”可能比眷西堂的底本形成时间要早，更加接近于阎若璩原稿。

综上所述，《尚书古文疏证》的四个版本系统中，沈彤抄本可能是现存最早的一个版本，而眷西堂刻本内容最为完整，有许多沈彤抄本、杭世骏抄本和《四库全书》本所未载的部分，是《疏证》流传最广的一个本子，因此常被作为研究者所用的工作底本。但沈彤抄本、杭世骏抄本以及《四库全书》本既可以补正眷西堂本之误，又可以为我们了解《疏证》的早期成书情况提供有益的参考。实际上，沈彤抄本、杭世骏抄本、《四库全书》本和眷西堂刻本的内容、条目编排次序和文字上都互有异同。由此可以看出，此四个传本可能均非阎若璩原稿，而是经过了后人不同程度的改动，只有将各本参互考订，庶几可得《疏证》之实。

原载《中国哲学》第二十六辑《经学今诠五编》，辽宁教育出版社，2010年5月。收入本书，此文有较大改正。

作者简介

崔冠华，1979年出生，山东昌乐人，历史学博士，燕山大学马克思主义学院讲师，研究方向为中国思想史。点校整理古籍《春秋集传纂例》《春秋大事表》《春秋公羊经传通义》，著有《阎若璩与丁若镛古文尚书考辨比较研究》。

焦循《孟子正义》以《易》释《孟》平议

魏忠强

《孟子》七篇中并无明确引《易》论《易》之处，然而后世却多有论者认为孟子精于《易》学，如程颐、王应麟、郝敬等。[①]孟子虽不言《易》，而后世多称孟子精于《易》，孟子思想深层在多大程度上与《易》理相契合，这是很值得探讨与反思的问题。至清代，戴震、焦循等人所论更是有许多关涉孟子与《易》学关系之处，尤其是焦循《孟子正义》中以《易》解《孟》的特色更为明显。焦循有"易学三书"，一生中长时间研《易》，他晚年所著成的《孟子正义》即以其易学体系来解《孟子》，于以《易》解《孟》者中尤为突出，也尤为系统。笔者以焦循为以《易》解《孟》的代表，亦以此为切入点，来反观后世所论孟子精于《易》之诠释学意义，并对焦循以《易》解《孟》的思想体系进行探讨。

就焦循以《易》解《孟》的相关问题，学人也曾有关注。如陈居渊《论焦循〈孟子正义〉的易学诠释》[②]一文，从焦循对孟子的"道""经

---

① 程颐认为"孟子云：'可以仕则仕，可以止则止，可以久则久，可以速则速，孔子圣之时者也。'故知《易》者，莫如孟子"；王应麟曾言"孟子……知性知天，《易》之奥也"；郝敬也曾说"孟子言四端，即《易》之四德也；仁义，即《易》立人之道也；性善，即《易》继善成性也；知性、知天，即《易》穷理尽性至于命也。兵贵人和，得诸《师》；养大体，得诸《颐》；……他可类推，则是知《易》，诚未有如孟子者矣"。见黄寿祺：《群经要略》，上海：华东师范大学出版社，2000年，第198—199页。

② 陈居渊：《论焦循〈孟子正义〉的易学诠释》，载《孔子研究》2000年第1期。

权”“性善”等思想的诠释来入手，对其诠释过程进行探讨。此外，李明辉也曾对焦循释《孟》的问题撰文，可见其《焦循对孟子心性论的诠释及其方法论问题》[1]一文。李明辉的探讨更侧重于从经典诠释的角度，对焦循《孟子正义》以《易》释《孟》这一问题只是作为探讨的一部分或者说是一个切入点，而并不是文章的最终归宿。陈居渊所论，亦只是主要抓住了焦循释《孟》中的“性”与“道”两点。于今天来看，尚需要更为全面地探讨这一问题，并且还需将之置于孟子与《易》及与整个“六经”经典系统的关系这一更广的视阈中来审视。

一、焦循重视经义贯通

焦循一生致力于诸经，著述宏富，为清“乾嘉朴学”中扬州一派的代表人物，时人誉之为“通儒”。他的《易学三书》《孟子正义》以及关于《礼记》《左传》《尚书》《诗经》《论语》等儒家典籍的相关著述，为学界所重。其中他用力最多的，当属《易》《论语》《孟子》。通观焦循治学之风格，尤以经义贯通的特点最为显著。他致力于贯通诸经经义的精神无疑是他得以形成以《易》释《孟》思想体系的重要基础。

从焦循的直接表述来看，他曾在《论语通释》自序中说：“读《论语》而未得其指，则孔子之道不著。孔子之道所以不著者，未尝以孔子之言参孔子之言也。……数十年来，每以孔子之言参孔子之言，且私淑孔子而得其指者，莫如孟子。复以孟子之言参之，既佐以《易》《诗》《春秋》《礼记》之书，或旁及荀卿、董仲舒、扬雄、班固之说，而知圣人之道，惟在仁恕。”[2]此为焦循自叙其撰述《论语通释》一书的缘起、方法与体

① 李明辉：《中国经典诠释传统（二）：儒学篇》，上海：华东师范大学出版社，2008年，第147—175页。

② 焦循：《论语通释》，载《清代学术丛书第一辑》，香山黄氏古愚室辑印。

例，其中说“以孔子之言参孔子之言”、又以“孟子之言参之”、再“佐以《易》《诗》《春秋》《礼记》”、复又旁及“荀卿、董仲舒、扬雄、班固”之说，由此而得体悟圣人之道在于“仁恕”。焦循此言，足见其沉潜于诸经典之中而致力于贯通其义，可谓触类旁通，言说得当。

体现焦循重视贯通经义之处，亦可见于其《论语补疏》序中所言。焦循认为：“以《孟子》释《论语》，无不了然明白。至《论语》一书之中，参伍错综，引申触类，其互相发明之处，亦与《易》同。”焦循在此将《论语》《孟子》《易》三者相互发明，更显现其经义贯通的精神。

在焦循的著述中，体现其经义贯通精神之处更是有许多。仅从《孟子正义》中对孟子思想的注解来看，他尤其注重阐发《易》之通变神化思想。

焦循致力于诸经典，呈现出明显的贯通经义的精神，从一方面来看可以说是得益于他在《易》学方面的体悟。正如焦循在释《孟》的过程中，注重阐发《易》之通变神化思想，明显是受他《易》学思想体系的影响。又如“参伍错综，引申触类”之论，展现出他的治经风格尤其擅长以经证经。从另一方面来看，焦循一生多半治《易》，也使他在整理与释读其他经典时得以其《易》学思想来应对、通贯。表现之一就在于焦循《孟子正义》中以《易》释《孟》的思想体系。同时又以此促成了他《易》之“孟学化”、《孟》之“易学化”的思想体系。他时时沉潜于诸经义之中，反复探究引申，久而得以贯通诸经义，以阐明、发扬圣人之道。

二、焦循对孟子论“道”的诠释

探讨焦循以《易》释《孟》，首先来看焦循对孟子所论思想观念的阐发与释读，从中可充分展现《孟子正义》中焦循易学观的面貌。

孟子论及“道”之处，以《孟子·离娄下》第十四章为例，孟子说：“君子深造之以道，欲其自得之也。”对于这一句，赵岐的注解是：“造，致也。言君子问学之法，欲深致极竟之以知道意，欲使己得其原本，如性自有之也。”[1]赵岐认为，孟子此言是讲君子问学之法，要落实在自身上，以深刻体会道之意。至宋，朱熹则认为：“言君子务于深造而必以其道者，欲其有所持循，以俟夫默识心通，自然而得之于己也。”[2]可见，朱熹的注解亦落脚于“自得”这一点上，而得之于己的方法是持续以其道来探索，以达到默识心通之境。

焦循对这一章的疏解，与赵岐、朱熹等前说皆不同，展现出一种全新的面貌。焦循是以《易》学“通变神化”之道来反观孟子“深造自得”之说。他将“通变神化”视为《易》所显示的“道”的真正内涵所在。焦循首先引戴震《孟子字义疏证》之说，以《易》“精义入神，以致用也”“智周乎万物，而道济天下，故不过”以及孟子此章之言“君子深造之以道，欲其自得之也”，皆为精于道之谓也。随之，焦循作按语：

> 《易·系辞传》云：“夫《易》，所以极深而研几也。唯深也，故能通天下之志；唯几也，故能成天下之务。”深造即极深也。以道即研几也。自得，则通天下之志，成天下之务也。“一阴一阳之谓道”，道者，反复变通者也。[3]

可见，焦循对于孟子“深造自得”之说，以《易·系辞》“极深研几”来诠解。这是焦循用其《易》学思想体系来贯通孟子之说的一点体现。陈居渊认为，若更进一步讲，焦循的所谓“研几”，其实是专指《周易》爻位相互置换的爻位运动规律。[4]因为焦循《易通释》中有言曰：“其知几也，乾二不之坤五，而四之坤初，成复，失道而不善矣。若不变通则不善，不能改，自知不善即知几。变而旁通于姤，是为反复其道。……然则由

① 焦循：《孟子正义》，北京：中华书局，1987年，第558—559页。

② 朱熹：《四书章句集注》，北京：中华书局，1983年，第292页。

③ 焦循：《孟子正义》，北京：中华书局，1987年，第559页。

④ 陈居渊：《焦循儒学思想与易学研究》，济南：齐鲁书社，2000年，第109页。

当位而变通，为知几，为反复道。由失道而变通，亦为知几，为反复道。《传》又总赞之云：‘夫《易》圣人所以极深而研几也。唯深也，故能通天下之志；唯几也，故能成天下之务。’”[①]其中所言“当位”“失道”，本是指卦中六爻之象及其爻位来说的。一般来讲，初、三、五为阳爻之位，二、四、上为阴爻之位，阴爻、阳爻各当其位则称为当位，不当位则称为失道。孟子所言“深造”“自得”，单从文意来看，并无爻位、卦象之说。而焦循则用易学的爻位变换之说来重新诠释孟子思想，因而才有上述引《易传》“极深研几”所发的议论。这是焦循以《易》解《孟》的一点体现。

焦循以《易·系辞》中一句与孟子所言对应起来进行注解，将孟子“深造之以道”分离成“深造”“以道”两个词，与《易·系辞》“极深”“研几”两个概念进行比附，直言“深造即极深”“以道即研几”，不得不说有强加牵连之感。如果说孟子此言与《易·系辞》一句有所关联的话，或可说“深造”方可致“极深”，何以“研几”、“研几”何物，或可说“以道”“研几”或“研几”以“道”，这样的关联或更合理一些。尽管焦循对这一章中的注解显得有点牵强，但他所阐发的易理可以说是大大拓宽并深化了后人对孟子思想的理解。他将博学以深造、自得于变化之道、以权致用等内容充实了孟子思想，或者说阐明了孟子思想深层隐而不彰的那部分内容。焦循在此章的注解可以说是“两得”之见。

此外，在《告子上》第七章中，孟子说：“心之所同然者何也？谓理也，义也。圣人先得我心之所同然耳。故理义之悦我心，犹刍豢之悦我口。”对此，赵岐注：“心所同耆者，义理也。理者，得道之理，圣人先得理义之要耳。”[②]赵岐释“理”为“得道之理”，并将“理”与“道”相关

① 焦循：《易通释》“几”条，《皇清经解》卷一千九十一。

② 焦循：《孟子正义》，北京：中华书局，1987年，第765页。

联起来理解孟子之意。对于孟子所言“理”“义”这样的思想观念，历来为诠释者所关注，原因在于这类具有宏阔气象的思想观念最易作为载体来构架新内容，使得后世思想者得以有宽广的诠释空间。至宋时，程颐说：“在物为理，处物为义，体用之谓也。”[①]程子已将孟子言“理”“义”上升至体用论的层面。程子之意，所谓“在物为理”指从物本身而言，皆有其理。此处之“理”是实体性的概念，处于“体”的位置。所谓“处物为义”指从外界去对待物的角度而言，似以人之立场来对待物，是以有“义”之说法，此处之“义”当表功能性的概念，所以程子有“用”之言。这一解读富有宋儒之理学色彩。而焦循对孟子此句的诠解，则又是一全新的面貌。如焦循对此章的注解中，引《易·说卦传》：“和顺于道德而理于义，穷理尽性，以至于命。”焦循说：“孔子言道德性命，指出理字，此孟子所本也。道者，行也。凡路之可通行者为道，则凡事之可通行者为道。得乎道为德，对失道而言也。道有理也，理有义也。理者，分也。义者，宜也。其不可通行者，非道矣。可行矣，乃道之达于四方者，各有分焉，即各有宜焉。”[②]焦循认为孟子言“理”字，本之于孔子言道德性命，并且从是否“可通行”这一点来论孟子之所谓“道”。在焦循看来，犹如路，凡可通行之路皆可称为道；犹如事，凡可通行之事亦可称为道。如此一来，焦循是以万事万物运行的规律这一层面来论孟子所谓“道”，这接近于其易学体系之所谓“道”，是所谓“故能弥纶天地之道，仰以观于天文，俯以察于地理”。[③]即圣人通过仰观、俯察就可感知的万事万物的规律，这是一向外的维度。孟子所言性命、天道，最终皆为内化于人之内心的德义，此为一向内的维度。因而，焦循以易学体系中所认知的“道”，来诠释孟子在此所言“理”“义”，二者在思想的脉络上是否相契合，尚

---

① 朱熹：《四书章句集注》，北京：中华书局，1987年，第330页。

② 焦循：《孟子正义》，北京：中华书局，1987年，第773页。

③ 李学勤主编：《周易正义》，北京：北京大学出版社，1999年，第266页。

需要更为审慎的思考。笔者认为，焦循就孟子所论“道”“理”“义”皆以易学思想体系来诠解，在思想理路上与孟子是有一定差异的。

三、焦循对孟子论“经”“权”的理解

焦循多致力于易学，因而在其《孟子正义》中，过多地呈现出以其易学体系来诠释孟子思想的地方。其中，焦循议论最多的还在于用《易》之“通变神化”思想来审视孟子之意。

《孟子·梁惠王下》第十五章记载：

> 滕文公问曰：“滕，小国也。竭力以事大国，则不得免焉。如之何则可？”孟子对曰：“昔者大王居邠，狄人侵之。……邠人曰：‘仁人也，不可失也。’从之者如归市。或曰：‘世守也，非身之所能为也。效死勿去。’君请择于斯二者。”

赵岐就此章《章指》云：“太王去邠，权也。效死而守业，义也。义权不并，故曰择而处之也。”[①]对这一章而言，赵岐以“经权”之说来解，其中所谓“义”即对应“经”之范畴。焦循却就“经权”之见阐发开来，亦可体现他以易学体系诠释孟子思想的特点。焦循说：“《梁惠王》上下篇，至此二十二章，皆对时君之言，而结之以‘君请择于斯二者’，赵氏以‘权’解之，是也。权之义，孟子自申明之。圣人通变神化之用，必要归于巽之行权。请择者，行权之要也。孟子深于《易》，七篇之作，所以发明伏羲、神农、黄帝、尧、舜之道，疏述文王、周公、孔子之言，端在于此。儒者未达其指，犹沾沾于井田封建，而不知变通，岂知孟子者哉！”[②]在焦循看来，孟子早已申明“经权”之义，而这一章里的“请择于

① 焦循：《孟子正义》，北京：中华书局，1987年，第167页。
② 焦循：《孟子正义》，北京：中华书局，1987年，第167页。

斯二者”正体现孟子深明于行权之要，亦体现了圣人通变神化之用，更从一个方面说明孟子深于易学。然而，焦循为何如此关注于孟子“经权”之辨？笔者认为，这是与焦循精研于《易》紧密相关的。焦循形成一套以易学为基础的思想体系，所以他在论“经权”之说时，也多是以《易》理来诠解。如他在《说权》一文中，说道：“法不能无弊，有权则法无弊。权也者，变而通之之谓也。法无良，当其时则良，当极寒而济之以春，当极暑则和之以秋，此天道之权也。故为政者，以宽济猛，以猛济宽。夏尚忠，殷尚质，周尚文，所损所益，合乎道之权。《易》之道，在于趋时，趋时则可与权矣。”[①]他将天道之权、为政之权等皆归之于《易》道趋时、变而随通之理。故而可以说，焦循不只对孟子思想而言是以《易》道变化之说来诠释，对于《论语》《公羊传》《诗经》中的相关经权内容也是以《易》解之。同样见于焦循《说权》一文，就《论语》“先进于礼乐，野人也；后进于礼乐，君子也”“可与立，未可与权”，《公羊传》“权者何？反于经然后有善者也”，《诗经》“唐棣之华，偏其反而”等句，亦以《易》理解之。如他说：“夫经者法也。法久不变，则弊生，故反其法以通之。不变则不善，故反而后有善。不变则道不顺，故反而后至于大顺。……礼减而不进则消，乐盈而不反则放。礼有报而乐有反，此反经所以为权也。”[②]焦循此段议论正是上承《论语》《公羊传》《诗经》中相关“经权”内容而发。焦循将“经”释为“法”。他十分清楚，“六经”虽为治世之大经大法，然而法无万世不变之常法，便将损益、趋时之道等一并赋予在“权”上。

即使孟子所论与“经、权”并无直接关联，焦循的诠解仍可显示出以“通变神化”释之者。《离娄上》中孟子说：“故曰徒善不足以为政，徒法

① 焦循：《雕菰集》卷十《说权》，见王云五主编：《丛书集成初编》，上海：商务印书馆，1936年。

② 焦循：《雕菰集》卷十《说权》。

不能以自行。”焦循对此解释为：“行仁政必有法，徒有仁心而无法，不可用为政也。有法而不以仁心施之，仍与无法等。……《易·系辞传》云：‘制而用之谓之法，利用出入、民咸用之谓之神。’非法，无以为通变神化之用也。”焦循引《易传》以释《孟》，认为徒有善心，没有法亦不足以行仁政。有法，但没有善心来施行这一法，同样也不足以行仁政。焦循把法当作圣人行仁政、达通变神化之境的一个必要条件。孟子说：“圣人既竭目力焉，继之以规矩准绳，以为方员平直，不可胜用也。”焦循仍以“通变神化”之说来解释孟子之言，他认为：“圣人原非全恃规矩准绳而不竭目力，然其通变神化，在耳目心思，而必继述规矩准绳，而耳目心思所竭乃能通变神化，运用不穷也。”[①]焦循将孟子所言“规矩准绳”之用，也与“通变神化”关联起来，认为圣人在耳目心思所竭之时，再用之于“规矩准绳”之法，方可达到通变神化之境。

焦循不只是以“通变神化”来释孟，并且将孟子思想上推到伏羲、神农、文王这一脉络上。《公孙丑上》第二章是孟子与弟子公孙丑谈“不动心”“养浩然之气”的内容。对于此章，焦循诠释说：“《易》之道，大中而上下应之，此志帅气之学也。……至于通变神化，而集义之功，极于精义，求心之要，妙于先心，此伏羲、神农、尧、舜、文王、周公相传之教，孔子备之，而孟子传之。”[②]焦循在此以易学体系诠释孟子思想的特色更为明显，将孟子思想视为是继伏羲、神农、尧、舜、文王、周公、孔子之后的承接者。一般认为孟子“言必称尧舜”，而在焦循这里已经转变为孟子是直接承继伏羲、神农、文王这一脉络，这明显是以易学体系而言的。这是他体认孟子思想时的一个自创自得之处，或并非孟子思想所本有。

---

① 焦循：《孟子正义》，北京：中华书局，1987年，第485页。

② 焦循：《孟子正义》，北京：中华书局，1987年，第219—220页。

四、焦循对孟子“性善论”的理解

焦循对孟子人性论的辨析，又是一突出体现焦循以《易》解《孟》之处。焦循同样是以《易》之“通变”思想来诠解孟子的“性善论”。

《告子上》第四章的内容为孟子驳告子“食色性也”“仁内义外”。告子的观点很明确，认为甘于美食、悦于美色即为人之性，仁由内出而义在外。孟子是反对告子的人性论观点的。从《孟子》整体来看，孟子提出的“仁”“义”“礼”“智”皆为人性所固有，“非由外铄我也”；以“四心”“四端”说来解仁、义、礼、智，认为恻隐之心为仁之端、羞恶之心为义之端。孟子反对告子的“仁内义外”之说，而持“仁义内在”的观点。就这一章孟子与告子的对话，焦循《孟子正义》疏解为：“人性之善，所以异于禽兽者，全在于义。义外非内，是人性中本无义矣。性本无义，将人物之性同。……《易·文言传》云：‘义以方外。’告子所云义外，或同此意，故诘之。”[①]焦循所发的这一段议论，主要是针对告子言“食色，性也”及“仁内义外”而言的，因而在注解上难免与告子近。然而，事实上焦循在人性论上的理解与孟子也并不一致，更多地接近于告子所论。

在《孟子正义》中，焦循对于孟子性善说的诠解分散在各章注文中，此外他又撰有《性善解》五篇短文，对以孟子为代表的性善说做了较为系统的阐释。如他在《性善解（一）》中这样说：“性善之说，儒者第以精深言之，非也。性无他，食色而已。饮食男女，人与物同之。当其先民，知有母不知有父，则男女无别也。茹毛饮血，不知火化，则饮食无节也。有圣人出，示之以嫁娶之礼，而民知有人伦矣；示之以耕耨之法，而民知自食其力矣。以此示禽兽，禽兽不知也。禽兽不知，则禽兽之性不能善。人知之，则人之性善矣。以饮食男女言性，而人性善，不待烦言自解也。禽

① 焦循：《孟子正义》，北京：中华书局，1987年，第743页。

兽之性不能善，亦不能恶。人之性可引而善，亦可引而恶。惟其可引，故性善也。牛之性可以敌虎，而不可使之咥人。所知所能，不可移也。惟人能移，则可以为善矣。是故惟习相远，乃知其性相近。若禽兽则习不能相远也。”[①]这里体现了焦循更近于告子所说的“食色，性也”的观点。焦循明确说“性无他，食色而已”，并且试图从这一层面来诠解“性善”。如何达到性善？在焦循看来，需要有一个条件，即“圣人”，以圣人来开化民众，教化众人懂得婚嫁、人伦等各种礼义，从而得以实现人之性善。人与禽兽不同之处也正在于此，人可以知礼，而禽兽不能。可见焦循与孟子性善论最大的不同在于，焦循以食色言性，试图从“食色性也”的层面来诠释“性善”，承认在圣人出现的环境中、在圣人施以教化的前提下，人是可以知礼义廉耻的，以此来保证“性善”得以实现。焦循称“人之性可引为善，亦可引为恶”，这是本质上不同于孟子“性善论”的地方。

焦循对于孟子的“性善”论，除试图在告子“食色性也”这一层面努力向“性善”方向进行诠解之外，还以易学“感通”之说来阐释。《告子上》第一章记载：

> 告子曰：“性，犹杞柳也；义，犹桮棬也。以人性为仁义，犹以杞柳为桮棬。”孟子曰：“子能顺杞柳之性而以为桮棬乎？将戕贼杞柳而后以为桮棬也？如将戕贼杞柳而以为桮棬，则亦将戕贼人以为仁义与？率天下之人而祸仁义者，必子之言夫！”

对此，焦循《孟子正义》如是说：“盖人性所以有仁义者，正以其能变通，异乎物之性也。以己之心，通乎人之心，则仁也。知其不宜，变而之乎宜，则义也。仁义由于能变通，人能变通，故性善；物不能变通，故性不善，岂可以草木之性比人之性？……人有所知，异于草木，且人有所知而能变通，异乎禽兽，故顺其能变者而变通之，即能仁义也。杞柳为桮棬，

① 焦循：《雕菰集》卷九。

在形体不在性，性不可变也。人为仁义，在性不在形体，性能变也。”[①]可见，焦循正是以《易》之“通变”思想来诠释孟子之“性善论”及“仁义说”。焦循以“通”来解“仁”，以“变”来解“义”。在他看来，人之性善又是可以通过人能变通来实现的，也正因为人能变通才得以有仁义。至此，可以说焦循视“性善”得以实现的条件至少有两个：一个是需要圣人来开化，另一个是人能变通。“人能变通”的说法，即是借用《易》“通变”思想来解孟子“性善”“仁义”。只是焦循强行用“圣人出”“通变”两个因素来将告子“食色性也”的立场扭转为孟子“性善论”的观点，而无视他所立论的基础及思想内部与孟子“性善论”的抵牾之处。焦循言“性善”有待于“圣人出”“通变”两个外在的因素，而孟子之“性善论”是在无待的层面从人之内心来说的。

此外，在焦循《性善解（四）》中，也有体现以《易》解孟子“性善论”的地方，如：“性善之可验者有三：乍见孺子入井，必有怵惕恻隐之心者，一也；临之以鬼神，振之以雷霆，未有不悔而祷者，二也；利害之际，争讼喧嚣，无不自引于礼义，无不自饰以忠孝友悌，三也。善之言灵也，性善犹言性灵。惟灵则能通，通则变。能变，故习相远。”[②]他列出三条能够证明人性之善的例子，且再次提出以“通变”思想诠释“性善”。

笔者于前文指出，焦循对孟子“性善”的诠释路径与孟子立论有很大差异。就这一问题而言，前人也曾有过相关论述。如唐君毅说：“焦循于此人性之善，既唯自人之情之能旁通处说；而由此情之不断旁通所成之德，即为原于后天之学者。故由此而致之善，亦皆由于学。”[③]唐君毅称焦循自人情能旁通这一角度来论的“性善”，及由此旁通之情而形成的德，皆

① 焦循：《孟子正义》，北京：中华书局，1987年，第734—735页。

② 焦循：《雕菰集》卷九。

③ 唐君毅：《中国哲学原论·原性篇》，北京：中国社会科学出版社，2005年，第328页。

为后天之学。此所谓焦循论“性善”源自“后天之学”，与孟子所论“性善”源于人之内心、人生来便具有，二者相较，可以说有本质的不同。唐君毅接着又说：“昔荀子以人之善待于学，故言性恶，董子以人待教而善，故言性非善。而戴东原、焦循，则由人之能学以言性善。同重此一学，而有此三型人性论之异者，亦唯是观点之异耳。”[①]唐君毅又将荀子、董仲舒、戴震、焦循所论之“性”，归结为三种类型。荀子、董子各为一类，戴震、焦循为一类，其论“性”有共通之处，即注重于后天之“学”。笔者认为，且不论唐君毅所分三类人性论之间差异有多少，有一点可以肯定，三者与孟子所论“性善”单在运思理路上就存在本质差别，而不只立场上是性善、性恶的不同。

五、对焦循以《易》释《孟》的检讨

焦循《孟子正义》以《易》释《孟》，对《孟》《易》多有两得之见，这是值得肯定的一面。如他一再重申“通变神化”之境，使孟子心性、仁义之论得以有易学化的色彩，也使得焦循所体认的易学天道观得以有孟学的影子。然而，其中某些注解难免也有牵强附会之处，或非孟子思想之本旨，于前文已有所分析。这是研究者所应当注意的。

那么，焦循以《易》释《孟》，这背后的依据与用意是什么？笔者认为，应源于他对理学的抵触。这与他受戴震的影响有关，他和戴震同处于乾嘉时期反对宋儒理学的潮流中。当时清代学术大势已基本完成由“宋学”向“汉学”的转变。就焦循以易学之“通变”思想来诠释孟子的“性善论”这一问题来说，正体现了他试图寻找一条新途径来探究孟子之心性学说的努力。这也正如李明辉所认为的：“焦循同戴震一样，也赞同孟子的

① 唐君毅：《中国哲学原论·原性篇》，北京：中国社会科学出版社，2005年，第328页。

性善说。但他们都反对像宋儒那样，从超越的层面来理解性善之义。”[①]

焦循曾言：“自理道之说起，人各挟其是非，逞其血气。激浊扬清，本非谬戾，而言不本于性情，则听者厌倦。”[②]这里可体现出焦循对宋明理学持质疑的态度，指出理学的不足，认为自宋以来“理道”之说盛行，人们各以自己的标准来衡量是与非，多有以意气相逞的情况出现。而有人所言若不以“性情”为说，那么就会受到厌弃甚至排斥。焦循通过考察明末历史，甚至认为理学是引起社会不安定的主要因素。焦循试图寻求一条新的路径来诠释《孟子》，这与他对“权”的注释也是相统一的。

笔者认为焦循抵触宋儒理学，试图寻求一条新路径以诠解《孟子》，也体现在焦循主张重训诂、重读书，而忌“空谈心性”。就这一方面而言，我们可以在焦循《孟子正义》中发现他不厌其烦地多次强调要熟习“六经”“重读书”而反对那些“空谈心性”的做法。

《孟子正义》中多处可见焦循批评“高谈心性”，批评不习“六经”、不宗先圣之道，而妄自“自觉自悟”之人及行为。如《离娄上》第十一章，焦循对孟子言“道在迩而求诸远，事在易而求诸难”一句的注解说：“指之以在迩在易，要之以其亲其长。亲其亲，则不致于无父；长其长，则不致于无君。尧舜之道，孝弟而已。……舍此而高谈心性，辨别理欲，所谓求诸远，求诸难也。”[③]从中可见焦循对“高谈心性，辨别理欲”的批评之意。其原因应与焦循所处的清代时期的“汉宋之争”有关系。然而《孟子》多言心性是众所周知的，既然焦循不喜“高谈心性”之言，又何以倾力注解《孟子》？原因之一似可从焦循与戴震之间的关系来考虑，焦循《孟子正义》受戴震《孟子字义疏证》一书的影响甚大。戴震以考据见

① 李明辉：《中国经典诠释传统（二）：儒学篇》，上海：华东师范大学出版社，2008年，第153页。

② 焦循：《雕菰集》卷十六《群经补疏序》。

③ 焦循：《孟子正义》，北京：中华书局，1987年，第508页。

长，然而他一生又以临终时所著《孟子字义疏证》一书最为得意，因为此书长于义理发挥。焦循注《孟子》亦是受此启发与影响。

另外，焦循批评“不习六经”，尤其申明要重读书、重博学，而轻忽臆想，还可体现在许多章节。如焦循说：“虽生知之圣，必读书好古，既由博学而深造之以道，则能通古圣之道，而洞达其本原。”[①]“不博学而徒凭空悟者，非圣贤之学，无论也。……孔孟所以重博学者，即尧舜变通神化之本也。”[②]不一一赘述。焦循重“博学”、重“读书”，不喜空悟心性的风气，并且始终申明“通变”之学。他说：“‘其有不合，仰而思之’，则所以通变神化可知也”；“禹……恶旨酒，好善言，以通其变”；“汤执中，立贤无方，以通其变”；“尧舜以通变神化治天下，为万世法。孟子历述禹汤文王周公以明之，皆法尧舜之变通神化者也”。[③]笔者认为，焦循对“通变神化”之境的重视，不仅仅是他诠释孟子思想时始终秉持的一个理路，而且还正体现他反对空疏及其试图探索在现实操作层面的新路向的努力。

当然，焦循的上述努力，有时与孟子本意并不相符。还以孟子性善论而言，在一定程度上说，焦循的诠释与孟子思想深层的差异，最终也是《易》与《孟子》在人性问题上的根本差异所在。

原载《燕山大学学报（哲学社会科学版）》2014年第1期。

作者简介

魏忠强，1982年出生，山东嘉祥人，历史学博士，燕山大学马克思主义学院副教授，主要从事儒学史、中国思想史研究。

---

① 焦循：《孟子正义》，北京：中华书局，1987年，第560页。
② 焦循：《孟子正义》，北京：中华书局，1987年，第561页。
③ 焦循：《孟子正义》，北京：中华书局，1987年，第571—572页。

“杀”字别义及相关文献记载疏证

王　刚

在古代典籍中，“杀”字的含义主要有两种：一为诛杀、杀戮，二是衰减、等差。①但是如果我们将文献中的“杀”字皆训解为上述两种义项，便会发现与之相关的一些古史问题并不能得到合理的解释，关于这一点，下文将有详细的论述。本文在前人研究基础上认为，在相关文献记载中，“杀”字其实并非诛杀或衰减、差等之意，而应当释为放、放逐。王国维、沈兼士等先生对此问题曾有所提及，②但是尚没有学者对“杀”为什么可以训为“放”做全面、深入的分析，更重要的是没有依据“杀”字之别义来分析和阐释与之相关的古史问题，造成相关古史疑案长期悬而未

---

①《说文解字·杀部》云：“杀，戮也。”这是“杀”字最为常见的一种用法。《广雅·释诂》谓：“杀，减也。”《仪礼·士冠礼》“以官爵人，德之杀也”，郑玄注曰：“杀，犹衰也。”《荀子·大略》“仁之杀也”，杨倞注说：“杀，差等也。”“杀”字的第二重义项在古代典籍中也是比较常见的，不赘言。

② 王国维在《高宗肜日说》一文中详细分析了相关甲骨卜辞和传世文献中有关孝己、祖己的记载，认为卜辞和《尚书》中的祖己即《孔子家语》和《世说新语》等文献中记载的孝己。孝己为商王武丁之子，据《尚书·高宗肜日》记载，孝己在祖庚之时还在世，而《孔子家语·七十二弟子解》等却记载说“武丁杀孝己”。两种记载明显是相互抵牾的，故王国维认为《家语》中“武丁杀孝己”之“杀”字应该释为“放”，是武丁放逐孝己的意思，孝己并未被武丁诛杀。详参王国维：《高宗肜日说》，见《观堂集林》卷1，北京：中华书局，1959年，第27—31页。沈兼士先生通过对与“杀”字有关的一组同源字的考察，也说到“杀”有“放”的意思。参沈兼士：《希、杀、祭古语同原考》，原刊于《辅仁学志》第8卷第2期，后收入《沈兼士学术论文集》，北京：中华书局，1986年，第212—225页。

决，[1]这是比较遗憾的。本文对“杀”字的含义及其演变进行了详细的梳理和论证，并重新审视了与之相关的文献记载。疏误之处，敬请方家教正。

一、释“杀”及相关诸字

“杀”字可释为“放”，王国维先生已言之：“古训‘杀’为放，非必诛死之谓。”[2]但王氏并未对此进行详细的论述。“杀”字之所以可训解为“放”，实与古文“槃”字有十分密切的关系。

《左传》昭公元年和定公四年都有“周公杀管叔而蔡蔡叔”的记载，昭公元年谓：“周公杀管叔而蔡蔡叔，夫岂不爱？王室故也。”定公四年也说：“管、蔡启商，惎间王室，王于是乎杀管叔而蔡蔡叔，以车七乘，徒七十人。”“蔡蔡叔”第一个“蔡”字应当如何理解？杜预注曰：“蔡，放也。”[3]这与其他典籍中的记载相符。[4]故周公对蔡叔的处置方式是“放”，杜预将上一“蔡”字解释为“放”是对的。

“蔡”字为什么能训为“放”？陆德明《经典释文》谓：“上‘蔡’字音素葛反，《说文》作‘槃’，音同。字从杀下米，云‘糠槃，散之也’。”[5]《后汉书·樊宏阴识列传》“周公诛弟”李贤注引《左传》作：

---

① 这突出表现在对《竹书纪年》“益干启位，启杀之”“太甲杀伊尹”“文丁杀季历”三宗古史疑案的认识上，详见下文。

② 王国维：《高宗肜日说》，见《观堂集林》卷1，北京：中华书局，1959年，第29页。

③［晋］杜预注、［唐］孔颖达疏：《春秋左传正义》，上海：上海古籍出版社，1997年，第2022页。

④《史记·管蔡世家》云：“周公旦承成王命伐诛武庚，杀管叔，而放蔡叔，迁之，与车十乘，徒七十人从。”《鲁周公世家》《卫康叔世家》与之同，此处“迁之”当指将蔡叔徙至远方。《逸周书·作洛》篇作：“周公、召公内弭父兄，外抚诸侯……降辟三叔，王子禄父北奔，管叔经而卒，乃囚蔡叔于郭凌。”《古文尚书·蔡仲之命》亦谓：“惟周公位冢宰，正百工。群叔流言，乃致辟管叔于商，囚蔡叔于郭邻，以车七乘。”所谓“囚蔡叔于郭邻”或者就是指将蔡叔放逐、迁徙至某处，并限制其出入，这与放蔡叔实际上并无二致，两种记载的内涵是一致的。

⑤［唐］陆德明：《经典释文》卷18，北京：中华书局，1983年，第272页。

"周公杀管叔而粲蔡叔……杜预注曰'粲，放也。'"[①]徐锴《说文解字系传》亦引《左传》曰："'（周公）杀管叔而粲蔡叔'，言放之若散米，《尚书》曰'囚蔡叔于郭邻'也。"[②]孔颖达《左传正义》定公四年疏引《说文》云：

> 《说文》云："粲，散之也。从米，杀声。"然则"粲"字，杀下米也。"粲"为放散之义，故训为"放"也。隶书改作，已失字（昭公元年《疏》作"本"——作者注）体，"粲"字不复可识，写者全类"蔡"字，至有为一"蔡"字，重点以读之者。今定本作"蔡"，非也。[③]

考之《说文》，"米"部"粲"条云："糅粲，散之也"，段玉裁注曰："凡放散皆曰'粲'"，[④]即认为"粲"有放、散的意思。[⑤]《玉篇》与《说文》同，云："粲，放也，《书》作'寮'。"[⑥]所以《左传》"蔡蔡叔"之上一"蔡"字原本作"粲"，"蔡蔡叔"当为"粲蔡叔"，是"放（逐）蔡叔"的意思。

那么，"粲"字为什么会讹变为"蔡"字呢？段玉裁认为："'粲'本谓'散米'……字伪作'蔡'耳，亦省作'杀'。"[⑦]"粲"字一方面因形音相近而被讹写作"蔡"，一方面亦可省写为"杀"。《说文》载"杀"字之古文有三种形体，即[illegible]、[illegible]、[illegible]，其中第三体与《三体石经》的"[illegible]"（即

---

①《后汉书》卷32《樊宏阴识列传》，北京：中华书局，1965年，第1123页。

②［南唐］徐锴：《说文解字系传》卷13，北京：中华书局，1987年，第145页。

③［晋］杜预注、［唐］孔颖达疏：《春秋左传正义》，第1785页。

④［东汉］许慎撰、［清］段玉裁注：《说文解字注》，北京：中华书局，1981年，第333页。

⑤ 放、散二字的含义大致相同，《礼记·乐记》："马散之华山之阳而弗复乘，牛散之桃林之野而弗复服。"郑玄注："散，犹放也。"《韩诗外传》卷3作"马放华山之阳示不复乘，牛放桃林之野示不复服也"，《史记·周本纪》作"纵马于华山之阳，放牛于桃林之虚"，可见放、散二字可相互替代。

⑥ 按，"寮"或写作"蔡"。张氏泽存堂本即作："糅粲，散也，《书》作'蔡'。"见《大广益会玉篇》卷15《米部》，北京：中华书局，2008年，第75页。

⑦［东汉］许慎撰、［清］段玉裁注：《说文解字注》，北京：中华书局，1981年，第333页。

蔡侯之“蔡”字）字完全相同，[①]王国维认为魏《三体石经》中的“𣏂”可释为“杀”：“《说文》𣏂，古文杀……杀、蔡同音，可相通假。”[②]《蔡大师鼎》《蔡姞簋》《蔡侯鼎》等铜器铭文中又有“𡗜”字，容庚先生依据魏《三体石经》古文定为“蔡”字：“魏三字石经古文作‘𣏂’，故得定为‘蔡’字。”[③]章太炎先生《新出三体石经考》亦云：

> 蔡侯“蔡”作“𣏂”，“蔡人”同，此古文“杀”字。“杀”“蔡”声通相借，如“杀三苗”“蔡蔡叔”，并借为“𥻦”是也。孔冲远说“蔡蔡叔”云：“隶书改作，‘𥻦’字全类‘蔡’字。”此则不然。正以古文重写“𣏂”字，上“𣏂”借为“杀”，下“𣏂”借为“蔡”，隶书遂亦重写“蔡”字而于音义分别之耳。《禹贡》“二百里蔡”，马云：“蔡，法也。受王者刑法而已。”亦即“蔡蔡叔”义。恐古文本亦作“𣏂”，师读蔡也。[④]

章氏并认为：“‘𣏂’为古文‘希’，亦为古文‘杀’。”[⑤]沈兼士先生也认为“《说文》‘杀’，古文或作‘𣒅’，与‘希’之古文‘𣒅’形同”，

---

① 何琳仪、黄德宽：《说蔡》，四川联合大学历史系主编：《徐中舒先生百年诞辰纪念文集》，成都：巴蜀书社，1998年，第187页。裘锡圭先生也如此说，参见裘锡圭：《释“求”》，载《古文字论集》，北京：中华书局，1992年，第59页。

② 王国维：《魏石经考》，转引自唐兰《殷墟文字记》，北京：中华书局，1981年，第40页。

③ 容庚编著，张振林、马国权摹补：《金文编》，北京：中华书局，1985年，第36页。但唐兰先生认为“𡗜”字从大，不应当释为“蔡”，参见唐兰：《殷墟文字记》，北京：中华书局，1981年，第40页。不过，在20世纪50年代寿县和淮南蔡家沟蔡侯墓发掘之后，有了考古材料的直接佐证，此字当释为“蔡”已毋庸置疑了。对此问题，唐先生后来的观点应当也发生了改变，1977年他曾在自用的《殷墟文字记》的《𡗜释》篇上批“此条误”三字，参见唐兰：《殷墟文字记》，北京：中华书局，1981年，第122页。

④ 章太炎：《新出三体石经考》，《章太炎全集》，上海：上海人民出版社，2014年，第629页。

⑤ 转引自沈兼士：《希、杀、祭古语同原考》，《沈兼士学术论文集》，北京：中华书局，1986年，第214页。

并进而断定“帣”“杀”“蔡”三字于古同文，即三字古文皆作“朮”。[①]唐兰《古文字学导论》亦谓：“甲骨文习见‘朮’字，即‘帣’。‘帣’可假借作‘杀’，也可假借作‘蔡’。”[②]郭沫若、徐中舒亦持此观点。[③]故知“杀”与“蔡”古音相近，二字音通相借，古本通用。若此，则《左传》“蔡蔡叔”之第一个“蔡”字之所以可以训为“放”就很显然了，“杀”与“蔡”古文相近可通，而“杀”可以作为“粲”字的省体，“粲”是“放”“散”的意思，故“蔡”可释为“放”。

“散”亦可训为“杀”。扬雄《方言》卷1云：“虔、刘、惨、琳，杀也。”[④]“琳（㪔）”字，《说文》云：“散，分离也”，于省吾先生认为“㪔”即“散”之本字。[⑤]但裘锡圭先生认为，㪔、散同音，上古为一声；而“㪔”和“杀”则是音义皆近的同源词，训“杀”的“散”是假借为“㪔”的。[⑥]是知“杀”“散”可以互训，如东周兵器铭文中的“散戈”，何琳仪、徐在国认为即是“杀戈”。[⑦]

也有观点认为，“蔡蔡叔”的第一个“蔡”字虽可释为“杀”，但并不一定是“粲”字的省写，如清人惠栋认为：

> 《禹贡》曰“二百里蔡”，郑康成注云：“‘蔡’之言‘杀’（原注：郑注《尚书大传》云：‘蔡，衰也，衰犹杀也’），减杀其赋。”

---

① 沈兼士：《帣、杀、祭古语同原考》，《沈兼士学术论文集》，北京：中华书局，1986年，第212页。

② 唐兰：《古文字学导论》，济南：齐鲁书社，1981年，第169页。

③ 郭沫若：《两周金文辞大系图录考释》，北京：科学出版社，1957年，第177页；徐中舒：《甲骨文字典》，成都：四川辞书出版社，2006年，第55、329、1055页。

④［清］钱绎：《方言笺疏》，上海：上海古籍出版社，1984年，第72页。

⑤ 于省吾：《殷代的交通工具和驿传制度》，载《东北人民大学人文科学学报》1955年第2期。

⑥ 裘锡圭：《甲骨文中所见的商代农业》，见《裘锡圭学术文集·甲骨文卷》，上海：复旦大学出版社，2012年，第251页。

⑦ 何琳仪：《战国文字通论》，南京：江苏教育出版社，2003年，第91页；徐在国：《东周兵器铭文中几个词语的训释》，载《古汉语研究》2005年第1期。

减杀之犹末减也，叔非首谋，虑从末减之科，故不杀而囚之。如此则不必改字而义亦得矣。[①]

郑玄认为《禹贡》“二百里蔡”之“蔡”字可以借为“杀”，“杀”字有衰、减之意，这在古书中比较常见。惠氏以此认为“蔡蔡叔”即对蔡叔从轻处罚的意思，这固然不失为一种说法，但是比较起来，不如释为“放蔡叔”更为合理。郑玄所谓“蔡，衰也，衰犹杀也”，这应当理解为“杀”字的另一重义项，后世学者对此也曾有过论证。唐兰先生曾将铜器铭文中的“”（蔡）字释为“”，后来又认为其与甲骨文“”有关，并将后者释为“衰”。[②]《蔡公子果戈》中的“蔡”写作“”，智龛（郭若愚）先生认为：“三戈的‘蔡’字均作‘’，这是‘蔡’字的正体；传世蔡器铭文大都作‘’，魏三体石经古文‘蔡’作‘’，这是‘蔡’字的简体。其简化的痕迹是：——。”[③]何琳仪、黄德宽赞成唐、智之说，认为“”与“衰”不仅字形可以相通，而且音义也有着十分密切的关系，“（）是‘衰’的简化字，在两周文字数据中，多借读为蔡，或借读为杀。”[④]故“蔡”与“杀”二字皆可释为衰、小之意，如《周礼·考工记》“轮人”职云：“叁分其辐之长而杀其一。”郑玄注曰：“杀，衰小之也。”因此，“杀”字应当有三重义项：诛杀、放（散）、衰（减）。诛杀当为其本义，后两项为其别义。“杀”释为“放”是作为“槃”字的省体，而释为“衰”或是因为其与“蔡”“衰”字形相近之故。故“杀”字的两个别义须加以区别，不应混淆。

上引《说文》所载的“杀”字古文的第二种形体，则使“杀”字

① [清] 惠栋：《春秋左传补注》，见《清经解·清经解续编》，上海：上海书店出版社，2013年，第731页。

② 唐兰：《殷墟文字记》，北京：中华书局，1981年，第122页。

③ 智龛：《蔡公子果戈》，载《文物》1964年第7期。

④ 何琳仪、黄德宽：《说蔡》，见四川联合大学历史系主编：《徐中舒先生百年诞辰纪念文集》，成都：巴蜀书社，1998年，第187页。

讹变为“傲”。《墨子·尚贤中》有“（桀、纣、幽、厉）率天下之民以诟天侮鬼，贼傲万民”一句，王念孙认为“傲”当作“杀”，因为：“《说文》敖字本作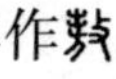，杀字古文作‘’，二形相似，‘’误为‘敖’，又误为‘傲’耳。《墨子》多古字，后人不识，故传写多误。此说桀纣幽厉之暴虐，故曰诟天侮鬼贼杀万民，非谓其贱傲万民也……《鲁问》篇‘贼敖百姓’，《太平御览》‘兵部’七十七引‘贼敖’作‘贼杀’，是其明证也。”下文又说《墨子·明鬼》篇之“殃傲”亦当为“殃杀”。[①]孙诒让赞同王说。[②]“敖”字在典籍中常常假借为“傲”，“（敖）经传假借为倨傲字”，[③]故“杀”字亦可讹为“敖”“傲”二字。“杀”与“敖”既可相通，而“敖”字在《说文》“放”部，其字从“从出、放”，《说文》云：“敖，出游也”，那么“敖”字本来或亦有“放”意。“杀”字古文与“敖”（）字字形绝相类似，难免豕虎传讹，那么我们是否又可推测“杀”之所以有“放”的意思还可能是假借为“敖”的缘故，或者“杀”字与“放”字本来即因形近而相假借。这种推测或许并不是没有道理的，古代典籍中的“杀”与“放”常常是相提并论的。实际上，放逐作为一种惩罚手段有着深刻的历史根源。氏族社会时期，人们聚族而居，个体对族群有着很强的依赖性，彼时最大最重的刑罚就是流放，即驱逐出本血缘团体氏族、部落之外，使其在异族生活。[④]若将氏族成员赶出本族，他是很难继续生存下去的，许多时候放逐便意味着死亡。

因此，不论是从文字上讲还是从事实上讲，“杀”与“放”都有着密切的关联，这在典籍中也不乏相关事例。如《左传·僖公二十六年》载：

① [清] 王念孙：《读书杂志》“墨子”第1“贱、贱傲、殃傲”条，南京：江苏古籍出版社，2000年，第566—567页。

② [清] 孙诒让：《墨子间诂》，北京：中华书局，2009年，第60—61页。

③ [东汉] 许慎撰、[清] 段玉裁注：《说文解字注》，北京：中华书局，1981年，第160页。

④ 金景芳、吕绍纲：《尚书·虞夏书新解》，沈阳：辽宁古籍出版社，1996年，第132页。

"夔子不祀祝融与鬻熊，楚人让之，对曰：'我先王熊挚有疾，鬼神弗赦而自窜于夔。吾是以失楚，又何祀焉？'"杜注云："熊挚，楚嫡子，有疾不得嗣位，故别封为夔子。"孔疏亦引《国语》孔晁注曰："熊绎玄孙曰熊挚，有疾，楚人废之，立其弟熊延。熊挚自弃于夔，子孙有功，王命为夔子。"而《史记・楚世家》却记载："熊渠卒，子熊挚红立。挚红卒，其弟弑而代立，曰熊延。"张守节《正义》引宋均注《乐纬》云："熊渠嫡嗣曰熊挚，有恶疾，不得为后，别居于夔，为楚附庸，后王命曰夔子也。"[①]《左传》所谓"自窜于夔"而失楚者当为熊挚之子，《史记》所载熊延所弑者亦当是熊挚之子，两者当为同一人，这一点已有学者根据清华简《楚居》的相关记载进行了论述。[②]那么，《左传》所载熊挚之子"自窜于夔"与《史记》所载熊延"弑而代立"就出现了矛盾。徐少华先生指出这是因为我们对"弑"字的误解导致的，并引《国语・楚语下》："下虐上为弑，上虐下为讨"为证，认为"弑"并不一定是杀的意思，"解为篡夺、残害可能更合适一些"。[③]徐先生所言很有道理。实际上，"弑""杀"二字在典籍中常相互替代，《汉书・高帝纪上》"项羽为无道，放杀其主"，颜师古注："杀读曰弑。诸弑君者，其例皆同。"[④]《尔雅・释诂上》郝懿行义疏亦云："（杀）通作弑。"[⑤]朱骏声也认为，"杀、弑双声"，"杀"字可假借为"弑"。[⑥]段玉裁总结说："经传'弑''杀'二字转写既多伪乱，音家又或拘泥，中无定见，多有'杀'读'弑'者。按，述其实则曰杀君，正其

---

①《史记》卷40，北京：中华书局，2013年。

② 李守奎：《根据〈楚居〉解读史书中熊渠至熊延世序之混乱》，载《中国史研究》2011年第1期。

③ 徐少华：《夔国历史地理与文化遗存析论》，载《中国史研究》2012年第2期。

④《汉书》卷1，北京：中华书局，1962年。

⑤［清］郝懿行：《尔雅义疏》，见《汉小学四种》（下），成都：巴蜀书社，2001年，第911页。

⑥［清］朱骏声：《说文通训定声》，北京：中华书局，1984年，第697页。

名则曰弑君。”[①]《史记》所谓“弑而代立”或可作“杀而代立”，实际上是指熊延将熊挚之子放逐的意思，这就与《左传》“自窜于夔”的记载相契合了。

“毇”字在文献中又伪作“粲”。《汉书·宣帝纪》载元康三年三月诏曰：

盖闻象有罪，舜封之。骨肉之亲粲而不殊。其封故昌邑王贺为海昏侯。

同书《武五子传》亦载此诏文，而作：

盖闻象有罪，舜封之，骨肉之亲，析而不殊。其封故昌邑王贺为海昏侯，食邑四千户。

颜师古注谓：“粲，明也；殊，绝也。当明于仁恩不离绝也。”[②]此说颇谬。顾炎武《日知录》卷26引荀悦《汉纪》曰：“盖闻象有罪，而舜封之有庳，骨肉之亲，放而不诛。其封故昌邑王贺为海昏侯。”顾氏原注谓：“按《汉书》‘粲而不殊’，当作‘毇而不诛’。”[③]此说甚当。“析”有“分散”之意，与“毇”的“放、散”之意近同。宋吴仁杰《两汉书刊误补遗》谓：“‘粲’与‘蔡’皆当作‘毇’，‘毇’于《说文》训‘散’，而《武五子传》亦载诏文作‘析而不殊’，“散”与“析”同义，则‘粲’为‘毇’，审矣。颜依字释之疑非。”[④]其驳颜氏之说甚力。清惠栋《春秋左传补注》亦云：“嵇康《琴赋》云‘新衣翠粲’，李善云《子虚赋》‘翕呻翠粲’，张揖曰‘翠粲，衣声也’。案《子虚赋》又作‘翠蔡’，愚谓《汉书》《文选》‘粲’字皆‘毇’字之误，‘毇’本与‘蔡’通，故又作

①［东汉］许慎撰、［清］段玉裁注：《说文解字注》，北京：中华书局，1981年，第120页。

②《汉书》卷8，北京：中华书局，1962年。另《武五子传》“析而不殊”句颜注曰：“析，分也。殊，绝也”，见《汉书》卷63，第257页。

③［清］顾炎武著、［清］黄汝成集释：《日知录集释》卷26“荀悦汉纪”条，上海：上海古籍出版社，2006年。

④［宋］吴仁杰：《两汉刊误补遗》卷2“粲”条，文渊阁四库全书本，第34页。

‘蔡’。”[①]王念孙也认为：“散、槃、蔡、粲语之转，皆谓分散也。”[②]其他诸家之说大致与此相同。且上引《汉书·武五子传》诏书后又载侍中卫尉金安上之言曰：“贺天之所弃，陛下至仁，复封为列候。贺嚚顽放废之人，不宜得奉宗庙朝聘之礼。”表明刘贺之为海昏侯实与“放废”无异。因此，上引“粲”字当为“槃”字之讹变，实为放废、放逐之意。《汉书》所载诏文的意思实际上是说：骨肉之亲即使身犯重罪也只当放逐之而不当诛杀之。

综上所述，“杀”字别义有二：一为“放”“散”，一为“衰”“减”，本文所关注的主要是前者。“杀”之所以可释为“放”当是作为古文“槃”字的省体。后隶书改作，“槃”字不存，这就使得人们常常将作为“槃”字省体的“杀”理解为“诛杀”的意思，造成了对相关文献记载的误读。

二、相关文献记载疏证

基于上述分析，文献中与“杀”字相关的记载就大多可以得到较为合理的解释。

（一）《孟子》“杀三苗于三危”

《孟子·万章上》和《大戴礼记·五帝德》中有舜（《五帝德》作尧）“杀三苗于三危”的记载，《史记·五帝本纪》作“迁三苗于三危”，《庄子·在宥》作“投三苗于三危”，《尚书·舜典》作“窜三苗于三

① [清]惠栋：《春秋左传补注》卷4，见《清经解·清经解续编》，上海：上海书店出版社，2013年，第731页。

② [清]王念孙：《读书杂志》“汉书”第1“粲而不殊”条。

危”，《说文》又引《尚书》“窜三苗”作“𥜽三苗”。[①]“迁”可为“放逐”之意，其义如《史记·屈原列传》“顷襄王怒而迁之”的“迁”字。“投”与“迁”字义相近，《礼记·乐记》“投殷之后于宋”，郑玄注曰：“投，举徙之辞也。”“投三苗”陆德明《释文》云：“崔本‘投’作‘杀’，尚书作‘窜三苗’者。”[②]“窜”与“𥜽”相通，《说文》训“𥜽”为“塞”，与《广雅》“𥜽，塞也”同，是“杜塞之使不得通中国”之意，即将三苗隔绝在中国之外。[③]“窜”《说文》释为“匿，如鼠在穴中”，段注谓：“《尧典》‘窜三苗于三危’，与言流、言放、言极一例，谓放之令自匿，故孟子作‘杀三苗于三危’，即《左传》‘𥻦蔡叔’之‘𥻦’。‘𥻦’为正字，窜、杀为同音假借。”[④]段玉裁《古文尚书撰异》又云：“《孟子·万章》篇‘窜’作‘杀’，‘杀’非杀戮，即‘窜’之假借字。”[⑤]段氏认为《孟子》“杀三苗”之“杀”字与《尚书》“窜三苗”之“窜”字为“𥻦”字之假借。《释名·释丧制》即径以“窜”释“杀”：“罪人曰杀，杀，窜也，埋窜之使不复见也。”[⑥]可见二字相通。孙星衍也认为“杀”当为“𥻦”字之省，[⑦]王念孙、王引之亦如是说。[⑧]两相比较，孙氏、二王之说与段氏的说法虽略有差异，但都认为“杀”是“放”的意思，“经典窜、蔡、杀、𥻦四字同音通用，皆谓放流之也”[⑨]。

---

①［东汉］许慎：《说文解字》，北京：中华书局，1963年，第151页。

②［唐］陆德明：《经典释文》卷27《庄子音义中》，北京：中华书局，1983年。

③蒋善国：《尚书综述》，上海：上海古籍出版社，1988年，第57页。

④［东汉］许慎撰、［清］段玉裁注：《说文解字注》，北京：中华书局，1963年，第346页。

⑤［清］段玉裁：《古文尚书撰异》卷1下，见《清经解·清经解续编》，上海：上海书店出版社，2013年，第18页。

⑥［东汉］刘熙：《释名》卷8《释丧制》，北京：中华书局，2016年。

⑦［清］孙星衍：《尚书今古文注疏》，北京：中华书局，1986年，第57页。

⑧［清］王引之：《经义述闻》卷12“杀三苗”条，见《清人注疏十三经（附经义述闻）》（五），北京：中华书局，1998年，第180页。

⑨［清］段玉裁：《古文尚书撰异》卷1下。

（二）《孔子家语》“武丁杀孝已”

武丁是商代功绩非常显赫的一位商王，庙号高宗。在文献记载中，孝己是武丁之子，[①]祖己见于《尚书·高宗肜日》。祖己和孝己是不是一个人？武丁和祖己是什么关系？历来聚讼纷纭。但祖己即是孝己，武丁乃祖己之父，现在已经得到了多数学者的认同，王国维先生对此有过精到的论证，王氏并认为《高宗肜日》中的祖己就是武丁之子孝己。[②]但是，在一些文献中却频繁看到孝已的“死讯”，如《孔子家语·七十二弟子解》载：

（曾参）告其子曰：“高宗以后妻杀孝己，尹吉甫以后妻放伯奇。吾上不及高宗，中不比吉甫，庸知其得免于非乎？”

而《世说新语·言语》却记载：

陈元方曰：“昔高宗放孝子孝己，尹吉甫放孝子伯奇，董仲舒放孝子符起。唯此三君，高明之君；唯此三子，忠臣孝子。”

刘孝标注引《帝王世纪》云：

高宗有贤子孝己，其母蚤死，高宗惑后妻之言，放之而死，天下哀之。[③]

---

①《世说新语·言语》篇云：“高宗放孝子孝己”；《太平御览》卷83引《帝王世系》云：“高宗有贤子孝己”，《文选·长笛赋》李善注同；《荀子·性恶》篇杨倞注云：“孝己，殷高宗之太子”；《吕氏春秋·必己》篇高诱注云：“孝己，殷高宗之子”。

② 祖己只能是孝己，王国维认为：“卜辞中，除先公先王外，虽伊尹、咸戊亦无王宾之称，则祖己当是殷之先祖。而殷先王中沃甲亦称祖甲，般庚亦称祖庚，小乙亦称祖乙，武丁亦称祖丁。殷先王以‘己’名者，以雍己、沃甲、般庚等例之，亦可称祖己……考殷诸帝中，凡丁之子，无名‘己’与‘庚’者，惟武丁之子有孝己、有祖庚。则此辞乃祖甲所卜，父丁谓武丁，兄己、兄庚谓孝己、祖庚也。兄庚后称祖庚，则兄己必亦后称祖己。殷人祀其先祖，无论父子兄弟与已立未立，名礼皆同，是孝己得称祖己无疑。”参见王国维：《高宗肜日说》，《观堂集林》卷1。

③［南朝宋］刘义庆著、［南朝梁］刘孝标注，余嘉锡笺疏：《世说新语笺疏》，北京：中华书局，1983年，第71页。

以上三则材料，一说“杀孝己”，一说“放孝己”，一说“放之而死”，三种说法，究竟谁是谁非？

实际上孝己并没有死，直到其弟祖庚的时候还活着，那么“放之而死”的说法就不足为训了。武丁确实很可能如史书记载的那样，由于后妻的撺掇而“放孝己”。曹定云先生考证，孝己之母当为“妣辛”，即妇好。[①]但是甲骨卜辞显示武丁有三位妻子受到周祭的享祭，除妣辛外还有妣戊、妣癸。曹定云先生通过对周祭卜辞和考古资料的分析认为，在武丁的三个法定配偶中，妇好最先去世，是武丁的第一位妻子，妇好去世之时，约当武丁在位的中后期。[②]高宗子嗣众多，王位的争夺必然激烈，孝己之母妇好死后，作为太子的孝己很有可能失宠，故文献记载的“武丁放孝己”是可以信据的。但是为什么又出现了武丁“杀孝己”和“放之而死”的记载呢？这就牵涉到对“杀”字的理解了。王国维认为：“古训杀为放，非必诛死之谓。”其分析是合理的，《家语》“杀孝己”应当是“放孝己”的意思。

（三）《庄子》“尧杀长子”

《庄子·盗跖》篇云：“尧杀长子。”尧之长子为丹朱，这在文献中有明确的记载。《尚书大传》载：“尧为天子，丹朱为太子。”《史记·五帝本纪》云：“尧曰：‘谁可顺此事？’放齐曰：‘嗣子丹朱开明。’”张守节《正义》引郑玄语曰：“帝尧胤嗣之子，名曰丹朱。”[③]《汉书·董仲舒传》亦载：“尧崩，天下不归尧子丹朱而归舜。”因此，《庄子》所言“长子”即

---

① 曹定云：《“妇好”、“孝己”关系考证——从妇好墓“司母辛”铭文谈起》，载《中原文物》1993年第3期。另郑振香、陈志达亦曾推测“司母辛”即为妇好，参见中国社会科学院考古研究所编著：《殷墟妇好墓》，北京：文物出版社，1980年，第228页。

② 曹定云：《“妇好”、“孝己”关系考证——从妇好墓“司母辛”铭文谈起》，载《中原文物》1993年第3期。

③《史记》卷1，北京：中华书局，2013年。

是丹朱。

但是除《庄子》一书之外，文献中再无关于“尧杀长子”的记载，而多记载“尧放丹朱”。如《韩诗外传》卷8载：“父贤不过尧，而丹朱放。”《竹书纪年》亦载：“后稷放帝丹朱于丹水。”《汉书·律历志》云：“（尧）使子丹朱处于丹渊为诸侯。”于此可知尧并未杀其子丹朱，而是将其放逐于丹水之滨。

既然丹朱并没有被杀，那么《庄子》所言之“尧杀长子”又该怎样理解呢？依本文所述，“杀”并不是诛杀的意思，而当是放逐之意。

（四）《韩非子》“舜杀弟”

《韩非子·忠孝》篇记载：

> 瞽瞍为舜父而舜放之，象为舜弟而杀之。放父杀弟，不可谓仁。

依《韩非子》之记载，舜有“放父杀弟”之举。但是文献中多有舜之弟象时欲杀舜的记载，却绝然没有舜杀其弟象的蛛丝马迹。王先慎云：“依上文‘杀’上当有舜字。”[①]故《韩非子》所载确然为“象为舜弟而舜杀之”。若舜果真有“杀弟”之举，则与千百年来帝舜的孝悌形象南辕北辙。虽然《韩非子》一书是法家典籍，但是于基本史实上应该不会出现如此明显的错误，所以单从文本上来讲舜“杀弟”是没有问题的。

舜真的有“杀弟”之举吗？这实际上是后人对《韩非子》文本的误读。文献中关于舜有“杀弟”一事的记载只此一处，其他文献的记载一般是说“封弟”或“放弟”“流弟”。如《史记·五帝本纪》载：

> 舜之践帝位，载天子旗，往朝父瞽叟，夔夔唯谨，如子道。封弟象为诸侯。

---

① [清] 王先慎：《韩非子集解》，北京：中华书局，1998年，第467页。

张守节《正义》曰：

《帝王纪》云："舜弟象封于有鼻。"《括地志》云："鼻亭神在营道县北六十里。故老传云，舜葬九疑，象来至此，后人立祠，名为鼻亭神。《舆地志》云：'零陵郡应阳县东有山，山有象庙。'王隐《晋书》云：'本泉陵县，北部东五里有鼻墟，象所封也。'"①

《庄子·盗跖》篇载"舜流母弟"，《汉书·武五子传》亦载"盖闻象有罪，舜封之"，同篇又载"舜封象于有鼻"。上引几处文献均记载舜非但没有杀象，反而将其封于有鼻之地为君。关于此事，《孟子·万章上》所载最为详细：

万章问曰："象日以杀舜为事。立为天子则放之，何也？"孟子曰："封之也；或曰，放焉。"万章曰："舜流共工于幽州，放驩兜于崇山，杀三苗于三危，殛鲧于羽山，四罪而天下咸服，诛不仁也。象至不仁，封之有庳。有庳之人奚罪焉？仁人固如是乎？在他人则诛之，在弟则封之？"曰："仁人之于弟也，不藏怒焉，不宿怨焉，亲爱之而已矣。亲之，欲其贵也；爱之，欲其富也。封之有庳，富贵之也。身为天子，弟为匹夫，可谓亲爱之乎？""敢问或曰放者，何谓也？"曰："象不得有为于其国，天子使吏治其国而纳其贡税焉，故谓之放。岂得暴彼民哉？虽然，欲常常而见之，故源源而来，'不及贡，以政接于有庳。'此之谓也。"

按照孟子的说法，象不仅没有被诛杀，甚至连"放"都算不上，舜是将其封到了庳地为君。《孟子》所言虽然难免夸张，但与其他典籍记载相一致，舜没有杀弟是可以肯定的。所以，如若《韩非子》书中所载没有舛误的话，舜"杀弟"之"杀"绝然不会是杀死的意思，而当是"放""放逐"之意，《韩非子》此段记载的本意当是舜"放弟"而非"杀弟"。陈奇

①《史记》卷1，北京：中华书局，2013年。

猷先生《韩非子新校注》中说："舜放父杀弟未闻，但《史记·五帝本纪》舜父瞽叟与弟象屡欲杀舜，故舜放之杀之，亦甚可能。"[①]这种推断是有失谨严的。

（五）《史记》等周公"杀武庚"

相关典籍如《史记》等多记有周公"杀武庚"之事，如：

> 周公乃奉成王命，兴师东伐，作大诰。遂诛管叔，杀武庚。（《史记·鲁周公世家》）

> 周公旦以成王命兴师伐殷，杀武庚禄父、管叔，放蔡叔。（《史记·卫康叔世家》）

然而，关于此事《逸周书·作洛》篇却有不同的记载："王子禄父北奔"，认为武庚并没有被杀，而是兵败北逃。《作洛》篇是《逸周书》中可信性较高的几篇之一，其记载值得重视。《逸周书》所载与《尚书》《史记》何以有此差别，较为合理的解释是武庚并未被诛杀，而是逃往北方，亦即商人的老巢。"上古以来，无杀君之事。汤之于桀也，放之而已。使纣不自焚，武王未必不以汤之所以待桀者待纣。纣而自焚也，此武王之不幸也。"[②]因此，武庚作为商王朝的继承者，不太可能被周公所诛杀。所以《尚书》和《史记》中记载的"杀武庚"之"杀"就不能解释为"诛杀"，而应该理解为"放""放逐"，武庚身败逃亡，与被放逐无异。这种情况类似于相关典籍对"汤放桀"一事的记载，《礼记》《孟子》等书多记载为"汤放桀"，而《国语·鲁语》的记载则是"桀奔南巢"。放与奔实际上是对这一史事的不同记法，只是叙述的主体不同罢了。杨朝明先生也有类似的观点，他认为，对于周人来说，武庚被诛杀与其北奔意义相近，所

---

① 陈奇猷：《韩非子新校注》，上海：上海古籍出版社，2000年，第1156页。

② ［清］顾炎武著、黄汝成集释：《日知录集释》卷2"武王伐纣"条。

以武庚虽然实际可能是北奔，而文献却多记他是被诛杀。[①]这与本文所论不谋而合。

（六）《春秋》等“郑伯克段于鄢”

《春秋·隐公元年》载：“夏，五月，郑伯克段于鄢。”“克段”《公羊传》和《谷梁传》皆释为“杀段”之意。《公羊传》云：“克之者何？杀之也。杀之则曷为谓之克？大郑伯之恶也。”可以看到《公羊》直接将“克”解释为“杀”。《谷梁传》则云：“克者何？能也。何能也？能杀也。”《谷梁传》虽训“克”为“能”，但也认为郑伯杀段叔。可是我们知道段叔并没有死，《左传·隐公元年》载：“公伐诸鄢，五月辛丑，大叔出奔共。”《史记》与《左传》记载相同，《郑世家》云：“鄢溃，段出奔共。”且《左传·隐公十一年》尚记载郑庄公之言曰：“寡人有弟，不能和协，而使糊其口于四方。”故共叔段实际上是出奔到共地而并未被杀。结合《左传》传文，“克”当以训“胜”为上，《玉篇》即云：“克，能也，获也，胜也。”[②]

既然共叔段未死，《公羊》《谷梁》为何说郑伯杀共叔段呢？细考《公羊》《谷梁》二传关于本条史料之诠释，其说皆有所本。《公羊传》训“克”为“杀”与《尔雅·释诂》同，《释诂》云：“杀，克也。”《谷梁传》训“克”为“能”与《尔雅·释言》同，《释言》云：“克，能也。”虽然《公羊》《谷梁》两传所载此事与他书不合，我们仍不能轻易否定之。其训“克”为“杀”或许并非没有道理。除《尔雅》之外，《竹书纪年》之记载更可为证，唐陆淳《春秋啖赵集传纂例》卷1云：

---

① 杨朝明：《周公东征史实诠说》，载《史学月刊》2000年第6期。

② [南朝梁] 顾野王：《大广益会玉篇》卷29“克”部，北京：中华书局，1987年。

《竹书》自是晋史，其中有“郑庄公杀公子圣”（原注：《春秋》作“段”）。①

其中“圣”与“段”形近而讹。唐代《竹书纪年》尚未亡佚，故陆氏当可得览《纪年》原文，《纪年》所载之“郑庄公杀公子段”应是比较可靠的。《晋书·束皙传》云：“盖魏国之史书，大略与《春秋》皆多相应。”，所以《公羊》《谷梁》将“郑伯克段于鄢”之“克”训为“杀”自在情理之中，两传的解释某种程度上并无错讹。《公羊》《谷梁》之传承皆可溯源于先秦之时，彼时去古未远，两传经师于春秋时事之阐释自不会出现明显舛误。而后世经师承继师说，故仍训“克”为“杀”，但却深文周纳，曲为解说。后世注家，包括杜预、孔颖达等人，都明显受到《公羊》《谷梁》二传的影响。如《左传》杜预注云：“段时出奔，而以‘克’为文，明郑伯志在于杀，难言其奔。”孔疏亦云：“志在于杀，故不言奔。”实际上，这些注解是难以讲得通的。

既然《公羊传》《谷梁传》和《竹书纪年》都对“郑伯杀段”言之凿凿，而据《左传》和《史记》共叔段实际上并没有被诛杀，那么其原因何在？近人杨伯峻先生在其《春秋左传注》中虽然指出了这两种截然不同的记载，但并未阐明个中缘由。②实际上，依本文观点，此处之“杀”字当并非诛杀之意，应是“放”“放逐”的意思。段叔战败奔逃，“糊其口于四方”，于郑庄公言则为放之、逐之，于叔段言则为出亡、出奔。因此，《公羊传》《谷梁传》《竹书纪年》之“杀”都可作“放”讲，这样相关典籍的记载便可以互相贯通。

① ［唐］陆淳：《春秋啖赵集传纂例》卷1“赵氏损益义”，丛书集成初编本。

② 杨伯峻：《春秋左传注》，北京：中华书局，1990年，第14页。

（七）清华简《傅说之命上》“乃杀一豕”

《清华简三·傅说之命》上篇载：“佚仲时生子，生二戊豕。佚仲卜曰：‘我其杀之？我其已，勿杀。’勿杀是吉。”后来佚仲违卜，“乃杀一豕”。但是后文又出现了关于二豕的记载，“一豕乃还保以噬……一豕随仲之自行”，可见前文之“一豕”实际并未被杀。李锐认为：“此处‘杀’当是‘［桼殳］’之省文，古书‘［桼殳］’常省为‘杀’，乃放、流放之义，是说佚仲放了一豕。”[①]这一观点是正确的。

三、《竹书纪年》三案疏解

上文考察了“杀”字的含义并对与之相关的文献记载做了一定的考证。除此之外，可能还有一些问题亦可以此为切入点做相关的探究，其中最为重要的无疑是《竹书纪年》中的“益干启位，启杀之”“太甲杀伊尹”“文丁杀季历”三宗古史疑案。这三条记载均仅见于《竹书纪年》，而于其他文献中缺乏坚实的佐证。故此自《纪年》出土以来，对其质疑、问难者代不乏人。就目前来讲，较为通行的观点也是把传统文献与《纪年》所载两说并存，不下论断。若以本文观点来重新检视《纪年》三案，虽未必能使其涣然冰释，但应当可以给我们提供解决这些问题的一个新的方向。

（一）益干启位，启杀之

《晋书·束晳传》引《竹书纪年》云：“益干启位，启杀之。”启与益之间的矛盾虽在《韩非子》《战国策》及上博简《容成氏》中有些许蛛

① 李锐：《读清华简3札记（二）》，参见李锐：《清华简〈傅说之命〉研究》，载《深圳大学学报》2013年第6期。

丝马迹，但也只是说“启攻益”，并没有启杀益的记载。[①]《史记·夏本纪》对此事的记载是“益让帝禹之子启，而辟居箕山之阳”，《孟子·万章上》作“益避禹之子于箕山之阴”。而颇受争议的《今本纪年》则云：“（帝启）二年，费侯伯益出就国……六年，伯益薨，祠之。”[②]关于箕山之地望，学者多认为在禹都阳城之南，这种说法可能未必可靠。依当时之形势而论，益避启所居的箕山之阳（阴），更可能是位于伯益族居地内进可攻而退能守的战略要地，[③]而阳城周围地区是夏族统治的核心区域，因此，“益避启于阳城之箕山”颇有些不合情理。

实际上，箕山并非只此一处，历史上名箕山者不下十余处，山东境内就有多处，其可考者如益都（今青州）箕山[④]、甄城箕山[⑤]、费县箕山[⑥]、

①《韩非子·外储说》：“古者禹死，将传天下于益，启之人因相与攻益而立启。”下文又云：“禹爱益而任天下于益，已而以启人为吏。及老，而以启为不足任天下，故传天下于益，而势重尽在启也。已而启与友党攻益而夺之天下，是禹名传天下于益，而实令启自取之也。”《战国策·燕策一》也载：“禹授益，而以启为吏。及老，而以启为不足任天下，传之益也。启与支党攻益而夺之天下。是禹名传天下于益，其实令启自取之。”上博简《容成氏》也有类似记载：“禹有子五人，不以其子为后，见皋陶之贤也，而欲以为后。皋陶乃五让以天下之贤者，遂称疾不出而死。禹于是乎让益，启于是乎攻益自取。”

② 王国维：《今本竹书纪年疏证》，沈阳：辽宁教育出版社，1997年，第49页。

③ 李江浙：《秦人起源于范县说》，载《民族研究》1988年第4期。

④《水经注》卷26云：“巨洋水又东北合康浪水，水发县西南峡山，无事树木，而圆峭孤峙，巑岏分立。左思《齐都赋》曰‘峡岭镇其左’是也。”此山又称箕山，《太平寰宇纪》卷18载：“益都县……箕山，左思《齐都赋》云：‘箕岭镇其左。’《水经》云：‘箕山无树木而圆峭。’又《郡国志》云：‘纪侯冢在箕山之阴。’”此“箕岭”就是指益都箕山。

⑤《后汉书》卷18《吴盖陈臧列传》载：“明年（建武四年），又率陈俊及前将军王梁，击破五校贼于临平，追至东郡箕山，大破之。”东郡郡治在今河南濮阳，辖域包括今山东甄城。乾隆《濮州志》卷1《山川考》载：“箕山在州治东五十里，相传许由所居。”今甄城有箕山遗址。

⑥ 乾隆《沂州府志》卷2《山川》记载：“旗山，（费）县东南五十里，东洳水发源处。”康熙《沂州志》卷1《山川》载：“东洳河，在州西南九十里，源出费县箕山，径州过卞庄入芙蓉湖。”旗山即箕山。

莒县箕山[①]等。益为东夷之人，其在《史记·秦本纪》又被称为柏翳、大费，[②]费地或当为益之领地，[③]箕山之名与伯益族称有比较密切的关联，[④]益所居之箕山更应当是上述四处中之一处，这样才合于当时的情势。所以，费和箕山之阳（阴）应大致属于一个地方，“费侯伯益出就国”与“（益）辟居箕山之阳（阴）”两则记载实际是一回事。启只是将益放归东夷，由于益回到了原来的部族领地，形式上就如同被放逐一样。因此，《纪年》“启杀益”可以是启放益的意思，“杀”释作放逐之意更为合理。

（二）太甲杀伊尹

伊尹是殷商史上十分重要的人物，他辅佐成汤灭夏，后又辅佐其孙太甲。据《史记》等典籍记载，太甲三年，因其“不明，暴虐”，“伊尹放之

① 《水经》云：“潍水出琅邪箕县潍山。”《水经注》卷26曰：“潍水导源潍山，许慎、吕忱云‘潍水出箕屋山’。《淮南子》曰‘潍水出覆舟山’，盖广异名也。”又载：“东北径箕县故城西，又西，析泉水注之。水出析泉县北松山，东南流，径析泉县东，又东南，径仲固山东北，流入于潍。《地理志》曰：‘至箕县北入潍者也。”《尚书·禹贡》孔疏亦云：“《地理志》云‘潍水出琅琊箕屋山’。”王献唐先生认为箕屋山非一山之名，而是两座山的合名，莒县北部偏西，正有一个箕山，一个屋山，由此两山发源之水，汇而为潍水。潍水的发源地，总共有三种说法，而三种说法在实质上也是一致的：《水经》所指潍山，是北源的箕山；《淮南子》所指覆舟山，是南源的屋山；《汉志》所指箕屋山，是合箕山、屋山而言的。参见王献唐：《山东古国考》，济南：齐鲁书社，1983年，第151页。《水经注》卷26：“沭水左与箕山之水合，水出东诸县西箕山，其水西南流注于沭水。”此处之箕山也即莒北之箕山，《汉书·地理志》记载的箕侯国当在此地，《太平寰宇记》亦谓箕县故城在莒县东北二百余里，《沂州府志》谓在西北七十余里，《重修莒志》谓在县北境，虽详细地址难以考知，但毫无疑问，箕侯国、箕县、箕山都与莒县有着较为密切的关系。

② 《史记·秦本纪》载：“女华生大费……是为柏翳。舜赐姓嬴氏。”司马贞索引曰：“（大费）一名伯翳，《尚书》谓之伯益，《系本》《汉书》谓之伯益是也。”刘恕《资治通鉴外纪》亦云：“柏翳、伯益乃一人，声转，故字异也。”也可参杨宽：《伯益考》，载《齐鲁学报》1941年第1号；亦见其著《中国上古史导论》，编入《古史辨》第7册，后收入《杨宽古史论文选集》，上海：上海人民出版社，2003年，第297—300页。

③ ［清］赵翼《陔余丛考》卷5：“胡应麟据《汲冢书》有费侯、伯益之语，则大费乃伯益之封国。《史记》既云大费即柏翳，而伯益实封于费，可见柏翳即伯益也。”参见赵翼《陔余丛考》，北京：商务印书馆，1957年，第91页。

④ 王永波、张光明：《益都得名与伯益古族新证》，载《管子学刊》1992年第1期，第89页。

于桐宫”，之后伊尹“摄行政当国”。三年之后，太甲“悔过自责”。伊尹遂还政于太甲，并继续辅弼商王，直至太甲之子沃丁时才去世。相关典籍所载多与《史记》同。

但是《竹书纪年》的记载与之大为不同，《晋书·束皙传》引《竹书纪年》曰：“太甲杀伊尹。”杜预《春秋经传集解后序》引《竹书纪年》云：“仲壬崩，伊尹放太甲于桐宫，乃自立也。伊尹即位，放太甲七年，太甲潜出自桐，杀伊尹，乃立其子尹陟、尹奋，命复其父之田宅而中分之。”[①]在太甲放逐的三年里，伊尹“摄行政当国”，这与西周初年周公摄政的情况非常相似，因此《纪年》说伊尹“乃自立也”“伊尹即位”也无有不可。但《纪年》所谓“太甲潜出自桐，杀伊尹”则与其他文献记载不相契合，故有学者认为《纪年》之说与《左传》《国语》不和，系出于后人伪造。[②]当然，也有不少学者认为《纪年》所载比较可靠，真实地反映了阶级社会政治斗争的惨烈，而《史记》《孟子》所载很可能出于后世儒者的文饰。

笔者倾向认为，太甲不太可能杀伊尹。《古文尚书·咸有一德》中载：“伊尹既复政厥辟，将告归，乃陈戒于德。”伊尹在还政之后，容或与太甲有一些矛盾，但是太甲也没有必要将伊尹杀掉。伊尹后来“告归”的可能性确实是比较大的，所谓“告归”实际上就是指伊尹失去了继续干预商朝政治的机会，其中的原因我们很难知晓，很可能与他和太甲在政治上的摩擦有关。伊尹被迫“告归”，俨似太甲放归伊尹。《纪年》所谓的“杀伊尹”，或者更可能是“放逐”伊尹的意思。

（三）文丁杀季历

文丁有没有杀季历，自《竹书纪年》出土以来，就成了商周史上的

---

① 以上两条史书记载参见方诗铭、王修龄：《古本竹书纪年辑证》，上海：上海古籍出版社，1981年，第23页。

② 金景芳：《中国奴隶社会史》，上海：上海人民出版社，1983年，第66页。

一大悬案。在《竹书纪年》出土之前，典籍中关于文丁的记载并不多。而《竹书纪年》的记载却大大丰富了我们对于季历的了解，兹录之如下：

（武乙）三十四年，周王季历来朝，武乙赐地三十里，玉十珏，马八匹。

三十五年，周王季伐西落鬼方，俘二十翟王。

（大丁）二年，周人伐燕京之戎，周师大败。

四年，周人伐无余之戎，克之，周王季命为殷牧师。

七年，周人伐始乎之戎，克之。

十一年，周人伐翳徒之戎，捷其三大夫。[①]

可以看到，王季的文治武功较之文王与武王也并不逊色。正是由于季历在殷商西陲渐有坐大之势，威胁到了商王朝的统治，所以文丁对他起了戒心。据《今本竹书纪年》，文丁十一年，季历伐翳徒之戎，捷其三大夫，文丁趁季历来朝献捷的机会，终于将其囚禁，“执诸塞库”[②]，“塞库”今不可考，庾信《齐王宪碑》“囚箕子于塞库”，也不知在何处。文丁应该并没有杀季历，《今木竹书纪年》谓：“季历困而死。”[③]《吕氏春秋·孝行览》也说：

王季历困而死，文王苦之，有不忘羑里之丑，时未可也。武王事之，夙夜不懈，亦不忘王门之辱。

文丁只是将季历囚禁起来，很可能即如《今本竹书纪年》所说将王季放逐到某个地方，限制其行动。季历被文丁“困而死”，所以文王一直耿耿于怀。因此，笔者倾向认为《竹书纪年》所谓“文丁杀季历”或是文丁“放逐”季历的意思。

《竹书纪年》作为西晋时期出土的先秦古书，其文义难免古奥，而且由十秦汉之际文字的发展、演变，后人对于先秦文献中的有关记载极易产

---

① 方诗铭、王修龄：《古本竹书纪年辑证》，上海：上海古籍出版社，1981年，第33—36页。
② 王国维：《今本竹书纪年疏证》，沈阳，辽宁教育出版社，1997年，第73页。
③ 王国维：《今本竹书纪年疏证》，沈阳，辽宁教育出版社，1997年，第73页。

生误解，类似的事例在学术史上并不鲜见。上述《纪年》三案由于缺乏相关文献记载的有力证据，或者难免陷于孤证难立的境地。毫无疑问，对此三案的探究必须置于夏商周三代的历史语境和政治视域中给予通盘的考虑，以疏解其与其他相关文献记载的矛盾之处。本文已经论证，先秦文献记载中的一些“杀”字可以理解为放逐、流放之意，放逐作为一种刑罚方式是夏商周三代解决、纾缓族群矛盾和政治冲突的非常重要的手段与方法。笔者认为，在此语境和视域中考察《纪年》三案问题才是比较恰当的。当然，古史茫昧，本文所论仅是管窥蠡测，祈读者诸君赐正。

原载《中国典籍与文化论丛》第18辑。

作者简介：

王刚，1987年出生，江苏徐州人，历史学博士，曲阜师范大学历史文化学院讲师，主要研究领域为西周史、中国早期国家。

上博简《鬼神之明》学派考辨

——兼论鬼神研究中的思维定式问题

王红霞

上博简《鬼神之明》主旨清晰，谈论鬼神在赏善罚恶方面的公正与否，提出“鬼神有所明，有所不明”的论断。《鬼神之明》未见于传世文献，引起学者的兴趣。墨家的鬼神观在诸子中独具特色，一再宣称“明鬼”，且力证鬼神能够“赏善罚暴”。《鬼神之明》甫一问世，学者们便从多个角度研究该文与墨家的关系。应该肯定，学者们的研究多信而有征，不谓无据。然而，细绎简文之意与先秦时期的鬼神观念，愚以为不必局限于墨家一家，尚有不同的思路可以提出讨论。笔者不揣浅陋，今试析之，以求教于方家。

一、关于《鬼神之明》的学术观点梳理

上博简《鬼神之明》内容较短，抄写在不足五支简上。为了方便行文，根据曹锦炎先生的隶定，参照学界的研究成果，将释文附录如下：

今夫鬼神有所明，有所不明，则以其赏善罚暴也。昔者尧舜汤仁义圣智，天下法之。此以贵为天子，富有天下，长年有誉[1]，后世

① 原释为“举”，据廖名春《读〈上博五·鬼神之明〉篇札记》改为“誉”。

述之。则鬼神之赏，此明矣。及桀纣幽厉，焚圣人，杀谏[①]者，贼百姓，乱邦家。此以桀折于鬲山，而纣首于岐社，身不没，为天下笑，则鬼［神之罚，此明］矣。及伍子胥者，天下之圣人也，鸱夷而死。荣夷公者，天下之乱人也，长年而没。如以此诘之，则善者或不赏，而暴［者或不罚。故］吾因解鬼神不明，则必有故。其力能致焉而弗为乎？吾弗知也；抑其力固不能致焉乎？吾或弗知也。此两者歧吾，故［曰："鬼神有］所明，有所不明。此之谓乎！"

墨子"非命"而"明鬼"，提出鬼神"为善者富之，为暴者祸之"（《墨子·公孟》）。这些内容恰恰与《鬼神之明》所论是同一主旨，因而，学者们多选择从《鬼神之明》与墨家关系入手，从不同角度加以阐释。笔者将学者们的观点归纳为以下几类：

第一种观点认为,《鬼神之明》属墨家文献。整理者曹锦炎先生认为简文属于《墨子》佚文。[②]日本学者浅野裕一从讨论主题内容、表达方式的相近性得出结论："将《鬼神之明》看作是墨家的著作是没有任何问题的。"[③]他还提出《鬼神之明》属于今本《墨子》中故事类佚文或与《亲士》以下七篇为同一类佚文等可能性极高，最晚于战国前期已经成书。日本学者西山尚志也断定"《鬼神之明》属于墨家的文献"[④]。

然而,《鬼神之明》中对鬼神有所明有所不明的质疑毕竟与《墨子》中鬼神"必明"的绝对化有很大的差别，连整理者也承认《鬼神之明》中出现的"鬼神有所明有所不明"命题，与强调"鬼神之明"的《墨子》是

---

①原释为"訏"，据陈伟《上博简〈鬼神之明〉篇初读》改为"谏"。

②曹锦炎：《鬼神之明，融师有成氏》，见马承源主编：《上海博物馆藏战国楚竹书（五）》，上海：上海古籍出版社，2005年，第308页。

③〔日〕浅野裕一：《上博楚简〈鬼神之明〉与〈墨子〉明鬼论》，见丁四新主编：《新出楚简国际学术研讨论文集》，武汉：湖北教育出版社，2007年，第139页。

④〔日〕西山尚志：《上博楚简〈鬼神之明〉的所属学派问题——以鬼神的"赏善罚暴"论为出发点》，任守景主编：《墨子研究论丛（八）》，济南：齐鲁书社，2009年，第994页。

不同的。《鬼神之明》与《墨子》思想的差异是非常明显的，如果将《鬼神之明》归之于墨家，必然需要弥合二者在论断上的巨大鸿沟。

于是出现了第二种观点，即《鬼神之明》乃墨家中动摇者的思想。墨子弟子跌鼻、曹公子、某游于墨子之门者都曾对墨子的鬼神思想表示质疑。墨子有次生病，跌鼻认为他的老师为天下苍生奔走，堪称圣人，如果鬼神真的可以赏善罚暴，不应该生病，由此怀疑鬼神之明。

曹公子曾就鬼神不明抱怨说：

> 始吾游于子之门，短褐之衣，藜藿之羹，朝得之则夕弗得，祭祀鬼神。今而以夫子之教，家厚于始也。有家厚，谨祭祀鬼神。然而人徒多死，六畜不蕃，身湛于病，吾未知夫子之道之可用也。（《墨子·鲁问》）

某游于墨子之门者也曾经说：

> 先生以鬼神为明知，能为祸人哉福？为善者富之，为暴者祸之。今吾事先生久矣，而福不至。意者先生之言有不善乎？鬼神不明乎？我何故不得福也？（《墨子·公孟》）

据此可知，对鬼神有所不明早已在墨家内部讨论过，由此有学者推断《鬼神之明》属于墨家中的"别墨"。日本学者冈本认为"我们有充分理由说明《鬼神之明》虽然在墨家内部得到过讨论，但没有被纳入《墨子》本书中，最终被放弃了"[①]。王中江提出："由于《鬼神之明》的问题、背景和思想资源，看得出来都与《墨子》和墨家具有密切的关系，因此它应该是作为墨子鬼神学说的修正者和改革者而出现的，大体上可以算作是墨家的一个旁支或更疏离于墨子的'别墨'。"[②]韩国学者李承律的研究与王中江先生接近："从《鬼神之明》中的问题意识与语言特征来看，此文无疑

①〔日〕冈本：《上博楚简〈鬼神之明〉与〈墨子·公孟〉所见两段对话》，见任守景主编：《墨子研究论丛》（八），济南：齐鲁书社，2009年，第941页。

② 王中江：《〈鬼神之明〉与东周的'多元鬼神观'》，载《中国哲学史》，2008年第4期。

属于战国时代的墨家一派的作品。”①

墨子弟子确曾对鬼神之明表示质疑，然而，质疑鬼神者未必都是墨家之人，这在逻辑学上是很简单的道理。因而，将质疑鬼神之明者都归于墨家于理不合。

第三种观点，认为《鬼神之明》不是墨家的作品。

丁四新明确指出：“《鬼神之明》并不是墨子及其弟子的作品，当是比荀子略早或者同时期出现的作品。”②曾振宇认为：“楚简《鬼神之明》思想虽与《论语》《墨子》有相通之处，但‘鬼神又（有）所明，又（有）所不明’恰恰正是墨家所一再批判的观点。因此，就楚简《鬼神之明》全篇基调而论，断定其为墨家文献确有方凿圆枘之嫌。”③徐华根据《论衡》中董无心思想，认为《鬼神之明》的提问者是儒家门人董子，简文属于《汉书·艺文志》儒家类中所收的《董子》。④

综合现有的文献可知，学者们研究《鬼神之明》时，肯定、部分肯定或否定简文与墨家的关系，然多围绕墨家展开讨论。抛开墨家的鬼神观来研究《鬼神之明》，或许有不一样的收获。

二、《鬼神之明》也可以是儒家文献

从学派角度考察，《鬼神之明》是儒家文献的可能性也是存在的。子路与孔子的一段对话颇可玩味：

> 季路问事鬼神。子曰：“未能事人，焉能事鬼？”曰：“敢问死。”

---

①〔韩〕李承律、李征继：《上博楚简〈鬼神之明〉鬼神论与墨家世界观研究》，载《文史哲》2011年第2期。

② 丁四新：《论楚简〈鬼神之明〉篇的鬼神观及其学派归属》，见郭齐勇主编：《儒家文化研究》第一辑，北京：生活·读书·新知三联书店，2007年，第399—422页。

③ 曾振宇：《楚简〈鬼神之明〉平议》，载《东岳论丛》2012年第2期。

④ 徐华：《上博简〈鬼神之明〉疑为〈董子〉佚文》，载《文献》2008年第2期。

曰：“未知生，焉知死？”（《论语·先进》）

孔子没有正面回答子路关于鬼神的问题，而要子路将注意力转向现世的人生。孔子的另一个弟子樊迟问孔子何为智，孔子回答说：

务民之义，敬鬼神而远之，可谓知矣。（《论语·雍也》）

孔子认为真正明智之举是远离鬼神，把精力放在“务民”上。

不少学者据此认定孔子对鬼神持否定态度。王治心在民国时期刊文说：“质言之，他（孔子）是不信鬼神的。”①张岱年先生坚持认为：“孔子对鬼神持存疑态度……儒学不信鬼神。”②杨伯峻先生也说：“孔子是不迷信的。”③可以说，赞同孔子是无神论者曾是学界的主流思想。④

仔细厘析可知，“未能事人，焉能事鬼”，并没有否认鬼神的存在，而是将鬼神问题后置。朱熹洞悉孔子思想，并以此教导弟子说：“鬼神事自是第二著。那个无形影，是难理会底，未消去理会，且推向一边。且就日用紧切处做工夫。……今日须去理会眼前事，那个鬼神事，无形无影，莫要枉费心力。”⑤也就是说，朱熹和孔子一样，让弟子把更多的精力放在日用常行上，对于鬼神事不必急于搞清。这里也没有否定鬼神。

“敬鬼神而远之”更是没有否认鬼神之意，而且对鬼神要“敬”。孔子在各种祭祀活动中都保持着虔敬之心，享祭对象当然是鬼神。鬼神包括

---

① 王治心：《中国宗教思想大纲》，北京：生活·读书·新知三联书店，1988年，第53页。

② 张岱年：《中国文化发展的道路》，《中华文化的过去现在和未来——中华书局成立八十周年纪念论文集》，北京：中华书局，1992年，第11页。

③ 杨伯峻：《论语译注》，北京：中华书局，1980年，第9页。

④ 20世纪初的中国有很多人将宗教与信仰看作落后与愚昧的代名词，所以，“即使那些在革命的浪潮中敢于坚守孔子之道的思想家，也尽力淡化孔子和儒家宗教性的一面，而着力阐发其哲学性的义理……不论郭沫若的自然之天，徐复观所突出的义理之天，还是有关四种天的说法，其共同之处是对于孔子天命观的除魅化理解，是身处除魅时代的人文主义思想家对于儒家创始人天命观的除魅化的诠释”。（赵法生：《论孔子的信仰》，载《世界宗教研究》2010年第4期。）虽然此处谈的只是儒家天命观的除魅化问题，其实，儒家鬼神观的除魅化情况与此相类，可以参照。

⑤［宋］黎静德编：《朱子语类》卷3，北京：中华书局，1986年。

天神、人鬼、地祇三类[①]，涵盖了日月星辰、风雨雷电、山林川泽、祖先等各种神祇。“祭如在，祭神如神在”（《论语·八佾》），朱熹引程子语，曰：“祭，祭先祖也。祭神，祭外神也。祭先主于孝，祭神主于敬。”并说：“愚谓此门人记孔子祭祀之诚意。”[②]

传世文献中，孔子鲜有正面回答弟子鬼神之问者，孔子与宰我的这段对话较为独特：

> 宰我问于孔子曰：“吾闻鬼神之名，而不知所谓，敢问焉。”孔子曰：“人生有气有魄。气者，人之盛也；魄者，鬼之盛也。夫生必死，死必归土，此谓鬼；魂气归天，此谓神。合鬼与神而享之，教之至也。骨肉弊于下，化为野土，其气发扬于上者，此神之著也。圣人因物之精，制为之极，明命鬼神，以为民之则，而犹以是为未足也，故筑为宫室，设为宗祧，春秋祭祀，以别亲疏，教民反古复始，不敢忘其所由生也。（《孔子家语·哀公问政》）[③]

孔子将鬼神解释为气和魄，朱熹继承了孔子的鬼神之气说，提出：“然人死虽终归于散，然亦未便散尽，故祭祀有感格之理。先祖世次远者，气之有无不可知。然奉祭祀者，毕竟只是一气。所以有感通之理。”[④]更重要的是，孔子认为圣人“明命鬼神，以为民之则”，这与《易传》“圣人以神道设教，而天下服矣”的思想是一致的。上海博物馆藏战国竹简中《鲁邦大旱》一文，更体现了这种“斋戒以事鬼神，择日月以见君，恐民之不

---

① 陈来先生认为：“天神、人鬼、地祇的三层神灵结构，是三代至少商代已经形成的神灵体系。”参见陈来：《古代宗教与伦理：儒家思想的根源》，北京：生活·读书·新知三联书店，2009年，第106页。

② ［宋］朱熹：《四书章句集注》，中华书局：1983年，第64页。

③《礼记·祭义》也载有孔子与宰我的这段对话，与《孔子家语》的记载在文辞上差别较大。两篇对读，会发现《礼记》经过了汉儒的想象与发挥，如行文中增加了修身的成分，“黔首”多用于秦汉时期，故而采用《孔子家语》。参见杨朝明、宋立林主编：《孔子家语通解》，济南：齐鲁书社，2009年，第207—208页。

④ ［宋］黎静德编：《朱子语类》卷3，北京：中华书局，1986年，第37页。

敬也”（《礼记·表记》）的思想。

《鲁邦大旱》记载鲁哀公时期，鲁国发生大旱，鲁哀公向孔子咨询对策。孔子直指鲁国发生大旱，是国君在政治上“失诸刑与德”所致，“邦大旱，毋乃失诸刑与德乎？”进而提出弭灾之法：“庶民知说之事鬼也，不知刑与德。如毋爱圭璧幣帛于山川，正刑与……”孔子给鲁哀公两条建议，其一是不要爱惜圭璧币帛等宝物，用来祭祀山川，其二是“正刑与德”，在施政上加以改进。

弟子子贡对孔子提出祭祀山川颇有非议，说：

> 否。抑吾子如重命其欤？如夫政刑与德，以事上天，此是哉。若夫毋爱（珪）璧币帛于山川，毋乃不可。夫山，石以为肤，木以为民，如天不雨，石将焦，木将死，其欲雨或甚于我，何必恃乎名乎？夫川，水以为肤，鱼以为民，如天不雨，水将涸，鱼将死，其欲雨或甚于我，何必恃乎名乎？①

子贡认为倘若山川有灵的话，不需祭祀也应及时下雨。因为天不下雨，石头变焦，树木枯死，河水干涸，鱼虾死亡，山神、水神应该比我们还着急，何必看重这种禳除旱灾的祭祀？子贡作为常伴孔子左右的弟子，竟无法真正洞察孔子的鬼神思想，可见孔子确实极少谈论鬼神。

何晏《论语集解》中记有曹魏时期陈群对“子不语怪、力、乱、神”（《论语·述而》）的注，他认为孔子的意思是：“鬼神及死事难明，语之无益，故不答也。”②鬼神难明，这个东西无法证实，也无法证伪。否定鬼神存在，则民不敬天地祖先；肯定鬼神，则使得人们沉溺其中。子贡向孔子请教死人有知无知的问题，孔子的回答即体现出肯定和否定都不合适，

---

① 马承源主编：《鲁邦大旱》第3-5简，《上海博物馆藏战国楚竹书（二）》，上海：上海古籍出版社，2002年，第207—209页。“珪”根据廖名春先生增补。参见廖名春：《上博藏竹简〈鲁邦大旱〉校补》，载《古籍整理研究学刊》2004年第1期。

② ［三国魏］何晏集解、［南朝梁］皇侃义疏：《论语集解义疏》卷6，文渊阁《四库全书》本。

进退维谷之情。

吾欲言死者有知也，恐孝子顺孙妨生送死也。欲言无知，恐不孝子孙弃不葬也。赐欲知死人有知将无知也，死徐自知之，犹未晚也。（《说苑·辨物》）①

在这里，孔子分别剖析了言死者有知和无知的弊端。因而，最高明的办法就是“存而不论”。如果子贡一定要搞清楚的话，自己行将就木时自然就会明白，到那个时候知道也不晚。在孔子那里，鬼神根本不是一个事实判断，而是一个价值判断。因而，为了民生，孔子不否定鬼神，也极少谈论鬼神，而是要人们把精力集中于人事上。

当然，与百姓事神致福的目的不同，孔子祭祀不是为了求福，更不是为了避祸，而是认为福寿与德行有关。马王堆帛书《要》篇记有孔子之言：“君子德行焉求福，故祭祀而寡也；仁义焉求吉，故卜筮而系也。”孔子也祭祀天地鬼神，但不多；也卜筮问卦，但也不多。孔子处处以人为本，以君子德行为本，注重现世和人事，远离鬼神，并不是否定鬼神。在孔子的思想体系中，人道教化居于最为核心的地位，“神道设教”也有一席之地，起辅助作用。

刘家和先生对人本与无神的关系论述得相当精辟：

人本思想不等于无神论（Atheism），它并不要求人民在思想上排除对于神的信仰，而是要求人民在处理人神或天人关系时以人为本。在古代中国、希腊以及近代西方文艺复兴时期，人本思想都很盛行，而那时的人本思想都未曾排斥对神的信仰；毋宁说，它承认在人与神之间存在一种张力（tension）或“拔河”关系。人本思想只是告诉人，在这种关系中不能忘记了人是根本，即使你信神，那么目的也是人而非神。②

①《说苑》虽然是汉代刘向辑佚，但其文献来源绝非向壁虚构，而应是先秦时期流传下来的可信资料。

② 刘家和：《〈左传〉中的人本思想与民本思想》，载《历史研究》1995年第6期。

或许由于孔子极少谈论“怪、力、乱、神”，再加上鬼神本身难以阐明，使得孔门后学在鬼神思想上分歧较大。学界一般认为《中庸》是子思所作。子思认可鬼神，君子之道“质诸鬼神而无疑”。他提出鬼神虽然看不见，摸不着，但时时存在我们左右，因此，做人必须真诚无妄。

> 鬼神之为德，其盛矣乎！视之而弗见，听之而弗闻，体物而不可遗。使天下之人，斋明盛服，以承祭祀。洋洋乎，如在其上，如在其左右。《诗》曰：“神之格思，不可度思，矧可射思。”夫微之显，诚之不可掩如此夫。

孔门后学中也有持无鬼思想者，如曾子的弟子公明仪[①]明确否认鬼神的存在，是“执无鬼者”。王充《论衡·福虚篇》记载儒家弟子董无心也不相信鬼神。“儒家之徒董无心，墨家之役缠子，相见讲道。缠子称墨家佑鬼神，是引秦穆公有明德，上帝赐之九十年。（缠）董子难以尧、舜之不赐年，桀、纣不夭死。”

孟子提出“知天”，“孟子把天看作可以回应（response）人们的感受和需要的力量”。[②]荀子则对神道、巫术展开了严厉的批判，[③]但也洞悉智识之人与普通人对祭祀认识不同，“祭者，志意思慕之情也，忠信爱敬之至矣，礼节文貌之盛矣，……其在君子，以为人道也；其在百姓，以为鬼事也”（《荀子·论礼》）。墨子曾学于儒门，但没有真正理解孔子的鬼神思想。基于对孔子鬼神观的误解，他对儒家进行了激烈的抨击：“儒以天为不明，以鬼为不神，不鬼不说，此足以丧天下。”（《墨子·公孟》）针对儒家弟子公孟子的“无鬼神”，墨子讽刺他“执无鬼而学祭礼，是犹无客而学客礼，是犹无鱼而学鱼罟”（《墨子·公孟》）。

---

① 或公明子高，也有学者认为是《墨子·公孟》中的公孟子，参见孙诒让撰、孙启治点校：《墨子间诂》，北京：中华书局，1991年，第449页。

②〔美〕牟复礼：《中国思想之渊源》，王立刚译，北京：北京大学出版社，2009年，第88页。

③ 参见《荀子·天论》《荀子·非相》。

总之，孔门弟子中有相信鬼神存在的，有质疑鬼神的，也有否定鬼神者。前贤对《鬼神之明》的研究中，或依据墨子尊信鬼神而肯定《鬼神之明》是墨家的文献；或依据《鬼神之明》对鬼神有所明，有所不明的论断，推测是墨家中对鬼神的质疑者，当属于“别墨”。运用同样的逻辑进行分析，我们也可以说，既然孔子、子思不否定鬼神存在，那么，《鬼神之明》也可以是儒家的佚文。或者说，儒家弟子中也出现了质疑甚至否定鬼神者，同样也可以推测为儒家的别派。

三、春秋战国时期的鬼神观念

我们跳出学派属性，将视野放在整个春秋时期和战国时期，考察一下有识之士与普通士庶的鬼神观念。

春秋时期，有识之士更加注重人的价值，甚至于将人的地位置于鬼神之上，如季梁说过：“夫民，神之主也。是以圣王先成民而后致力于神。”（《左传·桓公六年》）周太史史嚚预言虢国亡国时说：“虢其亡乎！吾闻之：国将兴，听于民；将亡，听于神。神，聪明正直而一者也，依人而行。”（《左传·庄公三十二年》）曹刿还提出“民和而后神降之福”（《国语·鲁语上》），意思是说神根据民的意志来赏善罚恶，鬼神处于从属地位。但是他们并没有否认鬼神的存在。

郑国发生火灾时，子产不同意祭神除灾，并说：“天道远，人道迩，非所及也，何以知之？”（《左传·昭公十七年》）因为这一举措，子产曾被认为是春秋时期无神论的代表，“代表了当时无神论思想所达到的最高水平”[①]。但是，子产虽然当时反对祭神除灾，然而不久，子产便“禳火于玄冥、回禄，祈于四鄘”（《左传·昭公十八年》）。修筑祭坛，祭祀水神

① 牙含章、王友三：《中国无神论史》，北京：中国社会科学出版社，1992年，第38页。

玄冥、火神回禄，祈祷他们救治火灾，“郑子产为火故，大为社，祓禳于四方，振除火灾，礼也”。由此可见，子产并没有否定鬼神，他甚至用魂魄回答人死后是否为鬼的问题：

> 及子产适晋，赵景子问焉，曰：“伯有犹能为鬼乎？”子产曰：“能。人生始化曰魄，既生魄，阳曰魂。用物精多，则魂魄强。是以有精爽，至于神明。匹夫匹妇强死，其魂魄犹能冯依于人，以为淫厉，况良霄，我先君穆公之胄，子良之孙，子耳之子，敝邑之卿，从政三世矣。郑虽无腆，抑谚曰‘蕞尔国’，而三世执其政柄，其用物也弘矣，其取精也多矣。其族又大，所冯厚矣。而强死，能为鬼，不亦宜乎？”（《左传·昭公七年》）

《管子》也经常谈论鬼神：

> 明主之动静得理义，号令顺民心，诛杀当其罪，赏赐当其功，故虽不用牺牲珪璧祷于鬼神，鬼神助之，天地与之，举事而有福。乱主之动作失义理，号令逆民心，诛杀不当其罪，赏赐不当其功，故虽用牺牲珪璧祷于鬼神，鬼神不助，天地不与，举事而有祸。故曰：“牺牲珪璧不足以享鬼神。”（《管子·形势解》）

这里明确提出“牺牲珪璧不足以享鬼神”，鬼神注重的是人主是否得理义、顺民心、赏罚得当，否则，即使祭祀丰厚，鬼神也不会襄助。这里与宫之奇的“鬼神非人实亲，惟德是依”（《左传·僖公五年》）意义相类。《管子》中“智者役使鬼神而愚者信之”（《管子·轻重丁》）可谓一语道破鬼神之意。管子不相信鬼神，只是将鬼神作为“神道设教”的工具，因为愚昧之人相信鬼神，智者可以利用鬼神、差遣愚者、役使鬼神。

普通人祭祀神灵是“努力通过祈祷、献祭等温和谄媚手段以求诱哄安抚顽固暴躁、变幻莫测的神灵"[①]。春秋时期的很多普通人虽偶有"怨天"[②]之举，但对鬼神笃信不移，态度虔诚。只有少数的思想家提出"神应乎人"的观念，重人轻鬼，但仍然没有否定鬼神之意。"春秋时期社会上的绝大多数人对于神的存在与伟大，都深信不疑。与鬼不同，在春秋时人的心目中，神没有善神与恶神的区别。几乎所有的神灵，都是聪明正直公平的代表，是正义的化身，是裁定人世间争端的最后主宰。无论是贵族还是平民，无论是智者还是愚者，都无不把敬重神灵作为自己的行为准则之一。从严格的意义上讲，真正的无神论者在春秋时期并没有出现，即使是相当进步的思想家，也都还没有达到否定神的存在的地步。"[③]

从时间上来说，春秋时期和战国时期的鬼神观念稍有不同。战国时期，鬼神观相对淡薄，诸子对鬼神有普遍否认的倾向[④]，社会上还曾一度怀疑鬼神的存在。《墨子》专设"明鬼"章，与"今执鬼论者"展开辩驳，说明当时社会中怀疑鬼神者不在少数。庄子就曾表达过对鬼神的怀疑："有以相应也，若之何其无鬼邪？无以相应也，若之何其有鬼邪？"（《庄子·寓言》）阴阳学家曾被误以为专讲阴阳鬼神之学，班固则澄清说那是阴阳家中的"拘者为之"，这部分人"牵于禁忌，泥于小数，舍人事而任鬼神"（《汉书·艺文志》）。真正的阴阳家是敬天爱民的。

韩非子不相信鬼神。他认为鬼神观念来自疾病灾祸，倘若没有疾病灾害，百姓对鬼神的态度就淡薄得多。韩非子认为战争的胜负与卜筮鬼神无关，依靠占卜吉凶来进行战争是愚昧之举，"龟策鬼神不足举胜，左右背乡不足以专战。然而恃之，愚莫大焉"（《韩非子·饰邪》）。国家的盛衰也与龟甲等通灵之物无关，"越王勾践持大朋之龟，与吴战而不胜，身臣入宦

① ［英］J.G. 弗雷泽：《金枝》，许育新等译，北京：中国民间文艺出版社，1987年，第84页。
②《诗经》中有一些怨天的诗歌，如《节南山》《十月之交》《无雨正》等。
③ 晁福林：《春秋时期的鬼神观念及其社会影响》，载《历史研究》，1995年第5期。
④ 晁福林：《战国时期的鬼神观念及其社会影响》，载《中国史研究》，1998年第2期。

于吴，返国弃龟，明法亲民以报吴，则夫差为擒”（《韩非子·饰邪》）。越王勾践依仗贵重的龟甲显示的吉兆同吴国打仗，结果失败了，自己成为俘虏，为吴国服贱役；当他返国后丢弃龟甲，张明法度，亲近百姓以报复吴国时，吴王夫差被擒。龟甲占卜吉凶的价值由此得见。

战国时期宋国最后一位国君宋康王为了成就霸业，竟然“射天笞地，斩社稷而焚灭之”，并且说这样做的目的是“威服天下鬼神”（《战国策·宋卫》）。敢于射天鞭地，斩断并焚烧社稷神坛，以示自己的声威可以震慑鬼神，在战国实为罕见。宋康王已经不再敬事鬼神，而是蔑视，甚至践踏鬼神，这与商和西周时期战战兢兢地奉事鬼神大相径庭，不可同日而语。

近年来，大量战国简牍的问世，为我们展现出更加丰富多彩的战国画卷。仅选择时日吉凶宜忌的《日书》就有九店楚简《日书》、放马滩秦简《日书》、睡虎地秦简《日书》、周家台秦简《日书》等，这些日书反映了民间百姓的各种禁忌，说明崇信鬼神还是相当普遍的。面对各种鬼神，普通百姓也不是束手以待，而是发明了各种驱鬼办法，如睡虎地秦简《诘咎》篇即是专讲驱鬼、避鬼之术的文章，面对不同的鬼，可以用弓、矢、杖、猪粪、狗粪、灰、杀、黄土、芦苇等工具，还可以“击鼓奋铎噪之”来吓唬鬼。虽然鬼神在战国时期普通人的心目中依然意义重大，但是在有些时候，人们已有了“降伏鬼神”的力量。

总之，春秋战国时期，鬼神在人们的生活中仍然居于十分重要的地位，一方面，广泛存在着对鬼神的崇信，另一方面，怀疑鬼神的公正、能力，甚至怀疑鬼神存在者亦不鲜见。由此可见，《鬼神之明》中“鬼神有所明有所不明”的思想不是墨家特有的，而是春秋战国时期不少有识之士的看法。因而，仅仅凭借“鬼神”思想来判定学派属性是靠不住的。

四、结语

在探究《鬼神之明》的学派属性时，李锐先生既没有将《鬼神之明》归于墨家，也没有归于儒家，而是认为“完全不必急于给《鬼神之明》这类著作作出学派定型”，因为“我们不能因为片言只语、三言两语的‘异中之同’，就急于对文献的思想属性作出判断。从传世文献乃至出土文献中找出文句、观念相近的文献，有助于我们理解文献，但是并不足以让我们判定所有文献的学派属性。”①

笔者非常认同此说。鉴于现有文献阙如，我们对先秦时期的历史和思想文化知之甚少，笔者以为，《鬼神之明》的学派属性暂时无法判断。

具体到鬼神研究方面更是如此。重视鬼神是先秦社会的普遍状况，并非墨家独有。我们在研究《鬼神之明》时，似乎总是围绕着墨家，虽然很多研究的结论确实颇为独到、很有价值。然而，这种方法使我们把目光都聚焦于一处，极易形成视野的“盲点”。只有以更加宏阔的视野从多维视角加以考量，才能更具有启发和思考意义，也才能更接近历史事实。反思我们当今判定学派属性的方法，出现“鬼神”观念便联想与墨家有关，于是使用各种方法加以论证，甚至不惜“削足适履”。这种思维定式的研究方法值得我们深思。

不止《鬼神之明》，很多新出简帛，如上博简《三德》《凡物流行》《鲍叔牙与隰朋之谏》等都有反映天人和鬼神思想的内容。跳出这一思维定式，以更多元的视角加以阐释，其结论必定更加充分、合理。

原载《孔子研究》2016年第1期。

① 李锐：《论上博简〈鬼神之明〉篇的学派性质——兼说对文献学派属性判定的误区》，载《湖北大学学报》，2009年第1期。

作者简介

王红霞，女，1977年出生，山东菏泽人，历史学博士，天津工业大学人文学院副教授，目前主要从事先秦两汉儒家思想的研究。

论上博简《曹沫之陈》的性质
——兼论先秦时期“语”文体的起源与发展

王　青

《曹沫之陈》是上博简第四册中篇幅最长的，也是最引人注目的一篇。[①]此篇共65支简，其中整简45支，残简20支，共1680字，记载的是鲁庄公与曹沫（即曹刿）的问对。全文的脉络从鲁庄公将铸大钟开始，述曹沫入谏及庄公毁钟型听政等事。关于此篇性质，李零在释文说明中称“此书史志无载，是一部佚失已久的古兵书”。学者多采纳这一观点，说它是“一篇亡佚已久的鲁国兵书”[②]。亦有学者判断其为儒家类著作，可能为儒家的教材类短文。[③]我觉得这样的判断并不准确，是篇性质并非兵家（或儒家）著作。它在形式上应该属于原始语录体的散文，与《国语·鲁语》非常相似，很可能是原始《鲁语》的一部分。它系鲁国史官所作，不属于子书范围，遑论兵家、儒家。要说明此点，牵涉问题甚多，其中最显著的就是先秦时期“语”文体的源流及性质问题。兹试析之，以求教于专家。

---

①《曹沫之陈》篇见马承源：《上海博物馆馆藏战国楚竹书（四）》，上海：上海古籍出版社，2004年，图版见其书第91—156页，释文考释见其书第241—285页。整理者为李零。本文所引《曹沫之陈》简文皆出自此，不另注。

② 田旭东：《战国写本兵书——〈曹沫之陈〉》，载《文博》2006年第1期。

③ 刘光胜：《上博简〈曹沫之陈〉研究》，载《管子学刊》2007年第1期。

一、《曹沫之陈》不是兵家（或儒家）著作

要探讨《曹沫之陈》的性质，首先需要探讨《曹沫之陈》的成书时间。如果《曹沫之陈》成书的时候，社会上还没有产生“诸子”，尚未有后来所称的“百家”出现，则势必不能说它属于兵家或者儒家著作。我们知道，诸子的产生以儒、道两家为早，兵家的产生比较晚，但大致都是在春秋末年。这里一个关键问题是，《曹沫之陈》的底本成书比较早，应该是春秋中期以前，准确地说就是成书于鲁庄公时期（前693—前662）。如果此点可信，则可以肯定，它的出现远在诸子出现之前。

目前学术界对《曹沫之陈》的成书问题关注很少，大多数学者只是笼统地称其为战国写本兵书，偶有学者做过零星探讨。廖名春认为，《慎子》佚文与《曹沫之陈》有相似情节的记述，而《慎子》是节选，不是其原始的出处，其原始出处是《曹沫之陈》简文；并根据慎子的生活年代，推测竹书《曹沫之陈》成书的下限，应该不会晚于齐宣王（前320—前301）、愍王（前301—前284）时。至于其上限，自然不会超过鲁庄公十年（前684年）。[①]日本学者浅野裕一认为，《曹沫之陈》明显地基于长勺之役中曹沫的表现而作，因此其成书年代是鲁庄公十年以后；加之有庄公之谥号，所以其上限应为庄公去世的公元前662年以后。《曹沫之陈》当成书于春秋后期。[②]

这两种说法虽有可取之处，但是问题在于，其所定《曹沫之陈》的成书年代范围过于宽泛。廖名春所定从鲁庄公十年到齐宣、愍王时，时间跨度为春秋前期直到战国后期。而浅野裕一则只定了上限，没有下限。而

① 廖名春：《楚竹书〈曹沫之陈〉与〈慎子〉佚文》，见“简帛研究网”2005年2月12日。

②〔日〕浅野裕一：《上博楚简〈曹沫之陈〉的兵学思想》，见“简帛研究网”2005年9月25日。

且，先秦古书在传抄过程中多有改换称谓的做法，若仅仅依据庄公谥号以定上限，是不可取的。我们应该更深人细致地探讨《曹沫之陈》的成书问题。这可从以下四个方面进行讨论。

其一，从《曹沫之陈》简文内容看，其战略思想是立足于本国实力，内和于民，外和于大国，并以邻国齐国为假想敌，采取积极有为、灵活多样的策略，确保战争的最后胜利。这与春秋前期的鲁国军事及外交策略相似，而这种策略是在春秋中期以后是不可能出现的。

春秋前期，鲁国虽然实力稍逊于齐，但并不居于下风，它与齐进行过长期较量，而且双方互有胜负，齐也奈何不了鲁。一直到庄公十三年（前681年）柯地会盟之后，鲁才服于齐；但即便如此，鲁也没有完全放弃与齐争衡的图谋，所以才会有齐在鲁庄公十九年（前675年）纠集宋、陈两国攻鲁。在这之后，鲁国才完全放弃与齐争衡的策略，转而成为齐桓公称霸的助手。自此以后，鲁国由与强齐对抗，变为结强齐之援，图鲁国之安。这项基本国策一直被庄公之后的鲁国诸君所奉行。此后，鲁国再也没有以齐国为假想敌的志气，也就没有像《曹沫之陈》简文所述那样主动地“吾欲与齐战，问陈（阵）奚如”的情况出现。如果齐国来伐，鲁国的对策就是如晋（或如楚）乞师求援，再也没有单独抗齐的思想与行动。即使是鲁国的“中兴之主”僖公亦是如此。鲁僖公时期，鲁国国力较强，但是他从未以齐国为假想敌。不仅如此，他还是齐国霸业的可靠助手。到了春秋后期，鲁国军事实力大不如前，其地位继续下降，更没有奋发有为的军事举动。战国时期，鲁的国势日衰，沦为小邦，被迫屈从于战国七雄，它在夹缝之中生存的当务之急就是找准自己依附的强国。所以说，鲁庄公以后到战国时期，鲁国实不可能有《曹沫之陈》所显示的那种以齐国为假想敌，积极有为、百折不回的蓬勃朝气。这一点应当成为判断此篇成书时代不可忽视的内证。

其二，《曹沫之陈》格外强调贵族带兵作战的重要性，强调血统的优劣，重视宗族组织在战争中的作用，显示了鲁国重视血缘关系、以宗法治军的特色。此篇简文明谓：

> 凡贵人思处前立（位）一行，后则见亡。进（简24）必有二将军。无将军必有数獄大夫，无俾（裨）大夫必有数大官之帀（师）、公孙公子。凡有司率伥（长），（以上第25简）五（伍）之间必有公孙公子，是胃（谓）军纪。（以上第26简）

这段简义的意思是说，作战时要重视身份高贵的人的作用，让他们位列前行。若没有将军、俾（嬖）大夫指挥，则一定要有若干士师、公孙公子来指挥。所有的职官都要由官长率领，伍之间一定要有公孙公子，这就是军纪。我们知道，强调血缘宗法正是鲁国春秋时期的特色，而进入战国之后，随着“三桓”的衰微，鲁国宗法社会松懈，政治体制逐步转化为君主集权的官僚体制。鲁元公曾以卫人吴起为将，特别是鲁穆公曾用公仪休为相，进行改革，废除了世卿世禄制，还礼贤下士，广招人才。鲁平公曾欲以乐克为“政”（即为相），慎滑厘为将。这种战国时期选将相的方法和思想与《曹沫之陈》方枘圆凿，不相符合。《曹沫之陈》在选将的时候，格外强调贵族血统的重要性，这是鲁国春秋时期所特有的，是战国时期所不可能出现的。成书于春秋末年的《孙子兵法》对于“将”的要求是具有“智、信、仁、勇、严”（《孙子兵法·计》）品质，而非拥有贵族血统。成书于战国时期的《孙膑兵法》亦是如此。《曹沫之陈》强调“将”的高贵血统，强调“贵人”“公孙公子”的重要性。简文谓“亓（其）将卑，父兄不荐，由邦御之，此出师之忌”，认为若率军之将出身卑下，其宗族父兄不推荐他，而是由国家来任用他，此为出师打仗之忌。出身高贵的贵族率军出战，这类记载在《左传》中不胜枚举，但是在春秋后期及战国时期，世卿世禄制被废除之后，就不再有“将”的出身尊卑之别，一旦国君根据才能（而非出身贵贱）任命了“将”，“将”就拥有了无上的权威。[①]《孙子兵法》讲选将事，都是以才能人选，而不强调出身尊卑，反而是忌讳“贵人”的特权。此外，《曹沬之陈》与《孙子兵法》虽然皆强调“以气势取胜”，但是《孙子兵法》强调的是军备充足，“先发制人”，是战略与战术的气势；而《曹沬之陈》强调的是：

> 人吏（使）士，我吏（使）大夫。人吏（使）大夫，我吏（使）将军。人（简39）吏（使）将军，我君身进。（简40）

简文在这里强调，出身高贵，可以骄人，这种“贵人”的气势是“战之显道”。这种以将领的高低贵贱来以“势”压倒对方的做法，在《孙子兵法》等兵书中是见不到的。《曹沬之陈》与《孙子兵法》的不同，表明它们成书时代有别。

其三，春秋时期尚无骑兵，骑兵滥觞于战国时期。成书于战国时期的兵书《孙膑兵法》《吴子》《六韬》都多次提到了骑兵。而《曹沬之陈》并未提及。《曹沬之陈》反映的作战方式是车战，“车间容伍，伍间容兵，贵有常”（简24）。这正是春秋中期以前的作战方式。春秋后期，步兵在各国军队中的比重都有显著增加，车阵战因其笨重而逐渐落伍。此点亦为其成书于春秋前期很有力的证据之一。

其四，《曹沬之陈》是“语”类著作。它的不少思想内容与《鲁语》接近。如谓“君毋惮自劳，以观上下之情伪。匹夫寡妇之狱讼，君必身听之”（简34），与《国语·鲁语》“曹刿问战”，“余听狱虽不能察，必以情断之”，除文字略有差异外，所表达的意思几乎完全一样。另外，简文“毋获民时，毋夺民利”（简20）与《鲁语》“曹刿问战”之“动不违时，财不过用”，也是一致的。《鲁语》是《国语》中成书较早的诸语之

① 《六韬·龙韬·立将》对此有明确记载。

一，所记言论多出自当时史官的记载。[①]《曹沫之陈》也应该是当时史官所记的“语”，其底本的写定时间也是很早的。

总之，《曹沫之陈》的底本应当成书于鲁庄公时期，亦即春秋前期。那个时期，社会上还没有出现儒家与兵家，有的只是史官的记载与著述。春秋时期的史官文化是西周时期王官文化的发展。史官所关心的是国家治术，《曹沫之陈》主张“修政而善于民”，这种观点虽然后世儒家、兵家著作中也有涉及，却很难说它是兵家还是儒家的著作，只能说是受传统礼乐文化影响的那个时代的政治家的共识。《曹沫之陈》所述“兵法”的内容与实质与《国语》《逸周书》《左传》等传统典籍中所记“兵法”的内容与思想并无扞格之处。可以推测，《曹沫之陈》虽然不是曹沫个人所作，却应当是与他同时期的鲁国史官的记录，或者是当时的史官据记录而整理形成的作品。

二、《曹沫之陈》是原始“鲁语”的一部分

为了说明这个问题，我们不妨从《曹沫之陈》简文内容开始讨论。是篇全文65支简，皆没有超出对话的范围，其文体特征显然是采用问答形式的原始的语录体散文。它没有多少叙事成分，没有细节动作的描写，全部是对话，而且多用语气词。全篇主旨是记曹沫论政、论兵之言。这些都符合“语”类文体的特征。《鲁语》记君臣问答，多记贤臣之谏。《曹沫之陈》篇亦属此类。是篇开首即谓：

鲁庄公将为大钟，型既城（成）矣，曹沫内（入）见，曰：“昔周室之邦鲁，东西七百，南北五百，非（以上第1简）山非泽，亡有不

---

①《国语》是编辑成书的，各篇的写作时代很不一致，从内容上详加考察，大致周、鲁、晋、郑、楚各语多为时人所记，其时代较早。详见王树民、沈长云点校的徐元诰撰《国语集解》的“前言”部分，北京：中华书局，2002年。

民。今邦弥少（小）而钟愈大，君亓（其）图之。昔尧之飨舜也，饭于土熘，欲〈欢〉于土型（铏），（以上第2简）而抚有天下，此不贫于美而富于悳（德）欤？（以上第3简）”

简文表明，鲁庄公铸大钟（“邦弥小而钟愈大”）是违礼之举，曹沫因而进谏。鲁国史官对于相关内容加以记载。这种事例在《国语·鲁语》中颇多。《国语·鲁语上》载鲁庄公与君臣间对的“语”共五篇，除了《曹刿问战》与《曹刿谏庄公如齐观社》之外，还有《匠师庆谏庄公丹楹刻桷》《夏父展谏宗妇觌哀姜用币》《臧文仲如齐告籴》。五篇中，记载的违礼事件就有三件，分别为“如齐观社”“丹楹刻桷”与“觌哀姜用币”。对于庄公的这些违礼的行为，鲁史都加以记载。《曹沫之陈》的情况与此是完全一致的。史载表明，曹沫以其远见卓识而为鲁庄公所赏识、依重，庄公与他讨论军国大事应该是经常的事情。按照“君举必书”[①]的原则，鲁国史官恪守职责，把庄公与曹沫的每次问对都加以记载是可能的。这些内容肯定是涉及治国与出征的诸多问题，这都应该是原始的《鲁语》的内容之一，即原始的“语”。《曹沫之陈》的底本就是原始的“语”，而且有可能是多次“记言”的总结。

《鲁语》“曹刿问战”章，是长勺之役前夕曹刿与庄公的问对，《左传》庄公十年也有类似记载，但是重在记事。《曹沫之陈》从形式到内容都与《鲁语》接近。其形式是重在记言，是“语”，而不是“史”。《鲁语》中曹刿（曹沫）强调施惠于民，民和政通，神才会降福，所以要布德于民、平均政事，处理政事也要立足根本。这些内容在《曹沫之陈》中都能找到。与《鲁语》此文相比，《曹沫之陈》内容更为丰富，所论更有道理，显然是经过了后人的整理，但其主体思想是与《鲁语》一致的。请看

---

①《国语·鲁语上》。

相关简文与《鲁语》文字的比较：

《国语·鲁语》	《曹沫之陈》简文
动不违时，财不过用。	毋获民时，毋夺民利。
布德于民而均平其政事。	修政而善于民。 申功而食，刑罚有罪，而赏爵有德。凡畜群臣，贵贱同待，禄毋负。
余听狱，虽不能察，必以情断之。	君毋惮自劳，以观上下情伪。匹夫寡妇之狱讼，君必身听之。
惠本而后民归之志。 不优，神弗福也。 夫民求不匮于财，而神求优裕于享者也。故不可以不本。	是故夫陈者，三教之末。君不必已，则由其本虖？① 鬼神惣恍②，非所以教民。
智虽弗及，必将至焉。	有知不足，亡所不中，则民亲之。

可以看出，《曹沫之陈》简文与《鲁语》相比较，多有非常明显的相似之处。例如简文的"有知不足，亡所不中，则民亲之"，与《鲁语》的"夫苟中心图民，智虽弗及，必将至焉"，意思完全一样。再如，简文谓"鬼神惣恍，非所以教民"，与《鲁语》的"不优，神弗福也"，"神求优裕于享者"的意思是一致的。③

---

① 由，原释文隶定为"繇"，是用的意思。李锐、陈斯鹏直接将其隶定为"由"。高佑仁同意何琳仪、季旭昇隶定为"繇"，读作"由"即可。今从之。本，原释文隶定为"臬"，疑是"本"字的异写。高佑仁以《礼记·祭统》"是故君子之教也，必由其本"为证。正确可从。见高佑仁：《〈曹沫之陈〉"君必不已则由其本乎"释读》，简帛研究网2005年9月4日。

② 原释文隶定为"鬼神物武"，以为"物武"待考。陈剑指出"物"字从"勿"声，与"武"当读为联绵词忽芒、惣悦、惣恍等，今从之读作"惣恍"。见其《上博竹书〈曹沫之陈〉新编释文（稿）》，简帛研究网2005年2月12日。

③ 关于这句简文的意思，陈剑以为是指鬼神无形无相，其事难以凭据，非所以教民［《上博竹书〈曹沫之陈〉新编释文（稿）》，简帛研究网2005年2月12日］。其实，此句应指因祭品不丰富，祭礼不周到，鬼神不满意，所以鬼神之意旨不明。

要之，曹沫生活在春秋前期，那个时期社会上基本没有私家著述，有的只是史官著述。在这种社会背景下，它只可能是鲁国史官的著述。关于鲁国史官，这里可以稍作说明。鲁国史官的建置在诸侯国中是最早的，鲁国初封的时候就有“史”。《左传》定公四年（前506年）记载，伯禽始封，周王室“分之土田陪敦祝、宗、卜、史”，其中，“史”即太史。“史”负责记录时事，并掌典籍、星历等。先秦典籍有明确记载的，只有鲁国的史官系周王室在分封时所赐。①鲁国的史官负责记载国君的一切言行举动，当然也包括国君的违礼行为。《国语·鲁语上》记载庄公欲如齐观社，曹刿认为违礼，劝谏说：“君举必书，书而不法，后嗣何观？”《鲁语》亦记载了庄公的另一次违礼行为，庄公迎娶哀姜，使大夫、宗妇皆用币觐见，宗人夏父展认为“非故也”，进行劝谏。庄公以“君作故”搪塞，夏父展对曰：“君作而顺则故之，逆则亦书其逆也，臣从有司，惧逆之书于后也，故不敢不告。”从这里可以看到，鲁国国君的一举一动都在史官书写记录的范围之内。《左传》昭公二年（前540年）记载，晋侯使韩宣子来聘，观书于大史氏，见《易·象》与鲁《春秋》，曰：“周礼尽在鲁矣，吾乃今知周公之德与周之所以王也。”这也说明鲁国史官的完备，其著述之多可见一斑。

正是由于鲁国史官恪守职责，著述详备，使得鲁国有较其他国家更为丰富可信的历史记录留存下来。从《史记》有关的各世家、《周本纪》和《十二诸侯年表》看，只有鲁国的年数可以上推到相当于周昭王时期（前997—前977）的考公，比晋、齐、楚等国可考的诸公年数要早一百多年。而且《鲁周公世家》所记载的鲁公世系是最为清晰的。这便从一个侧面表明，鲁国较其他诸侯国史官的不仅建置要早，体系更健全，而且记载亦较翔实。

由于鲁国史官坚持“君举必书”的严谨纪实原则，所以古代文献中保

---

① 其他诸侯国史官的设置推测大多为西周晚期或者春秋初年建立的。如《史记·秦本纪》：“（秦文公）十三年，初有史以纪事。”秦文公十三年即周平王十八年（前753年），秦国初设史官。

存了许多出自鲁国史官的资料。除《春秋》《国语·鲁语》外,《礼记》与《大戴礼记》等书中有哀公问孔子“儒行”“问政”“问礼”等，虽然有些内容不排除孔门弟子记录整理的可能，但是这样长篇的君臣之间的问对记录与整理应当属于史官职责范围。近年所出简牍材料，亦可说明此点。例如，郭店楚墓竹简的《穆公同子思》，记载鲁穆公向子思何谓“忠臣”，虽有学者以为这是子思弟子所记，但如果说这是鲁国史官所记，则会更合适些。上博简第二册《鲁邦大旱》记述的鲁哀公就鲁邦大旱事求教于孔子，虽然此篇文章有孔门弟子记录整理的可能，但其原始材料则应当是史官记录，特别是其前半部分更应如是。第五册的《季康子向于孔子》载季康子以币迎孔子归鲁之事，记录了孔子对治国兴鲁的看法，涉及“为政”“君务”等经典论述，这也应该是鲁国史官记录。

史官记载围绕着国家大事进行。“国之大事，在祀与戎。”(《左传·成公十三年》)占卜、祭祀与战争一样，都是国家大事，史官对这两项格外关注，当在情理之中。《曹沫之陈》作为上博简第四册中最长的一篇，简文以庄公将为大钟，曹沫以“今邦弥小而钟愈大，君亓图之”（简2）进谏，并讲述一番治国为民的道理，庄公接受劝谏之后，又问阵，曹沫还是以“夫阵者，三教之末”（简19—20），进行论述，分析“和于邦”“和于豫”“和于阵”（简19）的道理。再讲出兵之忌，复战之道，等等，我们可以看出，这些皆属史官的记载范围。《曹沫之陈》与《鲁语》相似，重在记言，语言古朴，没有刻意修饰的痕迹。其记载的庄公与曹沫的问对就是出自鲁庄公时期的鲁国史官的“记言”笔录，或者说史官的记录是其底本。

三、从《曹沫之陈》看“语”文体的起源与发展

既然同为曹沫与庄公君臣问答之语，为何“曹刿（曹沫）问所以战于庄公”被选编进《国语·鲁语》，而《曹沫之陈》就被淘汰了呢？这要

从《曹沫之陈》的特色与《国语》的编辑成书说起，从中我们也可以看出“语”这种先秦时期流行文体的起源与发展。

“语”是先秦时期非常普遍的一种文体。可是，以前关于“语”的资料（除《国语》以外）并没有引起学者们的重视。前人对于先秦时期“语”文体实质的理解，大致有四：一是治国之善语，二是相应答相辩论之言语，三是谚语、俗语，四是古语、古记。其实，单就“语”字而言，笼统地说，它就是语言，就是讲话。春秋时期，“言”与“语”已经合用为一词“言语”。[①]但是如果细分析起来，“言”和“语”还是有一些区别的。例如，《说文》所谓“直言曰言，论难曰语”[②]，是最为典型的解释。作为名词的“语”在先秦的含义，主要也就是这两种：一是指所说的话，《国语·周语上》“庶人传语”是也；二是指与他人辩论问难，《左传·昭公三年》“（晏婴）故与叔向语而称之”是也。作为文体来说，“语”在先秦时期并没有什么严格限定，“语”在最初出现的时候正是因为其作为讲话的“语”的外在形式而定，只要是出自人们的言谈论辩，都是“语”。但是那时“语”还不是固定的文章体裁，一直到《国语》的问世，“语”才真正成了一种固定的文体。韦昭注《国语》之“语”，为“治国之善语”“嘉言善语”，强调的是其内容而非文体。我们现在讨论“语”这种文体必须强调它只是一种以记言为目的的散文，而不必强调其内容。

关于“语”文体的研究，近年由于马王堆三号汉墓帛书《春秋事语》、慈利楚简《吴语》、上博简等出土文献的问世，引起专家注意。张政烺先生曾就《春秋事语》对“语”文体进行界定：“这在春秋时期的书籍中是一种固定的体裁，称为‘语’。语，就是讲话。语之为书既是文献

---

①《左传·襄公十四年》有“育语漏泄”“育语不达”；《左传·襄公三十一年》有“言语有章”。

② 段玉裁《说文解字注》三篇上《言部》总结《诗》毛传与郑笺所论，指出“语”之意当“如毛说，一人辩论是非谓之语。如郑说，与人相答向辩难谓之语”。

记录，也是教学课本。”[①]这种表述说明了“语”的文体特征亦即“语”的形式特征，是在于它记载了人们的语言。值得注意的是专家近来的新说：“‘语’这种文类之所以成立，主要不是因为某种特定的形式，而是特定的体用特征：明德。因而，只要是围绕这种体用特征编选的，不论其篇幅长短，也不论是重在记言，还是重在叙事，都可称之为‘语’。”[②]以“明德”为“语”文体的体用特征，自然有其合理的因素。然而，我们也要注意到，专家所论的“语”的这个特征是从《国语·楚语上》申叔时“教之语，使明其德，而知先王之务用明德于民也”而来的。《楚语》记载的申权时所列举的九种教育楚太子的教材，除了“语”有明确的“明德”作用外，还有“教之世，而为之昭明德而废幽昏”，“教之诗，而为之导广显德”，可见“世”与“诗”也有“明德”的功用。不仅如此，“春秋”“礼”“乐”“令”“故志”“训典”也都包含“明德”的功用。可以说，先案时期包括“语”在内的所有文体都或多或少地与“明德”有关系。如果说“明德”是“语”文体的特征，那么其他的文体该如何言之呢？是不是具有“明德”体用特征的诗、春秋、礼、乐、令等也都属于“语”了呢？这显然是不行的。

其实“语”文体的最初形式就是说理性质的语言记录，正是因为这种特定的形式，它才会被称作“语”，其内容偏重“记言”。虽然后来增加了一些“记事”的因素，但是其“记事”目的还是为了“记言”。这种目的在记言的说理性散文就是“语”。[③]

---

① 张政烺：《〈春秋事语〉解题》，载《文物》1977年第1期。

② 俞志慧：《语：一种古老的文类——以言类之语为例》，载《文史哲》2007年第1期。

③ 关于史官“记言”“记事”的划分，向来争议很大。统言之，记言与记事当然是不可截然分开的，但是其目的却有不同。杨树达曾以钟鼎铭辞为例辨析这两种文体的分合问题。他说：“以文体别之，可分为二事。一曰纯乎记事者，二曰纯乎记言者。其记事之中有言，则言统于事，以事论，不以言论也。记言之中亦有事，则事统于育，亦以言论，不以事论也。”（杨树达：《积微居金文说》卷2《善夫克鼎跋》，北京：科学出版社，1959年。）

“语”是一种古老的文体，但是在很长一段时间内发展得并不成熟，一直到《国语》的结集成书，它作为一种文体才完备起来。《国语》中时代较早的《周语》《鲁语》诸语多为时人所记，“记言”的分量大，而时代较晚的《吴语》《越语》多为后人追记之笔，则是“记事”的分量大。刘向在其《战国策·书录》中列举他所依据的底本共有六种，其中就有《事语》。马王堆三号汉墓出土的帛书《春秋事语》就是因为所记皆春秋时事，且以“语”为主，被专家命名为《春秋事语》。“事语”可以说是“语”发展的一个分支。这种记事说语的小短文在先秦时期非常流行。当然，《国语》主要是言君臣之政治得失，这种取向也有很大的影响。后来汉初陆贾撰《新语》就是因为高祖要求陆贾“著秦所以失天下，吾所以得之者何，及古成败之国”(《史记·郦生陆贾列传》)，书成后，时人号其书曰《新语》。这里的“语”已经不再是先秦用途非常广泛的“语”了，而是特指“治国之语”。汉初贾谊《新书》中也有明确命名为“语”的《修政语》《礼容语》，也是这种形式。由于《国语》的影响很大，晋儒孔衍曾经仿《国语》而作《春秋时国语》《春秋后国语》两书，“春秋后”即指战国时期，《春秋后国语》即《战国后语》。“语”作为“记言”的形式还依然保留着。

《曹沫之陈》具有“语”的特征，为何未被选编进《国语·鲁语》呢？究其原因，应该是《曹沫之陈》的内容与思想不是很符合《国语》作者的意图。《国语》作为编辑成书的列国之语，其编辑有很浓厚的政治借鉴目的，而《曹沫之陈》虽有重政治教化的色彩，但是其大部分内容是论述小国、弱国怎样转败为胜，这种思想在《国语》成书的时代已经不具有普遍性和借鉴意义。其被舍弃的原因当在于此。

总之，作为重要的“记言”形式，“语”最初是实录，最早出于史官的“记言”。只是在后来发展的过程中，“语”出现了分化，实录性质有所减弱，加入了作者自己的感情取舍，即所谓的“微言大义”。这种情况很符合诸子著述的需要，因此诸子书多采用“语”这种文体。《史记·秦始皇本纪》载丞相李斯曰：“非博士官所职，天下敢有藏《诗》《书》、百家语者，悉诣守、尉杂烧之。”可见“语”文体的著述，到秦始皇时期还大量存在。《曹沫之陈》既有鲁国史官记言的特征，也有后人整理的痕迹，它在学术史上应该处在“王官文化”向“诸子文化”转化的过渡阶段。它见证了先秦“语”这种文体发展演变的轨迹。

原载《学术月刊》2008年第2期。

作者简介

王青，女，1975年出生，山东泗水人，历史学博士，苏州大学社会学院副教授，专攻中国古代史先秦史方向。获得2011年全国百篇优秀博士学位论文奖。

出土文献与《古文尚书》真伪公案再议

刘光胜

以20世纪80年代为分界点，《古文尚书》（以下简称“晚书”）的考辨呈现出截然不同的面貌。南宋以来，吴棫、朱熹开启了怀疑《古文尚书》的滥觞。明代梅鷟撰《尚书考异》，从文献源流、语句剿袭等角度考辨《古文尚书》，真正从学术层面论证“晚书”之伪。清儒阎若璩、惠栋等将梅赜本与孔壁古文区分开来，实证与虚会相结合，从篇目差异、文体伪谬、文辞蹈袭、职官淆乱、礼制悖谬、地名晚出、历法错乱等多层面，反复厘剔，全力抉发梅赜所献《古文尚书》的罅漏之处。《古文尚书》出自后儒伪造的意见，得到学界的普遍认可。[①]此后张荫麟、刘起釪等学者延续阎氏辨伪理路，力证《古文尚书》晚出。期间虽有反对之声，但“《古文尚书》伪书”说一直占据学界主流地位。

20世纪80年代以后，《古文尚书》真伪之争再度回归。杨善群批评阎若璩《尚书古文疏证》运用二难推理、颠倒先后、吹毛求疵、虚张声势等八种不正当的考据方法，论据似是而非，所论不确。[②]郑杰文强调梅赜本

*本文得到山东省泰山学者专项经费资助，系国家社科基金重大项目“出土简帛文献与古书形成问题研究”（项目编号：19ZDA250）的阶段性成果。

① 刘光胜：《由怀疑到证实：由宋至清抉发〈古文尚书〉伪迹的理路》，载《中原文化研究》2018年第5期。

② 杨善群：《辨伪学的歧途——评〈尚书古文疏证〉》，载《淮阴师范学院学报》2005年第3期。

《古文尚书》与《墨子》所引《尚书》不同，说明梅赜并未抄袭《墨子》以造作《古文尚书》，应重新审视“梅赜造作《古文尚书》”的观点。[①]张岩利用计算机技术对先秦两汉数十种文献与《古文尚书》字频进行检索比较，认为《古文尚书》作伪难度高到不可能实现的程度。[②]此外，刘建国、胡治洪等学者也持类似观点。

“晚书”公案之所以难以解决，关键在于文献资料的匮乏。2008年，清华大学从香港文物市场抢救回一批珍贵的楚地竹简（简称“清华简”）。清华简的面世，让今人得以目睹未经秦火的“书”类文献，为《古文尚书》真伪考辨及《尚书》学研究的继续深入提供了契机。因此，本文以清华简“书”类文献为中心，结合郭店简、上博简、马王堆帛书以及相关传世文献，对《古文尚书》之真伪、辑撰时间及方法等问题再做考辨。

一、郭店简、上博简与《古文尚书》考辨

20世纪七八十年代以来，山东临沂银雀山汉简、河北定县八角廊汉简、安徽阜阳汉简及马王堆帛书等出土文献大量涌现，引发学界对古书成书问题的重新反思。河北定县八角廊汉简《儒家者言》，内容与《孔子家语》《说苑》有关。李学勤认为《孔子家语》并非伪书，并由此切入《古文尚书》真伪问题，指出《帝王世纪》引《古文尚书》，说明皇甫谧已见《古文尚书》。汉代“独尊儒术”后，孔氏世守家学，形成学派，《古文尚书》《孔子家语》等典籍很可能陆续成于孔安国、孔僖、孔季彦、孔猛等孔氏学者，是汉魏孔氏家学产物，并论述了孔传本《古文尚书》在魏晋

① 郑杰文：《〈墨子〉引〈书〉与历代〈尚书〉传本之比较——兼议“伪古文〈尚书〉”不伪》，载《孔子研究》2006年第1期。

② 张岩：《审核古文〈尚书〉案》，北京：中华书局，2006年，第29—33页。

之间的传布过程和时间节点。[①]“《古文尚书》伪书”说在清代已成学术定谳，李先生关于《古文尚书》不伪的意见，着眼于新见出土文献，立论新颖，在当时“普遍相信《古文尚书》是伪书”的学术界产生了强烈震撼。

《儒家者言》等简牍帛书，大多为汉代文献，与《古文尚书》并无直接关联。而20世纪90年代出土的郭店简、上博简为战国时期竹简，其中征引《尚书》的部分语句，反映了战国时期“书”类文献原貌，这些引文成为学者考察《古文尚书》真伪问题的重要参照，并将《古文尚书》真伪研究进一步推向深入。

郭店简《成之闻之》：“《大禹》曰：‘余才（兹）宅天心’。”[②]西汉孔壁所出《古文尚书》有《大禹谟》篇，《孔丛子·论书》简称《大禹谟》为《大禹》。李学勤据此认为，郭店简《成之闻之》所引《大禹》，即《尚书·大禹谟》。[③]廖名春持“《古文尚书》伪书”说，认为楚简《缁衣》篇所引均见于《礼记·缁衣》，所以也都见于“晚书”。但辑佚者未见郭店简《成之闻之》，所以《成之闻之》所引“《大禹》曰”未见于“晚书”，此是《古文尚书》晚出的又一证据。[④]姜广辉认为，从上博简、郭店简到《礼记·缁衣》再到《古文尚书·君牙》，存在由质朴艰涩向修明顺畅的演进规律。《古文尚书·君陈》抄撮《礼记·缁衣》文句，在“未见圣”加上“凡人”二字，上升到一般规律性的陈述。通过郭店简、

---

① 李学勤：《竹简〈家语〉与汉魏孔氏家学》，载《孔子研究》1987年第2期；《论魏晋时期古文〈尚书〉的传流》，《古文献丛论》，上海：上海远东出版社，1996年，第285—296页；《〈尚书孔传〉的出现时间》，载《古籍整理研究学刊》2002年第1期。

② “才”，从李零读为“兹”。参见李零：《郭店楚简校读记》，载陈鼓应主编：《道家文化研究（郭店楚简专号）》第17辑，北京：生活·读书·新知三联书店，1999年，第513页。

③ 李学勤对郭店简《缁衣》所引“《大禹》”为“《大禹谟》”的论证更为充分，故将李先生的文章置前。参见李学勤：《试说郭店简〈成之闻之〉两章》，载《烟台大学学报》2000年第4期。

④ 廖名春：《郭店楚简〈成之闻之〉、〈唐虞之道〉篇与〈尚书〉》，载《中国史研究》1999年第3期。

上博简与《古文尚书》的比较，仍可看出《古文尚书》的晚出痕迹。[①]

对此，吕绍纲持反对意见。他以郭店简举证《古文尚书》不伪，证据有三：

（1）篇名。晚出《古文尚书》篇名作《君牙》，与简本《缁衣》引《书》同，《礼记·缁衣》引作《君雅》，可见《古文尚书·君牙》不是抄袭《礼记·缁衣》而来。

（2）语言风格。《古文尚书·君牙》浅白易懂，文风与《今文尚书》诸篇古奥难晓者迥异，但《古文尚书·君牙》与郭店简《缁衣》引《君牙》几无不同。

（3）用语习惯。清儒姚际恒等认为《古文尚书》一律把“不”改作“弗”，把“无”改成“罔”，故意求得佶屈聱牙的效果。郭店简《缁衣》所引《君陈》用“弗”不用“不”，晚出古文《君陈》用“不”不用“弗”，可知姚氏的标准不可信。[②]

刘义峰从《尚书》流传的特点，论证《古文尚书》不伪。他认为先秦《尚书》存在不同篇名反映同一内容的现象，也存在内容不同但题名相同的现象。夏禹作为重要先王，事迹流传广泛，必有多种传本，因此不宜将《成之闻之》所引“《大禹》曰”，与《尚书·大禹谟》直接“对号入座”。[③]其他如虞万里、王世舜等学者，亦持相近的说法。

先秦时期，不同传本之间此有彼无，此无彼有，内容并不是完全等同、对应的关系。如《尚书·金縢》“乃卜三龟，一习吉。启籥见书，乃并是吉。公曰：‘体！王其罔害。予小子新命于三王，惟永终是图。兹攸

① 姜广辉主编：《中国经学思想史》第2卷，北京：中国社会科学出版社，2003年，第186—195页。

② 吕绍纲：《〈郭店楚墓竹简〉辨疑两题》，载《史学集刊》2000年第1期。

③ 刘义峰：《也谈郭店楚简引〈书〉问题》，见黄怀信、李景明主编：《儒家文献研究》，济南：齐鲁书社，2004年，第510—519页。

俟，能念予一人’”[①]，便不见于清华简《金縢》。郭店简《成之闻之》所引“《大禹》曰‘余才（兹）宅天心’”，为“书”类文献，由《孔丛子》知“《大禹谟》”可简称“《大禹》”，因此郭店简《成之闻之》所引“《大禹》曰”，可以初步判定为《尚书·大禹谟》的内容。但考虑到先秦时期“书”类文献多本别传，《大禹谟》不同传本之间可能存在章句差异，我们可以推定郭店简《成之闻之》所引“《大禹》曰‘余才（兹）宅天心’”为《尚书·大禹谟》的内容，但反过来，我们不能因为《古文尚书·大禹谟》没有这句话，便判定它必然是伪书。

先秦时期，《书》无定本，不同传本之间增减文字、改换句式，原属正常。如《尚书·康诰》：“乃其速由文王作罚，刑兹无赦，不率大戛。”[②]郭店简《成之闻之》引《康诰》曰：“不还大暊，文王作罚，刑兹亡憝（赦）。”[③]《尚书·康诰》“乃其速由”不见于郭店简《成之闻之》引《书》。“不率大戛”一句在“刑兹无憝（赦）”后，而郭店简《成之闻之》引《康诰》“不还大暊”在“刑兹亡憝（赦）”前。《尚书·康诰》和郭店简《成之闻之》引《康诰》文字、句式皆存在差异。《康诰》属于《今文尚书》，真实可信。我们不能因为《尚书·康诰》与郭店简引《康诰》文字差异，便质疑《尚书·康诰》不真。

同样，郭店简《缁衣》引《君陈》云：“未见圣，如其弗克见，我既见，我弗迪圣。”[④]《古文尚书·君陈》：“凡人未见圣，若不克见，既见

① [汉]孔安国传、[唐]孔颖达疏：《尚书正义》，见[清]阮元校刻：《十三经注疏》，北京：中华书局，1980年，第196页。

② [汉]孔安国传、[唐]孔颖达疏：《尚书正义》，见[清]阮元校刻：《十三经注疏》，北京：中华书局，1980年，第204页。

③ 荆门市博物馆编：《郭店楚墓竹简》，北京：文物出版社，1998年，第168页。

④ 荆门市博物馆编：《郭店楚墓竹简》，北京：文物出版社，1998年，第130页。

圣，亦不克由圣。”[①]两者文字略有出入，但语意基本相同，因此不能据郭店简引《君陈》与《古文尚书·君陈》文字差异，便推定《古文尚书·君陈》篇是伪作。

学界多认为《古文尚书》系抄袭传世文献而成。但吕绍纲指出，《礼记·缁衣》引《君雅》曰："夏日暑雨，小民惟曰怨；资冬祁寒，小民亦惟曰怨"[②]，与《古文尚书·君牙》"夏暑雨，小民惟曰怨咨；冬祁寒，小民亦惟曰怨咨"有异；[③]相反，《古文尚书·君牙》篇名之"牙"，与上博简、郭店简《缁衣》相同，但与《礼记·缁衣》不同，说明《古文尚书》不是纯粹抄袭《礼记·缁衣》而成，而是另有来源。

《今文尚书》佶屈聱牙，《古文尚书》文从字顺，辞气缓急可以作为判断真伪的参照，但不能绝对。《金縢》篇属于《今文尚书》，语意晓畅，有学者曾怀疑它是伪书。但清华简《金縢》的面世，平息了学界的疑虑。对于郭店简、上博简而言，由于引《书》数量少而且内容琐碎，未见全篇面貌，很难从辞气缓急的角度来衡量《古书尚书》真伪。

马王堆汉墓帛书《二二了问》孔子谓："故曰'德义无小，失宗无大'，此之谓也。"[④]《墨子》引《书》作"得玑无小，灭宗无大"，篇名为《禽艾》。[⑤]廖名春认为，《古文尚书·伊训》"尔惟德罔小，万邦惟庆；尔惟不德罔大，坠厥宗"，是袭用《说苑·复恩》"德无小"之误读。[⑥]实际上，《吕氏春秋·报更》《说苑·复恩》只有"德无小"一句，

---

①［汉］孔安国传、［唐］孔颖达疏：《尚书正义》，见［清］阮元校刻：《十三经注疏》，北京：中华书局，1980年，第237页。

②［汉］郑玄注、［唐］孔颖达疏：《礼记正义》，见［清］阮元校刻：《十三经注疏》，北京：中华书局，1980年，北京：中华书局，1980年，第1650页。

③［汉］孔安国传、［唐］孔颖达疏：《尚书正义》，见［清］阮元校刻：《十三经注疏》，北京：中华书局，1980年，第246页。

④裘锡圭主编：《长沙马王堆汉墓简帛集成（叁）》，北京：中华书局，2014年，第43—44页。

⑤孙诒让：《墨子间诂》，北京：中华书局，2018年，第247页。

⑥廖名春：《出土简帛丛考》，武汉：湖北教育出版社，2003年，第185页。

没有“坠厥宗”一句，《古文尚书》辑补者单纯改编《说苑》是不够的。

综上所述，先秦时期“书”类文献流传过程非常复杂，不同传本之间，文字、句式差异很大。郭店简、上博简所引《古文尚书》篇目为《尹诰》《君陈》《君牙》，共计三句话，[①]材料太少，且零散琐碎，很难概括出先秦“书”类文献的用语特征或规律。《古文尚书》辑补者将《尹诰》定位在太甲之时，《史记·殷本纪》却说是商汤在位之日，古文作伪的端倪，凭借郭店简、上博简无法完全彰显出来。特别是《古文尚书·君牙》篇题中的“牙”字，与《礼记·缁衣》引《书》不同，却与郭店简、上博简相同，暗示该篇可能不是纯粹抄袭《礼记·缁衣》而成。因此，郭店简、上博简所引“书”类文献资料虽然弥足珍贵，却不能为“《古文尚书》伪书”说提供强有力的证据支撑。

二、清华简《尹诰》与《古文尚书》之《太甲》《咸有一德》

与郭店简、上博简及马王堆帛书中以引文形式出现的《尚书》不同，清华简“书”类文献以整篇形式出现，为“晚书”真伪考辨提供了前所未有的材料支撑。首先引发《古文尚书》真伪之争的，是清华简《尹诰》篇。整理者注意到清华简《尹诰》与孔传本《咸有一德》文本内容全然不同，主张东晋梅赜所献的《古文尚书》，确如宋以来学者所考，系后世伪作。[②]廖名春指出，清华简《尹诰》篇中与伊尹对话者是汤，而非太甲，说明“晚书”《咸有一德》确属伪书，清华简本才是真正的《尹诰》或

① 李学勤曾指出，郭店简《成之闻之》引《书》“允师济德”一句出自《尚书·说命》，但清华简《傅说之命》却没有与之相应的文句。参见李学勤：《试论楚简中的〈说命〉佚文》，载《烟台大学学报》2008年第2期。

② 清华大学出土文献研究与保护中心编，李学勤主编：《清华大学藏战国竹简（壹）》，上海：中西书局，2010年，第132页。

《咸有一德》。[1]杜勇认为《咸有一德》在《书序》和《殷本纪》中所列次第，充分说明《咸有一德》为伊尹诰汤之文，与清华简《尹诰》的内容若合符节，晚出《咸有一德》是伪非真，铁证如山。[2]

而另外一些学者持不同意见。黄怀信从“惟尹躬暨汤咸有一德”的作用入手，强调该句作为《咸有一德》全篇核心，前后文逻辑严密，具有原创性。《咸有一德》当不晚于简书，不可能是魏晋之人伪造。[3]虞万里持“《古文尚书》二次整理说”，认为《咸有一德》很可能是孔安国阐述《尹诰》经旨之传文，由孔氏或其弟子完善记录后上送秘府。逮及曹魏立古文博士，寻访《古文尚书》逸篇，整理秘府旧简而成。[4]杨善群认为，历来《尚书》各本均无《尹诰》之篇名，清华简题名《尹诰》是误读《礼记》和郑注所致，进而怀疑清华简《尹诰》是战国时人编造的有关伊尹与汤事迹的习作。[5]

为便于论证，我们不妨先将相关语句摘抄如下：

1.《古文尚书·咸有一德》：“惟尹躬暨汤咸有一德。”[6]

2.《礼记·缁衣》引《尹吉》曰：“惟尹躬及汤咸有壹德。”[7]

3. 郭店简《缁衣》引《尹诰》云：“惟尹躳（允）及汤咸有一德。”[8]

---

① 廖名春：《清华简与〈尚书〉研究》，载《文史哲》2010年第6期。

② 杜勇：《清华简〈尹诰〉与晚书〈咸有一德〉辨伪》，载《天津师范大学学报》2012年第3期。

③ 黄怀信：《由清华简〈尹诰〉看〈古文尚书〉》，载《鲁东大学学报》2012年第6期。

④ 虞万里：《由清华简〈尹诰〉论〈古文尚书·咸有一德〉之性质》，载《史林》2012年第2期。

⑤ 杨善群：《清华简〈尹诰〉篇题辨正》，载《齐鲁学刊》2016年第5期。

⑥［汉］孔安国传、［唐］孔颖达疏：《尚书正义》，［清］阮元校刻：《十三经注疏》，第165页。

⑦［汉］郑玄注、［唐］孔颖达疏：《礼记正义》，见［清］阮元校刻：《十三经注疏》，北京：中华书局，1980年，第1648页。

⑧“躳”读为“允”，从裘锡圭先生释读。参见荆门市博物馆编：《郭店楚墓竹简》，北京：文物出版社，2002年，第129—132页。

4. 上博简《缁衣》引《尹诰》云："惟尹（允）及汤咸有一德。"①

5. 清华简《尹诰》："惟尹既及汤咸有一德。"②

又：

1.《古文尚书·太甲上》："惟尹躬先见于西邑夏，自周有终，相亦惟终。"③

2.《礼记·缁衣》："《尹吉》曰：'惟尹躬天见于西邑夏，自周有终，相亦惟终。'"④

3. 清华简《尹诰》："尹念天之败西邑夏，曰：'夏自绝其有民，亦惟厥众。'"⑤

《礼记·缁衣》引《尹吉》，郑玄注："吉当为告，告，古文诰字之误也。尹告，伊尹之诰也。"⑥郑玄认为"吉"是"诰"字之误，《尹吉》就是《尹诰》。郭店简、上博简《缁衣》引"惟尹躳（允）及汤咸有一德"，皆称出自《尹诰》，正与郑玄之说相合。清华简《尹诰》虽没有篇名，但《礼记·缁衣》两次引用《尹吉（诰）》，一是"惟尹躬及汤咸有壹德"，二是"惟尹躬天见于西邑夏"，皆见于清华简《尹诰》。《礼

① 上博简《缁衣》""，与郭店简《缁衣》""形体近似，当为"躳"字的不同写法。整理者释为"夋"，恐非。参见马承源主编：《上海博物馆藏战国楚竹书（一）》，上海：上海古籍出版社，2001年，第177页。

② 清华大学出土文献研究与保护中心编，李学勤主编：《清华大学藏战国竹简（壹）》，上海：中西书局，2010年，第133页。

③［汉］孔安国传、［唐］孔颖达疏：《尚书正义》，见［清］阮元校刻：《十三经注疏》，北京：中华书局，1980年，第164页。

④［汉］郑玄注、［唐］孔颖达疏：《礼记正义》，见［清］阮元校刻：《十三经注疏》，北京：中华书局，1980年，第1649页。

⑤ 清华大学出土文献研究与保护中心编，李学勤主编：《清华大学藏战国竹简（壹）》，上海：中西书局，2010年，第133页。

⑥［汉］郑玄注、［唐］孔颖达疏：《礼记正义》，见［清］阮元校刻：《十三经注疏》，北京：中华书局，1980年，第1648页。

记·缁衣》引《尹诰》后半句“自周有终，相亦惟终”，当读为“自害有众，丧亦惟众”，[①]与清华简《尹诰》“夏自绝其有民，亦惟厥众”句意也非常接近。

《咸有一德》，郑玄《书序》主张在《汤诰》之后。《史记·殷本纪》以为在《汤诰》之后《明居》之前。[②]《咸有一德》在郑玄所记《书序》和《史记·殷本纪》中所列次第，充分说明该篇发生在商汤当政之时，与清华简《尹诰》伊尹诰商汤的时间节点契合，则清华简《尹诰》为真古文《咸有一德》无疑。因此，以清华简《尹诰》为依据，我们可以反观《古文尚书·咸有一德》的伪迹：

其一，时间节点、诰辞对象谬误。清华简整理者已经指出，《史记·殷本纪》云“伊尹作《咸有一德》”，事在汤践天子位后，介于《汤诰》《明居》之间，而孔传本及《书序》则以为太甲时，列于《太甲》三篇之下，与《殷本纪》不合。司马迁曾问学于孔安国，孔安国亲见孔壁《尚书》，所说自属可信。现据简文所叙，时在汤世，伪《咸有一德》谬误明显。[③]郑玄注《礼记·缁衣》云：“《尹吉》，亦《尹诰》也。……伊尹始仕于夏，此时就汤矣。”[④]郑玄说伊尹最初在夏为官，此时已回商都，则可确定《尹诰》为伊尹诰商汤之辞。清华简《尹诰》“挚告汤曰”，正与郑玄之注解同。伪造《古文尚书》者将《尹诰》（《咸有一德》）理解

①《礼记·缁衣》引《尹吉（诰）》：“自周有终，相亦惟终。”马楠认为“周”是“害”之讹写，“终”读为“众”，即“自害有众，相亦惟终”。李守奎指出“丧”“相”声韵并近，应读为“自害有众，丧亦惟众”。参见马楠：《清华简第一册补释》，载《中国史研究》2011年第1期；李守奎：《汉代伊尹文献的分类与清华简中伊尹诸篇的性质》，载《深圳大学学报》2015年第3期。

②《史记》卷3《殷本纪》：“伊尹作《咸有一德》，咎单作《明居》。”

③ 清华大学出土文献研究与保护中心编，李学勤主编：《清华大学藏战国竹简（壹）》，上海：中西书局，2010年，第132页。

④［汉］郑玄注、［唐］孔颖达疏：《礼记正义》，见［清］阮元校刻：《十三经注疏》，北京：中华书局，1980年，第1649页。

为伊尹诰太甲之文，是严重误读。

其二，任意割裂篇目。据清华简《尹诰》和《礼记·缁衣》，“惟尹躬及汤咸有壹德”和“惟尹躬天见于西邑夏”皆属于《尹诰》一篇，而《古文尚书》作伪者将之分开，一为《咸有一德》篇，一为《太甲上》篇。篇目割裂，明显暴露出其造伪的痕迹。在作伪者看来，“惟尹躬及汤咸有壹德”是讲君臣皆有纯一之德，“惟尹躬天见于西邑夏，自周有终，相亦惟终”是讲夏代先王君臣以忠信为本。两者主旨不同，合并则无法连缀上下文，所以分为两篇。

其三，人物称谓错乱。伊尹之母居于伊水之上，所以他以伊为氏，名挚。清华简《尹诰》：“挚告汤曰：‘我克协我友，今惟民远邦归志。’汤曰：‘呜呼，吾何祚于民，俾我众勿违朕言？’挚曰：‘后其赉之，其有夏之［金］玉日（田）邑，舍之吉言。’”①从清华简看，伊尹的称谓有三种：一是按照古代礼制，君前臣名，清华简《尹诰》伊尹与商汤的问答中，自称其名“挚”，合乎礼法（《礼记·曲礼上》：“父前子名，君前臣名”）。②二是清华简《尹至》《尹诰》所载君臣对话，伊尹用第一人称代词“余”“我”，但从不自称“尹”。三是史官叙事之辞，称“伊尹”为“尹”。

《古文尚书·太甲上》：“伊尹作书曰：‘……惟尹躬先见于西邑夏，自周有终，相亦惟终。’”③《尔雅·释言》：“尹，正也。”尹是古代官

---

① 清华大学出土文献研究与保护中心编，李学勤主编：《清华大学藏战国竹简（壹）》，上海：中西书局，2010年，第133页。

②［汉］郑玄注、［唐］孔颖达疏：《礼记正义》，见［清］阮元校刻：《十三经注疏》，北京：中华书局，1980年，第1241页。

③［汉］孔安国传、［唐］孔颖达疏：《尚书正义》，见［清］阮元校刻：《十三经注疏》，北京：中华书局，1980年，第164页。

名，[①]伊尹担任的官职。伊尹在商王太甲面前不能称“尹”，应自称其名“挚”。“惟尹躬先见于西邑夏”作为史官叙事之辞，自无不妥，但在《古文尚书·太甲上》篇，却是伊尹自言。《太甲上》伊尹在太甲面前自称“尹”，[②]将史官叙事之辞混入伊尹之语，此为作伪者采缀他文编入己书的证据。

其四，对于“惟尹躬天见于西邑夏”句意存在误读。《礼记·缁衣》引《尹吉（诰）》曰：“惟尹躬天见于西邑夏，自周有终，相亦惟终。”郑玄注：“天，当为‘先’字之误。忠信为‘周’。相，助也，谓臣也。伊尹言尹之先祖，见夏之先君臣，皆忠信以自终。今天绝桀者，以其‘自作孽’。伊尹始仕于夏，此时就汤矣。夏之邑在亳西。见，或为‘败’。邑，或为‘予’。”[③]东汉时期，《尹诰》已经亡佚，但郑玄根据《缁衣》的不同版本，说《尹诰》存在异文：“天”或作“先”，“见”或为“败”，“邑”或为“予”。从清华简《尹诰》“尹念天之败西邑夏”看，“天”不当作“先”，“见”当为“败”，“邑”不当为“予”。

《古文尚书·太甲上》云：“惟尹躬先见于西邑夏，自周有终，相亦惟终；其后嗣王罔克有终，相亦罔终。嗣王戒哉！”[④]作伪者不明此句真实含义，认为“天见”讲不通，遂取“先见”为说。“尹念天之败西邑夏”，意为上天因为夏桀暴虐百姓而让其灭亡，在《古文尚书·太甲上》则为夏代先哲王注重忠信而得以善终，句意完全颠倒。

---

① 对于“尹”是官名或字，学界有不同意见。阎若璩认为“尹”为太甲之字，所以不能在太甲面前称“尹”。参见阎若璩著，黄怀信、吕翊欣校点：《尚书古文疏证（附：古文尚书冤词）》，上海：上海古籍出版社，2013年，第182页。

②《古文尚书·咸有一德》亦如此。

③［汉］郑玄注、［唐］孔颖达疏：《礼记正义》，见［清］阮元校刻：《十三经注疏》，北京：中华书局，1980年，第1649页。

④［汉］孔安国传、［唐］孔颖达疏：《尚书正义》，见［清］阮元校刻：《十三经注疏》，北京：中华书局，1980年，第164页。

其五，《古文尚书》以篇题为主旨，违背古书命名原则。古书命名，往往抄撮首句要语为篇题，与文章主旨无关。清华简《尹诰》："惟尹既及汤咸有一德，尹念天之败西邑夏。"[①]清华简《尹诰》讲述伊尹向商汤建议妥当安置百姓等事。"咸有一德"非文章主旨，之所以成为篇题，是因为它位于该篇首句位置。《古文尚书·咸有一德》以"咸有一德"为中心，紧紧围绕君臣同心同德展开论证，说"德惟一，动罔不吉；德二三，动罔不凶"，[②]假托伊尹之言，全面阐发"咸有一德"的重要意义。《古文尚书·咸有一德》"德"字共出现15次，其中"一德"出现4次，"咸有一德"已经变成贯穿全篇的主旨，违背了古书命名的基本规律。正如阎若璩所谓："（《咸有一德》）通篇将题字面纠缠缴绕，此殆学语者所为耳。"[③]

此外，从出土材料看，商周之际第一人称代词用"朕""我""余""余一人"，但不用"予"字。[④]清华简"书"类文献没有"予"字，[⑤]符合早期的用字习惯。《古文尚书·太甲上》："兹乃不义，习与性成，予弗狎于弗顺。"[⑥]《太甲上》伊尹自称"予"，与商周时期语言特征不合，也可证其晚出。《古文尚书·太甲》三篇为一整体，上篇为伪作，则中、下两篇

① 清华大学出土文献研究与保护中心编，李学勤主编：《清华大学藏战国竹简（壹）》，上海：中西书局，2010年，第133页。

② ［汉］孔安国传，［唐］孔颖达疏：《尚书正义》，见［清］阮元校刻：《十三经注疏》，北京：中华书局，1980年，第166页。

③ ［清］阎若璩著，黄怀信、吕翊欣校点：《尚书古文疏证（附：古文尚书冤词）》，上海：上海古籍出版社，2013年，第185页。

④ 必须强调的是，此据出土文献而言。《礼记·坊记》引《大（太）誓》武王曰："予克纣，非予武，惟朕文考无罪；纣克予，非朕文考有罪，惟予小子无良。"传世文献引《书》天子自称"予"，"余""予"混用，可能是流传过程中，后儒修改所致。参见［汉］郑玄注、［唐］孔颖达疏：《礼记正义》，见［清］阮元校刻：《十三经注疏》，北京：中华书局，1980年，第1620页。

⑤ 从目前出版的资料看，"书"类文献见于《清华大学藏战国竹简》（壹）（叁）（伍）（捌），其中皆无"予"字。

⑥ ［汉］孔安国传、［唐］孔颖达疏：《尚书正义》，见［清］阮元校刻：《十三经注疏》，北京：中华书局，1980年，第164页。

也很可能是后人补缉之作。

总之,《尹诰》本为伊尹诰商汤之辞,《古文尚书》却将它定为伊尹诰太甲之文。清华简《尹诰》与《礼记·缁衣》引《书》相互印证,可知“惟尹躬及汤咸有一德”和“惟尹躬天见于西邑夏”皆属于《尹诰》一篇。而《古文尚书》作伪者却离析为两篇,一为《咸有一德》篇,一为《太甲上》篇。《尹诰》“尹念天之败西邑夏”为夏桀暴虐百姓而亡国的前车之鉴,到《古文尚书·太甲上》竟成了夏代先哲王注重忠信而得以善终的成功经验。时代错位,篇目割裂,句意误读,根据残存引文改换文章主旨,《古文尚书》作伪痕迹昭然。由清华简《尹诰》,可推定《古文尚书·咸有一德》及《太甲》上、中、下三篇皆应是伪作。

三、清华简《傅说之命》与《古文尚书·说命》

清华简《尹诰》无篇名,学者或质疑其非真正的《尚书·尹诰》。然而,清华简《傅说之命》自带篇名,为《古文尚书》公案的解决提供了关键证据。李学勤指出,与清华简《说命》对照,梅氏所献《说命》除从先秦文献中摘辑的语句外,全然不同。[①]裘锡圭认为清华简《傅说之命》与伪《古文尚书·说命》,除传世古书引用过的文句外,毫无共同之处,绝不能以“同篇异本”作解释。[②]杜勇将两者文本差异归纳为文章体例不同、话语主体不同及篇章结构不同,主张《古文尚书·说命》从内容到形式都与竹简本不同,再次证明前人把“晚书”二十五篇断为伪作,铁案如山。[③]程薇强调《墨子》引《术令》文句实为《说命》,却被排斥在传世《说命》篇之外,《相年》文句非《说命》,却被编入《说命》篇。《古文

① 李学勤:《新整理清华简六种概述》,载《文物》2012年第8期。

② 裘锡圭:《出土文献与古典学重建》,载《光明日报》2013年11月14日,第11版。

③ 杜勇:《从清华简〈说命〉看古书的反思》,载《天津师范大学学报》2013年第4期。

尚书·说命》三篇，是后人搜集先秦秦汉文献有关傅说的各种材料，重新编写而成。①

针对以上诸说，杨善群认为神怪故事非《尚书》所宜有，时王命语冗长不切实际，傅说言论庸俗而无所作为，因此简本《说命》是战国时人编造的游戏之作。②张岩强调《尚书·说命》内容精致典雅，多格言警句，而清华简《傅说之命》内容生涩浅陋，乃敷衍成文，属于后世赝作。③

笔者认为，简本《傅说之命》不可能是后人伪造，《古文尚书·说命》存在作伪的嫌疑。

（一）简本《傅说之命》不可能是后人伪造

《古文尚书》辨伪正反双方分歧的关键，并不在于"晚书"与清华简篇目语词哪个更"精致典雅"，或者是否言"怪力乱神"，而是坚持不伪的学者，无法解释清华简《傅说之命》与《古文尚书·说命》之间的巨大差异，便釜底抽薪地反戈一击，说清华简内容也不可信，甚至是现代人伪造的。④

欲证梅赜本之伪，需首先证明清华简《傅说之命》为真。《屯南》2525："癸未卜：又（有）（祸）百工？"⑤又《合集》9741（反）："贞：乎（呼）邑人出羊、牛？"⑥简本"百工""邑人""帝""小臣"等，卜辞

① 程薇：《由〈傅说之命〉反思伪古文〈尚书·说命〉篇》，载《中国社会科学报》2014年2月26日，第5版；《传世古文尚书〈说命〉篇重审——以清华简〈傅说之命〉为中心》，载《中原文化研究》2015年第1期。

② 杨善群：《清华简〈说命〉考论》，载《淮阴师范学院学报》2014年第1期。

③ 张岩：《清华简〈咸有一德〉〈说命〉真伪考辨》，载《山东青年政治学院学报》2015年第1期。

④ 此处承蒙匿名审稿专家提示，不敢掠美，特此致谢。

⑤ 释文参见姚孝遂、肖丁：《小屯南地甲骨考释》，北京：中华书局，1985年，第308页。

⑥ 郭沫若主编，中国社会科学院历史研究所编：《甲骨文合集》第4册，北京：中华书局，1979年，第1417页。

习见。[①]“𦣞（蠢）邦”一语，符合商人用语习惯。[②]《傅说之命》丙篇“諟劼毖汝”，[③]与清华简《摄命》“劼毖摄”、《尚书·酒诰》“汝劼毖殷献臣”辞例极近，非后人所能伪造。

晁福林指出，将先祖冠以“某宗”名号之事源于春秋战国时代，而简本《傅说之命》称述大戊的功德而不言其为“中宗”，类似于《尚书》诸篇叙事，符合春秋以前对商王称呼的特点。[④]罗琨更从清华简《傅说之命》特殊语法现象，及“生二牡豕”事与卜辞中对双胞胎的卜问相合，证其不伪。[⑤]

正反对贞的命辞格式，不见于传世文献记载，是殷墟卜骨面世之后，才为世人知晓。清华简《傅说之命》甲篇：“失仲卜曰：‘我其杀之？我其已，勿杀？’勿杀是吉。”[⑥]失仲的命辞“我其杀之”“我其已”，属于正反对贞。“勿杀是吉”，是记录占卜结果的占辞。正如李学勤所言，清华简《傅说之命》正反对贞的格式及措辞习惯，与武丁时期宾组卜辞用例相合，商代以下很难拟作。[⑦]

作伪者可以辑补简文、仿写字体，但虚词的使用习惯和出现频率，是

---

① “邑人”，见于《合集》799、9741、14211、30267；“小臣”，见于《合集》70余条。

② 关于卜辞中“蠢”字的释读及“蠢邦”的解释，参见蒋玉斌：《释甲骨金文的“蠢”兼论相关问题》，《复旦学报》2018年第5期。

③ 清华简《傅说之命》自带篇题，且不是上、中、下关系，所以笔者称之为甲篇、乙篇及丙篇。

④ 晁福林：《从商王大戊说到商周时代祖宗观念的变化——清华简〈说命〉补释》，载《学术月刊》2015年第5期。

⑤ 这里强调的是《傅说之命》文本之真，但不否认该篇羼杂后人的润色与加工。参见罗琨：《〈说命〉“生二牡豕”解——兼说“失仲”故事的可信性》，清华大学出土文献研究与保护中心编：《出土文献》第6辑，上海：中西书局，2015年，第169—175页。

⑥ 笔者据文意，对句读有所改动。参见清华大学出土文献研究与保护中心编，李学勤主编：《清华大学藏战国竹简（叁）》，上海：中西书局，2012年，第122页。

⑦ 李学勤：《论清华简〈说命〉中的卜辞》，见张福贵主编：《华夏文化论坛》第8辑，长春：吉林文史出版社，2012年，第273—274页。

很难伪造的。清华简《傅说之命》虚词使用情况，见表1。

表1　清华简《傅说之命》虚词使用情况

虚词＼篇目	《傅说之命》甲篇	《傅说之命》乙篇	《傅说之命》丙篇
于	5	4	3
於	0	0	0
其（亓）	3	0	3
厥	3	2	1

“于”“於”使用特点是，商周时期只用“于”字，春秋时期“于”“於”混用，战国时期“於”取代“于”字。[①]《傅说之命》只用“于”字，而不用“於”。“其”“厥”的演变规律是，商代及西周早期“其”“厥”并存，西周中晚期“其”“厥”混用，西周以后“其”取代“厥”。[②]《傅说之命》中这些虚词出现的频率是：甲篇“其”字3次，“厥”字3次；乙篇“其”字0次，“厥”字2次；丙篇“其”字3次，“厥”字1次。《傅说之命》作为“商书”，与商周时期“其”“厥”并用的特点契合。

清华简与传世文献内容相同，学者或认为是清华简抄袭传世文献。[③]判定出土文献为真的一项重要标准，就是其内容虽不见于传世文献，却能在传世文献（或其他可信的文献）中获得证明。

周公封康叔于卫，为何《尚书》中却称“康诰”？清华简《系年》记载康叔首封于康丘，后迁居卫，困扰学界多年的疑谜涣然冰释。清华简

① 董志翘、洪晓婷：《〈清华大学藏战国竹简（壹、贰）〉中的介词“于”和“於”——兼谈清华简的真伪问题》，载《语言研究》2015年第3期。

② 唐钰明：《其、厥考辨》，载《中国语文》1990年第4期。

③ 姜广辉、付赞怀疑《尹诰》的重要理由，就是它与传世文献多有雷同。参见姜广辉、付赞：《清华简〈尹诰〉献疑》，载《湖南大学学报》2014年第3期。

《摄命》开篇云“亡承朕鄉”，宁镇疆据此指出师询簋“亡承于先王”沿袭千年的断句错误。[①]若非此篇，如何能发千古之覆？清华简《摄命》“摄”字作“[illegible]”，此字形见于郭店简、上博简《缁衣》引《诗·既醉》，亦与《史记·周本纪》所记“爨命”之“爨”接近，[②]难道作伪者未卜先知？

《尚书·金縢》“予冲人”之“冲”，简本作“沓”，证实西周它簋、亖卣铭文中“沈子”当读为“冲子”。[③]由“冲”与“沈”相通借，可知古音侵、冬两部关系密切，[④]它簋中的“沈子”系谦称，[⑤]该器自然也非“沈国”之器。坚持《古文尚书》不伪的学者，指斥清华简出自造伪，是由于他们对这些学术研究的前沿成果，缺乏审慎的吸收与借鉴。

（二）《古文尚书·说命》存在作伪嫌疑

现将清华简《傅说之命》与《古文尚书·说命》进行比较。

其一，从文本内容差异及范围证伪。

《史记·儒林列传》曰：“自此之后，鲁周霸、孔安国，洛阳贾嘉，颇能言《尚书》事。孔氏有古文《尚书》，而安国以今文读之，因以起其家。逸《书》得十余篇，盖《尚书》滋多于是矣。”[⑥]

孔安国得《古文尚书》，以今文读之。在流传过程中，《尚书》经过多

---

① 宁镇疆：《清华简〈摄命〉“亡承朕鄉”句解——兼说师询簋相关文句的断读及理解问题》，载《中华文化论坛》2019年第2期。

② 贾连翔：《“摄命”即〈书序〉“爨命”“囧命”说》，载《清华大学学报》2018年第5期。

③ 早在清华简公布之前（2003年），董珊就已指出“沈子”即“冲子”。参见董珊：《释西周金文的“沈子”和〈逸周书·皇门〉的“沈人”》，清华大学出土文献研究与保护中心编：《出土文献》第2辑，2011年。

④ 李学勤：《清华简九篇综述》，载《文物》2010年第5期。

⑤ 蒋玉斌、周忠兵：《据清华简释读西周金文一例——说“沈子”、“沈孙”》，见清华大学出土文献研究与保护中心编：《出土文献》第2辑，上海：中西书局，2011年，第35—38页。

⑥ 司马迁：《史记》卷121《儒林列传》，北京：中华书局，1982年，第3796页。

次改写，文本难免变形，但语意应基本不变。清华简《傅说之命》甲篇、丙篇皆不见于《古文尚书·说命》，乙篇仅与《国语·楚语上》征引的部分相同。正如整理者所言，除传世文献引文之外，清华简《傅说之命》与《古文尚书·说命》从用词表述到文本语意皆不相同，这种差异便不能用古书的文本变形来解释。西汉张霸伪造《尚书》，成帝以中秘本证之为非。除传世文献引文外，清华简《傅说之命》与《古文尚书·说命》内容迥然不同，此为梅赜本《说命》作伪最明显的证据。

从内容范围上说，如果传世文献摘引《尚书·说命》，则《尚书·说命》的内容必须多于而不是少于传世文献的引文。清华简《傅说之命》甲篇曰："天乃命说伐失仲。失仲是生子，生二戊（牡）豕。"[①]在傅岩发现傅说的是弼人，傅说率领军队征伐失仲，傅说的封邑为北海之州等内容，不见于传世文献。传世文献有的，清华简《傅说之命》亦有；传世文献所无，清华简《傅说之命》亦有。可知《说命》的不同传本（含清华简）影响了传世文献。[②]

传世文献有的，《古文尚书·说命》亦有；传世文献所无，《古文尚书·说命》亦无，可知《古文尚书》抄袭自传世文献。它们形成的先后顺序应是：《说命》的不同传本——传世文献引文——《古文尚书·说命》。清华简《傅说之命》三篇内容远多于传世文献摘引《说命》的范围，[③]而《古文尚书·说命》内容少于或基本上不出传世文献引文之外。以传世文献引《书》的范围为标准，亦可判定《古文尚书·说命》有伪作嫌疑。

其二，《说命》作者归属的误判。《书小序》说："高宗梦得说，使百工

① 清华大学出土文献研究与保护中心编，李学勤主编：《清华大学藏战国竹简（叁）》，北京：中华书局，2012年，第122页。

② 先秦时期，《说命》多本别传。影响传世文献的，不仅有清华简《傅说之命》，亦有儒家《说命》、墨家《说命》等不同传本，所以笔者统称之为《说命》的不同传本。

③ 此为总体情况，《礼记·文王世子》《学记》等篇目中的少量引文，不见于清华简《傅说之命》。

营求诸野，得诸傅岩，作《说命》三篇。”[①]从《书小序》看，武丁起用傅说之后，撰《说命》三篇，《说命》的作者明确是武丁。《国语·楚语上》记载“武丁于是作书”，《说命》三篇的著作权当归属武丁。《墨子·尚同中》称《说命》为“先王之书”，[②]武丁是先王，而傅说不属于先王。[③]清华简《傅说之命》三篇以武丁为任命傅说的言辞的主体，傅说只是简单应答，与《国语》《墨子》《书小序》的记载相合。

关于《说命》作者，郑玄有前后矛盾的说法。

1.《礼记·文王世子》：“《兑命》曰：‘念终始典于学。’”郑玄注：“‘兑’当为‘说’。《说命》，《书》篇名，殷高宗之臣傅说之所作。”[④]

2.《礼记·学记》：“《兑命》曰：‘念终始典于学。’其此之谓乎！”郑玄注：“‘兑’当为‘说’，字之误也。高宗梦傅说，求而得之，作《说命》三篇，在《尚书》，今亡。”[⑤]

对于“念终始典于学”，郑玄在《文王世子》注中，认为是傅说所言，而在《学记》注中，竟然又改为武丁之语。从“今亡”看，汉代《说命》已经亡佚。郑玄未见《说命》，他对于《说命》作者存在彼此矛盾的游移态度。在《礼记》注中，郑玄两次认为《说命》的作者是傅说，一次认为是武丁。《古文尚书·说命上》：“王庸作书以诰曰：‘以台正于四方，

① [汉] 孔安国传，[唐] 孔颖达疏：《尚书正义》，见 [清] 阮元校刻：《十三经注疏》，北京：中华书局，1980年，第174页。

②《墨子·尚同中》云：“是以先王之书《术令》之道曰：‘唯口出好兴戎。’”

③ 李学勤已指出此点，参见其著：《新整理清华简六种概述》，载《文物》2012年第8期。

④ [汉] 郑玄注、[唐] 孔颖达疏：《礼记正义》，见 [清] 阮元校刻：《十三经注疏》，北京：中华书局，1980年，第1411页。

⑤ [汉] 郑玄注、[唐] 孔颖达疏：《礼记正义》，见 [清] 阮元校刻：《十三经注疏》，北京：中华书局，1980年，第1521页。

惟恐德弗类，兹故弗言。恭默思道，梦帝赉予良弼，其代予言。'"[①]武丁担心自己德行不善，所以不言，让傅说代替他宣布教化。《古文尚书》作伪者从此处出发，选取郑玄"傅说作《说命》"的说法。《古文尚书·说命中》："惟说命总百官，乃进于王曰：'呜呼！明王奉若天道，建邦设都，树后王君公，承以大夫师长，不惟逸豫，惟以乱民。'"[②]傅说总领百官，向武丁进言。在《古文尚书·说命》中，傅说规谏、言说的内容明显多于武丁，占据主要篇幅，作伪者实际是将傅说当作了《说命》"作者"。《古文尚书·说命》这种"傅说作书诰武丁"的做法，严重背离"武丁作书命傅说"的历史真相。

其三，话语权的错误转移。《国语·楚语上》："武丁于是作书，曰：'以余正四方，余恐德之不类，兹故不言。'如是而又使以梦象旁求四方之贤，得傅说以来，升以为公。"[③]从《国语》看，武丁不善言，所以以傅说代言，《古文尚书》据此将傅说塑造成善言的典型，武丁的言论也被纳入傅说的论说。《礼记·缁衣》引《兑命》："惟口起羞，惟甲胄起兵，惟衣裳在笥，惟干戈省厥躬。"郑玄注："'兑'当为'说'，谓殷高宗之臣傅说也。作书以命高宗，《尚书》篇名也。"[④]郑玄主张傅说为《说命》作者，此句自然为傅说所云。但从清华简《傅说之命》看，此句全部为武丁所说。郑玄未见《说命》，为妄说之辞。《古文尚书·说命》作者误信郑玄之语，将之归为傅说所言，武丁之辞竟然被偷换为傅说之语，造伪痕迹非常明显。

---

①［汉］孔安国传、［唐］孔颖达疏：《尚书正义》，见［清］阮元校刻：《十三经注疏》，北京：中华书局，1980年，第174页。

②［汉］孔安国传、［唐］孔颖达疏：《尚书正义》，见［清］阮元校刻：《十三经注疏》，北京：中华书局，1980年，第175页。

③徐元诰撰：《国语集解》（修订本），北京：中华书局，2002年，第503页。

④［汉］郑玄注、［唐］孔颖达疏：《礼记正义》，［清］阮元校刻：《十三经注疏》，北京：中华书局，1980年，第1649页。

《墨子·尚同中》云："是以先王之书《术令》之道曰：'唯口出好兴戎。'"孙诒让《墨子间诂》曰："'术令'当是'说命'之叚字。《礼记·缁衣》云'《兑命》曰：惟口起羞，惟甲胄起兵，惟衣裳在笥，惟干戈省厥躬'，郑注云：'兑当为说，谓殷高宗之臣傅说也。作书以命高宗，《尚书》篇名也。羞犹辱也。惟口起辱，当慎言语也。'案此文与彼引《兑命》辞义相类，'术''说'、'令''命'音并相近，必一书也。晋人作伪古文《书》不悟，仍以窜入《大禹谟》，疏缪殊甚。近儒辩古文《书》者，亦皆不知其为《说命》佚文，故为表出之。"[①]孙诒让指出"术令"与"说命"为音韵假借关系，《术令》即《说命》。《古文尚书》作伪者误将"唯口出好兴戎"窜入《大禹谟》，当作帝舜之语，同样也是错误的。

清华简《傅说之命》与《尚书·说命》之间存在版本差异，李锐认为清华简《傅说之命》三篇，恐非《书序》所谓的《尚书·说命》三篇。目前从古书所引《说命》佚文来看，《傅说之命》的第二篇很可能与《书序》所谓《尚书·说命》三篇之某一篇非常接近，其余两篇则可能并非《书序》所指《说命》。[②]傅刚注意到清华简《傅说之命》与《国语·楚语上》字句、顺序存在差异，《礼记·缁衣》引《说命》的内容不见于清华简《傅说之命》，他认为不能以单一前后传承的思路去研究出土文献，虽然文本、文体、字句存有多种形态，但可能并不涉及真伪。[③]

我们承认清华简《傅说之命》与《尚书·说命》不是一一对应关系，[④]也承认先秦《说命》多本别传，成书过程极为复杂，但《古文尚

① 孙诒让：《墨子间诂》，北京：中华书局，2009年，第84页。

② 李锐：《清华简〈傅说之命〉研究》，载《深圳大学学报》2013年第6期，第68—72页。

③ 傅刚：《出土文献给我们的启示——以清华简〈尚书·说命〉为例》，载《文艺研究》2013年第8期。

④ 赵平安指出，清华简《傅说之命》甲篇类似《序》，乙篇、丙篇是命训的正文。与儒家版本相比，可能缺少一篇。参见赵平安：《试析清华简〈说命〉的结构》，清华大学出土文献研究与保护中心网站，2013年5月7日。

书》作伪者剥夺武丁的话语权，把武丁之语或篡改为傅说所言，或篡改为帝舜所言，严重违背历史真实。此为《古文尚书·说命》作伪的铁证，任何辩解都是苍白无力的。

其四，《古文尚书·说命》与“命”体特征不合。《尚书》有“典”“谟”“训”“诰”“誓”“命”六体，《说命》属“命”体。《尚书》中“命”体文献有《肆命》《原命》《说命》《旅巢命》《微子之命》《蔡仲之命》《贿肃慎之命》《毕命》《冏命》《文侯之命》等，唯《文侯之命》属《今文尚书》。①另外，清华简《封许之命》属西周文献，亦可见“命”的体例特点。《封许之命》王曰：

> 呜呼，丁，戒才（哉）！余既监于殷之不若，童才（兹）忧，靡念非常，汝亦惟淑章尔虑，祗敬尔猷，以永厚周邦，勿废朕命，经嗣世享。②

《周礼·春官宗伯》“典命”郑玄注：“命，谓王迁秩群臣之书。”③命，是天子赐命臣下职位、爵禄的文书。从清华简《封许之命》与《尚书·文侯之命》看，“命”体有两个基本特征：一是“命”书多数为提前写好，赐命时由史官念给受命之臣听，所以“命”书基本为天子命臣之言，鲜有受赐命之人的应答。清华简《封许之命》《摄命》全部为“王曰”，未见吕丁、伯摄之语。④二是天子鼓励臣下勤于政事，重在表达上对下的期许。《封许之命》成王对吕丁说“永厚周邦，勿废朕命”，清华简《傅说之命》乙篇“吉不吉，余告女（汝）若寺（时），𢜩（志）之于乃心”，⑤

---

①《尚书·顾命》虽以“命”为题，却与“命”的体例不合。

② 清华大学出土文献研究与保护中心编，李学勤主编：《清华大学藏战国竹简（伍）》，上海：中西书局，2015年，第118页。

③［汉］郑玄注，［唐］贾公彦疏：《周礼注疏》，见［清］阮元校刻：《十三经注疏》，北京：中华书局，1980年，第753页。

④ 当时吕丁、伯摄肯定讲过“对扬王休”之类的话，只是未记载在“命”书里。

⑤ 清华大学出土文献研究与保护中心编，李学勤主编：《清华大学藏战国竹简（叁）》，北京：中华书局，2012年，第125页。

即如此。

从清华简《傅说之命》看，武丁任命傅说为公，勉励傅说有所作为、尽心辅政。傅说只是在“验梦”环节，武丁询问是否为上帝赏赐时做简单应答，其他全部是武丁的命辞，符合“命”书的体例特征。[①]“命”书强调的是君对臣自上而下、单向度赐命期许，而《古文尚书·说命》却改为君臣对话体。《古文尚书》之《说命中》《说命下》中，一是傅说回应四次，对武丁的规谏占据全文大部分篇幅；二是变“自上而下的希冀”为“自下而上的劝诫”，与《尚书》“命”的体例特点明显不合。

其五，篡改《说命》主旨。清华简《傅说之命》乙篇武丁曰：

> 来格汝说，听戒朕言，渐（慎）之于乃心。[②]若金，用惟汝作砺。故（古）我先王灭夏，燮强，戕（捷）蠢邦，惟庶相之力，尧（乘）用孚自埶（迩）。敬之哉，启乃心，日沃朕心。若药，如不瞑眩，越疾罔瘳。朕畜汝，惟乃腹，非乃身。若天旱，汝作淫雨。若圂（满）水，[③]汝作舟。汝惟兹，说！砥（祗）之于乃心。且天出不恙（祥），不徂远，在厥落，汝克䀠（觋）视四方，乃俯见（视）地。心毁惟备。敬之哉，用惟多悳（德）。且惟口记（起）戎出好，惟干戈作疾，惟裘（衣）载恴（病），惟干戈眚厥身。[④]

清华简《傅说之命》三篇主要记武丁所言，反映其治国理念和政治思想。

---

① 程薇：《由〈傅说之命〉反思伪古文〈尚书·说命〉篇》，载《中国社会科学报》2014年2月26日，第5版。

② “渐”，当读为“慎”，参见黄杰：《读清华简（叁）〈说命〉笔记》，武汉大学简帛网，2013年1月9日。

③ 清华简《傅说之命》“（圂）”字，与清华简《芮良夫毖》简4、简9“”完全一致。从字形上看，“”当释读为“满”。从孙合肥之说。参见孙合肥：《读〈清华大学藏战国竹简（叁）〉札记》，武汉大学简帛网，2013年1月9日。

④ 句读多有改动。“尧”，整理者读为“胜”。我们认为当读为“乘”，从下读。整理者释文“汝惟兹说砥（底）之于乃心”，应断读为“汝惟兹，说！砥（祗）之于乃心”。参见清华大学出土文献研究与保护中心编，李学勤主编：《清华大学藏战国竹简（叁）》，北京：中华书局，2012年，第125页。

在《古文尚书》之《说命中》《说命下》中，傅说之语占据主要篇幅，傅说成为核心人物，而武丁沦为配角。清华简《傅说之命》突出的是大力举荐贤能的高宗武丁，《古文尚书·说命》着力刻画的是善于进谏的傅说。正如王永所言，张扬君德还是倡导臣德，是两篇最大的差别。[①]可见作伪者对《古文尚书·说命》的改编，已致文章主旨发生剧烈扭曲。

其六，辞气风格的平易与艰涩。清华简《傅说之命》丙篇王曰："敚（说），罘（既）亦詣（祗）乃备（服），[②]勿易卑，郕（越）女（如）飞雀罔畏觀（离），不隹（惟）鹰（鹰）。唯（惟）乃弗悬（虞）民，氒（厥）亓（其）怹（祸）亦羅（罗）于罼罜。"[③]时至今日，尽管学者多方努力，但清华简《傅说之命》有些语句句读、文义依然晦涩难明。清华简《傅说之命》甲篇失仲对贞之语，和卜辞类似，明显带有商代文献特色。把两篇文献对读，就会发现清华简《傅说之命》明显比《古文尚书》艰涩难读。宋儒以辞气难易判别《古文尚书》真伪是有道理的。

其七，从用字差异看《古文尚书·说命》之伪。王符《潜夫论·五德志》引《说命》："若金，用汝作砺；若济巨川，用汝作舟楫；若时大旱，用汝作霖雨。启乃心，沃朕心。若药不瞑眩，厥疾不瘳；若跣不视地，厥足用伤。尔交修余，无弃！"[④]《五德志》引文与《古文尚书·说命上》有两处细微差异：一是"时"，《古文尚书·说命上》作"岁"；二是"不"，

① 王永：《〈清华大学藏战国竹简〉与〈古文尚书〉〈说命〉篇文体比较》，载《古籍整理研究学刊》2015年第2期。

② "詣"，白于蓝、段凯读为"祗"，可从。参见白于蓝、段凯：《清华简〈说命〉三篇校释》，华东师范大学语言文字工作委员会编：《中国文字研究》第23辑，上海：上海书店出版社，2016年，第75页。

③ "郕（越）""唯"皆从下读。"唯"，整理者读为"隼"，恐非。参见清华大学出土文献研究与保护中心编，李学勤主编：《清华大学藏战国竹简（叁）》，北京：中华书局，2012年，第128页。

④ ［汉］王符著、［清］汪继培笺、彭铎校正：《潜夫论笺校正》，北京：中华书局，2018年，第522页。

《古文尚书·说命上》作“弗”。黄怀信据此认为《五德志》是《说命上》原文，王符见过真《古文尚书·说命》。[①]

我们把清华简《傅说之命》，与《国语·楚语上》《潜夫论·五德志》《古文尚书·说命》的用字差异，列表比较如下：

表2　清华简与传世文献引《书》对照

序号	文献	用词	
1	清华简《傅说之命》	天	不或罔
2	《国语·楚语上》	天	不
3	《潜夫论·五德志》	时	不
4	《古文尚书·说命》	岁	弗

《古文尚书·说命上》“岁”，清华简《傅说之命》《国语·楚语上》作“天”。《古文尚书·说命上》“弗”，清华简《傅说之命》《国语·楚语上》作“不”或“罔”。也就是说，《古文尚书·说命》“岁”“弗”虽然用语典雅，但都非先秦时期原貌。《五德志》“尔交修余，无弃”不见于清华简《傅说之命》，也不见于《古文尚书》，只见于《国语》，可知王符抄袭的应是《国语·楚语上》的引文，并未见过真正的《说命》。

综上，以清华简《傅说之命》考辨《古文尚书》，难点有二：一是证真派鉴于清华简《傅说之命》与《尚书·说命》之间的差异无法解释，釜底抽薪式地怀疑清华简内容不可信，说它是伪造的。清华简《傅说之命》用语，多见于卜辞、金文。失仲正反对贞的命辞格式及术语，与武丁时期宾组卜辞密合。清儒孙诒让凿破鸿蒙，学界始知《墨子》所引《术令》是《说命》，而《术令》“唯口出好兴戎”正见于简本《傅说之命》。清华

① 黄怀信：《〈说命〉考信》，见宋镇豪、宫长为主编：《中华傅圣文化研究文集》，北京：文物出版社，2010年，第61页。

简《摄命》“（摄）”的写法，与郭店简、上博简《缁衣》引《诗》相同，又与《史记·周本纪》所记“羄命”之“羄”接近。种种证据表明，《傅说之命》是真非伪，绝非现代人所能伪造。

二是简本《傅说之命》与《尚书·说命》分属于不同系统和传本，[①]它如何证明《古文尚书·说命》之伪？据清华简《傅说之命》，武丁作《说命》，《说命》总体反映武丁思想，而在《古文尚书·说命》，“傅说作《书》诰武丁”，主要反映傅说如何规谏、辅助君主，主旨已发生根本变化。《古文尚书》作伪者误信郑玄之语，将武丁之语“惟口起羞，惟甲胄起兵，惟衣裳在笥，惟干戈省厥躬”改为傅说所言，张冠李戴。作伪者变“自上而下的期许”为“自下而上的规劝”，变“天子单向度赐命言说”为君臣对话体，傅说谏言占据《古文尚书·说命》主体篇幅，明显违背“命”的体例特征。作伪者将《墨子》引《术令》之文，误编入《古文尚书·大禹谟》，割裂了《尚书》篇目。因此，我们怀疑《古文尚书·说命》晚出，乃后世辑佚、补缀之作。先秦时期《说命》的多本别传、多线传承，并不足以成为消弭真伪考辨的理由。

四、余论

所谓“伪书”，并非没有价值，关键在于找到其作者与成书年代。将清华简《尹诰》《傅说之命》与《礼记》郑玄注对照，由作伪者多次照搬郑玄的说法，可知《古文尚书》成书当在郑玄以后，至梅赜献书之前。[②]

① 《尚书》属于儒家系统，而清华简“书”类文献属于非儒家系统。清华简《傅说之命》三篇不是上、中、下的关系，《礼记》引《说命》的“爵无及恶德”“念终始典于学”等五条内容不见于清华简《傅说之命》。简本《傅说之命》，是《尚书》成书过程中出现的众多版本中的一种。参见谢维扬：《古书成书的复杂情况与传说时期史料的品质》，载《学术月刊》2014年第9期。

② 我们认为《古文尚书》及《孔传》辑补成书是一个漫长的过程，此处所言乃最终成书时间。至少《太甲上》《说命》两篇成书在郑玄之后。

借助出土文献，锁定“晚书”的成书年代，是其价值重新显现的关键所在。王肃“善贾、马之学”，好与郑玄立异，绝不可能抄袭郑玄。作伪者剿袭郑玄注，则王肃不可能是“晚书”作者。过去学者认为“王肃遍伪群经，以讥短郑玄”，[①]现在看来是不正确的，郑玄、王肃之争需重新进行审视。

> 《古文尚书·泰誓上》：“天佑下民，作之君，作之师，惟其克相上帝，宠绥四方。”[②]“天佑下民”之“佑”字，《孟子·梁惠王下》引佚《书》作“降”。阎若璩云：自《书》有“天降下民，作之君，作之师”，后师旷述之曰“天生民而立之君”。后又荀卿释之，辞愈显而意亦加，警曰：“天之生民，非为君也；天之立君，以为民也。”然皆一脉相传，足征《孟子》所引之确。今《泰誓上》改“降”为“佑”，意觉索然。[③]

阎氏主张当以《孟子》引《书》为是，而《古文尚书》辑补者擅自改字为非。但梅显懋、贾清宇反驳阎氏之说，强调即使《荀子》与《孟子》一脉相承，也不能证明《孟了》的“天降下民”为《书》之原型。如果“一脉相承”就一定是原型，为什么“作伪者”偏偏不照搬了事，反而冒险改“降”为“佑”？依先秦誓词的模式，梅赜本更能表现上天怜悯佑助下民的心意，在此语境中用“降”字反倒“意觉索然”。[④]孟子为证已说，有时会故意改动《尚书·泰誓上》原文，梅显懋、贾清宇以此回击阎氏的质疑。

---

① 参见［清］戴震：《戴震全书》第2册，合肥：黄山书社，1994年，第466页；周予同著、朱维铮编：《周予同经学史论著选集》，上海：上海人民出版社，1983年，第16页。

②［汉］孔安国传、［唐］孔颖达疏：《尚书正义》，见［清］阮元校刻：《十三经注疏》，北京：中华书局，1980年，第180页。

③［清］阎若璩撰，黄怀信、吕翊欣校点：《尚书古文疏证（附：古文尚书冤词）》，上海：上海古籍出版社，2013年，第142页。

④ 梅显懋、贾清宇：《〈孟子〉引〈书〉二例考论》，载《辽宁师范大学学报》2010年第4期。

清华简《厚父》为“书”类文献，其文云：“古天降下民，设万邦，作之君，作之师，惟曰其助上帝乱（治）下民。”[①]《厚父》“天降下民，设万邦，作之君，作之师”，与《孟子》引《书》同，且“天降下民”用的是“降”，而不是“佑”字。又清华简《成人》篇曰：“呜呼！我后，古天（氐）降下民，作寺后王、君公，正之以四楠（辅）。”[②]也是用“降”而不用“佑”字。清华简《厚父》《成人》与《孟子》相证，可知“降”字当为先秦时期的原型，而“佑”则是后儒修改所致，阎若璩之说确然可信。作伪者在辑补“晚书”时，确实会在文字上有所改动，据己意而更改原文。由此出发，阎若璩指出《孟子》引《书》“天下曷敢有越厥志”，《古文尚书·泰誓上》改为“予曷敢有越厥志”，或也当可信。

梁启超盛赞阎若璩是“近三百年学术解放之第一功臣”，而杨善群、张岩等学者批判阎若璩强词夺理、吹毛求疵，否定其辨伪学方法与成果。清华简证明《咸有一德》《说命》《泰誓上》等“晚书”篇目出于后儒伪造，则阎氏辨伪的最终结论，应当予以充分肯定。[③]同样，以新见文献为依托，对于“晚书”证真派陈第、毛奇龄、郝懿行、陈逢衡、洪亮品等学者辨伪方法、范式得失的反思与检讨，亦有重新展开之必要。

简言之，清华简《尹诰》《傅说之命》《厚父》《成人》，皆存在考证“晚书”作伪痕迹的线索。以郭店简、上博简及清华简等新见材料的面世为契机，重新考察《古文尚书》真伪，追溯其作者与形成年代，梳理郑、王之争等学术公案，充分肯定阎若璩辨伪工作的成绩，总结宋、元、

① 清华大学出土文献研究与保护中心编，李学勤主编：《清华大学藏战国竹简（伍）》，上海：中西书局，2015年，第110页。

② 清华大学出土文献研究与保护中心编，黄德宽主编：《清华大学藏战国竹简（玖）》，上海：中西书局，2019年，第154页。

③ 阎若璩辨伪总体结论可信，但在具体环节上存在少量失误。如天子向大臣行稽首礼，见于清华简《傅说之命》《祭公之顾命》，则阎氏以天子不得向大臣行稽首礼，怀疑《太甲》篇晚出，恐不可信。

明、清四代乃至时彦考辨“晚书”方法的得失，建构古书辨伪学理论，则可为《古文尚书》研究开辟不同于以往的新境界。

附识：李学勤、贾连翔、程浩等学者主张清华简《摄命》即是《书小序》《周本纪》所记之《冏命》，但马楠女士认为《摄命》时王并非周穆王，而是周孝王，伯摄是太子燮。其后杜勇明确主张《摄命》不是《古文尚书·冏命》。清华简《摄命》时王称伯摄为“王子”，而周穆王不可能称伯冏为“王子”。伯冏“出纳王命，推行王教，听讼决狱，惠康小民”，管辖范围从畿内泛及畿外，而太仆（中大夫）职责恐难以及此。《摄命》所记册命制度成熟、完备，类似于西周中晚期铭文，而不可能早至穆王。故本文暂不将清华简《摄命》作为考察《古文尚书》公案的证据。

本文原载于《历史研究》2020年第4期，2021年获“山东省第三十五届社科优秀成果奖”一等奖，收录时题目及内容略有修订。

作者简介：

刘光胜，1973年出生，山东省潍坊市人，历史学博士，中国孔子研究院教授，出土文献与中国儒学研究中心主任，博士生导师。山东省泰山学者特聘专家，曲阜师范大学孔子文化研究院特聘教授，中国先秦史学会理事，中国哲学史学会曾子研究会理事，山东曾子研究会副会长。

出土文献引《书》与《古文尚书》问题的再认识

崔海鹰

《古文尚书》问题是学术史上的重大课题，清代《古文尚书》辨伪的范式、方法与结论尤为后世学界所推重。近年来，不少学者对《古文尚书》案提出反思和质疑，特别对其辨伪证据进行检讨和再辩证。与此同时，这些反思、辩证也受到其他一些学者的反质疑，呈现“此亦一是非，彼亦一是非”的纠葛状态。

张政烺先生曾讲：“什么时候挖出《尚书》就好了。”①至今虽未有《尚书》完本出土，但郭店简、上博简中《尚书》引文，清华简《尚书》类文献，均为关系《古文尚书》问题的重要新材料。本文拟在出土文献与对古书的反思之学术背景下，以郭店简、上博简引《书》资料为主，参照清华简《尚书》类文献，转换视角，对《古文尚书》问题进行新的探讨。

一、出土文献与对古书的反思

20世纪初以来，甲骨卜辞、铜器铭文及简牍、帛书等地下文献纷纭而出，推动学界对相关问题进行反思和再研究。王国维先生在研究实践基础上，提出新材料与传世文献相结合的研究方法和原则“二重证据法”，首

① 李学勤：《走出“疑古时代”》，载《中国文化》1992年第2期。

倡据新材料以“补正纸上之材料”，从而“证明古书之某部分全为实录，即百家不雅驯之言亦不无表示一面之事实”，并指出“虽古书之未得证明者，不能加以否定，而其已得证明者，不能不加以肯定”。[①]在近代疑古辨伪学术背景下，王氏这一学术理念对重新考察古文献问题深具启发意义。

20世纪70年代以来，大批与传世典籍直接相关的竹简、帛书出土，使许多曾被疑为伪托或后出的古书获得“平反”。同时，这些新材料更使许多战国、秦汉间的书籍原貌直观地呈现于世，一些文本甚至形成相对连续的演进序列，引发人们对古书成书、流传、传本等问题的更多思考。

早在数十年前，刘咸炘、余嘉锡、吕思勉等先生即从不同角度提出，考辨古书或使用其材料，必须通晓古人著述宗旨，古书编纂原委，以及古书之读法等，[②]但这些见解在当时并不为世所重。现在参照简帛古书，一些前沿学者愈益清晰地认识到，古书的最终形成往往要经过复杂的过程。李学勤先生提倡对古书进行新的、第二次的反思，并总结古书产生、传流过程中十种值得注意的情况：第一，佚失无存；第二，名亡实存；第三，为今书一部；第四，后人增广；第五，后人修改；第六，经过重编；第七，合编成卷；第八，篇章单行；第九，异本并存；第十，改换文字。[③]

李零先生在余嘉锡先生所著《古书通例》，在李学勤先生对古书反思的基础上，依据简帛古书，对古书体例进行重新归纳，约得八项：第一，古书不提撰人；第二，古书多无大题，而以种类名、氏名及篇名、字数称之；第三，古书多以单篇流行，篇题本身就是书题；第四，篇数较多的古

---

① 王国维：《古史新证》，见谢维扬、房鑫亮主编：《王国维全集》第11卷，杭州：浙江教育出版社，2010年，第241—242页。

② 参见余嘉锡：《目录学发微古书通例》，北京：中华书局，2007年，第184—187页；刘咸炘：《目录学》，黄曙辉编校：《刘咸炘学术文集（校雠学编）》，桂林：广西师范大学出版社，2010年，第291页；吕思勉：《先秦史》，上海：上海古籍出版社，2005年，第6页。

③ 李学勤：《对古书的反思》，见李学勤：《简帛佚籍与学术史》，南昌：江西教育出版社，2001年，第28—33页。

书多带有丛编性质；第五，古书往往分合无定；第六，古书多经后人整理；第七，古书多经后人附益和增饰；第八，古人著书之义强调“义”胜于“言”，“言”胜于“笔”。①

郑良树先生则颇为生动地推论、描述了古书流变的过程：

> 古籍其实是一种有生命的机体，在长期的流传过程中，它们是生机蓬勃，有增减的变化，也有衍生异化等的演变；即使已编纂“定型”的书，也不排除有第二及第三次编辑的可能，把初编所未曾收入的材料，或者初编以后衍生出来的新材料再行纂集。

郑氏据此认为，所谓“真伪”已无法精确地反映古籍研究的真情实况，应代之以“古籍时代学”或“古籍时代考”。②

基于上述对古书成书、流传与体例等问题的新认识，大量古文献的辩证、定性呈现由伪而真的倾向。正如郑氏所指出，这看似是一种“保守”甚至“退步”，实际却是在新的学术背景、条件下，研究由粗而细、由疏而密、由泛而精的一种进步趋势。③我们认为，这一趋向的影响与意义，已不局限于对具体某部典籍的真伪辩证，而直指辨伪方法、范式的反思和检讨，其对《古文尚书》问题的探讨，自也将显示深刻的方法论意义。

二、郭店简、上博简引《书》资料概略

郭店楚墓竹简、上海博物馆藏战国楚竹书是20世纪90年代问世的两批最重要的出土文献。其中，郭店简《缁衣》《成之闻之》，上博简《缁

① 李零：《出土发现与古书年代的再认识》，见李零：《待兔轩文存（读史卷）》，桂林：广西师范大学出版社，2011年，第3—42页。

② 郑良树：《论古籍辨伪的名称及其意义（代序）》，见郑良树：《诸子著作年代考》，北京：北京图书馆出版社，2001年，第6—8页。

③ 郑良树：《论古籍辨伪学的新趋势（代序）》，见郑良树：《续伪书通考》上册，台北：台湾学生书局，1984年，第33—34页。

衣》，多次征引《尚书》，包括《古文尚书》，使学界得见战国《古文尚书》的部分原貌，引发学者广泛关注。

以下将郭店简、上博简引《书》并相关资料分篇、分条列出。

（一）《缁衣》引《书》

1. 郭店简《缁衣》："《尹诰》云：'惟伊尹及汤，咸有一德。'"（简5）[①]

上博简《缁衣》："《尹诰》云：'惟伊尹躬及汤，咸有一德。'"（简3）[②]

清华简《尹诰》："惟尹已及汤咸有一德。"（简10）[③]

《礼记·缁衣》："《尹吉》曰：'惟尹躬及汤，咸有一德。'"[④]

《尚书·咸有一德》："惟尹躬暨汤咸有一德。"[⑤]

2. 郭店简《缁衣》："《君牙》云：'日暑雨，小（简9）民惟日怨；晋冬祁寒，小民亦惟日怨。'"（简10）

---

① 郭店简《缁衣》《成之闻之》释文依据荆门市博物馆编：《郭店楚墓竹简》，北京：文物出版社，1998年，第127—137页，第165—170页。参考李零：《郭店楚简校读记（增订本）》，北京：中国人民大学出版社，2009年，第77—99页，第157—168页；刘钊：《郭店楚简校释》，福州：福建人民出版社，2003年，第48—68页，第136—147页；陈伟、彭浩主编，李天虹、彭浩、龙永芳等撰著：《楚地出土战国简册合集（一）：郭店楚墓竹书》，北京：文物出版社，2011年：第26—39页，第73—86页。下同。

② 上博简《缁衣》释文依据马承源主编：《上海博物馆藏战国楚竹书（一）》，上海：上海古籍出版社，2001年，第169—213页。参考李零：《上博楚简三篇校读记》，北京：中国人民大学出版社，2007年，第38—49页；季旭升主编，陈霖庆、郑玉姗、邹浚智合撰：《〈上海博物馆藏战国楚竹书（一）〉读本》，北京：北京大学出版社，2009年，第84—155页；虞万里：《上海博物馆藏楚竹书〈缁衣〉综合研究》，武汉：武汉大学出版社，2009年，第25—174页。下同。

③ 清华简《尹诰》释文依据：清华大学出土文献研究与保护中心编，李学勤主编：《清华大学藏战国竹简（壹）》，上海：中西书局，2010年，第132—134页。

④《礼记·缁衣》经文依据［汉］郑玄注、［唐］孔颖达疏：《礼记正义》，见［清］阮元校勘：《十三经注疏》第5册，台北：艺文印书馆股份有限公司，2007年，第927—939页。下同。

⑤《尚书》各篇经文依据［汉］孔安国传、［唐］孔颖达疏：《尚书正义》，见［清］阮元校勘：《十三经注疏》第1册，台北：艺文印书馆股份有限公司，2007年。

上博本《缁衣》："《君牙》云：'日暑雨，小民惟日怨；晋冬祁寒，小民亦惟日怨。'"（简6）

《礼记·缁衣》："《君雅》曰：'夏日暑雨，小民惟曰怨；资冬祁寒，小民亦惟曰怨。'"

《尚书·君牙》："夏暑雨，小民惟曰怨咨；冬祁寒，小民亦惟曰怨咨。"

3. 郭店简《缁衣》："《吕刑》云：'一人有庆，万民赖（简13）之。'"（简14）

上博本《缁衣》："《吕刑》云：'一人有庆，万民赖之。'"（简8）

《礼记·缁衣》："《甫刑》曰：'一人有庆，兆民赖之。'"

《尚书·吕刑》："一人有庆，兆民赖之。"

4. 郭店简《缁衣》："《君陈》云：'未见圣，如其弗克见，我既见，我弗迪圣。'"（简19）

上博简《缁衣》："《君陈》云：'未见（简10）圣，如其其弗克见，我既见，我弗由圣。'"（简11）

《礼记·缁衣》："《君陈》曰：'未见圣，若己弗克见；既见圣，亦不克由圣。'"

《尚书·君陈》："未见圣，若不克见；既见圣，亦不克由圣。"

5. 郭店简《缁衣》："《祭公之顾命》云：'毋以小谋败大（简22）图，毋以嬖御塞庄后，毋以嬖士塞大夫、卿士。'"（简23）

上博简《缁衣》："《祭公之顾命》云：'毋以小谋败大图，毋以嬖御衋庄后，毋以嬖士衋大夫、卿士。'"（简12）

清华简《祭公之顾命》："汝毋以嬖御塞尔庄后，汝毋以小谋败大作，汝毋以嬖士塞大夫、卿士。"（简16）①

① 清华简《祭公之顾命》释文依据清华大学出土文献研究与保护中心编，李学勤主编：《清华大学藏战国竹简（壹）》，第173—179页。

《礼记·缁衣》：“《叶公之顾命》曰：‘毋以小谋败大作，毋以嬖御人疾庄后，毋以嬖御士疾庄士、大夫卿士。’”

《逸周书·祭公解》：“汝无以嬖御固庄后，汝无以小谋败大作，汝无以嬖御士疾大夫、卿士。”①

6. 郭店简《缁衣》：“《吕刑》云：‘非用命，制以刑，（简26）惟作五虐之刑曰法。’”（简27）

上博简《缁衣》：“《吕刑》云：‘苗民非用灵，制以刑，惟作五疟之刑曰法。’”（简14）

《礼记·缁衣》：“《甫刑》曰：‘苗民匪用命，制以刑，惟作五虐之刑曰法。’”

《尚书·吕刑》：“苗民弗用灵，制以刑，惟作五虐之刑曰法。”

7. 郭店简《缁衣》：“《康诰》云：‘敬简28明乃罚。’”（简29）

上博简《缁衣》：“《康诰》云：‘敬明乃罚。’”（简15）

《礼记·缁衣》：“《康诰》曰：‘敬明乃罚。’”

《尚书·康诰》：“敬明乃罚。”

8. 郭店简《缁衣》：“《吕刑》云：‘播刑之迪。’”（简29）

上博简《缁衣》：“《吕刑》云：‘播刑之迪。’”（简15）

《礼记·缁衣》：“《甫刑》曰：‘播刑之不迪。’”

《尚书·吕刑》：“播刑之迪。”

9. 郭店简《缁衣》：“《君奭》云：（简36）‘昔在上帝，割绅观文王德，其集大命于厥身。’”（简37）

上博简《缁衣》：“《君奭》云：‘□□□□□□□□□□□□（简18）集大命于是身。’”（简19）

① 黄怀信、张懋镕、田旭东撰，黄怀信修订，李学勤审定：《逸周书汇校集注（修订本）》下册，上海：上海古籍出版社，2007年，第937—938页。

《礼记·缁衣》:"《君奭》曰:'昔在上帝,周田观文王之德,其集大命于厥躬。'"

《尚书·君奭》:"在昔上帝,割申劝宁王之德,其集大命于厥躬。"

10. 郭店简《缁衣》:"《君陈》云:'出入自尔师虞,(简39)庶言同。'"(简40)

上博本《缁衣》:"《君陈》云:'出入自尔师虞,庶言同。'"(简20)

《礼记·缁衣》:"《君陈》曰:'出入自尔师虞,庶言同。'"

《尚书·君陈》:"出入自尔师虞,庶言同则绎。"

上述引《书》资料中,《吕刑》《康诰》《君奭》等五条,见于今、古文《尚书》共有之篇;《君牙》《君陈》等三条见于《古文尚书》独有之篇;《尹诰》条既见于古文《咸有一德》,亦见于清华简《尹诰》;《祭公之顾命》条既见于《逸周书·祭公解》,亦见于清华简《祭公之顾命》。

(二)《成之闻之》引《书》

1.《成之闻之》:"《君奭》曰:'惟冒丕单称德。'"(简22)

《尚书·君奭》:"惟兹四人,昭武王,惟冒丕单称德。"

2.《成之闻之》:"《命》曰:'允师济德。'"(简25)

3.《成之闻之》:"《君奭》曰'曩我二人,毋有合在音。'"(简29)

《尚书·君奭》:"予惟曰:'襄我二人,汝有合哉?'言曰:'在时二人。'"

4.《成之闻之》:"《大禹》曰:'予兹宅天心。'"(简33)

5.《成之闻之》:"《康诰》曰:'不率大戛','文王作罚,(简38)刑兹无赦。'"(简39)

《尚书·康诰》:"乃其速由文王作罚,刑兹无赦。不率大戛,矧惟外庶子训人?"

其中,《君奭》《康诰》三条,见于今、古文共有之篇;《詔命》一条当为佚篇逸文；《大禹》可能亦为佚篇逸文，或与《古文尚书·大禹谟》有关。

此外，郭店简《唐虞之道》引《吴邿》，廖名春先生读之为《虞志》，认为意同《虞书》，其内容当为《虞书》佚文。[①]备考。

三、郭店简、上博简引《书》与《古文尚书》问题的新进展

郭店简、上博简引《书》材料公布之初，正逢学界对《古文尚书》问题的反思、检讨思潮，于是很快被作为重要证据参与讨论。

首先，《成之闻之》所引"《大禹》曰：'予兹宅天心'"，篇名与古文《大禹谟》相近，而内容不见于今本。廖名春先生认为，"《大禹》曰"内容当属先秦《尚书·大禹谟》。由该条引文不见于今本《大禹谟》，竹简《缁衣》所引《尹诰》《君牙》《君陈》等内容则皆见于"晚书"即今本《古文尚书》，可推定"晚书"确为后人辑佚、加工编成。《大禹》此条佚文，当是"晚书"晚出的又一铁证。[②]

李学勤先生举《孔丛子·论书》称《大禹谟》为《大禹》，[③]及郑玄注《书序》提到西汉孔壁所出有《大禹谟》篇[④]为证，推定《大禹》就是《大禹谟》。又引《春秋左传》哀公六年记孔子论楚昭王：

孔子曰："楚昭王知大道矣。其不失国也，宜哉！《夏书》曰：

---

① 廖名春：《郭店楚简引〈书〉论〈书〉考》，见武汉大学中国文化研究院编：《郭店楚简国际学术研讨会论文集》，武汉：湖北人民出版社，2000年，第111—127页。

② 参见廖名春：《郭店楚简〈成之闻之〉、〈唐虞之道〉篇与〈尚书〉》，载中国史研究1999年第3期；廖名春：《从郭店简和马王堆帛书论"晚书"的真伪》，见廖名春：《出土简帛丛考》，武汉：湖北教育出版社，2004年，第179—195页。

③ 傅亚庶撰：《孔丛子校释》，北京：中华书局，2011年，第17页。

④［汉］孔安国传、［唐］孔颖达疏：《尚书正义》，见［清］阮元校勘：《十三经注疏》，台北：艺文印书馆股份有限公司，2007年，第17页。

‘惟彼陶唐，帅彼天常，有此冀方。今失其行，乱其纪纲，乃灭而亡。’又曰：‘允出兹在兹。’由己率常可矣。”[①]

指出《成之闻之》篇中“天常”，即出于孔子所引《夏书》（在今传本《古文尚书·五子之歌》）；孔子所谓“由己率常”，即《成之闻之》简文“慎求之于己，而可以至顺天常”；简文作者对“舍兹宅天心”的解释“舍之此而宅于天心”，似亦可看出《夏书》“允出兹在兹”（在今本《古文尚书·大禹谟》）的影子。[②]实即指出《成之闻之》可能与《大禹谟》《五子之歌》等存在内在的思想联系。

郭沂先生同意李学勤先生的观点，指出该条引文的文字风格、思想特点等皆与《大禹谟》一致：《大禹》云“宅天心”，《大禹谟》有“宅帝位”之语；《大禹》谈“天心”，《大禹谟》亦多言“心”之处——“人心”“道心”之辨正源自该篇，而“道心”和“天心”在实质上并无二致。此外，《尚书·大禹谟》“小序”言“作《大禹》《皋陶谟》《益稷》”，[③]也说明“小序”相当原始，从而为孔子作“小序”说增添新的证据。[④]

刘义峰先生认为，先秦《尚书》面貌，当远较我们所知的复杂，因而不宜将《大禹》与《大禹谟》“对号入座”，为慎重起见，应将其归入佚篇之文。刘氏指出，在先秦不同时代，不同地域当有多种传本，有的传下，有的亡佚。在各种传本中，既存在不同篇名反映同一内容的现象，也存在不同内容的《书》篇题名相同的现象。夏禹作为重要先王，事迹流传

---

① ［晋］杜预注、［唐］孔颖达疏：《春秋左传正义》，见［清］阮元校勘：《十三经注疏》第6册，台北：艺文印书馆股份有限公司，2007年，第1007页。

② 李学勤：《试说郭店简〈成之闻之〉两章》，载《烟台大学学报（哲学社会科学版）》2000年第4期。

③ ［汉］孔安国传、［唐］孔颖达疏：《尚书正义》，见［清］阮元校勘：《十三经注疏》，台北：艺文印书馆股份有限公司，2007年，第52页。

④ 郭沂：《郭店竹简与先秦学术思想》，上海：上海教育出版社，2001年，第211页。

广泛，必有多种传本，而《成之闻之》"《大禹》曰"即应属于关于大禹之佚篇。①

关于刘氏推论，在此可稍作补证：第一，《尚书·金縢》篇，亦见于清华简，主要内容相同，而简本原附篇名作《周武王有疾周公所自以代王之志》，②正属不同篇名反映同一内容的现象；第二，保利艺术博物馆前所入藏的遂公盨，其铭文记载大禹治水史迹，可与《尚书·禹贡》及"小序"对应，设若当时该篇书于竹帛，亦当属于《尚书》类文献，可见古时关于夏禹史迹的传本当颇繁复。由是而言，将"《大禹》曰"与《大禹谟》联系思考，固亦有积极意义，但在目前条件下，仍以作为佚篇遗文较妥。

王世舜先生认为，在《古文尚书》的整理和研究中必须信守"阙疑"原则。由郭店竹简引《诗》与今、古文《尚书》，可证《古文尚书》与《诗》《今文尚书》一样，在战国中期即已流行，而两汉及魏晋时期的《古文尚书》，很可能就是战国《古文尚书》的传本。③

郭店简、上博简中均有《缁衣》篇，并与《礼记·缁衣》对应。姜广辉先生通过比较简本《缁衣》引文与今、古文《尚书》原文，推测古文《咸有一德》《君牙》《君陈》等，系后人抄撮今本《缁衣》引文，敷衍而成。④

吕绍纲先生则在比较研究后认为，《古文尚书》相关各篇未必抄自

---

① 刘义峰：《也谈郭店楚简引〈书〉问题》，江林昌、朱汉民、杨朝明等主编：《中国古代文明研究与学术史：李学勤教授伉俪七十寿庆纪念文集》，保定：河北大学出版社，2006年。

② 清华大学出土文献研究与保护中心编，李学勤主编：《清华大学藏战国竹简（壹）》，上海：中西书局，2010年，第157—162页。

③ 王世舜：《略论〈尚书〉的整理与研究》，载《聊城师范学院学报（哲学社会科学版）》2000年第1期，第85—92页。

④ 姜广辉：《〈尚书〉今古文新证——战国楚简〈缁衣〉所引古文〈尚书〉的资料价值》，见姜广辉：《义理与考据——思想史研究中的价值关怀与实证方法》，北京：中华书局，2010年，第24—54页。

《礼记·缁衣》，而是有源自先秦古文的可能。且指出清人辨伪实际存在不少问题，其关于《古文尚书》乃东晋人伪作的结论并非无懈可击，仍可以再作讨论。①

虞万里先生在比较《缁衣》各本引《书》与《古文尚书》相关各篇基础上，指出很难证明《古文尚书》袭取《缁衣》文句而另造新篇。并总结先秦、两汉间《尚书》流传的若干特征：

> 先秦《尚书》篇名称谓不同；先秦、两汉经师对书篇之认识不同，其编辑之篇次先后亦不同；两汉《尚书》今古文字形虽各有用字倾向、习惯，但却非恒定不变；今古文字之异同与战国秦汉间古文、篆隶之传抄、转写时错认、错写、省变以及简牍残泐、磨灭等有关。《缁衣》引《书》文字与《尚书》原文多寡、出入透露出先秦各派系所持有之文本差异对文本文句理解之不同所致；有些更是以上各种因素之综合表现。

且进而指出，东晋《古文尚书》在文字、篇次上有其独立立场，并非一味摭拾文献引文造作新篇。②

虞氏认为，仔细对照三种《缁衣》引文与《古文尚书》相应文句，很明显看出前三者间更为相近，盖《缁衣》出于子思学派，则其中《尚书》引文当皆源自先秦古文《尚书》。然若试据此零星引文而"敷衍"、造作《古文尚书》之新篇，则难度系数实在过高。且作伪者既主要依据引文而伪作，则为求逼真，很难想象其会擅改文字、语句，故今本《古文尚书》与引文间的显著异文，也显示其并非剿袭、敷衍而成，而是别有独立、可靠来源的古文献。

---

① 吕绍纲：《〈郭店楚墓竹简〉辨疑两题》，见吕绍纲：《庚辰存稿》，上海：上海古籍出版社，2000年，第233—241页。

② 虞万里：《上博馆藏楚竹书〈缁衣〉综合研究》，武汉：武汉大学出版社，2009年，第351—389页。

四、出土文献引《书》与《古文尚书》问题之再思考

表面上看，郭店简、上博简引《书》材料在数量上并不算多，但其内涵却不容小觑。引人深思的是，面对相同且相对具体、有限的材料，学者间却形成了截然相反的意见。在很大程度上，这些歧见仍与清初以降《古文尚书》真伪的壁垒之争有关。然抚今追昔，对待《古文尚书》问题，不宜再拘执于简单、笼统的真伪判定，而应转换视角，从另一高度、角度加以审视。

《古文尚书》虽久被判为伪书，但此案实际仍存在很多问题，兹举其要者：第一，异议者的声音一直存在，却未得到认真对待。其中，如毛奇龄考辨《古文尚书》传流，[①]方苞阐释古文"易晓"之理，[②]庄存与叹《尚书》古文难以废弃，[③]实皆各有所见，并非全然无据。第二，对作伪者的探索一直处于"不知谁何"的状态，好比断案是"罪名确凿"却"查无此人"。第三，"伪书"来源不清。前人以《古文尚书》剿袭典籍引文而成，然如前所述，此难度系数实在过高，近乎不可能。陈寅恪先生提倡"探索伪书的来源"，[④]张舜徽先生提出将"伪《古文尚书》"降低时代去读，[⑤]然此"伪古文"究竟如何来的，却一直未被说清。因此，简单、笼

① ［清］毛奇龄：《古文尚书冤词》，见［清］阎若璩撰，黄怀信、吕翊欣校点：《尚书古文疏证（附：古文尚书冤词）》下册，上海：上海古籍出版社，2010年，第719—892页。

② ［清］方苞：《读〈古文尚书〉》，见［清］方苞撰、刘季高校点：《方苞集》上册，上海：上海古籍出版社，2009年，第1—2页。

③ ［清］龚自珍：《资政大夫礼部侍郎武进庄公神道碑铭》，见［清］龚自珍撰、王佩诤校点：《龚自珍全集》，上海：上海古籍出版1975年，第141—143页。

④ 俞大维：《怀念陈寅恪先生》，见《中央研究院历史语言研究所集刊》1969年第41本第1分，第169—178页。

⑤ 张舜徽：《伪〈古文尚书〉可降低时代去读》，见张舜徽：《爱晚庐随笔》，武汉：华中师范大学出版社，2005年，第49—52页。

统地以贴标签的方式判定《古文尚书》之真伪，已很难适应学术研究的进展程度。

前述郭店简、上博简引《书》与《古文尚书》问题的新探讨，启示我们应在出土文献与对古书的反思之新学术背景下，充分认识《古文尚书》成书、流传的复杂性，转换视角，将《古文尚书》问题的反思、新探落脚于对其渊源、流变、成书等具体问题的探讨上。

基于这一立场，我们认为应至少厘清四个方面的认识：

（一）王官传统与《尚书》的起源问题

葛志毅先生近年关注《尚书》起源与早期编纂问题，其研究颇具启发性。古云“学在王官”，《尚书》类文献源于史官职守，承载历代先王之道，亦为史官所以赞治的工具和途径。将《尚书》渊源定位于三代王官传统，才能澄清其本质，立于审视《尚书》源流的最初基点，也才能进而理解此后《尚书》传流中形式趋“变”与本质守“恒”的辩证关系。

（二）东周时期的《尚书》类文献传流

地下发现只是当时流行文献的残存，东周时期的《尚书》类文献传流当远较我们所知的繁复。当时王室衰微，王官之学的下移、扩散使原本相对一线单传的《尚书》类文献传流，衍生为多线多样、多本别传的多元状态。在此过程中，各国间的不同政治取向、地域文化差异以及阅读、抄写习惯的不同等，都会对《尚书》文本的衍化、变异产生重要影响。

在此亦就清华简《尚书》类文献与《古文尚书》问题谈点认识：对清华简《尚书》类文献与《古文尚书》问题的探讨，亦必须认识到东周《尚书》传流的多元存在，即清华简是独立于孔门《尚书》之传以外的战国楚地传本。当前研究中，简单地以清华简指斥《古文尚书》为伪，或据古文而质疑前者，均为基于战国时期《尚书》传流一元论的认识前提，显然与历史实际不符。因此，清华简《尚书》类文献与《古文尚书》间的比较应重在对照比勘，尽早将各个文本真正读懂，厘清彼此间的源流关系，而非急于下孰真孰伪的最后判定。

（三）孔子与《尚书》之关系

杨朝明师曾主持国家社科基金项目《六经之教与孔子遗说》，对孔子《书》教有专门研究。本文在此基础上重点讨论孔子整理《尚书》的方式与影响：第一，断限。上断于尧，以其前事迹不明；下迄秦穆公，则切近孔子时代。第二，选材。择取有关明王贤臣，王道治法，且具政治教化意义者，约为百篇，以便教授。所谓孔子"删"书，系是对"选"而言，意同孔子编选之余，并非弃之。第三，编次，即分编序次。传统认为"小序"为孔子所作，即使未必，亦应为孔子讲论《尚书》之遗录。四是补缀，典籍称"诗、书缺"，孔子可能对部分书篇进行过补缀、修饰的工作。

经此整理，《尚书》传流史上出现第一个定本。孔门《尚书》传授，当是东周《尚书》流传的主流。汉代孔壁所出《古文尚书》，就是孔门《尚书》之遗。

（四）孔安国与《古文尚书》之关系

阎若璩曾言："予之辨伪古文，吃紧在孔壁原有真古文。"[①]汉以后《古文尚书》各本，皆导源于孔壁所出之《古文尚书》。

孔安国整理《古文尚书》，使该本实现由战国文字、文体向汉代通行文字、文体的转变。但是，其间具体过程，比如如何"隶古定"，如何

① [清] 阎若璩撰，黄怀信、吕翊欣校点：《尚书古文疏证（附：古文尚书冤词）》下册，上海：上海古籍出版社，2010年，第601页。

"以今文字读之"，以及其间之关系，尚有待更细致的研究，亟应结合出土简帛整理情况加以考论。此外，孔氏献《书》、传《书》，关系此后《古文尚书》传流与传本，亦应综合各种记载，加以辩证地考察。

此四方面逻辑构架，意在扬弃粗暴、简单的真伪判定模式，而求对《古文尚书》问题的正本清源，最终达到既辨章《古文尚书》学统，又考镜其文本传流，从而真正认清《古文尚书》本质及其问题症结所在的功效。按此思路，循名责实并揆情度理，我们认为《古文尚书》有其渊源、传流，恐怕难以"伪书"定性；其书固然在传流过程中发生一定改写、变动，并出现一些问题，但仍当为具有重大价值的经典文献遗存。

刊发于《孔子学刊》第六辑，杨朝明主编，青岛出版社2015年。

作者简介

崔海鹰，1979年出生，山东平度人，历史学博士，尼山世界儒学中心孔子研究院助理研究员，研究领域为早期儒学、经学、礼学等。

传统中国人核心价值观的底蕴
——以曲阜碑刻文献为视角

路则权

弘扬中华民族精神，重建精神家园成为当代中国人的共识。2012年，党的十八大提出了“三个倡导”，即“倡导富强、民主、文明、和谐，倡导自由、平等、公正、法治，倡导爱国、敬业、诚信、友善”。要求全社会积极培育和践行社会主义核心价值观。鉴往知来，传统中国人的核心价值观的底蕴是什么？这是一个博而深的大题目，也非一篇短文所能论述。笔者谨以曲阜碑刻文献为视角，希望借此透视传统中国人核心价值观底蕴的一些方面①。

一、天人合一：传统中国人核心价值观之基石

“天人合一”观念影响着传统中国人的认知方式，可以说“天人合一”是传统中国人价值观的基石。在孔子时代之前，“天”更多具有一种至上神的含义，人们认为天命主宰人事。“天”“人”结合在一起大约在西周

① 曲阜作为孔子故里，历代帝王、贤臣、名士多有尊崇、拜谒，并留下许多碑刻。其中孔庙有1170余通，孔林存4000余通，孔府存100余通，少昊陵存20余通，周公庙存50余通，颜庙存60余通，尼山、石门山、梁公林也有不少碑刻。其历史跨度从西汉至民国，内容有拜谒记功、叙事崇学等。

初年，如《尚书·大诰》中记载“天亦惟休于前宁人”。西周后期，人们对“天命”更加怀疑，“人”在历史中的作用逐渐显现。

孔子的天人观体现了“天人合一”的特点。孔子承认天命的存在。他提出“死生有命，富贵在天”“获罪于天，无所祷也”“畏天命”等。但他同时认为“天命”是可知的，因此他说“五十而知天命”，“知天命”的主体是人自身。不仅如此，孔子进一步发挥了周初“以德配天”的思想，强调人事的作用。他说：“咨！而舜！天之历数在尔躬。允执其中。四海困穷，天禄永终。”他认为舜“允执其中”，地尽人事，才能获得天命。这样，天命的神秘性色彩减弱了。孔子认为：君子只有不断“修己”，才能“知命”。他说：“不怨天，不尤人，下学而上达。知我者其天乎！”人由自身修“德”实现知“命”的思想，对后世的影响极为深远。

孔子对天人关系的新思考，除了我们所熟知的太史公司马迁所说的“究天人之际”，在曲阜碑刻文献中也被历代士人所认同。《黄初年间鲁孔子庙之碑》[①]载：“皇上怀仁（圣）之懿德，兼二仪之化育，广大苞（于）无方，（渊）（恩）沦于不测。故自受命以（来），天人咸和，神气烟（煴），嘉瑞踵武，休征屡臻。殊俗解编发而慕义，遐夷越险阻（而）（来）宾。”“天人咸和”表明魏文帝受到“天人合一”思想的影响。又如，《元大德五年重建至圣文宣王庙碑》记载：“道之大原，实出于天。天何言哉？乃以圣传。传道者何？唐虞三代，仪范百王，万世永赖。圣人之功，与天比隆，圣人之祀，垂之无穷。”道出于天，靠圣人而传，天人之际的媒介即是“道”。再如，《康熙三十二年御制重修阙里孔子庙碑》[②]载：“朕惟大道昭垂，尧舜启中天之盛，禹汤文武绍危微精一之传。”其中

① 此碑立于魏黄初年间。原存于曲阜孔子庙，1978年由同文门下移入东庑，1998年移入汉魏碑刻陈列馆。

② 此碑立于清圣祖康熙三十二年（1693），是一座螭首龟趺御制石碑。位于孔庙十三碑亭北面西起第二亭内。

"中天"即为"中立弘德，天人合一"。又如，《清雍正八年重修阙里孔子庙碑》载："圣人之道，一天道也。""尊天尊圣，理原合一"。圣人之道就是天道，表现出强烈的"天人合一"思想。

传统中国人是按照"天人合一"的思维方式，来理解"古"与"今"或者说理解"传统"与"现代"的关系。这一点与近代以来流行的"传统"与"现代"对立的观念不同。在传统中国人的思想观念里，"传统"与"现代"是一种辩证关系。如《正光三年魏鲁郡太守张府君清颂之碑》[①]载："方之我君，(今)(犹)(古)(也)。"《乾封元年大唐赠泰师鲁先圣孔宣尼碑》[②]曰："翘勤真迹，惆怅今古。"《洪武十六年樊成佑谒林庙碣》[③]载："敬仰道德，高明如天，博厚如地，仪范古今，存神过化，俾历世而尊崇。"《嘉靖二年陈凤梧撰五圣赞碑》[④]在《先圣文宣王赞》曰："道冠古今，德配天地。"显然，"今古"观念具有超越的观念。又如，《开元七年鲁孔夫子庙碑》[⑤]记载："元功济古，至道维来。"又将古今观进一步向未来延伸，这里靠的是道的超越性。

只有在"天人合一"的信仰下，才能真正理解曲阜碑文中常见的"稽古"一词的内涵。"稽古"不是等于"复古"，如《永兴元年乙瑛置守庙百石卒史碑》载："政教稽古，若重规(矩)。"再如，《史晨前碑》载："臣以为素王稽古，德亚皇(代)。"又如，《黄初年间鲁孔子庙之碑》载："若乃绍继微绝，兴修废官，畴(咨)稽古，崇配乾坤，允神明之所福祚，宇内(之)(所)(欢)欣(也)，岂徒鲁邦而已哉!""稽古"更多表达的是对传统中具有超越性价值的一种继承。当然，还有一些尽管没有出

---

① 此碑立于北魏孝明帝正光三年(522年)正月。该碑1951年春移入曲阜孔庙同文门下，1978年移往东庑，1998年移入曲阜孔庙汉魏碑刻陈列馆，西起第26石。

② 此碑立于乾封(666—668)、仪凤(676—679)年间，今存孔庙十三碑亭。

③ 此石碣立于明洪武十六年(1383年)仲春，现镶嵌在孔庙西斋宿北墙，西起第25石。

④ 此碑立于明嘉靖二年(1523年)。今见于孔庙奎文阁前洪武碑亭外北西墙上。

⑤ 此碑立于唐开元七年，今存曲阜孔庙十三碑亭。

现“稽古”一词，也传递着相近的观念。如《大业七年修孔子庙之碑》[①]载：“我大隋炎灵启运，翼下降生，继大庭之高踪，绍唐帝之遐统，宪章古昔，礼乐惟新，偃伯修文，尊儒重学，以孔子三十二世孙、前太子舍人、吴郡主簿嗣悊封绍圣侯。”再如，《咸通十年文宣王庙记》[②]曰：“国朝阐文明，遵尚祀典，不违古制，大振皇猷。”又如，《大德十一年加封孔子制诏碑》[③]载：“循治古之良规，举追封之盛典，加号大成至圣文宣王。”

这些碑文多与祭祀孔子有关，传统中国人很容易与孔子的古今观相联系。事实上，孔子的古今观也不是复古的。孔子的“从周说”常被贴上“复古”的标志。从孔子说的“周监于二代，郁郁乎文哉，吾从周”这句话中，我们很难读出复古的含义。这句话只是表明孔子站在春秋末期的时间点上，以“文”的标准在夏、商、周三代中所做的一个选择而已。因此，“吾从周”不能成为孔子“复古”的证据。“稽古”只能说明孔子重视继承三代及其前代的文化传统。

不仅如此，孔子还注重“因时而制”。他说：“殷因于夏礼，所损益可知也；周因于殷礼，所损益可知也。”“损益”说就是在继承传统的基础上“因时而制”。孔子为父母修坟的事迹也反映了这一观念。《礼记·檀弓》载：“孔子既得合葬于防，曰：‘吾闻之，古也墓而不坟。今丘也，东西南北之人也，不可以弗识也。’于是封之，崇四尺。孔子先反，门人后。雨甚，至，孔子问焉，曰‘尔来何迟也？’曰‘防墓崩’。孔子不应。三，孔子泫然流涕曰：‘吾闻之，古不修墓。’”孔子将父母合葬，为了便于以后寻访祭拜，便积土为坟，这显然不同于古代的观念，是一种“因时而制”。

① 此碑立于隋大业七年（611年），今存曲阜汉魏碑刻博物馆。

② 此碑立于唐咸通十年（869年），原在孔庙同文门，今存曲阜汉魏碑刻博物馆西屋。

③ 此碑石立于元大德十一年（1307年）九月，现位于孔庙十三碑亭南面东起第4亭内中偏东。

不仅传统中国人如此，现代一些有识之士也意识到这一点。如，蔡元培先生提出的对新旧思想要“兼容并包”。当代中国所提出的核心价值观中的“和谐”，也是“天人合一”的某种表达。

总之，“天人合一”观念所揭示的“天命”与“人事”辩证关系，作为传统中国人价值观的底蕴，深刻地印在其文化记忆的深层。重“人事”关“天道”对生活在今天的人们有着诸多启示。与此相应的“古今”观中体现历史的“变”与“不变”的关系也发人深省。

二、内在修德：传统中国人核心价值观之本质

“天人”关系的纽带是什么呢？我们认为是儒家文化中的“修德”观。可以说，“德”是传统中国人核心价值观的本质，是中华民族“一以贯之”的精神追求。“德”字出现很早，有学者认为商代时期就已经出现。如徐中舒编的《甲骨文字典》、中国社会科学院考古研究所编的《甲骨文编》都收录了“德”字。当然，这时的“德”观念未必形成。周武王克商以后，周人深感“天命无常”，开始提出“德”的思想。正如侯外庐指出的：“周代道德观念才从其制度中反映出来。”[①]周代的“德”文化初步建立起伦理学和道德哲学范畴。到了春秋战国时期，儒家将“德”的内涵向道德修养方面进一步发展，更多强调以德修身。孔子第一个比较系统地论述了德与人自身修养的关系。此后，孟子继承了孔子“为政以德”的思想，提出了王道主义。到了汉代，“五常德性”成为人们普遍的观念。宋代理学家进一步从认识论上区分了“德性之知”与“见闻之知”，儒家的德论有了新突破。明末清初的王夫之将“德”与“道”作为一对认识论范畴进行阐述，把德论思想推向了一个新的理论高峰。总之，德作为中国古代

① 侯外庐等著：《中国思想通史》第1卷，北京：人民出版社，1957年，第64页。

道德哲学的一个重要范畴，成为作中华民族的精神标识。

在曲阜碑刻文献中，“内在修德”的观念贯穿历代中国士人的精神世界。首先是对孔子德性的推重。汉代的《史晨前碑》认为孔子功德仅次于古今圣王，称之为“德亚皇代”。因此“臣蒙厚恩，受任符守，得在奎娄，周孔旧寓，不能（阐）弘德政，恢（崇）壹变，夙夜忧怖，累息屏营。”。魏晋时期的《黄初年间鲁孔子庙之碑》载：“遭天下大乱，百祀堕坏，（旧）（居）（之）庙毁而不修，（褒）成之后绝而莫继，阙里不闻讲诵之声，四时不睹蒸尝之位，斯岂（所）谓崇（化）报功、盛德（百）（世）必祀者哉！”唐代的《乾封元年大唐赠泰师鲁先圣孔宣尼碑》记载：“信立德立言，泰上谓之不朽。”“叹重泉之可作，闻盛德而必祀。”“德配乾坤，业晖辰象。”《洪武六年张绾谒庙记碣》[①]载：“历（代）（罔）不钦崇，所（谓）盛德（百）（世）必祀者，其在兹乎。”“盛德（百）（世）必祀”“盛德而必祀”成为祭祀孔子的缘由。《开元十一年御制老孔颜赞残石》[②]载：“臣窃以为尊儒重道、褒贤纪功，本于王庭，以及天下，一则崇先圣之德，一则纪先圣之文。”元朝《至正八年代祀记碑》[③]载：“世之三纲正而九法叙，皆其功德之福斯民也。”明代朱元璋在接见孔克坚时说：“童子之言，尔祖尚记之不忘，况道德之奥者乎？今尔（为袭封），（爵）至上公，不为不荣矣，此非尔祖之遗荫欤！朕以尔孔子之裔，不欲于流内（铨注），（以）政事烦尔，正为保全尔也。”[④]《洪武十六年樊成佑谒林庙碣》[⑤]载：“敬仰道德，高明如天，博厚如地，仪范古今，存神过化，俾历世而尊崇。呜呼，至德大矣哉！予读圣人书，□获游于圣人门，

① 此石碣现镶嵌于孔庙西斋宿南墙，东起第19石。张绾为明代奉议大夫佥山东等处提刑按察司事。

② 此碑立于开元十一年（723年），今存汉魏碑刻陈列馆。

③ 此碑位于孔庙十三碑亭院东南部西区，南排西起第9石。

④《朱元璋与孔克坚、孔希学对话碑》，此碑位于孔府二门内侧东面，南首。

⑤ 此石碣立于明太祖洪武十六年（1383年）仲春，现镶嵌在孔庙西斋宿北墙，西起第25石。

畴昔之志足矣。”至德主要指孝道，《孝经·开宗明义》曰：“先王有至德要道，以顺天下，民用和睦，上下无怨。”唐玄宗注：“孝者，德之至，道之要也。”《洪武十七年刘修谒林庙诗碣》[①]载：“道德尊前圣，文章发后贤。”刘修在此赞誉“素王”孔子的道德文章、教书诲人、安贫乐道以及后人对孔子的尊崇等。清代《康熙二十五年阙里至圣先师孔子庙碑》[②]载：“殆与覆载合其德，日月并其朙，四时寒暑协其序焉。”《康熙三十二年御制重修阙里孔子庙碑》[③]载：“道备中和，德参天地。”《嘉庆六年葺修大成殿记碑》[④]载：“德为民（彝），道实公器。”民彝是指人与人之间相处的伦理道德准则。《尚书·康诰》载：“天惟与我民彝大泯乱。”我们在这里不厌其烦的列举历代士人对孔子德性的推崇，就是为了说明“修德”在传统中国人心中的地位之重要。

如何进行德性教育呢？《大德三年阙里庙之学记碑》[⑤]载：“（古）（人）有（言）：“在（早）（谕）（教）”。又曰：“（少）（成）（若）（天）（性），习贯如自然。”“是故能言能食，即示以礼。盖（幼）（穉）之时，其心未放，则教易入，筋骸易束，德性易（养）也。”“夫子（教）（伯）（鱼）以学《诗》学《礼》，欲其事理通达而心气和平，品节详明而德性坚定。”“《小学》之教，（节）目纤悉。”这里分析了《小学》之教的意义，并提及孔子教育孔鲤故事。“少成若天性，习惯成自然”，幼时是开展教育，培养德性、心智的最佳时期，因为“（幼）（穉）之时，其心未放，则教易入，筋骸易束，德性易（养）也。”

---

① 该石碣现镶于孔庙西斋宿南墙，东起第2石。刘修为明代嘉议大夫、山东等处承宣布政使司右参政。

② 此碑立于清康熙二十五年（1686年），位于孔庙十三碑亭北面东起第3亭内。

③ 此碑立于清康熙三十二年（1693年）。位于孔庙十三碑亭北面西起第二亭内。

④ 此碑立于清嘉庆六年（1801年）六月。位于曲阜孔庙十三碑亭南面东起第4亭内，西排南石。

⑤ 此碑立于元大德三年（1299年）八月，位于孔府二门里东侧，面北。

修德的特色在于其实践性，这样才可以理解为什么颜渊在孔门弟子中地位之高了，也可以明晰颜庙碑刻中对颜渊的颂扬之语并不是溢美之辞，而是发自肺腑的。如《至顺二年追封兖国复圣公及其夫人制碑》[①]载："朕惟得孔氏之门，入圣人之域，颜子一人而已。观其不迁怒，不贰过，以成复礼之功。无伐善，无施劳，益着为仁之效。"又如，《元统二年加封颜子父母制词碑》载："曲阜侯颜路，鲁之君子，孔门高弟，忘其贫约，依归圣人。其日用常行之间，道德之言，仁义之行，耳濡目染，心感神会，固以熏陶而成其德矣。况有亚圣之嗣，同师圣门，箪瓢陋巷，不改其乐，用行舍藏，庶几于道，七十子之中，夫子独称其贒。"以上碑文奉祀颜子、追封颜子父母等各项优渥待遇，就是在提倡德的实践性。

不仅如此，孔子后裔多因其德性功业被碑文所载。如《汉泰山都尉孔君之碑》[②]载："缉熙之业既就，而闺阈之行允恭，德音孔昭。""德音孔昭"源自《诗经·小雅·鹿鸣》中"我有嘉宾，德音孔昭"。郑玄笺："孔，甚；昭，明也。"碑文中还载有"于显我君，懿德惟光"。"懿德惟光"源于《诗经·大雅·烝民》的"民之秉彝，好是懿德"。"懿德"即是以美德为荣。此外，《建宁四年博陵太守孔彪碑》[③]是博陵士人为纪念孔子19代孙孔彪其德政所立。

其他以儒家文化为标准的官吏也因"德政"被人立碑称颂。如《魏鲁郡太守张府君清颂之碑》载："以延（昌）中出身，除奉朝请，优遊文省，（朋）侪慕其雅尚。朝廷以君荫（望）如此，德□宣（畅），以熙平之（年），除鲁（郡）太（守）。治民以礼，移风（以）乐，如伤之痛，无怠扵夙宵，若子之爱，有怀扵心目。是使学挍克修，比屋清业，

---

① 此碑立于元至顺二年（1331年）九月，位于曲阜颜庙复圣殿下西首。

② 又称《泰山都尉孔宙碑》，简称《孔宙碑》。此碑立于东汉延熹七年（164年），原为孔林孔宙墓前的墓碑，乾隆年间移至孔庙保护，现位于汉魏碑刻博物馆北屋，西起第14石。

③ 此碑原位于孔庙同文门下，现存于汉魏碑刻馆北屋，西起第17石。

农桑劝课，（田）（织）（以）登。（入）（境）（观）朝，莫不礼让。化（感）无心，草石知变。恩及泉木，禽鱼自安。胜残不待赊年，有成朞月（而）（已）。遂令讲（习）之音再（声）於阙里，来（苏）之歌复咏於洙（中）。京兆五守无以克加，河南二尹裁可若兹。虽名位未一，（风）（同）□□。（且）易（俗）之□，（黄）（侯）（不）（足）比（功）；（宵）鱼之感，宓子宁独（称）德。”此碑是鲁郡民众为太守张猛龙所立的颂德碑。据碑文记载，张猛龙于熙平之年出任鲁郡太守，在任之时，“治民以礼，移风以乐”，“学校克修，比屋清业”，有兴起学校、推行教化之功，政绩突出。离任后，郡人刻碑赞颂其功绩，碑文之末及碑阴刻有郡之属吏、鲁郡士望等题名，总计达160余人，可见其声名与威望之高。又如，《大历八年文宣王庙门记》曰：“刺史孟公休鉴，德润尊师，道肥希圣。”“德润尊师”是对孟休鉴的赞颂，又说孟公“夜火非官曹之烛”，可知孟氏的公私分明。《神龟二年魏兖州贾使君之碑》[①]也记述了贾思伯在兖州刺史任内的政绩碑。

古人对“德”文化的重视，深刻影响着当代中国人。2014年五四青年节，习近平总书记在北京大学师生座谈会上指出：“核心价值观，承载着一个民族、一个国家的精神追求，体现着一个社会评判是非曲直的价值标准。”“核心价值观，其实就是一种德，既是个人的德，也是一种大德，就是国家的德、社会的德。国无德不兴，人无德不立。”

的确，传统中国人强调通过修德培养身心合一的和谐，注重“修己”的内化与“安人”的外化，并且这两个过程是循环往复、不断上升的。这

① 此碑立于北魏神龟二年（519年）。碑首圆形，额饰浮雕龙纹，刻“魏兖州贾使君之碑”，碑阴上段有“题贾使君碑阴”，下段有“重题贾使君碑阴”。该碑原立于兖州府学，后数度被湮没。北宋绍圣三年（1096年）、元至正十二年（1352年），两次被重新发现并复立。清康熙年间，兖州知府金一凤将此碑由露天移入室内。1951年春移入曲阜孔庙同文门下，1978年移往东庑，1998年移入孔庙汉魏碑刻陈列馆，西起第25石。

是一种处理自我与他人关系的过程："内化"使人有幸福感，"外化"让人有归属感和自豪感。这种道德观是相互促进，相互激励的。

三、道统传承：传统中国人核心价值观之动力

德性文化为什么在传统中国人那里历久弥新呢？换句话说，核心价值观的动力究竟是什么？这就是儒家强调的"道统"。唐代韩愈在《原道》中提出："夫所谓先王之教者，何也？博爱之谓仁，行而宜之之谓义，由是而之焉之谓道，足乎己无待于外之谓德。"并指出儒家所承传之道"尧以是传之舜，舜以是传之禹，禹以是传之汤，汤以是传之文、武、周公，文、武、周公传之孔子，孔子传之孟轲，轲之死，不得其传也"。韩愈所言之道，概括起来说，实际上就是作为儒家思想核心的"仁义道德"。后来的宋代大儒程颢、程颐、朱熹都在韩愈的基础上阐释、发展了儒家道统说。虽然诸儒对儒家道统的承传排序存在着不同的看法，但都强调对"道"的继承与发展。道统观对中国人的价值观传承有着深远影响。

道统意识的起源至少可以上溯自汉代。《史晨碑》中的"昔在仲尼，汁光之精，大帝所挺，颜母毓灵"将孔子说成是天上五帝之一黑帝汁光纪所生。宣称孔子是天生的"大圣"，以证明其所说皆为"先验"。汉代帝王接受孔子为汉立法的角色定位，是为了最大限度地发掘儒家道统价值。当然，孔子思想和儒学中仍有"以道抗势"的趋势。《史晨后碑》所载的"恐县吏敛民，侵扰百姓，自以城池道濡麦给令，还所敛民钱材"，就体现出儒家所提倡的清廉、爱民思想，这些都激励着后世儒家知识用儒家民本理想抗拒权势，限制君权，对于汉及以后历代王朝的统治政策都有深远的影响。

早期的道统是靠血统来传承的。历代王朝加封孔子后裔，一是为了显

示国家对以对文化传统的重视，更重要的是希望孔子后裔能繁衍接续孔子的血统和道统，为人们树立一个实践孔子思想的榜样。魏晋时期的《黄初年间鲁孔子庙之碑》记载了魏文帝册封议郎孔羡为鲁县百户宗圣侯一事。"宗圣侯"并非孔子后裔奉祀之始。据《汉书・孔光传》记载，在西汉元帝时，孔子十三代孙孔霸赐爵关内侯，号褒成君，以所食邑八百户祀孔子。至元始元年（1年），汉平帝封孔均为褒成侯，[①]这是孔子后代因孔子受封的第一个真正意义上的封号。

唐朝时，道统观开始逐渐明晰。如《乾封元年大唐赠泰师鲁先圣孔宣尼碑》载："夫轩羲已谢，子姒迭微，步骤殊方，质文异辙。及流藜起噪，箕服传訞，宪章版荡，风雅沦丧。然而千龄接圣，崇朝可期；五百见贤，伐柯末远。粤惟上哲，降生圮运。……言之不可极，其唯孔泰师乎。"碑文即从"轩羲已谢"开始讲起，已有论及道统的含义。又如，《开元七年鲁孔夫子庙碑》[②]曰："吞沙荐虐，轩皇底定。襄陵兆灾，夏禹文命。周道失序，夫子应聘。删诗述史，盛礼张乐。"李邕在此将孔子位列"黄帝""尧""禹"之后并加以称颂。

宋代时，道统与正统的论辩成为时人关注的命题。《太平兴国八年重修兖州文宣王庙碑铭》载："是故有其位则圣人之道泰，无其位则圣人之道否。大哉！夫尧舜禹汤，其有位之圣人乎！我先师夫子，其无位之圣人欤！"进而认为，道统与正统合二而一才能发挥作用，"繇是尧舜禹汤，苞至圣之德，有其位，故德泽及于兆民。逮乎周室衰微，诸侯强盛。干戈靡戢，黔首畴依。繇是仲尼有至圣之德，无其位，所以道屈于季孟。……向使有其位，用其道，又何止夹谷之会沮彼齐侯两观之下诛其正卯，羵羊辨土木之妖，楛矢验蛮夷之贡？必将恢圣人之道，功济乎宇宙，泽及于黎庶

①《永兴元年乙瑛置守庙百石卒史碑》《建宁二年史晨前后碑》均有"褒成侯"的记载。

② 此碑立于唐开元七年（719年），今存曲阜孔庙十三碑亭。

矣”。这不仅是对道统问题的进一步深化，也是对当时北宋社会现实的积极回应。

元代作为中国历史上实现大一统的少数民族王朝，对道统表现出浓厚的兴趣。《大德十一年加封孔子制诏碑》载：“盖闻先孔子而圣者，非孔子无以明。后孔子而圣者，非孔子无以法。所谓祖述尧舜，宪章文武，仪范百王，师表万世者也。朕缵承丕绪，敬仰休风。循治古之良规，举追封之盛典，加号大成至圣文宣王。”这里“祖述尧舜，宪章文武”出自《礼记·中庸》，朱熹注曰：“祖述者，远宗其道。宪章者，近守其法。”不仅如此，《至大元年懿旨释典祝文碑》[①]记载了在“明君重道，高迈百王”的背景下，大长公主懿旨择日致祭孔庙。依据此懿旨，于至大元年（1308年）九月在孔庙立《至大元年懿旨释典祝文碑》。之后又立有《至大元年皇妹大长公主祭孔庙碑》和《泰定四年皇姊大长公主降香碑》，此三碑因参与祭祀主人公身份、性别的特殊性，从而备受关注。元代对颜子及其父母的追封，也是主要突出他们对孔子之学的传承之功。《元统二年加封颜子父母制词碑》载：“朕惟孔子之道大矣。学之以复，诸圣传之，而得其宗者，其惟颜氏乎。”这与中国古代文化中的“道统”观，特别是唐宋以来流行的儒家道统说相一致。孔门后儒对孔子之道有传承之功，颜回为其正宗。在碑阴中也有“所贵乎圣贤之学，传之于前者有所宗，授之于后者有所统。统宗之正，炳如日星”的说法。由此可见，元朝统治者虽是少数民族，但是在思想文化上也是接续前代的。

在历代曲阜碑文中，明代对孔子之道推重到了极致。《朱元璋与孔克坚、孔希学对话碑》记载了朱元璋与孔克坚的对话：“上曰：‘年代虽远，而人尊敬如一日者，何也？为尔祖明纲（常）、兴礼乐、正彝伦，所

① 此碑立于元武宗至大元年（1308年）九月，位于孔庙十三碑亭院西起第4亭内，西面南石，面东。

（以）为帝者师，为常人教，传至万世，其道不可废也。”显然，朱元璋尊孔就是为了“其道不可废也”。

《成化四年御制重修孔子庙碑》中记载：“朕惟孔子之道，天下一日不可无焉。何也？有孔子之道，则纲常正而伦理明，万物各得其所矣。不然，则异端横起，邪说纷作，纲常何自而正？伦理何自而明？天下万物又岂能各得其所哉？是以生民之休戚系焉，国家之治乱关焉，有天下者诚不可一日无孔子之道也。”“呜呼！孔子之道之在天下，如布帛菽粟，民生日用不可暂缺。其深仁厚泽，所以流被于天下后世者，信无穷也。”此碑高度赞扬了孔子之道，治理天下一日也离不开孔子之道，因为它与“生民之休戚系焉，国家之治乱关焉”，它能使“纲常正而伦理明，万物各得其所矣”。它还关系到普通百姓的生活，关乎民生日用，即“孔子之道之在天下，如布帛菽粟，民生日用不可暂缺”。它是“尧、舜、禹、汤、文、武之道，载于六经者是已”，经孔子“从而明之，以诏后世耳”，是对先哲思想的继承和发扬。在道统的源流上，《弘治元年大明重修宣圣庙记》记载：“伏羲、神农、黄帝、尧、舜、禹、汤、文、武倡明斯道于前，孔子申明斯道于后。倡明之功大矣，申明之功抑岂小哉。”就是说，孔子之道是自觉以三代文明为精华沉淀，自觉继承、复兴与发扬尧、舜、周、孔以后的中国文化之主流传统。

孔子之后的道统是如何传承的呢？《嘉靖二年陈凤梧撰五圣赞碑》①分别记载了《先圣文宣王赞》《兖国公颜子赞》《郕国公曾子赞》《沂国公子思赞》《邹国公孟子赞》，赞颂了儒家学派的五位圣人，即孔子、颜子、曾子、子思、孟子。孔子学说经由曾子传予子思，子思的门人再传予孟子，又经后人代代相继相承，历经荀子、董仲舒、王通、韩愈、周敦颐、“二程”、张载、朱熹、陆九渊、王阳明等，形成了儒家的“道统”。

① 此碑立于明嘉靖二年（1523年）。今见于孔庙奎文阁前洪武碑亭外北西墙上。

孔子及其后儒，有其道而无其位，如何实现“政统”“道统”合一呢？清代康熙帝做出了积极的努力。康熙二十三年十一月，他亲临曲阜孔庙，举行了拜谒孔子祀典，宣读御制祝文，并赐手书“万世师表”四字匾。《康熙二十五年阙里至圣先师孔子庙碑》记载康熙二十三年谒孔之事，碑文记道：“朕惟道原于天，弘之者圣。自庖牺氏观图画象，阐乾坤之秘，尧舜理析危微，厥中允执，禹亲受其傅，汤与文武周公遁承其统，靡不奉若天道，建极绥猷，敻乎尚矣。孔子生周之季，韦布以老，非若伏羲尧舜之圣焉而帝，禹汤文武之圣焉而王，周公之圣焉而相也，岿然以师道作则，与及门贤喆，绍明绝业，教思所及，陶成万世，是伏羲、尧、舜、禹、汤、文、武、周公之统，惟孔子继续而光大之矣……朕忝作君，启牖下民。深惟夫子师道所建，百王治理备焉。舍是而图郅隆，曷所依据哉。因勒文于石，彰朕尊崇圣教。以承天治民之意。”康熙祭孔时行三跪九叩之礼，是前所未有的。他通过祭孔过程中一系列仪式、祭辞的编排，形成对道统链接的一种论述。通过祭孔，使清初“政统”连接上文化“道统”，这样祭孔祀典的帝王便成为“道统”的继承人。康熙从小熟读经典，研经究史，以弘扬道统、治统为己任。在《康熙三十二年御制重修阙里孔子庙碑》中再次表露其心迹：“朕惟大道昭垂，尧舜启中天之盛，禹汤文武绍危精一之传。治功以成，道法斯着。至孔子虽不得位，而赞修删定、阐精义于六经。祖述宪章、会众理于一贯。为往圣继绝学，为万世正人心，使尧、舜、禹、汤、文、武之道灿然丕着于宇宙，与天地无终极焉。诚哉先贤所称自生民以来，未有盛于孔子者也。”康熙帝希望作君作师为一体，最终实现政道合一，维护清王朝的统治。

以孔子为原点，我们向前可以回望尧、舜、禹、汤、文、武、周公，向后我们可以发现孟子、董仲舒、朱熹和王阳明。这个从历史走来，又走向历史的道统，在超越中保持着不变的特色。这就是所谓的“济古维来”。从这个角度看，儒家学说代表和传承的是中华民族逐渐形成的共同的思想文化体系，不仅是孔、孟个人的理论，也不单纯是他们所代表的儒家一派的思想。总之，道统传承为传统中国人提供了价值源泉，成为中华民族核心价值观的不竭的精神动力。

总之，传统中国人崇尚“天人合一”，专注“内在修德”，敬重“道统传承”，对于涵泳中华民族的精神标识，形成传统中国人的文化血脉，具有十分重要的作用。这些思想观念对于我们有着积极的借鉴意义，值得进一步关注和研究。

原载《廊坊师范学院学报》2017年第4期。

作者简介

路则权，1975年出生，山东汶上人，历史学博士，孔子研究院副研究员，济宁市尼山学者。主要从事儒学及传统文化、史学理论研究。

论中国古典政治哲学中政权合法性问题

化　涛

政治哲学是对政治价值、政治实质和政治分析的思想体系，它主要涉及三个基本问题：一是政权问题，即由谁统治；二是权力具体运作问题，即如何统治；三是政治目标和理想问题，即统治达到何种程度。学术界大多学者认为，就中国古典政治哲学而言，基本是围绕后两个问题进行思考和展开的，而对于第一个问题涉及甚少或没有涉及。诚如新儒家代表人物牟宗三先生所言："政道是相应政权而言，治道是相应治权而言。中国在以前于治道，已进入最高的自觉境界，而政道则始终无进展，即有治道而无政道。"换言之，大多学者认为中国传统政治哲学对于政权的合法性（Legitimacy）及合法化（Legitimation）问题几乎没有碰过。此种观点当然有其合理之处，但是否完全允当，笔者认为不尽然，有待于深入研究。

政权合法性问题是政治学说中的重要议题，对其研究不仅具有重要的理论意义，更具有重要的实践意义。古人对于政权更替、权力来源、制约与规范等均有所论述，他们一直在寻找安邦定国的良法善治，只不过甚为遗憾的是他们没有设计、规划出具体的制约制度。①

① 有学者说制衡是一条政治规律，古今中外任何社会形态下的国家，不管其性质如何，都离不开对权力的制衡。同样，中国古代国家政权中也存在着制约关系。这一事实之所以被忽视或否认，是因为在制衡问题上，东西方各自走了一条不同的道路。详见彭安玉：《论中国古代王权制衡现象及特征》，载《湖北行政学院学报》2003年第4期。

西汉景帝时期，辕固和黄生的论战就是一次涉及政权合法性的典型事例。辕固认为：政权的合法性在于受命于天，而受命于天还要因天下人之心。即政权的合法性在于是否顺天因民，得民心是得天下的前提。天下是顺应天下人的天下。这是一种温和的君主专制观点，承认君主制度本身是合法的，但是，君主不得妄为，君权还有一个更高的制约力量，即天命、民心。而黄生认为：君臣上下等级关系绝对不可移易，现实的即是合理的，天下无疑是君主的天下，即使君主残暴昏庸，臣民也只能逆来顺受，不得进行革命，即《韩非子·忠孝》所言的“人主虽不肖，臣不得侵也”。这是一种主张君主高度集权的观点，认为君主的至尊地位不容置疑，推崇个人的绝对专制。两者的论争凸显了中国传统政治哲学无法解决的二律背反的难题：否认革命，等于否认现政权的合法性，因为每一个王朝均系通过推翻上一个王朝即“革命”而建立；肯定革命又等于承认现在或将来的人们有推翻本朝政权的权利。笔者正是在这二律背反的语境下，展开对中国古典政治哲学中政权合法性问题的考察。

就中国古典政治哲学而言，“治道”讲的是权力如何具体运作，如何治理国家的原则和艺术等；“政道”讲的是政权的来源、权力的制约和监督、权力的更替等问题，其核心问题就是政权的合法性问题。[①]中国古代政治形态大体经历了从“家天下”到“朕即国家”的发展历程，政治制度也相应地演化为君主专制制度。同时，“天无二日”“民无二王”的政治观念深入民众的内心。但是，改朝换代的历史事实，政权更替的普遍现象，使他们不禁思考政权的存在及合法性问题。显然，解读中国传统政权合法性问题应该涉及三个层面的内容：一是权源问题，即对权力来源的诠释；

---

① 牟宗三曾诠释“政道”是相应政权而言，具体指政权之为形式的实有、定常的实有，而使其真成为一集团所共同地有之或总持地有之“道”也；“治道”是相应治权而言，就是治理天下之道，或处理人间共同事务之道，其本质是“自上而下”的。详见牟宗三：《政道与治道》，桂林：广西师范大学出版社，2006年，第19—23页。

二是权力维系及转移模式问题，即对政权更替的论证；三是对权力具体运作的规范问题，即对权力的制约。

一、权力来源问题

权力来源问题，换言之，就是权力如何产生、权力从何而来的问题。这是研究政权合法性的基本前提，是对执政者所拥有权力的历史性考察和论证。权力是政治学重要概念之一，学界对其所下的定义可谓“见仁见智”，正如美国社会学家丹尼斯·朗所言：“权力本质上是一个有争议的概念。”“持不同价值观、不同信仰的人们肯定对它性质和定义意见不一致。”因此，我们应该对权力的定义加以甄别。

在中西政治文化中，“权力”都是一个古老的概念。在西方，“权力”（Power）一词，意指能力，这便奠定了西方“权力”一词的基本含义。近代以来，学术界尤其是西方学术界对“权力”下了诸多定义，如“力量说”“能力说”“控制说”“关系说”和“动员说”等。而中国古代典籍对“权”和“力”是分而言之的。“权”的概念有三个基本含义：一是不依常规、因时制宜、灵活变通之义，与表示固定不变的原则的“经”相对。二是衡量、审度之义，如《孟子·梁惠王上》载：“权，然后知轻重。”三是制约别人的能力，如早期法家著作《慎子·威德》认为：“贤而屈于不肖者，权轻也。”“力”的含义则相对比较单一，主要指力量、效能。我们所言的权力，实为政治权力，即一种政治力量，它所要实现的目标与政治密切相连，而非广义上的权力。

纵观中国古典政治哲学，对于权力来源的诠释主要包括“神权说”“德仁说”“暴力说”和“继承说”等。

（一）神权说

神权说亦称君权神授论或王权神授论。这种理论认为政治权力来源于神（即上帝）。君主的权力是神意所授，是神的意志在人间的显现，君主只是依照神意来进行活动、替天行道。“帝”是上古人们想象中主宰万物的最高天神，如《尚书·洪范》所载：“帝乃震怒，不畀洪范九畴。”这里的“帝”就是“神”的意思。周王朝就宣称周武王是“受命于天”，认为最高统治者是上天之子（天子），宣称天子是天意的执行者。又《尚书·洪范》载：“天子作民父母以为天下王。”“天降下民，作之君，作之师，唯曰其助上帝宠之。”认为帝王之所以统治人民，就在于受命于天，因为这种权力是神授的，是神圣不可侵犯的。抑或说，人间政治权力必以神为其鹄首，社会政治秩序也被说成是神意的体现，神即为天或上帝。对“天”的信仰在中国古代有着广泛影响，“天”经常与“命”结合在一起，形成“天命”一词，表示神灵的意志。梁启超先生将此种政治观称之为“天治主义”。权力神授的观点，在古典政治哲学中占有相当的分量，汉代董仲舒将之发展到更加完备的程度，其在《春秋繁露》卷十中所云：“受命之君，天意之所予也。”借助神的力量来解释政治权力的起源，一方面源于先民的认知局限，而更为重要的是统治者试图借助神、上帝或天给世间政治权力涂上一层神秘的光环，来强化政治权力起源的合法性和神圣性。显然，神权论表现出政治理性的极大不足，有着不可规避的缺陷。

（二）德仁贤智说

改朝换代的事实和政权频繁的更替，使人们开始质疑那种神秘的、不可更改的神权观。进而随着人文理念升腾，人们的政治理性也不断发展并逐渐挣脱权力神授单一模式的束缚，从而萌发出“皇天无亲，惟德是辅”的思想。即上天依据德行来决定是否辅佐，统治者要用自己的德行、德政来获得自身统治的权威与合法性。或者说，权力就是一种道德性的存在和外化，统治者只有通过自身修养具备善性、仁心，进而施德行，才可获得权力。如《墨子·尚同上》载："古者民始生，未有行政之时，……天下之乱，若禽兽然。夫明乎天下之所以乱者，生于无政长，是故选天下之贤可者，立以为天子。"同时《管子·君臣下》言："古者未有君臣上下之别，未有夫妇妃匹之合，兽处群居，以力相征……故智者假众力以禁强暴，而暴人止。"客观言之，这种"德仁贤智"说被儒家进一步发展和系统化，形成了其"内圣外王"之学。《孟子·公孙丑上》曰："以德行仁者王。"显然，道德、仁心成为享有权力与否的重要尺度。在古典政治哲学中，"德仁"是个综合的概念，融信仰、道德、行政和政策为一体。有德之人譬如黑夜中的北极星，自立不动便可受到众星的追捧。抑或说，有德便可以受到民众的支持和拥护，便可获得领导众人的权力。

"暴力说""继承说"等在古典政治哲学中也有相当论述，但较之"神权说"和"德仁贤智说"显得并不突出。暴力说认为政治权力源于掠夺和征服，是人对人使用暴力的结果，即运用武力获得政治权力。这种学说应该滥觞于氏族社会时期，氏族、部落间的频繁战争，使得个别人在战争中逐步确立了自己的威信，同时也获得了支配他人和军队的权力。继承说，是相对于世袭制而言，即下一代统治者的权力是通过继承获得，具有历史的传承性。

古代中国，人们对君主的合法地位从未持有怀疑的态度。从一定程度上而言，他们都主张君主制，君主、王权成为思考问题的主要出发点和归宿。在古人看来，君主的权力源于天或神，这似乎是一个不证自明的事实。当然，也出现过关于政治权力起源的一些其他论述，但是最终都不能完全摆脱"神权说"的窠臼，大多是在此基础之上而展开的其他形式的论述。或者说，它们都或多或少地拖着神性的尾巴。但值得肯定的是他们毕竟展开了对权力来源的探讨，并没有回避这一政权合法性的最基本问题。

二、政治权力的转移诸问题

政治权力的转移问题，是政治哲学应该正视的问题。因为就政治权力本身而言，它不是静止、凝固的，而是处于不断的运动、变化之中。同时，改朝换代的历史事实、政权更替的普遍现象也使人们不得不思考政权存在的基础为何、政权为什么会转移和通过何种途径转移等问题。

关于政权存在的基础问题，古典政治哲学主要是通过“天命”“积德”和“民拥”三个层次展开论述的。上天决定一切自然现象和人间事务，其中包括政治生活，天命是不可逆转的，运用天命诠释政治权力的获得和持有具有极高的神圣性和权威性。后来，“德”因周公的发掘而进入诸多思想家的视野，并与政治权力的存在紧密联系在一起，这便是“以德配天”的思想，只有具备了德，才能获得上天的垂爱，才能获得天下。“德”是上天选择人间帝王的标准和尺度。个人要想持久地拥有政治权力，就要在天意之下不断修身、正己和积德。“民”可谓中国古典政治哲学中一个极为重要的概念，它在中国古代不同时期的内涵是不一样的，一般来说是指与君、臣相对的处于社会等级最下层的广大庶民。周桂钿先生认为，“民是个政治意义上的名词，而不是标志阶级的范畴”。民对于政治稳定、政权巩固的重要性早在殷商时期就已为世人所关注，如《尚书》中多次论及“重我民”“施实德于民”“民之所欲，天必从之”“天视自我民视，天听自我民听”。《论语·尧曰》也曾言：“四海困穷，天禄永终。”即如果天下的百姓都陷入困苦贫穷，或者说你所拥有的政权不能改善民众的境遇，便得不到民众的拥护，这样上天给你的禄位也将永远终止。

既然政治权力的运作和维系是建立在“天命”“积德”和“民拥”等基础之上，那么按此逻辑，如果这些基础不复存在，政治权力的转移便不可避免。纵观中国古典政治哲学中关于政权转移途径的论说，可以将之划分为两类：一是以武力的方式，即所谓的“革命”；一是通过非暴力方式，即“禅让”或世袭继承。

“革命”方式是中国古代专门用于解释政治权力转移、王朝更替的政治哲学，作为一种较为完备的理论，较为系统地形成于西周前期。“革即变革，命即天命。革命，即天命变革，由新兴王者取代丧失天命的君主。所谓的革命不是现代政治学意义上的社会革命、政治革命。它特指符合天道、道义的改朝换代。在理论上，惟有符合道义的改朝换代方可称为革命。”革命是以一种武力的方式取得政治权力。它因对“汤武革命”的诠释而日臻完善，历史上诸多文献对其均有注脚。如《易传》曰：“天地革而四时成，汤武革命，顺乎天而应乎人。革之时，大矣哉！”《荀子·正论》：“天下归之谓之王，天下去之谓之亡。故桀纣无天下，而汤武不弑君。”纵观古典政治哲学，“革命”说尤以儒墨两家为代表。如儒家从德性层面，墨家从顺天志的视角来谈革命之必要性与合理性等。

“禅让”是中国历史上政治权力转移的又一主要方式。它源于尧、舜、禹的传说时代，至秦汉、魏晋和隋唐时期逐步完善。禅让即“在位君主将自己的权位亲手转交给他人的君位获得与传承模式。就其属性而言，可分为两类。一类是君主将权力转让给自己家族的人，另一类是君主将权力交给另一个家族。”还有学者认为：“禅让不仅仅是王朝更替的手段与方式，它更应该被认同为一种政治，是一种独具中国特色的礼仪化政治。”古典政治哲学对传说中尧禅舜，舜禅禹，倍加称道。后经过儒家的大力渲染，这种圣圣相传、天下为公的政权转移模式对中国古代社会产生了重要影响。

世袭继承是指通过世袭实现政权转移的一种模式，它深受宗法、血缘关系的浸染和影响。应该说，它是君主制下君主家族内部实现权力转移的最主要方式，是历代王朝通行的政权转移与传承的原则。从足征的文献看，殷商时代权力的转移主要是父死子继与兄终弟及相结合的方式，但后来逐渐发展成嫡子继承制，至西周基本实行嫡长子继承制，特别到秦汉以后此种方式已成为政权常态转移的最主要途径。显然，就哲学层面对此方式进行较早阐释的可谓先秦儒家，如《孟子·万章上》所言："天与贤，则与贤；天与子，则与子。"只要符合天意，只要本朝的天命未绝，历数不断，传子是合法的，可以为人所接受。再如，《春秋公羊传》曾提出君统传延的政治原则，认为君主与国家权力不可分割，君主是国家权力的固然执有者，主张君主的权位必须世代传延下去。显然，保障君权传延的重要手段就是世袭继承制。

事实上，智慧的先哲并未仅仅满足于对政权维系、转移进行宏观论述，而是继续思考如何使政权在具体的微观层面更好地运作，即如何对政治权力进行制衡和约束。

三、权力的运作与制约

权力制约，有狭义和广义之分，狭义专指西方宪政理论中的权力制衡，即国家政治权力的运作处于相互牵制、相互约束的过程之中；广义层面泛指权力防范与控制的手段和机制，笔者将从广义的视角展开论述。

在"君权至上，法自君出"的古代中国，君主的权力是至高无上的，实行的是典型的君主专制政体。在这种政体之下，权力制约显然成为一个讳莫如深的话题，但这是否等于对权力无制约？笔者认为不尽然，古代君主的种种权力在事实上并非完全不受任何限制，也经常处于一种权力的、道义的和舆论的制约之中。

如古典政治哲学中，儒家在承认君主制度的合理性的基础上，也清醒地认识到君主专制的危险性，主张采用适当的方式对君主的权力加以制约。从孔子的德治，到孟子的仁政，再到荀子的礼法兼用都曾试图对君主专制下君权可能的独断予以制约。但是，这种制约不是制度的制约，是否有约束力，完全依靠君主个人的品德和自觉。或者说先秦儒家为权力制约找到了一条伦理学的思路，即“超越权力间关系的思维模式，到权力与权力执掌者的关系中去思考权力的制约问题，提出通过权力执掌者的伦理精神去实现对权力的制约”。儒家希望通过对权力执掌者的人性改造和道德引导，达到对权力的制约。与儒家并行一时的墨家也曾提出过对君主权力进行约束的思想，如《墨子·天志》载：“顺天意者，兼相爱，交相利，必得赏。反天意者，别相恶，交相贼，必得罚。”“天子为善，天能赏之；天子为暴，天能罚之。”显然，他们主张把对君权的监督权委之于上天或鬼神，试图用天或鬼神来对世间君主的权力加以限制，使其不可恣意妄为。

古代中国对权力约束的思想，可以归结为具体的制度制约和运用天地、鬼神、祖先、传统习惯进行制约以及道德舆论的规范等诸多方面。就制度层面而言，如在专制下形成的谏诤制度和君臣制，客观上对君权有一定的约束力。就非制度层面而言，如墨家的天志、明鬼观，君主家族内部传流下的习惯，在“祖宗之法不可变”的语境下也可对君权形成一种无形而又无处不在的制约。极重要的是先秦儒家的道德舆论，因为在儒家理想中君主都是古圣先贤的代表和道德楷模的化身，君主必须具备大德至善，成为民众效仿的楷模，才能具备充任君主、获得权力的资格，才能实现“天下有道则庶民不议”的安定局面。相反，如果君权滥用，导致天下无道，民众定会群而论之，通过“议”来对权力实施制约和约束。儒家这种对君主权力实施的“软”约束，受到历代一些学者的颇多指词，但我们应该对此做一客观评价，诚如一些学者所言：“传统儒家‘有治人，无治法’的观念固然已失时效，但‘徒法不足以自行’终究是一条经得起历史考验的原则。制度离不开人的运作，越是高度发展的制度越需要高品质的人去执行。”依笔者之见，先秦儒家重于“治本”，强调当权者修身正己的道德自律意识等，为现代权力的制约理论以及民主、法制建设提供了重要的文化资源。古典政治哲学虽然没有形成更为系统和完整的权力制约手段和机制，可是在君主专制政体之下，能够出现上述诸多思想也算是难能可贵的了。人们往往认为古代中国只有君主一元专制集权，忽视和否定了可以对君主加以制约的力量存在。如果我们以西方权力制约的相关理论来比堪、衡量古典中国，显然古典中国算不上权力制约。但是，我们应该考虑到先哲的政治思维是诞生于中国传统的政治文化沃土之中，它有自身的个性和特征。[①]可以说，恰恰是这一因素使古代中国走了一条与西方不同的权力制衡之路。

通过对古典政治哲学中政权合法性的相关考察，我们不难发现：在古代中国这一特殊的政治文化语境下，“圣王”观念深深支配着人们的思想世界，只有“圣王”才能解决中国问题的全部，“圣王”的出现成为他们的终极政治理想。对于世人而言，君主的存在是不证自明的事实，并且对此都给予了一种不自觉地默认、允许。换言之，他们都从未对君主的存在产生过怀疑，对于政治问题的思考都是基于君主这一前提之上，并以此为逻辑起点，展开了对权力来源、权力转移和权力制约等诸多关涉政权合法性问题的论述。先哲们运用调和的智慧，试图寻找君主和民众之间的动态平衡，以期君主制能够在所谓的“正义”“有道”的状态下良性运转。

四、余论

“鉴于往事，有资于治道”，古典政治哲学中关乎政权合法性的诸多论述对当代中国的政权建设和政治发展不无意义。如其中阐释的“重民”

① 笔者认为西方的政治思维源于古希腊，是以制度为中心即所谓最初的城邦政体来寻求政治出路问题。而中国的政治思维则是围绕“人”这一政治的主体展开的，即人生、政治是以一贯之的，或者说以首先解决主体性问题，然后再解决社会、国家政治问题这一逻辑次序展开的。

思想与政权合法性的关系问题，就值得我们认真发掘和利用。只有真正将权力建立在民众认可的基础上，牢固树立以人民为中心的执政理念，践行权为民所用、情为民所系、利为民所谋的原则，才能塑造起社会发展所需要的新型公共权威，才能强化当代政权的合法性，从而实现政局的稳定与有序。再如对权力执掌者自身德性的要求，对于我们今天所倡导的权力制约也不无裨益。当代社会，随着政治学的日益发展，尤其是西方权力制衡理论的广泛传播，把世人的眼光更多地引向外在的“硬”约束模式，而内在德性的“软”约束模式渐被疏远。其实，我们在强调制度制约的同时，也不应该忽视执政者自身素质的提高，即需要传承借鉴儒家德治思想强化“官德”建设。抑或说，只有“软硬并施”“双管齐下”才能对现行权力进行有效监督和制约，在把权力关进制度笼子里的同时，通过道德教育树立正确的权力观，进而实现政治权力在推动发展和维护公共利益的轨道上高效的运行。

原载于《晋阳学刊》2008年第3期。

作者简介

化涛，法学博士，现为山东政法学院公共管理学院院长兼网格学院院长，教授，山东省理论人才“百人工程”入选者。主要从事社会治理创新、中国政治发展相关领域的教学与研究。

争当“真孔”：“儒分为八”问题再认识

郭　凯

一、引言

传统先秦儒学研究，主要以孔孟荀为主线和主要对象。孔孟荀之间历史经历数百年，期间的学术传承又是如何？这些学术问题都值得我们去探究。儒学是一条漫长的历史长河，其发展历程经历了先秦、秦汉等时期一直延续到现在。其中，先秦儒学是儒学的原生态，是孔子真精神的集中体现，对于先秦儒学的研究非常重要。在上述这些林林总总的问题里面，孔门弟子的相关研究是必须要涉及的命题。孔门弟子在先秦儒学中的地位不言而喻。孔子虽然创立了儒家学派，但无论是对于儒家学派的形成、传播还是发扬光大的具体操作中，孔门弟子似乎起着更为重要的作用。因为孔子的思想与学说主要是经由孔门弟子记录并阐发，进而形成了儒学的特质与内核。应该说，先秦儒学是整个儒学体系的基点，而孔子师徒及其后学研究又是先秦儒学的起点。

由于受文献等客观条件以及人们的传统思想意识等影响，人们对孔门弟子的研究似乎不够重视，进而也就形成了诸如“儒分为八”等这样的悬案。孔子去世后，孔门弟子、孔门后学是怎样弘扬光大孔子思想学说的？有没有产生分歧、分化？分歧、分化的实质是什么？什么原因导致分化？这些都是值得我们去认真探究的问题。

近年来，随着上海博物馆藏战国楚竹书、郭店楚墓竹简、清华大学藏战国竹简、安徽大学藏战国竹简等不断发掘、整理、问世，并且这些出土文献又启动了许多传世文献，比如《孔子家语》等，这些文献为我们研究孔门弟子、孔门后学提供了丰富的资料和新的研究契机。

王国维先生历来重视新资料，20世纪20年代就体悟归结道，学术的新发展、新进步很多情况下是由于新资料的发现。恰逢他所在的时期就有大批新的地下材料不断问世，如殷墟甲骨文、敦煌木简及书卷等。对此，王国维先生显得异常兴奋，认为出生在了一个好时代。

其实，好时代远远没有结束，更好的时代还在后面。20世纪70年代以来，大地献宝，一批又一批的宝贵资料从地下不断发掘出来，情形甚至好过王国维先生所处的时代：从湖南长沙马王堆汉墓开始，八角廊汉墓、双古堆汉墓简牍、郭店楚简、上海博物馆藏战国楚竹书，一直到最近几年陆续整理发布的清华大学藏战国竹简、安徽大学藏战国竹简等，为孔门弟子及其后学相关研究提供了前所未有的文献资料。我们这个时代是地下出土文献的黄金时代，绝后不敢保证，但肯定是空前的。比如，郭店楚简被认为大部分是思孟学派的东西，甚至被有的知名学者生动形象地称作“孔孟之间的驿站”；上海博物馆藏战国楚竹书中的《子羔》《弟子问》等篇章中有关孔门后学的资料都是研究孔门弟子及其后学的重要出土文献资料。同时，这些地下出土文献又启动了许多传世文献，让它们重新焕发生机，诸如《孔子家语》《孔丛子》等这样以前被误认为是伪书的原典又重新得到利用，因为地下文献佐证了它们的真实性。《孔子家语》的文献价值是非常巨大的，材料丰富，记述详细，有学者甚至认为其价值不在《论语》之下，其中的《弟子行》《七十二弟子解》等篇章就详细记载了孔子弟子及其后学的言论与事迹，为我们的相关研究提供了有利的条件。

二、“儒分为八”问题的过往研究

对于孔门后学的研究中，“儒分为八”这个悬而未决的命题就非常值得我们去继续探究。“儒分为八”这一观点首见于《韩非子·显学》篇，是关于孔夫子溘然辞世之后，孔子弟子及后学分化的最早阐述，只可惜相关论述较为简略，于是也就产生了很多的疑问。“儒分为八”能否代表孔夫子辞世以后，孔门弟子及其后学不断分化的全貌，八派之中又有谁才是孔子的真正传人？这些问题韩非子都没能解释清楚。相关记载如下：

> 世之显学，儒、墨也。儒之所至，孔丘也。墨之所至，墨翟也。自孔子之死也，有子张之儒，有子思之儒，有颜氏之儒，有孟氏之儒，有漆雕氏之儒，有仲良氏之儒，有孙氏之儒，有乐正氏之儒。自墨子之死也，有相里氏之墨，有相夫氏之墨，有邓陵氏之墨。故孔、墨之后，儒分为八，墨离为三，取舍相反不同，而皆自谓真孔、墨。孔，墨不可复生，将谁使定世之学乎？

在这里，韩非首次提出“儒分为八”这个概念，并详细罗列出了孔子去世后儒家分化出来的八个派别。这八个儒家派别能否全面概述孔子去世后儒家内部的分化全貌？在这里作为法家代表人物的韩非为何对儒家这么热心，出于什么样的目的？古往今来的学者们对此似乎还没有形成一个定论。同时，这段材料还论述了“墨离为三”。儒墨在这里之所以一起提及，应该是韩非发现两者有着诸多的共同点，比如二者在当时皆是社会上的显学，皆产生了门派的分化，等等。韩非认为儒墨之所以分化，主要原因是争正统。同时，我们也可以意识到，探究孔门后学的分化，“墨离为三”其实是一个非常好的借鉴视角。

其实，早在韩非之前，他的老师荀子也曾对孔门后学予以评述，当然更多的是非议，从而让世人更加关注自己的学说。不过在这一过程中，我们从侧面来管窥到了孔子去世之后孔门后学的分化。在荀子看来，后世儒学在当时最起码已经分化为了以子思、孟子为代表的“思孟学派”，思想守旧的子张氏之儒，只重外表、少有内涵的子夏氏之儒以及无廉耻之心、好吃懒做的子游氏之儒等几大学派，并且荀子对于他们的评价都是负面的、批判的，“思孟学派”是有罪的，其他很多儒家学派都是“贱儒”。

如此，我们可以更清楚地看到荀子、韩非时期儒家的分化已经是显而易见的实情了。其实从其他文献来看，孔子去世后没多久，孔门就有了争端，特别是在接班人这个重大问题上，大家很难达成一致。《孟子·滕文公上》里面有一段相关记载：

> 昔者孔子没，三年之外，门人治任将归，入揖于子贡，相乡而哭，皆失声，然后归。子贡反，筑室于场，独居三年，然后归。子夏，子张，子游以有若似圣人，欲以所事孔子事之，强曾子。曾子曰：“不可。”

其实关于孔子接班人问题，孔子生前就暗示过很多次，那就是颜回，但不幸的是颜回英年早逝，并且是先孔子去世，因此孔子接班人问题就成了孔门后学的一件大事，甚至可能是头等大事。从上述文献记录来看，子夏、子张、子游这些孔子的嫡传弟子在孔子接班人这个问题上，认为有若无论是神态、外貌还是学问都和夫子很相像，非常赞同他作为接班人。他们固然在孔门后学中的地位是非常重要的，也很有发言权，但是关于此事还是要征询曾子的意见，可以看出曾子的特殊地位，结果曾子并不同意，于是弟子们产生了分歧。从这段记载中，我们还可以得出以下结论：

第一，孔子刚过世，有若地位很高。这可能是他的外貌像孔子，也可能是其思想境界与夫子接近。正因如此，当弟子们思念去世的夫子时，便请出有若，让他处在孔子的位置上。有若的特殊地位，在《论语》首篇《学而》篇中，也可以得以印证。《论语·学而》作为首篇，首章自然是孔子的话；第二章就记述了有若的语录，并且尊称他为有子；下面紧接着第三、第四章又分别是孔子与曾子的话，并且尊称曾参为曾子，可见有子、曾子在孔门中的地位。子是对一个人非常尊敬的称呼，《论语》中称为子的就是孔子、有子、曾子三人。下面是详细论述：

有子曰："其为人也孝弟，而好犯上者，鲜矣……"曾子曰："吾日三省吾身：为人谋而不忠乎？与朋友交而不信乎？传不习乎？"

可以看出，有子与曾子所阐述的都是人格境界、修己安人等儒家学说中所反复阐述的最重要的内容。

第二，孔子弟子之间的意见分歧、关系分化已初步显现出来。孔子刚刚去世时，从当时孔子丧礼处置的相关话语权看，大家遇到难事与困惑都会请教子贡，比如孔子弟子们应当穿什么丧服，用什么样的规格来祭拜孔子，大家都听从子贡的意见。子贡认为孔子生前待我等如己出，如同自己的儿子，那么此时对待夫子的丧礼就应当"丧夫子如丧父"，像给自己的父亲办理丧礼一样为夫子治丧。大家认同并按照这个意见执行下去。同时在为孔子举行葬礼的过程中，为了维护孔子及孔门后学的尊严，子贡还表达了来为孔子致悼词的鲁哀公没有重用生前的孔子，却假惺惺地来缅怀去世后的孔子，可见子贡的气魄与威望。总之，可以看出主持孔子丧事的是子贡，子贡是孔门后学的中心人物。同时，子贡更筑室于场，在孔子墓前建造了一处小草屋，自愿为孔子守丧六年，这是十分难得的，因为按照古制，子女给父母守孝也就是三年。其他弟子守丧三年而去，唯独子贡庐墓六年。子贡在孔门的贡献是很大的，甚至有学者认为经商富足的子贡是孔门师徒周游列国的主要经济来源，其境界和颜回也不相伯仲。但子夏等人还是不推荐子贡，而推尊有若，可见当时孔门内部之间的意见分歧。从文献记载来看，有若虽然似孔子，但在一些具体问题上却没有达到孔子的水平，因此受到其他弟子们的诘问，最终没能成为孔子的接班人。这样的结果，也基本符合曾子的判断，但不符合子夏、子张、子游等弟子的预期。

对于这段记载，不管如何解读，我们其实都能看得出来，孔子去世后，弟子们在看待问题、处理事情等方面往往都是存在分歧的，这也是孔门分化的一个缩影。

晋代陶潜著有《圣贤群辅录》一书，其中就有有关孔门后学的“八儒”一节：

> 八儒，夫子殁后，散于天下，设于中国，成百氏之源，为纲纪之儒。子思氏……子张氏……颜氏……孟氏……漆雕氏……仲良氏……乐正氏……公孙氏。①

通过上述记载，我们可以看出陶潜在这里所提到的儒家学派也是八家，与韩非所提出的“儒家八派”基本相同，除了“公孙氏之儒”在韩非那里被称之为“孙氏之儒”。从记载中，我们还可以看出陶潜把孔门后学分化的原因归结为他们各个学派传承了不同的儒家典籍。关于孔门后学对于儒家典籍各有侧重与专长的情况，学术界的观点基本是予以认同的。刘师培在《经学教科书》一书中，就予以了充分地论述：

> 孔子弟子三千人，通六艺者七十二人。故曾子作《孝经》……子夏为《论语》……《易经》授商瞿……《书经》授漆雕开……《诗经》授子夏……《春秋》之学自左丘明作传。②

刘师培的阐述可谓全面、详细，所认为的孔子弟子各有专精、各有所长是值得肯定的观点。但把这种现象归结为“儒分为八”的原因是不够严谨的，因为，如颜氏之儒与孟氏之儒都是“通儒”，这是学术界的共识。

郭沫若先生关于孔门后学的分化情况的论述主要集中在《儒家八派的批判》一文中（郭沫若2000）。文中，作者为了合理解释荀子所提到的

---

①《御定渊鉴类函》卷210，四库全书本。

② 刘师培：《经学教科书》，北京：中国人民大学出版社，2004年，第84页。

《显学》篇中“儒家八派”里面所没有包含的儒家各派，便生硬的、强制性的把这些学派塞入韩非子的“八派”之中，这样，“儒家八派”就合情合理，没有疑问了。这里主要涉及《荀子·非十二子》里面所溢出的子夏氏之儒和子游氏之儒的处理。关于韩非子的“儒分为八”里面为何没有出现子夏氏之儒，郭沫若先生解释为法家是从子夏氏之儒来衍生出来的，应该将子夏看作是自己的宗师，若在此处提及子夏，会降低法家在社会上的地位与影响，这是韩非最不想看到的。同时，关于子游氏之儒在“儒分为八”里为何没谈到，是因为韩非认为子游氏之儒是“思孟”的宗师。应当说，对于“儒分为八”进行这样的释读非常勉强。①

吴龙辉先生所著《原始儒家考述》一书，是近年来研究孔门后学的非常重要的学术著作。他认为韩非子在《显学》篇所提出的“儒分为八”不是随意提出的，也是经过了很细致地、值得推敲地阐发与论证，值得我们去珍视。当然，吴龙辉先生认为“儒分为八”的划分标准不是学术思想、宗旨主张，因为这八个学派中，很多学派的学术主张是一致的，是同一学派，比如，子思、孟子、乐正子师承相接，实际是一派。八派也不是孔门后学分化的全貌，因为从其他文献看，孔门后学不止八派，《荀子·非十二子》所批判的儒家众多门派中还有“儒家八派”所没有提及的子夏氏之儒与子游氏之儒两家，另外曾子之儒、澹台灭明之儒等都曾是门徒众多、学术影响很大的学派，这些在“儒家八派”中都没涉及。另外，吴龙辉先生也认为韩非提出的“儒分为八”不是对孔子辞世后孔门弟子及其后学学派的系统梳理与归纳，因为各派之间是历时性的，不是共时性的，其所处年代先后相差甚远。“儒家八派”应该是孔子辞世以后孔门弟子及其后学争儒学正统而陆续出现的八大强家。②

① 郭沫若:《中国古代社会研究》（外二种），石家庄：河北教育出版社，2000年，第147—149页。

② 吴龙辉:《原始儒家考述》，北京：中国社会科学出版社，1996年，第45—48页。

他们皆认为自己才是儒家中的“正宗”，孔子的真正传人，“显学”中的“显学”，“儒分为八”“墨离为三”都应当是这个情况。总体来讲，还有一些学者对孔门后学的分化问题有所涉猎。鉴于资料的匮乏等因素，学者们深入的探讨并没有解决相关问题，特别是对韩非提出的“儒分为八”问题还没有形成一个让人较为信服的看法。当然，前辈学者的研究不仅具有开创意义，更为后来学者的研究提供了思路与角度，启发意义非常重大。本文的研究也必将是在他们的基础上进行的。

孔门后学如何分化？“儒分为八”的实质到底是什么？我们认为，首先可以从韩非子提出的“墨离为三”的角度入手来细致考察墨家后学是如何分化的，从而为我们探究“儒分为八”等相关问题提供借鉴。

三、由“墨离为三”看“儒分为八”

韩非将儒家学派分化为“儒分为八”与墨家学派分化为“墨离为三”的现象一并在《显学》篇中呈现，应该不是偶然，因为韩非认为当世的显学不仅有儒家还有墨家，并且值得玩味的是两个学术门派都分化了。现在，我们在探究“儒分为八”等诸多悬而未决问题时，其实可以从“墨离为三”这个视角予以着手，希望能为我们的研究带来一些启示。

从文献来看，墨家学派的学派宗主、创始人墨子去世后，墨家学派也有一个分化过程，但传承、分化情形相对比较简单。墨家的创立宗旨与儒家是一致的，都是忧时忧世、救世救民，希望人民安居乐业，社会和谐发展，这样的宗旨之下，感召来了越来越多的志同道合的弟子，并逐渐形成了自己的学术门派。当然，墨家与儒家的区别也是很大的，墨家的成员更多的是来自社会底层，所以思想主张往往更倾向于底层的利益，比如“兼爱”“节葬”等主张，这都是底层百姓很关心的问题，因为很难独立生存的底层百姓更需要相互扶持，对一些礼仪等方面的社交活动比如丧礼等，要尽量简化，不能铺张浪费，这就是墨家主张的出发点。另外，墨家的内部组织也与儒家有很大不同。儒家更多的是一个学术团体，一群观点主张相近的人走在了一起，比较简单，而墨家学派不仅仅是学术团体，其组织更加严密，成员之间不仅仅是学术之间的交流，也是开展经济活动与准军事行动的互助团体。当然这也可以理解，毕竟墨家成员大多出自社会底层，这样的组织形式可能也是由于门徒生活、生存的需要，也是为了更好吸引门徒加入墨家学派的需要。墨家弟子及后学没有分化之前也是有分类的："从事""说书""谈辩"三类。"从事"类弟子主要负责具体事务，制作器具、武器，保护墨家学派团体的利益；"谈辩"类弟子充分利用自己的游说技能，到各个诸侯国求职干政；"说书"类弟子利用自己渊博的学问知识，云游四海传播墨家思想，广招门徒。

墨家学派的分化，并不像儒家那样，孔子去世后就马上就显现出来。墨子去世时，接班人是明确的，孟胜成为墨家新的巨子，成为墨家的首领，此时墨家维持了短暂的团结。不久后，孟胜本着为墨家学派整体利益考虑，生前就让贤，把墨家首领巨子的位子传给了田襄子。但孟胜的弟子们却不认同这个安排，不服从田襄子的管理，特别是孟胜去世后，墨家学派就变得更加不团结，分化局势愈演愈烈，田襄子、"秦墨"等墨家学派不断涌现。而随着田襄子的去世，天下墨徒就更加分化了。下面这段记载是有关墨家学派分化与相互排挤的有力证明：

> 东方之墨者谢子，将西见秦惠王，惠王问秦之墨者唐姑果，唐姑果恐王之亲谢子贤于己也，对曰："谢子，东方之辩士也，其为人甚险，将奋于说，以取少主也。"王因藏怒以待之。谢子至，说王，王弗听。谢子不说，遂辞而行。[①]

① 吕不韦编、许维遹集释：《吕氏春秋》，北京：中华书局，2009年，第424页。

从这段记载中，我们看到了墨家学派内部东方墨者谢子与西方墨者秦墨唐姑果之间的相互排挤，墨家学派内部的地域之争与分化愈加明显，究其原因就是墨家各派争相谋取诸侯们的重用。下面这段记载也清晰地记述了墨家后学分化的情况："相里勤之弟子，五侯之徒，南方之墨者苦获、已齿、邓陵子之属，俱诵《墨经》，而倍谲不同，相谓别墨。"[①]从上述记载来看，从"相里勤之弟子"群与"南方之墨者"群的争论问题中，可推测出此时墨家是按地域划分的各个墨家派系。墨家学派内部的地域之争非常明显，这与战国诸侯的地方割据局势息息相关。战国各方诸侯有争养门客的风俗，吸引大批人才为我所用，而天下的有识之士也会竞相投奔，让自己的学问有用武之地。在这样的社会背景下，身在不同诸侯国的墨家各派为了自身的发展，必须要争得用武之地，进而自然要强调自己一派对于墨子学说传承的正统性。同时，地域的不同，各诸侯国的情况也不一样，因此，墨家后学们往往根据客观环境对《墨经》进行不同程度的发挥，进而也就导致有所差别。[②]有学者认为"相里氏"即"相里勤"，"邓陵氏"即"邓陵子"，但邓陵子与相里勤并不是同时在世的人，而是与相里勤之弟子并世。通过这一现象，我们可以得知《韩非子·显学》里所提到的"墨离为三"的三个墨家派别应该不是共时的，而是陆续涌现的不同墨家派系。经过进一步分析，我们可以得知，《庄子·天下》里墨家后学是分为两派的，《韩非子·显学》里墨家后学是"墨离为三"的，《庄子·天下》在前，《韩非子·显学》在后，那么"墨离为三"的形成情形很可能就是"邓陵氏之墨"最早从墨家学派里面分化出来，其次是"相里氏"，最后是"相夫氏"。如此可以看出，"墨离为三"可能是在争得墨家正统的过程中先后兴起的强家

① 康有为：《孔子改制考》，北京：中华书局，2012年，第37页。

② 郑杰文：《中国墨学通史》，北京：人民出版社，2006年，第124页。

（吴龙辉1994）。从中我们也可以基本推定，儒家各个派系的分化应该与墨家的分化大同小异，基本也是这样一个过程。

四、“儒分为八”的形成

通过前面对“墨离为三”问题的简略考察，我们可以知道墨家分化成的众多学派，并不是同时存在的，而是一个历时性过程。而且，墨家之所以分化，主要是为了争相得到诸侯们的重用，当然，墨家的分化也存在地域不同、诸侯割据等其他因素。同时，我们也应该注意到，墨家后学虽然有所分化，但他们之间有一个共同点就是以墨子为宗，旗帜、宗旨是一致的。墨家分化出现的这些情况，对于我们考察“儒分为八”应该具有很重要的启示意义。我们认为，孔子去世后，孔门后学也应当经历了与墨家后学同样的分化过程。儒墨同为显学，与社会的关联相当密切，墨家随时代脉搏而动，那么儒家各派应当也是如此，为争取用武之地、扩大社会影响力而进行正宗之争。那么孔门后学是如何分化的呢？“儒分为八”又是怎样形成的呢？我们认为应该是经历了如下这样一个过程：

首先，子张氏之儒与孔门其他弟子关系处得最差，被称为“别族”，子张之儒率先与孔门其他弟子分化。从文献资料看，子张氏之儒也确实与其他弟子关系不好，《论语・子张》中记载：

> 子游曰：“吾友张也，为难能也，然而未仁。”曾子曰：“堂堂乎张也，难与并为仁矣。”

可以看出，无论子游还是曾子，对于子张的评价都是不能为仁，这是一个比较严重的消极评价。在这种和大家不够团结的情况下，子张氏之儒可能也就最先公开分化出去，争正统。从《论语》等传世文献中我们就可以看出，子张对于为政的偏好，与孔子重视政治的思想是相通的，这也可能是子张氏之儒在孔门后学中之所以占有重要地位的原因之一。同时，子张氏之儒的缺点也导致了他们被孔子嫡孙子思所开创的子思氏之儒所取代。地下文献的不断面世以及被它们所重新启动的诸多“伪书”，如《孔子家语》《孔丛子》等原典为我们研究先秦儒学提供了珍贵素材。子张氏之儒的优点与缺点，在上海博物馆藏战国楚竹书《从政》篇以及《孔子家语·入官》篇中，我们都可以看到。“从政所务三敬、谨、信”“取信于民”“忠信”等都是子张氏之儒在强调为政的忠信。同时“主逸而臣劳”等主张却有了一些道家思想，这可能是子张氏之儒被取代的一些端倪。

作为一个学派，团结一致是何等重要，因此，维护儒家学派的整体性就成了孔门后学的重点工作。让孔子的嫡孙子思出面，使大家重新走到一起，就是一个最好的应对之道。

在其门人的簇拥下，子思之儒兴起也就顺理成章。然而孔子生前并不提倡任人唯亲，子思之儒成为正统的合法性是很难得到弟子们的认同的。从文献记载来看，子思的言语与行为也的确招致了其他孔门后学的非议。《孔丛子·居卫》篇就记载道曾子说子思“有傲世主之心”，可能是说他平时表现得有些傲气。《孔丛子·公仪》篇里也流露出子思往往把自己的言论说成是“夫子之言”，当然有些言论可能确实是夫子之言，但大家对子思这种言语的表达方式是不满意的。很多迹象可以看出，对于子思的行为，孔门弟子是有所不满的。

这时，真正能够对抗子思之儒的只能是颜氏之儒，因为孔子生前最喜爱颜回，其他孔子弟子也很尊重颜回。孔子认为自己最理想的接班人就是颜回，《论语·公冶长》里面有这样一段记载：

> 子谓子贡曰：“女与回也孰愈？”对曰：“赐也何敢望回？回也闻一以知十，赐也闻一以知二。”子曰：“弗如也，吾与女弗如也。”

从孔子与子贡的这段话可以看出，子贡与颜回在孔门中的地位处于伯仲之间，但总体来讲，颜回更优秀一些。关于这一点，孔子和子贡都认同。下面这段《论语·先进》中的记载更能看出孔子与颜回不同寻常的关系：

门人厚葬之。子曰："回也视予犹父也，予不得视犹子也。非我也，夫二三子也。"

这是颜回去世时，颜回门人们想厚葬他，但这有悖于颜回和孔子的愿望，这让孔子很是伤心，并感叹他与颜回生前感情如父子一般，往事历历在目，即使这样也不能改变颜回弟子们的行动，因此更加悲伤欲绝。其实颜回的死对于孔子来说是不可接受的，失去了至亲的弟子，同时也失去了孔门事业的接班人："颜渊死。子曰：'噫！天丧予！天丧予！'"。也正是在这种悲痛的情绪之下，孔子在不到两年后就溘然长逝。当然，这里也就产生了一个问题：颜回英年早逝，比孔子早两年去世，"儒家八派"里面颜氏之儒的学派精神领袖是颜回吗？其实，这里并不存在什么矛盾，在孔子去世以前颜回就已经有学生了，从上述颜回门人厚葬之事就可以看出，这里提到的"门人"是指颜回的弟子。由于颜回学业上的精进，思想境界的出众，在其生前已经有门人弟子是很正常的。从文献记载看，曾子等其他孔子弟子在生前也有了自己的学生。"儒家八派"中剩余的其他派别的分化也基本是按照这个模式或者轨迹进行的。

五、"儒分为八"的缘由及实质

从上述的论述可以看出，儒家分化不止八派。根据文献记载可知，除了韩非子所提出的"儒家八派"外，还有仲良之儒、子游氏之儒、子夏氏之儒、曾子之儒、澹台灭明之儒、原宪之儒等。另外，这些派别很多是历时性的，不都是共时性的。孔子辞世以后，孔门弟子为何会分化？其实质昭示了什么？通过上述分析，我们得出如下结论。

（一）“儒分为八”的缘由

我们认为孔门后学分化的原因是多方面的，有孔门弟子及其后学的主观因素，也有孔子思想博大精深的客观因素等。具体分析如下：

第一，孔门后学自身的禀赋有异。

《论语·先进》就有一段非常精辟的记载，孔子评价自己的学生：

> 柴也愚，师也辟，参也鲁，由也喭。回也其庶乎，屡空。赐不受命而货殖焉，亿则屡中。

孔子认为高柴有些愚笨，子张说话办事容易夸大，曾参经常显得缓慢，子路耿直粗鲁，颜回往往摆脱不了贫困的境遇，而子贡敢作敢为，敢于冒险，经商生财，很有头脑，很成功。孔子对这些弟子的评价很客观、中肯。同时，孔子还说过这样一段话：“中人以上，可以语上也；中人以下，不可以语上也。”在孔子心目中，自己的学生或者任何一个人的理解水平是有所差距的，因此无论教学还是与其他人交谈，处事都要因人而异。钱穆先生也认为同是孔门弟子，不同时期的弟子的禀性也不一样。子路等弟子志在从政，子夏等弟子致力于文献；前期弟子偏好功成名就，后期弟子则偏好礼乐教化；前期比较朴实，后期比较有个性；等等。同时，在孔子的不同年龄阶段，跟随孔子学习的有的是早期弟子，有的是中年弟子，有的是晚年弟子。不同时期的孔子所偏好的原典也不同，比如孔子晚年喜《易》，因此晚年弟子往往学习到的易学知识与受到的教化较多，这样也会导致不同时期的弟子的知识体系不尽相同。①

韩非子在评论“儒分为八”时也说道，儒家之所以分为八派的原因就是各派对于儒家经典的内容或精髓取舍不同，都认为自己是最正确的，是儒家正宗。孔子去世后，弟子们急于整理孔子遗说，表达对夫子的怀念与

---

① 钱穆，《先秦诸子系年》，北京：商务印书馆，2001年，第75页。

敬意，同时更为重要的是能让夫子的学说、思想不被遗忘，进而继续发扬光大。这时的弟子都是嫡系弟子，对孔子有着浓厚的感情，即使这样，他们依然会“往往颇有浮说，烦而不要”“其材或有优劣”，在材料选取上，参差不齐，优劣不等，但目标是一致的，那就是还原夫子本旨，进而得“真孔”，可谓是殊途同归，百虑一致。孔子的孙子子思就是其中典型的代表。子思是孔子唯一的孙子，涵泳于孔子杏林讲学之中，颇得夫子的真传。子思在整理孔子言论时，就往往侧重“得”孔子之意。

第二，孔子思想博大精深。

孔子的思想是博大精深的，正如其最得意的弟子颜回在《论语·子罕》中赞扬的：

> 仰之弥高，钻之弥坚，瞻之在前，忽焉在后……既竭吾才，如有所立卓尔。虽欲从之，末由也已。

在颜回看来，孔子的学问是高深莫测的，越努力钻研，越觉得博大，甚至都有些让人难以捉摸。比如，孔子所作的《春秋》就是洋洋洒洒千万言，在书中所表达的意思也是林林总总、内涵丰富。孔子一生“信而好古，述而不作”，“六经”中有五经只是删减、损益、编辑而成，其中虽然蕴含着孔子的价值偏好，但毕竟不是孔子的原创。真正孔子自己创作的作品就是《春秋》，因此孔子说：“知我罪我，其惟春秋。”《史记》里面记述了孔子作《春秋》的缘由、经过、大致内容以及左丘明作传的相关情况。孔子作《春秋》十分注重“属辞比事”，甚至有时会运用“曲笔”的写作方法，如此一来也就使得《春秋》这本书出现微言大义、不易理解的状况，这也就为弟子们“各安其意，失其真”埋下了伏笔。也正因为如此这般的原因，给《春秋》作传的人有很多，例如，左丘明就很早意识到孔子弟子们可能会各安其意这一点，便着手作传，即《春秋左氏传》。

（二）“儒分为八”的实质

第一，儒家内部排挤、诘难很普遍。

我们可以从荀子非十二子这件事看出一些端倪。荀子本身就是儒家，他所非议的十二子中，为何有子思、孟子等儒家的身影？学术界一直有一种声音认为荀子不是儒家，而是杂家，甚至可以称得上是杂家的创始人。郭沫若先生就持这样一种观点，因此在他的《儒家八派的批判》中并没有提及荀子之儒。当然，郭先生也没有放过荀子，只是把《荀子的批判》进行了单列。但在荀子的著作中，他非常明确地阐明自己的派别属性就是儒家。在《荀子》一书中，荀子对孔子、子弓最为推崇，赞美之词无以复加，并明确说明了与他们之间的师承关系，因此，他的儒家属性是没有疑问的。从文献记载来看，荀子对儒家并不是一味赞美，还严厉地批评，提到了“陋儒”“散儒”等概念。作为一位儒者，却评价同样都是儒者的人为“陋儒”“散儒”，这里面其实就蕴含着儒家内部的分化。同样在荀子的论述中，还提到了“大儒”“雅儒”“俗儒”“腐儒”“贱儒”等概念。这是荀子对于人的素质与社会有效运行与管理的全方位的思考。荀子最后得出的结论是：当政者若用俗人，则万乘之大国也将灭亡，用俗儒则不会灭亡；启用雅儒的效果就是千乘之国是安定平稳的；启用大儒治国，经过数年的经营，励精图治，即使百里之地也会称霸天下。这说明儒家内部的互相排挤、诘难是很普遍的。

第二，孔子与孔门后学好比道术与方术。

方术往往侧重于某一方面的学问，天下方术是有很多的，并且都认为自己是最好的，进而排挤别人，视野不够宏大与全面。与之相反，道术则不同。所谓道术，就如同庄子所说的那样，顺应天地，惠泽百姓，是对万事万物都有助益的学问，思维更加宏阔，视野更加高远。这样的学问才是道术：配神明，醇天地，育万物，和天下，泽及百姓。但现实情况却是方术越来越多，百家众技越来越多，道术越来越少，越来越式微。道术与方术的关系其实就如同门派宗主的学说与后学分化后各门派的学说之间的关系。

在《庄子·天下》篇中，庄子除了说到“百家众技”外，还提到了另外一个颇具启发意义的概念——“百家之学”。现在我们常说“一家之言”，其实，一个人或者一个门派都可以称之为“一家”。我们常说的“百家争鸣”中的百家，可能指的是门派，也可能是一个人，更可能是两者兼有。

在荀子看来，后儒出现了子思之儒、孟氏之儒等在内的许多门派，其思想学说都已经与荀子自认为的“大儒”，比如周公、孔子、仲弓等有了非常大的差距，而孔门后学中的其他门派，比如子张氏之儒、子夏氏之儒、子游氏之儒等人更是如此了。当然这只是荀子的个人观点，里面也存在着一定不合理之处，但其中所阐明的现象是很有启发意义的。进一步说，即使被称为“儒家别宗”“杂家祖宗”的荀子，后世学者对其也是褒贬不一，甚至儒学史上一直客观存在“尊孟抑荀”的现象。这些林林总总的现象其实昭示出来的本质就是孔门后学都在仿效宗师孔子，皆想做“真孔”，但在理解上出现了偏差与歧见。这些偏差与歧见所产生的众多门派其实也就是所谓的道术与方术的演变关系，也是“百家众技”“百家之学”中的一技、一学、一言。

第三，孔门后学的分化，最终目的是为争“真孔”。

孔夫子辞世以后，孔门后学具体分化出了多少个学派，还没有定论，因为它们更多的是历时性的。但孔门的不断分化是真真切切存在的，是正常的，也是必然的。《韩非子》所谓“儒分为八”也只是他自己对孔子以后儒家分化事实的理解而已，八派这个具体数字应该不够准确，也不够全面。在中国思想文化发展的漫漫历程中，一个学派，特别是较有影响力的学派，在宗主开创自己学说的基础上，很多志同道合、志趣相投的人就会向他聚集，随着规模的不断扩大，进而也就逐渐形成了学派。学派会随着门徒的不断增多，不断发扬光大。在这个过程中，后学门徒们往往会受到自己性格、禀性、地域、社会环境等因素影响，进而走出自己不同的道路，这是正常的。但门徒们不管怎样发挥，宗主的思想与学说始终是他们的基点与精神内核。孔子所创立的儒家学派与因不断争正统而导致分化的孔学门徒的关系也是如此。孔门后学的分化，最终目的是为争“真孔”，往往表现为具体主张、观点偏好等许多方面都有所不同，甚至有所分歧，比如孟子的“性善论”与荀子的“性恶论”，两者观点完全相反。但分化后的孔门后学的目标一致，宗旨统一，都是强调修身、修己、为善去恶、成己成物，只不过达到目的的路径不一样，比如，孟子更加彰显自身的善性，荀子不断除去自身的恶性，可以说殊途同归。儒家不同学派，不管怎样分化，思想内核还是本于宗师孔子。司马谈在《论六家之要旨》中提到一个概念就是“务为治”，意思是说，学说往往是学以致用，希望被社会所采用。无论哪家哪派的学术宗旨，往往都是思索人类发展、社会进步、社会有效运行管理的大问题。在社会进步、学术发展的过程中，学派规模越来越大，门徒成分越来越杂，再加之客观社会环境也会日新月异，与开创学派的宗主所生活的时代不可同日而语，因此自然而然就会产生与宗师学说理解上的差异，并且随着时间的不断往前推移，差异与分歧会越来越明显，进而就会形成数量越来越多、观点越来越庞杂的学术门派。就比如出土资料中郭店楚简《性自命出》篇以及上海博物馆藏战国楚竹书《性情论》篇这两篇文献，文本内容大体相同，一个较为完全，一个有些残缺，但基本可以看作同篇文献。关于其学术门派归属，学界一般认为其包含了子思之儒、子游之儒以及公孙氏之儒这三派观点，其中两家学派是“儒家八派”里面的。之所以出现这种情况，最主要的原因是文本内容与子思所作《中庸》、公孙尼子所作《乐记》以及《礼记·檀弓》中子游之语有着密切联系，三家学派的思想学说有相似之处。从中我们也可以看出“儒家八派”并不是对孔子去世后孔门分化的准确概述，这三家学派的思想主张并非针锋相对、水火不容，更可能是竞相争“真孔”的几个门派。

第四，韩非子为了非议儒家、凸显法家而提出“儒分为八”。

韩非作为法家的代表人物，他的观点学说一定是从维护自身学派的利益出发的。而在当时，儒、墨是处于社会主流思想的“显学”，法家思想相对式微。韩非子为了自己学派的发展，对于儒、墨的态度一定是非议的、排挤的。“儒分为八”“墨离为三”等有关儒、墨后学分化的相关论述，是韩非子非议儒、墨两个学派的表现之一，想抓住两个学派内部的不团结这个现象，向全天下的人昭示，儒、墨两家不值得天下人追捧，而真正的治世思想是他韩非自己的法家学说，这才是韩非的本意。

六、结论

“儒分为八”这个问题是历代学者所关心的一个话题。从韩非子到郭沫若，一直到当代学者，从未间断。它其实是对孔子儒学演化到孟荀儒学期间的儒学学术思想发展脉络的规整与梳理。这段儒学史的主要参与者就是孔子弟子及其再传弟子。他们与孔子生活在同时代，亲临孔子教诲，最理解孔子，同时他们又是孔子文献的整理者与最早弘扬者，研究他们意义重大。“儒分为八”实际上指的是孔子去世后孔门后学的不断分化。当然孔子去世后，儒家的分化不止八家，从文献来看，还有仲弓之儒、子游氏之儒、子夏氏之儒、曾子之儒、澹台灭明之儒、原宪之儒等，可见“儒分为八”并不是孔子去世后儒家分化的确指。从韩非子把“墨离为三”与“儒分为八”并称来看，两者存在很多共性。“墨离为三”就不是共时性的，而是历时性的，是为争夺墨家正宗而出现的三个强家。同样道理，“儒分为八”也应该同样如此。孔门后学分化的重要原因有：第一，孔门后学自身的禀赋有异，孔门弟子的知识修养与知识水平各不相同，其禀性与志向也各不相同，甚至同为孔子门徒，其所学到的原典不尽相同，从而导致各自的知识体系的差异；第二，孔子思想的博大精深，教育方式的开放性；还有可能因为不同时期、不同地域的儒家学派所面临的形势与对手不同等原因。“儒分为八”的实质就是在孔子去世后漫长的儒学发展历程中，先后为争得儒学正统而陆续涌现的八个胜者。首先，从荀子诘难其他儒家学派来看，儒家内部的意见不一致也经常出现。其次，孔门后学虽出现了分化，但其与孔子的关系好比是“道术与方术”，即门派宗主学说与后学分化后各门派学说之间的关系。其三，孔门后学分化的最终目的是为争“真孔”，都认为自己的学说门派才是最符合孔子本旨的。其四，韩非子为非议儒家，凸显自己的法家主张，从而提出“儒分为八”。

原载韩国世明大学《人文社会科学研究》2020年12月号。

作者简介

郭凯，1983年出生，曲阜师范大学孔子文化研究院博士生，唐山学院文法系讲师，主要研究方向是孔子与先秦儒学。

“民之父母”再认识

朱有邻

“父母官”是我国古代人民对地方官员的尊称，然而晚近以来这一词多被理解为古代宗法等级制度下的产物，认为它带有“人治”的浓郁色彩，与现代法治社会格格不入。事实上这是对“父母官”一词的误解，至少是未能深刻把握个中深意。今天我们弘扬中华优秀传统文化，首先就需要走出“反传统”的认识惯性，以一种“同情了解”的态度，重新审视传统文化的方方面面。

“父母官”由“民之父母”演变而来。“民之父母”一词在春秋战国时期指的是周天子或诸侯国君，这和后来的“父母官”一词内涵不同。“民之父母”最初见于《诗经・大雅・洞酌》：“岂弟君子，民之父母。”一般认为“大雅”“小雅”均出自王室，因此这里所提到的“岂弟君子”当指周天子。据《礼记・表记》记载，孔子对于《诗经》中这句话做了这样的解释：“使民有父之尊，有母之亲。如此，而后可以为民父母矣。”孔子的意思是说执政者要使民众既能够感受到父亲般的尊严，又有母亲般的亲切，这样才可以做民众的父母。正如《礼记・大学》所言：“《康诰》曰：‘如保赤子。’心诚求之，虽不中，不远矣。”

孔子认为治国在于治官，而官要像父母对待子女一样对待民众。在中国文化中，父母对待子女要慈爱，做“父母官”强调的正是“爱民如子”之意。这也就是说，执政者在治国理民时要懂得亲民、爱民。这就是古代把执政者称为“父母官”的主要原因。孔子主张执政者做“民之父母”，突出的是执政者所担负的责任和义务。在一定程度上讲，“民之父母”不仅是孔子所主张的亲民政治的典范，同时也是其德治追求的重要体现。孔子主张“为政以德”，认为执政者首先应该是有德者，“有德”是成为“民之父母”的前提和条件，而所谓“有德者”就是指合乎仁德要求的君子。《礼记·表记》载孔子曰：“君子之所谓仁者，其难乎！《诗》云：‘凯弟君子，民之父母。’凯以强教之，弟以说安之。乐而毋荒，有礼而亲，庄威而安，孝慈而敬，使民有父之尊，有母之亲。如此，而后可以为民父母矣。非至德，其孰能如此乎？”可见，孔子认为“民之父母”不仅要具备“父之尊”“母之亲”的德行，还要做到“乐而毋荒”“有礼而亲”。《孔子家语》亦载：“孔子言之曰：‘其不伐则犹可能也，其不弊百姓则仁也。’《诗》云：‘恺悌君子，民之父母。’夫子以其仁为大也。”孔子认为“不弊百姓”符合“仁”的标准，并用“恺悌君子，民之父母”来称许子张。

那么，如何才能真正成为“民之父母”呢？在孔子看来，执政者首先要做到“四方有败，必先知之”，他认为这是作为“民之父母”的基本要求。孔子所说的“四方有败，必先知之”意指任何地方发生了灾难，执政者必须要首先知晓，这样才能称得上是民众的父母。执政者要把民众的安危时刻挂在心上，当民众有丧亡时，要救之而恐不及，故《礼记·孔子闲居》载孔子曰：“凡民有丧，匍匐救之。”可见，有这种救民之心的执政者才会被民众亲附，故《大戴礼记·小辨》载孔子曰：“政善则民说，民说则归之如流水，亲之如父母。”

其次，执政者要成为“民之父母”还应重视推行礼乐教化。要推行礼乐教化，执政者必先要做到“达于礼乐之源”，意即要通达、彰显礼乐的功用。《礼记·经解》载孔子曰：“入其国，其教可知也。其为人也……广博易良，《乐》教也……恭俭庄敬，《礼》教也。”意思是说孔子进入一个国家，就可以看出其执政者对民众的教化如何。观察他们的为人，豁达、平易而又善良，是得力于《乐》的教化；恭敬、节俭、庄重而又敬慎，是得力于《礼》的教化。《后汉书》亦载孔子曰："安上治民莫善于礼，移风易俗莫善于乐。"当然礼、乐的具体功用又有所不同，礼是用来调和外部的矛盾，而乐是来维系内部的平衡，故《礼记·乐记》载："乐由中出，礼自外作。……乐至则无怨，礼至则不争。揖让而治天下者，礼乐之谓也。"

相较于乐而言，孔子更为推崇礼。他对礼推崇备至，力倡"为国以礼"（《论语·先进》）。《礼记·经解》载孔子曰："安上治民，莫善于礼。"《礼记·哀公问》亦载孔子曰："为政先礼。礼，其政之本与。"孔子之所以把礼作为为政的根本，是因为他已经认识到礼在治国理民中所起到的不可代替的作用，所以《礼记·哀公问》载孔子曰："非礼无以节事天地之神也，非礼无以辨君臣、上下、长幼之位也，非礼无以别男女、父子、兄弟之亲、昏姻疏数之交也。"在孔子看来，礼不仅是祭祀天地鬼神的原则与标准，同时也是辨明君臣、上下、长幼身份的尊亲等关系远近的依据。同时，孔子还认为"治君子"时，要以礼来驾驭其思想，使他们懂得礼义廉耻等节操，故《孔子家语·五刑解》载孔子曰："凡治君子，以礼御其心，所以属之以廉耻之节也。"由此可见，孔子所强调的以礼治官不是通过制度和法令等强制性力量来实现的，而是靠执政者的自觉和自律。需要特别指出的是，这里孔子所提到的"治君子"就是指"治官"。在春秋战国时期，君子有时亦指执政者，所以《荀子·王制》载："君子者，天地之参也，万物之总也，民之父母也。"

执政者如何具体推行礼乐教化呢？对此，孔子提出了"致五至""行三无"的要求。何为"五至"？《孔子家语·论礼》载孔子曰："志之所至，诗亦至焉；诗之所至，礼亦至焉；礼之所至，乐亦至焉；乐之所至，哀亦至焉。诗礼相成，哀乐相生。……此之谓五至矣。"在孔子看来，所谓的“五至”就是有忧民之心，诗也会有所反映；诗要表达的，礼也会有所体现；礼要表达的，乐也会有所体现；乐所表现的，哀也会随之体现。诗与礼相辅相成，哀与乐交相产生。“五至”之间是递进关系，环环相扣、陈陈相因，故孔子说：“诗礼相成，哀乐相生。”这就是对诗与礼、哀与乐之间关系的说明。何为“三无”？孔子说：“无声之乐，无体之礼，无服之丧，此之谓三无。”因此，所谓“三无”，意即没有声音的音乐，没有仪式的礼节，没有丧服的丧事。在孔子看来，做到“五至”“三无”以实现礼乐教化的目的，也构成“民之父母”的重要条件。

综上，从孔子对“民之父母”的阐发来看，“民之父母”的思想完全合乎孔子“为政以德”的一贯主张。其所谓“民之父母”的思想就是强调执政者要有“父之尊，母之亲”，能够自觉做到关心民间疾苦，正如前面所讲的“四方有败，必先知之”；能够“达于礼乐之源”，通过“致五至”“行三无”来推行礼乐教化。孔子这种唤醒执政者的德位自觉，突出其责任感、使命感的思想观念，无疑也是当代可资借鉴的重要精神资源。

原载《光明日报》2015年4月13日16版。

作者简介

朱有邻，历史学博士，山东建筑大学马克思主义学院讲师，山东周易研究会会员，研究方向为中国哲学、思想政治教育。

儒家伦理视域下的当代社会伦理问题探析

赵　薇　解冬冬

一、当代社会伦理现状及研究综述

（一）当代社会伦理现状

随着社会经济的不断发展，人们在享受现代化便利的同时，也出现了诸如价值观多元、个人私欲膨胀、伦理关系淡漠、诚信危机、道德滑坡、功利主义泛滥等社会伦理问题。《中国社会伦理舆情年度报告（2015—2016）》通过分析2010—2016年中国社会伦理舆情数据发现：2015年的伦理舆情是近7年来的最高峰值。“老人”“儿童”“青少年”是人伦舆情的高频词。“老人”一词成为舆情的热点与中国社会整体步入老龄化有关。据全国老龄办统计，截止到2015年，我国已有老龄人口1.69亿，占总人口数的12%。专家预计，到2030年我国老龄人口将达到近3亿，而空巢老人家庭比例或将达到90%，这意味着届时将有超过两亿的空巢老人。“老人”问题逐渐成为社会伦理冲突与矛盾的主体，而且多与负面信息紧密相连，如七旬老人卖玉米收到1.2万元全都是假币与“农村老人自杀”现象。另一类信息则报道，老人作为公共场域冲突事件中的伦理主角“为老不尊”，讹诈好心帮助的路人等。①个别老人的负面形象对于步入老龄化、负担越来越沉

① 潘玥斐：《中国社会伦理舆情年度报告（2015—2016）》。

重的当下中国社会，无疑是雪上加霜，降低着人与人之间的信任以及整个社会的恻隐之心，改变着整个社会对于老年群体的看法。

留守儿童、空巢老人问题反映的是很多家庭成员的家庭伦理角色的缺位。幼儿、青少年需要父母的抚养与陪伴，人老了需要照顾，这是人生自然的过程决定的。由于年轻人的适应性、流动性强，如今尤其是农村，青壮年劳动力大量外出，出现了很多留守村、空心村。很多家庭相对残缺，亲情相对缺失，空巢老人得不到子女应有的关爱，等等。这在一定程度上反映出父亲、母亲、儿子等基本的家庭伦理角色的缺位，很多人认识不到自己所承担角色的角色伦理。毋庸置疑，上述这些问题是经济社会发展中所面临的阶段性现实问题，属于“成长的烦恼”。这些问题的存在，也直接反映出过去几十年家庭、学校、社会在伦理道德教育方面的成败得失。

（二）当代社会伦理问题研究综述

很多学者针对当下的社会伦理问题进行了关注与研究，他们从完善法律制度的角度出发，建议将探望老人、照顾子女的义务写入法律，建议加快社会养老体系的建设，动员全社会来关心、关注留守儿童，以此作为解决空巢老人、留守儿童这些社会伦理问题的办法，只有极少数的专家学者从传统文化的视域对社会伦理问题进行了挖掘与探索，这些学者充满洞见的研究对此文的写作给予了很多的启发。比如，龚群教授在《当代中国社会伦理生活》一书中指出：“相互尊重、相互承认是构建当代社会伦理的最低要求，也是最高要求。”①王钧林教授在《儒家的伦理》一文中提出：“‘己所不欲，勿施于人’可以看作世界上不同国家、民族以及不同宗

① 龚群：《当代中国社会伦理生活》，成都：四川人民出版社，1998年，第461页。

教、文明背景下的人们共同认可、放之四海而皆准的普遍伦理。”[①]裴传永教授在《治官而非治民：孔子德治思想的核心诉求与当代价值》一文中指出：孔子德治思想的重心不在于“治民”而在于“治官”。有德者之治和有道德之治是孔子德治思想的两个基本维度。[②]吴光教授在分析了儒家道德伦理后，将儒家的道德伦理划分为伦理原则、道德原则、修养原则三部分。[③]杨朝明教授则指出，儒家的教化是教行迁善，最终达到社会治理的必要手段。[④]以上学者在社会伦理方面的研究带给我们很多的启示。儒家学说不仅是修身的学说，更是社会治理的学说。现代的社会治理体系，必须建立在德性伦理之上。本文的创新点在于，针对当代社会突出的伦理问题进行辩证施治，在传统儒家伦理思想中汲取营养，进行创造性的转化，让更多的人明伦理、知是非、懂廉耻，吸取儒家伦理思想中积极的成分，融入今天的制度建设与秩序设计上来。

二、价值重拾——不可偏废的儒家伦理思想

《尸子》云：“四方上下曰宇，古往今来曰宙。”从宙的角度看，人类在一代代的延续中，总会遇到一些共同的难题，比如养老问题，子女的教育问题，人如何处理好与他人、社会、自然环境的关系。借鉴古人在解决这些共性问题上的智慧，无疑对我们具有重要的启示作用。以孔孟为代表的儒家伦理思想紧紧围绕着对社会伦理问题的关注而展开。儒家伦理思想所要解决的根本问题是个体生命如何安身立命的问题，是如何

---

① 王钧林：《儒家的伦理》，载《中国文化报》2008年。

② 裴传永：《治官而非治民：孔子德治思想的核心诉求和当代价值》，载《孔子研究》2014年第6期。

③ 吴光：《儒家道德伦理，中国对人类文明的重大贡献》，1997年7月新加坡“儒学与人类社会研讨会”会议论文。

④ 杨朝明：《儒学精神与中国梦》，合肥：安徽文艺出版社，2016年，第104页。

把握好生命角色的角色伦理的问题。

《韩诗外传》云："夫明镜者，所以照形也；往古者，所以知今也。"要想从根本上解决现代社会的各种伦理问题，首先要价值重拾，给予儒家伦理思想以足够的重视。充分尊重、挖掘、整理儒家伦理思想对现代社会有价值的内容，将之内化于生命，止于生命的角色与本分，尽心尽伦，诚意人生。将之用于现实的社会治理体制，更好地提升社会治理能力和治理水平，才是把握住了中国优秀传统文化的精髓。

（一）儒家伦理思想的存世价值

儒家的伦理思想不仅仅是书斋里的学问，更是经世致用之学。两千多年来，儒家伦理作为中华道德传统的主干，长期居于国家意识形态的主导地位，一直潜移默化地影响着中国人的价值观念、行为方式和人格养成。儒家整个思想体系的核心内容，是中国人几千年道德生活的基本准则，是中国人的主流价值观，是维系中华民族几千年的纲纪。

早在两千多年前，孔子针对周代礼崩乐坏、天下无道的现实就曾提出："道之以政，齐之以刑，民免而无耻；道之以德，齐之以礼，有耻且格。"（《论语·为政》）用政令来管理人民，用刑法来解决问题，百姓只会做做表面文章，以求能免遭处罚，却没有羞耻之心；用道德引导人民，用礼仪教化人民，百姓才能有廉耻之心，才能心服口服。孔子反对不教而诛，它开出的治国理政的良方，至今依然有着重要的启示作用。所以，《礼记·经解》中说："夫礼，禁乱之所由生，犹防止水之所自来也。"伦理道德理论的作用就如同防洪大堤，不发洪水时看不到它的作用，拿掉了它，遇到洪水泛滥，就会造成巨大的损失伤亡，贻害无穷。

《礼记·经解》又云："礼之于正国也，犹衡之于轻重也，绳墨之于曲直也，规矩之于方圆也。"人伦道德在社会治理中的作用，就如同秤在称量轻重中的作用，如同墨斗线对曲直的作用，圆规方尺对于画方角圆圈的作用。它渗透到人们社会生活的方方面面，拿掉这些，就没有了标准，就会价值观混乱；背离了它，一定会出现诸多的社会伦理问题。过去的一百多年我们吃了这个亏，人伦道德的重建需要漫长的时间。

（二）儒家伦理思想的历史溯源

在古代的思想体系中，社会治理属于“人道”，人处于天、地间，“人道”要效法天、地之道。“天道”刚健有为，“地道”厚德包容。所以，儒家伦理思想是“推天道以明人事”的结果。学习和把握儒家伦理思想要注意两个关键方面：一是古圣先贤的思维方式，二是以它独特的思维方式推导而来的价值观念，即方法和内容。

中国人的人伦秩序是先圣“观乎天文，以察时变，观乎人文，以化成天下”（《易传·贲卦·彖传》）的结果。圣人仰观天文，从日月星辰周流不殆中去观察宇宙自然变化的规律。古之圣人从日月星辰的变化中受到启发，“推天道以明人事”，借用自然的秩序推导出人间的社会伦理秩序。“人法地，地法天，天法道，道法自然。”（《道德经》）“推大道”是方法，“明人事”是目的。

在《论语·卫灵公》中有一段孔子与子贡的对话：“子曰：‘赐也！女以予为多学而识之者与？’对曰：‘然，非与？’曰：‘非也。予一以贯之。’”孔子问子贡：“你以为我是一个多学多记的人吗？”子贡回答：“难道不是吗？”在常人的眼中，孔子一定是博学、多识的。在常人的观念里，博学、多识一定是靠多学、强记而来的。孔子却回答说，我是“一以贯之”。孔子说，他有一个根本的“道”贯穿始终。这里的“一”就是“道”，对应到今天，就是我们所说的规律、道理，也就是能站在更高处去看待问题的智慧。在《孔子家语·辨物》篇中就有多个故事佐证孔子“上知天文、下知地理、中通人事”。孔子用“一以贯之”的思维方式来把握天道与人事，在这种思维下推导出的儒家伦理理论和秩序，称之为“礼”。

《礼记·乐记》中说：“礼者，天地之序也。”礼是万物井然有序、安然存在的道理。礼是天地的秩序，在天地的秩序中，万物要知其所止，各安其位，才能井然有序，才能和平共处。《周易》中说：“有天地，然后有万物；有万物，然后有男女；有男女，然后有夫妇；有夫妇，然后有父子；有父子，然后有君臣；有君臣，然后有上下；有上下，然后礼仪有所错。”圣人依此建立起人世间的君君、臣臣、父父、子子的人伦关系。君君、臣臣、父父、子子要效仿天上的日月星辰，各安其位，各负其责。

中国人用“礼”来“别”各种关系。这个“别”体现在：夫妇有别，父子有亲，君臣有义，朋友有信。礼是用以规范人们在社会活动和日常生活中的举止言行、节制人的情绪欲望、维护社会有序运转的基石。所以孔子说：“夫礼，先王以承天之道，以治人之情。”（《礼记·礼运》）“礼”也是人们在行为处事中不能逾越的底线，是为人的标准，是处事的根本，更是体现对人的恭敬之心的表现，正如《礼记·曲礼》开篇就讲“勿不敬”。只有遇事待人恭敬严谨，说话审慎、和气，才能安定民心。“不学礼，无以立”（《论语·季氏》）。礼用于“定亲疏，决嫌疑，别同异，明是非”。（《礼记·曲礼上》）在中国古代，将礼用之于人伦相处中，应用于家庭、社会、国家的治理中。人生活在天地间，要尊重、遵守由天道推演而来的社会秩序，才能家庭和睦、社会安定。

三、儒家伦理思想的核心要义

儒家伦理思想是在孔子奠定的理论基础之上，由孟子、荀子加以阐发，后世的汉儒、宋儒、明儒加以系统、完善的社会伦理治理体系。它是一套以“仁”为核心，以“仁爱”为基本道德原则，以“礼”为人伦准则与礼仪制度，以孝、悌、忠、信、礼、义、廉、耻为主要内容的社会教化体系，其目的在于“修己安人”，协调人与人之间、人与社会之间的关系，以建立“父子有亲，君臣有义，夫妇有别，长幼有序，朋友有信”（《孟子·滕文公上》）的和谐社会秩序。

“伦理”一词最初见于《礼记·乐记》：“乐者，通伦理者也。”郑玄注：“伦，犹类也；理，分也。”“伦”者，类也，序也。“伦”有辈分、类分、条理、次序之义。“理”有道德、常理、义理、规律的意思。所谓的“伦理”，即指自然界的固有秩序，是维护人与人之间的相互关系的各种准则和道理。《孟子》所说的“人伦”，则是指社会人际关系的一定秩序。“饱食暖衣，逸居而无教，则近于禽兽，圣人有忧之，使契为司徒，教以人伦：父子有亲，君臣有义，夫妇有别，长幼有叙，朋友有信。”（《孟子·滕文公上》）《孟子·公孙丑下》中说：“内则父子，外则君臣，人之大伦也。”后世儒家所说的“伦理”，都是在孟子“人伦说”的基础上引申而来的，指人在一定的社会关系中所必须遵守的道德原则。儒家的“伦理”，又可以称之为角色伦理。也可以说，伦理就是指成人、成物、成事的道理。成物、成事都靠人来进行和完成，因此，成人是最重要的人生伦理，而做一个有道德的人是成人的根本。伦理学就是研究人类道德和行为准则的学问。

（一）“五伦”关系的主要内容

“五伦”是五种最基本的人伦关系，几乎涵盖了所有的人与人之间的关系。人一生下来就处于一种人伦关系当中，注重伦常是中国文化有别于西方的一大特色。“五伦”关系包括父子（父母与子女）关系、夫妇关系、兄弟（兄弟姐妹）关系、君臣（上下级）关系、朋友关系五种。“五伦”中前三者是家庭（家族）内部的主要伦理，后两者是家庭外面的社会伦理。“五伦”中虽然没有列师生关系，但中国自古就有“一日为师，终生为父”的说法，也有“良师益友”的说法。师有成我之德者，则属于父；诱掖奖劝，以达其材，则属于兄；丽泽互益，则属于友。孟子说，“师者，父兄也”，根据老师在你成长中扮演的角色不同，可以将老师当成父或兄来对待，也可以当成良师益友来相处。故“五伦”之中没把老师列入其中。

“五伦”是人间的道理。人类的起源从夫妻开始，对内就有父子关系、兄弟关系，对外则有君臣关系、朋友关系。“五伦之义”是处理这些关系的道理和行为准则。“五伦之义”是为人道之常，是任何人皆不能躲避、也不应躲避的关系。马克思说：“人是一切社会关系的总和。”这种社会网络的视角就是人伦的观念。

儒家原典中没有“五伦”一词。“五伦”是一个俗语，大约起源于宋代，但“五伦”观念可以追溯到孔子。《中庸》引孔子的话将“五伦”完整地提出来：“君臣也，父子也，夫妇也，昆弟也，朋友之交也。五者，天下之达道也。”到了孟子就赋予其“五伦”之理，有了明确的表述。孟子说：“父子有亲，君臣有义，夫妇有别，长幼有序，朋友有信。”（《孟子·滕文公上》）孟子认为，父子之间有骨肉之亲，君臣之间有礼义之道，夫妻之间相亲而又内外有别，老少之间尊卑有序，朋友之间诚信为先。父子、君臣、夫妇、长幼、朋友为伦，亲、义、别、序、信为常。至此，“五伦”成为中国人共同认可的伦理规范。

夫妇关系是“五伦”关系之本，也是家庭关系的原点。“君子之道，端造乎夫妇。”（《中庸》）有了夫妇关系后，才有父子、兄弟以及其他亲属关系，人伦道德才得以出现。夫妇关系在家庭中是天地关系、乾坤关系，在家庭中处于核心位置。夫妻关系和谐与否，牵动着整个家庭关系的和谐与否。向上波及与父母的关系，向下影响到与子女的关系，平行影响到兄弟姊妹之间的关系。家庭又是社会的基本单元，家庭生乱就会影响到社会的稳定。因此，夫妻关系是人伦道德的核心。

（二）“仁者爱人”是处理好“五伦”关系的基本道德原则

“五伦”关系确立之后，如何处理好这五种人伦关系呢？孔子告诉我们，“仁者爱人”。“仁”是处理“五伦”关系的基本道德原则，也是一种社会政治思想。“爱人”是人的伦理原则的基本内涵，也是“仁”的灵魂和核心。孟子说：“爱人者，人恒爱之，敬人者，人恒敬之。”（《孟子·离娄下》）以爱人之心待人，自然能形成友爱、和谐的人际关系。

“爱人”作为一种伦理道德的要求，首先要从爱父母、爱亲人的家庭内部开始培养。孔子说：“君子务本，本立而道生。孝弟也者，其为仁之本与！”（《论语·学而》）“孝”是孝敬双亲，“悌”是敬爱兄长。立爱自亲始，即所谓“仁者人也，亲亲为大”（《中庸》）。仁爱之心先从孝敬自己的父母、友爱自己的兄弟出发，然后再推延到尊重长辈、厚待亲友，最后才能“泛爱众”，将这份仁爱推演、扩展到他人身上。“爱人”不仅要爱自己的亲人，还要推己及人，“老吾老以及人之老，幼吾幼以及人之幼”（《孟子·梁惠王上》），推及全体社会成员，这是孔子说的“泛爱众，而亲仁”的重要内容。“故人不独亲其亲，不独子其子。”（《礼记·礼运》）这就是“仁”的伦理原则。“孝悌”观念对调整家庭关系、和谐人际关系、稳固社会秩序具有重要作用。孔子认为在家能孝敬父母、友爱兄弟的人，是不会“犯上作乱”去破坏社会秩序和规则的，更不会去危害社会的和谐与安定。

“爱人”还体现在对他人的宽恕和包容，也就是曾子所说的“夫子之道，忠恕而已矣！”（《论语·里仁》）忠恕展现的是一种做人、做事的态度，也体现着对他人生命的关怀。“爱人”意味着尊重他人的价值和尊严。如果没有对人的尊重和关心，爱人就是一句空话。“忠恕”则是“仁爱”伦理原则的进一步扩展和体现。“忠恕”是推行“仁德”的重要方法。“为人谋而不忠乎？”（《论语·学而》）每天要反躬自省，反思自己是不是做人做事没有尽心、尽力、尽伦？只有做到诚恳、忠实、言行一致，才可谓做到了“忠”。恕，是一种“躬自厚而薄责于人”（《论语·卫灵公》）的宽容、豁达的人生态度，也是一种将心比心、设身处地为他人着想的胸怀。每个人都想在这个世界上成就一番事业，要想自立，首先要帮助别人。比如：子贡问仁。子曰：“夫仁者，己欲立而立人，己欲达而达人。能近取譬，可谓仁之方也已。”（《论语·雍也》）仲弓问仁。子曰：“己所不欲，勿施于人。”（《论语·颜渊》）颜渊问仁。子曰：“克己复礼为仁。一日克己复礼，天下归仁焉。”（《论语·颜渊》）孔子所阐发的“仁爱”原则，是规范人与人关系的基本道德准则。如果人人都能以爱人之心去对待他人，当今社会中的很多问题都会迎刃而解。

（三）“约之以礼”是规范人伦关系的伦理原则

孔子认为，礼的特点在于“达天道，顺人情”。礼对于正人心，正确处理人与人之间、人与社会之间的关系，构建和谐社会伦理秩序具有重要作用。人既是“自然人”又是“社会人”，作为一个置身于社会大环境的“社会人”，人应当自觉地遵守社会的秩序和规范。《礼记》云：“人之所以为人，礼义也。”人要克制自己的欲望、规范自己的言行，以符合“礼”的要求，才能称之为“成人”。《左传》说：“人之能自曲直以赴礼者，谓之成人。”“成人”不仅是一个年龄的概念，更是一个人内在的道德内涵不断扩充的过程。一个人只有具备了内在的价值体系，具备了正确的人生观、价值观、是非观，懂得用“礼”来约束自身，担负起应负的责任、义务，才是“成人”。

“礼”是规范社会生活的行为准则。“礼”包含四个层面的内容：一是直指内心的、发自内心的诚敬，“恭敬在心，礼也”（《孟子·告子上》）；二是形礼，指礼节、仪礼、仪典制度层面的礼；三是礼礼，以礼的标准来治理社会；四是礼序，最终形成的社会秩序，“有上下然后礼义有所错”

(《周易·序卦》)[1]。人们必须按照社会地位选择相当于自身身份的礼，否则就是“悖礼”。礼者“序尊卑、贵贱、大小之位，而差外内、远近、新故之级者也”(《春秋繁露·奉本》)。正如《荀子·礼论》中所说：“人生而有欲，欲而不得，则不能无求，求而无度量分界，则不能不争。争则乱，乱则穷。先王恶其乱也，故制礼义以分之，以养人之欲，给人之求。使欲必不穷于物，物必不屈于欲。两者相持而长，是礼之所起也。”用何种方法来彻底寻求社会秩序的安定与人际关系的和谐呢？除了“礼”还能用什么呢？孔子提出：“博学于文，约之以礼。”(《论语·雍也》)并认为：“不学礼，无以立。”(《论语·季氏》)要求人们要“立于礼”，“与人恭而有礼”(《论语·颜渊》)。“礼”是一个人内在仁爱之心的外在表达，是人行为的礼节、制度和规范。由于人们在不同的关系中有着不同的责任与义务，这就需要把“仁”的总原则化为具体的行为规范和行为模式。

道德属于抽象范畴，容易流于空泛，落不到实处。要使道德落实到实践中，就要采取行之有效的转化，使之内化于心，又外显于行，这种转化就是礼仪规范。《礼记》有言：“礼者，理也。”所谓“礼”，就是依据道德理性为标准确立的行为规范，大到一国法典，小至个人处事原则，都在“礼”的范畴。人之成人，要从基本的礼仪行为规范入手，《礼记》说：“礼义之始，在于正容体，齐颜色，顺辞令。容体正，颜色齐，辞令顺，而后礼义备。以正君臣、亲父子，和长幼。君臣正，父子亲，长幼和，而后礼义立。”孟子说：“夫义，路也；礼，门也。惟君子能由是路，出入是门也。”(《孟子·万章下》)我国传统文化中的“礼”，是社会的经纬，礼治与法治互为表里，不可偏于一隅。可以说，儒家伦理理念通过内在的自我约束与外在的“礼”来表达、来践行以至于渐次实现人心的和顺、社会的和谐有序。

---

①刘义、邝良锋：《孝的初源载体、衍生及现代转向》，载《孔子研究》2017年第1期。

四、“修己安人”是解决当代社会伦理问题的治本之举

无论是《大学》中的“自天子以至于庶人，壹是皆以修身为本”，还是《论语》中“修己以安人，修己以安百姓”，都是让人在与人的互动中去修身成德。修身成德离不开家国天下，尤其是基本的家庭关系与社会关系。《中庸》里讲的“五达道”，即五条修身成德的路径：“天下之达道五……曰君臣也，父子也，夫妇也，昆弟也，朋友之交也。五者，天下之达道也。”儒家的伦理思想涵盖了社会治理的方方面面，主要体现在以下几个方面：

（一）把握好人生各种角色的角色伦理，诚意人生

一个人的角色是由其所居之位决定的。中国人的社会伦理思想是由其“位”或“定位”来切入的。[①]《大学》云：“为人君，止于仁；为人臣，止于敬；为人子，止于孝；为人父，止于慈；与国人交，止于信。”《大学》中的这段话，规定了不同的人所应止于的生命角色。要在其位，谋其政。君者，要有君的担当，止于君的本分，做好君的工作；臣者，要止于臣的本分，言忠信，行笃敬；为人父，要尽到做父亲的责任；为人子，要承担其为人子的义务；与人交往，要止于人的本分，诚信为先。每个人，都不要试图跳离这个基本的角色伦理，儒家的角色伦理决定了中国人人文修养的主要纲目。做人，就要做一个有德的人，慈、孝、仁、敬、信五德，皆是“德”在不同人伦角色中的道德表现，也被称为角色伦理。

---

① 黄玉顺：《“角色”意识：〈易传〉之“定位”观念与正义问题——角色伦理学与生活儒学的比较》，载《齐鲁学刊》2014年第2期。

人生而为人，处在各种人际关系当中，总是身兼多种角色，人是多种角色的角色集。人生在世，要学会在各种角色间自由切换，同时不管居于何种社会角色，都要有发自内心的真诚与担当。诚心对己，也要真诚待人。同时要分清主次，详略得当。中国传统的伦理观念对待不同角色伦理的态度，就是诚意人生。人在不同的人生阶段，总有一种社会角色是最主要的。要找准自己的主角色，做好这个角色的角色伦理。

（二）家庭美德建设是化俗之本，伦理秩序之基

“治国在齐其家”（《大学》），儒家的伦理理论把家庭关系的和谐、和睦看作是治理国家的基础。家中有家规、家教，才能有良好的家风。家风不单是家庭伦理，也是为政之德。《大学》云：“一家仁，一国兴仁，一家让，一国兴让；一人贪戾，一国作乱；其机如此。”《孝经·开宗明义章》就提道：“先王有至德要道，以顺天下，民用和睦，上下无怨。”进行以“孝”为主要内容的人伦教育是让天下人心归顺、百姓和睦相处、上上下下没有怨恨和不满的治理天下最好的方法。“孝”是中国文化人伦大厦的根基，在人类历史相当长的时期里，家庭养老是主要的养老模式，在少子、老龄化的今天，提倡“孝”的观念，鼓励更多的人明伦理，尽心尽伦，止于生命的角色与本分，更多地承担起孝养父母的责任与义务，无疑是缓解当下老龄化社会带来的养老问题的重要举措。“务本莫贵于孝”（《吕氏春秋·孝行览》），孝心、孝行既是修身做人的起点，也是治国平天下的重要根基。

家庭是社会的细胞，要实现敦伦化俗，就要从树立和恢复家风做起。修齐一家、渐化一乡就是这个道理。《大学》云：“家齐而后国治……治国在齐其家。”因此，父母要止于自己为人父母的角色与本分，当仁不让地承担起教化子女的职责。在孩童时期就要进行五伦教育，引导童蒙养正，少年养志。以《弟子规》《三字经》《童蒙须知》《论语训蒙口义》等蒙

学教材，作为儿童的行为守则，规范其言谈举止。

反观现代社会中的留守儿童、空巢老人、师生矛盾、医患纠纷等现象，背后折射出的是家庭伦理教育的缺失，反映出很多家庭子女、父母角色的缺位，没有做到尽心尽伦，没有尽到这个角色应该承担的责任和本分。对这些伦理理论认识不清，是导致现如今家庭、社会伦理问题的根源。加强以家风、家训为主要内容的家庭美德建设，让更多的人明伦理，认识到人在人类延续中承上启下的伦理责任，负起孝养父母的责，担起教养儿女的任。以“仁者爱人”之心关爱老人与儿童。“知本末、知先后”，既关系到每个人自身的幸福、家庭的和睦，也关系着家族的兴衰和社会的长治久安。

（三）加强以儒家经典为主要内容的人伦道德教育，让更多的人明伦理、知荣辱、辨本末

社会风气的根本好转，离不开伦常道德教化体系的建立。“礼教衰，则风俗坏；风俗坏，则人心邪；人心邪，则世道乱，自古而然。”所谓“教化”就是上施下效，长善救失，使有改变。“教化”是国家长治久安的根本，是建立淳朴民风的前提，是和谐人际关系的基本保证。以儒家为主的中国优秀传统文化历来重视对人的教化，关注的是社会的现实问题。

以儒家经典为主要内容的人伦道德教育是中国几千年来的传统教育的主要内容。这些是华夏民族实践了五千年的最基础的教育方针和机制。《孔子家语·弟子行》有言：“孔子之施教也，先之以《诗》《书》，而道之以孝悌，说之以仁义，观之以礼乐，然后成之以文德。”在孔子看来，对学生进行孝、悌、仁、义为主要内容的人伦道德教育，其目的是让学生树立起正确的价值观、人生观、是非观、荣辱观，让更多的人明伦理、知是非，这才是教育的根本。“君子务本，本立而道生。孝弟也者，其为仁之本与！”（《论语·学而》）人有了正确的价值观，有了正确的信仰与价值

体系，人才能成为一个有道德的人，才能承担起应该承担的家庭、社会的责任。朱熹认为实行人伦道德的教化，可以挽中人进入君子之列，而“教化之废，推中人而堕于小人之涂”（《四书章句集注》）。培养仁爱之心从孝敬自己的父母亲开始，培养“恭敬心”从尊重长者做起。然后，推己及人，整个社会有爱有敬，很多的社会矛盾、伦理问题就会迎刃而解。

（四）领导者是匡正世道人心的表率

社会伦理体系的建设，社会风气的根本好转，离不开各行各业有德君子的身体力行。儒学既是治国理政之学，也是修身之学。而且特别强调的是为政者的表率示范作用。在《孔子家语·大婚解》篇中，鲁哀公请教孔子：“敢问人道孰为大？”孔子说：“人道，政为大。夫政者，正也。君为正，则百姓从而正矣。君之所为，百姓之所从。君不为正，百姓何所从乎？”①孔子回答，社会人伦治理的关键在“为政”。因为社会是由人组成的，为政者则是整个社会大系统的引领者、示范者。社会治理正需要为政者来引领。“人道”最重要的就是“政”，“为政”就是要“正”。“儒者在本朝，则美政；在下位，则美俗。”②

中国自古有“以吏为师”“政教合一”的传统。“为政以德”是最基本、最核心的内容。各级领导干部，各行各业的精英，其思想作风、工作作风、生活作风等，一直都是人民群众效仿的榜样，直接影响着社会风气的好坏。正所谓“其身正，不令而行；其身不正，虽令不从”（《论语·子路》）。因此，作为领导干部，一定要严于修身、管好自己、管好家人、为政以德，为创造良好的社会伦理做表率、做示范。如孔子说的“七教”，即“上敬老则下益孝，上尊齿则下益悌，上乐施则下益宽，上亲贤则下择

① 杨朝明：《孔子家语》，开封：河南大学出版社，2008年，第93页。

② 杨柳桥：《荀子诂译》，济南：齐鲁书社，1985年，第153页。

友，上好德则下不隐，上恶贪则下耻争，上廉让则下耻节”[①]。孔子特别强调领导者的各种品质，诸如敬老、尊齿、乐施、亲贤、好德、恶贪、廉让等，这些与今天我们倡导的树立正确的价值观、是非观、荣辱观是一致的。各行各业的领导干部、社会精英其文风士习、品德作风很大程度上决定着社会风气的好坏。为政者能否坚持做人、做事的原则与底线，关乎社会的公信良俗、风俗浇薄。

正如贺麟在《五伦关系的新检讨》中指出的：“五伦的观念是几千年来支配我们中国人的道德生活的最有力量的传统观念之一。它是我们礼教的核心，是维系中华民族的群体的纲纪。”学习、借鉴儒家的伦理思想，尤其是“五伦”的主要内容，找准自己的角色伦理，尽心尽伦。以“仁爱”为原则处理好各种人与人的关系，“修己安人”，重塑“父子有亲，君臣有义，夫妇有别，长幼有序，朋友有信”的和谐社会秩序，是走出当今社会伦理困惑的关键。

原载《孔子研究》2018年第2期。

作者简介

赵薇，女，历史学博士，济南大学教授、硕士生导师，济南大学中国文化与创新研究基地负责人。

解冬冬，济南大学研究生。

① 杨朝明：《孔子家语》，开封：河南大学出版社，2008年，第91页。

儒家“富而后教”思想与汉代儒学逐步社会化

王纪东

儒家重视礼乐文明，主张“为政之要，辨风正俗，最为上也”（《风俗通义·序》）。由孔子提出的“富而后教”①的观念更被历代儒士视为治国理政之圭臬。按其逻辑，一个政权建立后，首先要“富安天下”（《汉书·食货志》），民生富足后，就要专注教化社会人心，化民成俗，“善教得民心”（《孟子·尽心上》），通过教化使“以天下为一家，以中国为一人”（《孔子家语·礼运》），上下勠力同心，社会才能真正强盛和稳固。汉代儒学与社会政治互动和结合的历史事实，就有力地说明了这个道理。

一、“富而无礼”：生机盎然又危机四伏的社会情势

汉武帝初继位，社会时局生机勃勃又暗含危机。武帝招贤良文学直接议论时政，乃是自觉地从理论层面上谋求长治久安之计，借以观照时代问题。应该说，汉初近六十年的休养生息为汉武帝朝臻成郅治提供了广阔的空间。

① 据《论语·子路》载：“子适卫，冉有仆。子曰：‘庶矣哉！’冉有曰：‘既庶矣，又何加焉？’曰‘富之。’曰：‘既富矣，又何加焉？’曰：‘教之。’”这三个阶段内在关联，依次递进。

（一）休养致富：退却条件下的进取

众所周知，西汉草创基业于战乱之世，建立初期择取以刚柔并济见长之黄老之术，不失为“一条便捷有效的行政路线”[①]。其时天下初定，民生凋敝。增殖人口，固本培元，安顿“苦秦久矣”又饱经“诸侯并起，民失作业，而大饥馑”（《汉书·食货志》）之芸芸苍生乃第一要务。黄老尚“无为”，治术重“民自定”。就汉初“布衣将相之局”而论，“与儒学比起来，它（黄老思想）与汉初的社会实况、上层统治集团的文化水准更为凑泊”[②]，因此汉初“采纳了照顾下层利益的黄老之学”[③]。于是，黄老因循自然的宽松政策迅速激发社会发展经济的极大热情。据《史记·货殖列传》记载：“汉兴，海内为一，开关梁，弛山泽之禁，是以富商大贾周流天下，交易之物莫不通，得其所欲。”这样一来，社会经汉高帝、萧何与民休息、“裕民以政”，孝惠、曹参墨守成规，高皇后为政“不出房户”，再经“文景之治”，一时“海内殷富”。

休养生息六十年，孝武临政。《史记·平准书》载：

> 都鄙廪庾皆满，而府库余货财。京师之钱累巨万，贯朽而不可校。太仓之粟陈陈相因，充溢露积於外，至腐败不可食。众庶街巷有马，阡陌之间成群。

这般景象又见于《史记·货殖列传》：其时，北方原野牛羊遍野，骡马成群，坐拥“齐鲁千亩桑麻”“千畦姜韭”“渭川千亩竹”者，均可比千户侯，国家富庶，充满生机。社会既富，汉武帝朝“外事四夷，内兴功利”之盛世伟业适逢其会。

---

① 曾祥旭：《士与西汉思想》，哈尔滨：黑龙江人民出版社，2005年，第14页。

② 于迎春：《秦汉士史》，北京：北京大学出版社，2000年，第64页。

③ 任继愈：《中国哲学发展史》（秦汉卷），北京：人民出版社，1985年，第100页。

（二）社会“大争”：寡义趋利之社会败象

黄老“重自然而反人文”，其功效灵活善变，便于在经济竞争中各尽其能。但容易流于“天下熙熙，皆为利来；天下攘攘，皆为利往”之流俗。失之乃在“公”，陷入丛林法则而无“群”的社会性。如汉代学者所共识：“示民以利，则民俗博。俗薄则背义而趋利，趋利则百姓交于道而接于市。”（《史记·盐铁论》）于经济繁华中，汉初社会官民争“利”、豪强“骄”“暴”、炫富争风等一系列乱象也日渐凸显，《汉书·食货志》载其情形说：

于是罔疏而民富，役财骄溢，或至并兼豪党之徒以武断于乡曲。宗室有土，公卿大夫以下争于奢侈，室庐车服僭上亡限。

社会“富而无礼”，时贤俊彦多视为大患。汉文帝时，贾谊论政说：“进言者皆曰‘天下已安矣’，臣独曰‘未安’；或者曰‘天下已治矣’，臣独曰‘未治’。”（《新书·数宁》）在他看来，此等“进言者”皆“非愚则谀”，社会实际情形是“今其甚者杀父兄，盗者取庙器，而大臣特以簿书不报期会为故，至于风俗流溢，恬而不怪，以为是适然耳。”（《汉书·礼乐志》）官吏惯于玩忽职守，致使社会黑白颠倒、是非不明，而时人业已见怪不怪、习以为常，普遍“贵空爵而贱良，俗靡而尊奸”，更甚于“富民不为奸而贫为里侮也，廉吏释官而归为邑笑；居官敢行奸而富为贤吏，家处者犯法为利为材士”，于是父子兄弟互相劝勉为“奸”“利”，“则俗之邪至于此矣”。营私舞弊风气贯穿社会，败化伤风，全民道德崩溃且是非善恶不分。

然而，当时之病象，在汉文帝朝“由于只是萌芽，众人不知，而贾谊有先见之明，却受到利益既得者权势集团的排斥，逐出京城，客死他乡”[①]，终文帝、景帝两朝，再未受重视。又过几十年，问题滋长，终于

① 周桂钿：《董学与盛世文化》，载《衡水学院学报》2013年第2期。

酿成“富者田连阡陌，贫者无立锥之地”，“贫民常衣牛马之衣，而食犬彘之食”（《汉书·食货志》），富贵之家却“以靡丽为右，奢侈为务，尽狗马之乐，极耳目之欲”（《汉书·东方朔传》），人大多“饱食、暖衣、逸居而无教，则近于禽兽”（《孟子·滕文公上》），于是富贵之人越富越贪“利”，势必“因乘富贵之资力，以与民争利于下，……多其牛羊，广其田宅，博其产业，畜其积委”（《汉书·董仲舒传》），贪暴的官吏对寻常百姓又“刑戮妄加”，然而政府不加度制，这就“无异于放纵百万虎狼于民间了”①，最终，人民“穷急愁苦”进而“不乐生”“不避死”，又“安能避罪”！

显然，官吏腐败、豪强骄暴、贫富悬殊是朝政急需解决的问题，其中，整合社会人心是为首务。

二、“天下归心”：由儒家教化而形成的内聚力

按儒学的逻辑，社会既富，教化社会人心即成要务。有学者论及汉初黄老学说向儒学递禅时说：“道家‘我无为而民自化’的态度曾为儒家的教化导其先路。”②“先富之而后加教”在汉代被儒生群体视为“天经地义”。③不仅于此，汉初接续治理中，不仅法治建设逐步趋于成熟，儒学也在自由活泼的氛围中绽放出鲜活的生机。高帝时《新语》问世；惠帝废“挟书律”；文帝列《诗》于学官，“始置一经博士”（《后汉书·翟酺列传》）；胡母生、董仲舒因治《公羊春秋》于景帝时为博士④。汉武帝继位

① 吕思勉：《中国政治思想史》，北京：中华书局，2012年，第70页。

② 参见《士与中国文化》，上海，上海人民出版社，2003年，第125页。

③参见《士与中国文化》，上海：上海人民出版社，2003年，第141页。

④ 钱穆认为，汉武帝置五经博士实为增设三经，“以专经为博士自武帝始”。参见钱穆：《两汉经学今古文评议》，北京：九州出版社，2011年，第166页。

时，国力雄厚，制度趋于完备，再加之文化渐兴，兴学重文、广开教化已成大势所趋。有学者指出："史识无多者，会强调道德规则是易变的，他们断定不必拿它太当真，因为它因时因地而异，甚或时而相互矛盾。史见丰富者则会强调道德规范的普遍性，并断定它不可或缺。"[①]斯言信哉！观汉武帝君臣之识见，显然具备此"观念的进步"[②]。

1. 昌明经学：君子之强与化民成俗

儒学乃修己安人之学，认为涵泳儒学能养成质朴又不失文采的君子人格，[③]既"温润如玉"又"和而不流""中立而不倚"，社会需此等君子的引领才会真正强盛。史称汉武帝为"卓尔绝世之主"，其尤为高明者，就是择取儒家推崇的原典"六经"为依托，开启儒学教化系统，于全社会塑造"君子之强"。儒学脱颖于其他诸子，亦取决于汉武帝之慧识。

汉初风云际会，"兼儒墨，合名法"，诸子之学呈综合发展之势。又，汉初政府"礼贤下士"，文帝时废"诽谤妖言之罪"，这样一来，又为诸子之学提供了应用平台。《汉书·艺文志》载：

> 汉兴，改秦之败，大收篇籍，广开献书之路。……下及诸子传说，皆充秘府。

又，据《汉书·武帝纪》，建元元年（前140年），丞相卫绾以"所举贤良，或治申、商、韩非、苏秦、张仪之言"，并以"乱国政"之罪请示罢免，武帝准奏。也就是说，此前，诸子学说在政治上皆有一席之地。汉武帝一尊儒学，恰是出于解决"今师异道，人异论，百家殊方，指意不

---

①〔美〕威尔·杜兰特、阿里尔·杜兰特著，倪玉平、张闶译：《历史的教训》，成都：四川人民出版社，2014年，第53—54页。

② 杨朝明指出："任何社会的进步都首先应该是观念的进步，而社会观念一定深深植根于民族文化的土壤。"参见杨朝明：《儒学精神与中国梦》，合肥：安徽文艺出版社，2015年，第13页。

③《论语·雍也》载："质胜文则野，文胜质则史，文质彬彬，然后君子。"

同”(《汉书·董仲舒传》)，朝廷上下“处士横议”以“乱国政”之现实问题。需指出，有近人学者认为“儒术之兴，实时势使然”，汉武帝终非“能知儒术之人”，如从此说，恰好说明汉武帝于儒学并非另眼相加。不难理解，身为人君，汉武帝当然更看中现世实用，又岂会随喜好而推崇某种学术？他“公举贤良”谋求“大道之要，至论之极”，乃“憧憬上下和睦，习俗美盛，不令而行，不禁而止，吏无奸邪，民亡盗贼，囹圄空虚，德润草木，泽被四海，凤凰来集，麒麟来游”(《汉书·董仲舒传》)之“大治”之世。易言之，汉武帝“举贤良对策”即确立长治久安之国之大计。

众所周知，汉武帝君臣“量势立权，因事制义”，“卓然罢黜百家，表章‘六经’”。对董仲舒“诸不在六艺之科孔子之术者，皆绝其道，勿使并进”(《汉书·董仲舒传》)的主张，汉武帝深以为然。孔子相当看重君子之强，[①]尤其是君子的示范作用，视其为移风易俗之根本。[②]于是，这场沾溉百世的文化复兴系统全面启动，取得由“霸道”到“王道”政治的飞跃，即由“强大”到“伟大”的社会进步。

“六艺”，即经孔子整理而成原典文献“六经”。按庄子之说，“六经”内蕴“内圣外王之道”，是包含天地之美、万物之理的“道术”。据《史记·孔子世家》载：“孔子之时，周室微而《礼》《乐》废，《诗》《书》缺。”孔子穷毕生精力，满怀治世才能却不被“有国者”重用，又深知

---

①《礼记·中庸》：“子路问强。子曰：‘南方之强与？北方之强与？抑而强与？宽柔以教，不报无道，南方之强也，君子居之。衽金革，死而不厌，北方之强也，而强者居之。故君子和而不流，强哉矫！中立而不倚，强哉矫！国有道，不变塞焉，强哉矫！国无道，至死不变，强哉矫！’”

②《论语·颜渊》载：“季康子问政于孔子曰：‘如杀无道，以就有道，何如？’孔子对曰：‘子为政，焉用杀？子欲善而民善矣。君子之德风，小人之德草，草上之风，必偃。’”

“君子博学深谋，而不遇时者众矣”，既有“人不知而不愠”[①]之君子情怀，于是，“乃修‘六经’，以述唐虞三代之道”。在孔子看来，“六经”皆“先王正典”，蕴涵着“先王之道”。按其“载之空言，不如见之行事之深切著明”之史学观念，他“论次《诗》《书》，修起《礼》《乐》”。又赞《易》成《易传》，据鲁史作《春秋》，从而“述而不作”，以之教授弟子。《史记·孔子世家》亦载：“孔子以《诗》《书》《礼》《乐》教，弟子盖三千焉，身通六艺者七十有二人。”

孔子重视“六经”，精通经义及各自特征，他说：“其为人也，温柔敦厚而不愚，则深于《诗》者矣。疏通知远而不诬，则深于《书》者矣。广博易良而不奢，则深于《乐》者矣。洁净精微而不贼，则深于《易》者矣。恭俭庄敬而不烦，则深于《礼》者矣。属辞比事而不乱，则深于《春秋》者矣。”（《孔子家语·问玉》）身处“礼崩乐坏”、王道不行之乱世，为不至于王道废弛，“于是孔子，当看到中国文明的建筑不可避免的毁灭而自己不能阻止，……由此他挽救了中国文明的图纸和设计，……通过挽救他们文明的图纸和设计，他对文明的设计做了一个新的综合、一个新的解释，在这个新的综合里，他给了中国人真正的国家观念——国家的一个真正的、理性的、永恒的、绝对基础”[②]。以现在的视野来看，“六经”内容深厚而多元：《诗经》主要表达情感，《书经》突出政治性，《礼记》彰显人的社会性，《乐经》展现人的艺术性，《春秋》反映历史，《易经》含蕴终极关怀。孔子整理原典文化，在传承三代王道政治的同时又开创了儒家学说，将彰显王道寄望于后生。

---

① 杨朝明对《论语》首篇首章的理解有新的创见，并认为这是真正理解孔子思想的“秘密”。其义应为：“假如我的学说被时代或社会所接受，那不就太令人高兴了吗？退一步说，假如时代没有接受，可是有很多赞同我的思路的思想的人从远处而来，不也是很快乐吗？再退一步说，社会没接收，人们也不理解我的思想主张，我也不怨愤恼怒，不也是有道德修养的君子吗？”今从此论。参见杨朝明主编：《论语诠解》，济南：山东友谊出版社，2012年，第14页。

② 辜鸿铭著，黄兴涛、宋小庆译：《中国人的精神》，北京：人民出版社，2010年，第22页。

孔子有完整的社会教化系统，《孔子家语·弟子行》载卫将军文子问于子贡曰："吾闻孔子之施教也，先之以《诗》《书》，而道之以孝悌，说之以仁义，观之以礼乐，然后成之以文德。"《诗》《书》、孝悌、仁义、礼乐构成了孔子自成系统且完备的社会教化体系。

孔子育人以《诗》开端，认为《诗》是"风化天下"的开始，《毛诗》序说："《关雎》，后妃之德，风之始也，所以风天下而正夫妇也，故用之乡人，用之邦国焉。风，风也，教也。风以动之，教以化之。"在孔子看来，《诗》"发乎情，止乎礼义""乐而不淫，哀而不伤"，他教育其子说："不学《诗》，无以言。"（《论语·季氏》）并总结："《诗》三百，一言以蔽之，曰'思无邪'。"（《论语·为政》）

汉武帝朝设置"观采风谣"制度，以便于"观风俗，知得失，自考证"。《汉书·艺文志》载："自孝武立乐府而采歌谣，于是有代赵之讴、秦楚之风，皆感于哀乐，缘事而发，亦可以观风俗，知薄厚云。"《毛诗·序》谓："上以风化下，下以风刺上，主文而谲谏。言之者无罪，闻之者足以戒，故曰风。"孔颖达进一步作疏，认为人君若在"风"和"讽"中知其过失，有所悔悟而感而不切，微动若风，言出而过改，犹风行而草堰。汉代中央政府的档案存有大量的风俗资料，证明其"观采风谣"绝非空言，而确已"见诸实事"。有学者指出，汉代"观采风谣"制度的推行普遍而认真，一方面是为儒家礼乐教化做预备工作，以便于推动文化的统一；另一方面，也含有限制帝王"一人肆于民上"的用意。[①]汉武帝执政后期，曾首开帝王"罪己"之先例，也可视为"即使皇帝的动机是基于政治利益的考虑，我们也不应据此而否定儒家理论别有超越政治之上的更深涵义"[②]。

---

① 参见《士与中国文化》，上海：上海人民出版社，2003年，第121—122页。

② 参见《士与中国文化》，上海：上海人民出版社，2003年，第121页。

孔子重视《尚书》，看重其“疏通知远”的教化功能。在他看来，《尚书》蕴涵着理解王道政治及认识社会人生的义理。于《尚书》，《尚书大传》载孔子有“七观”之说：“六誓可以观义，五诰可以观仁，《甫刑》可以观诫，《洪范》可以观度，《禹贡》可以观事，《皋陶谟》可以观治，《尧典》可以观美。”《孔丛子·论书》亦记有孔子对《尚书》“大义”的近似论述。

孔子先以《诗》《书》教人质朴敦厚而疏通博洽，进而以孝悌培育人“爱”与“敬”之心。孔子推重“仁”，视“仁”为礼乐教化的精神内核。他说：“人而不仁于礼何？人而不仁于乐何？”（《论语·八佾》）孔子主张“观礼乐”教人以敬畏，礼乐内在精神就是“仁”。郭店楚简问世后，人们发现战国文字中的“仁”字，从身从心，上下结构，乃修身、修己之意。在孔子看来，仁爱之道自修己始，孔子说：“立爱自亲始……立敬自长始。”源于人性“亲亲”之情的孝悌是“为仁之本”。《礼记·中庸》记孔子曰：“仁者，人也。亲亲为大。”修身进德首先要孝亲敬长，以此为基础，就要贯彻“忠恕”之道，按宋儒朱熹之说：“尽己之为忠，推己之为恕。”“尽己”即“修己”，“推己”则是将内在的爱心外推，推己及人而“不独亲其亲，不独子其子”，从而“泛爱众”，以“至于鸟兽昆虫莫不爱”，从“修己”到“安人”是培育君子之道，也是孔子儒家学说的精髓所在。

《汉书·艺文志》载：“‘六经’之道同归，而《礼》《乐》之用为急。……天禀其性而不能节也，圣人能为之节而不能绝也，故象天地而制礼乐，所以通神明，立人伦，正情性，节万事者也。”人与生俱来喜怒哀乐，圣人制礼作乐不为“绝”而为“节”。如何节？就是礼乐。《礼记·文王世子》记：“凡三王教世子必以礼乐。乐，所以修内也；礼，所以修外也。”圣人效法天地制礼作乐，用来规范社会人心，使之成为健全人格的社会人士。孔子要求人们通过修习礼乐来使人内心和悦地接受外在行为的约束，使其言谈举止符合社会规范又具备内心认同，成为文质彬彬的君子，成就“文德”即目的所在。这一完备的社会教化体系在汉代得到推广。

清人皮锡瑞说：“经学自汉武始昌明。”[①]又说：“在上者欲持一术以耸动天下，未有不导以禄利而翕然从之者。”[②]《汉官旧仪》载：“武帝初置博士，取学通行修，博识多艺，晓古文尔雅，能属文章，为高第。”《论衡·别通》也载：“由博士之官，儒生所由兴也。”汉武帝朝设专经博士利于学术发展，而儒学官学化使儒学成为国家思想与政治生活的重要组成部分。《汉书·艺文志》载：“自武帝立五经博士，开弟子员……百有余年，传业者寖盛，枝叶繁多……盖禄利之路然也。”汉武帝以经学取士，大开功名利禄之门，如公孙弘治《春秋》学，竟成“布衣卿相”，位列三公，封平津侯。如此一来，社会中尊孔读经之人靡然成风。其时，邹鲁人士盛传：“遗子黄金满籝，不如一经。”近人学者论“史德”时评论得极好：“孔子论史所以教人为人。后世之教，杂以利禄之诱，遂不若古，然犹本于六艺，故咸知重为人。”[③]有学者据《史记·循吏列传》推测“司马迁写循吏传故意只列古代人物以反映汉代但有酷吏”[④]，并得出结论：“终司马迁之世，积极从事于教化工作的循吏尚未成为普遍的典型。”[⑤]随后其又在其所著《汉代循吏与文化传播》一文中详细列举了汉代循吏事迹，借此证明汉武帝朝“学而优则仕”的仕进门径造就大批循吏。循吏“所居民富，所去见思”，以君子之德行敦化民俗，这直接取得了儒家伦理道德的社会化成果。

---

① [清] 皮锡瑞：《经学历史·经学昌明时代》。

② [清] 皮锡瑞：《经学历史·经学极盛时代》。

③ 柳诒徵：《国史要义》，上海：上海古籍出版社，2007年，第98页。

④ 参见《士与中国文化》，上海：上海人民出版社，2003年，第135页。

⑤ 参见《士与中国文化》，上海：上海人民出版社，2003年，第137页。

2. 家国同构：儒家伦理制度化与社会秩序的重构

汉兴，高帝确立“以孝治天下”，推重“孝”道祥和社会、固家宁国的治理效用。自惠帝始，西汉天子皆以“孝”为谥。汉武帝朝进一步将“孝”由家庭伦理扩展到社会伦理和政治伦理层面。《汉书·武帝纪》载：“元光元年冬十一月，初令郡国举孝廉各一人。”自此，以“孝”为仕进门径的察举制正式确立。[①]以今天的眼光来看，仍应是“中国学术史和中国政治史的最可纪念的一年”[②]。又，《后汉书·荀爽传》载：“汉制，使天下诵《孝经》。”这对中国帝制社会“教孝即教忠”、家国同构的思维方式的形成意义重大。

其一，完善儒家由“孝”至“忠”的政治伦理化。秦汉大一统，“国家至上”的观念深入人心。秦以法定法家的“忠孝观”。《韩非子·忠孝》说：“臣事君，子事父，妻事父，三者顺则天下治，三者逆则天下乱。此天下之常道也，明王贤臣而弗易也，则人主虽不肖，臣不敢侵也。”据张家山汉简《二年律令·告律》：“子告父母，妇告威公，奴婢告主、主父母妻子，勿听而弃告者市。”这一条例正是汉初承袭秦律而来。法家秦律重视传统孝道，但在忠、孝难两全时，主张“孝”绝对让步于“忠”，家庭绝对让步于国家。韩非子至“忠”与“孝”水火难容，他说：“以是观之，夫君之直臣，父之暴子也……父之孝子，君之背臣也。”（《韩非子·五蠹》）秦法对谋反和叛变投敌极为严厉乃至“连坐”，《二年律令·贼率》载：“以城邑亭鄣反，降诸侯，及守乘城亭鄣，诸侯人来攻盗，不坚守而弃去之若降之，及谋反者，皆要斩。其父母，妻子、同产，无少长皆弃市。其坐谋反者，能偏捕，若先告吏，皆除坐者罪。”谋反、叛变连坐家庭成

① 孙景坛认为汉武帝“举孝廉”，着重在“孝”。参见孙景坛：《汉代“以孝治天下”初探》，载《中共南京市委党校南京市行政学院学报》，2002年第1期。

② 劳榦：《汉代察举制度考》，载《“中研院”历史语言研究所集刊》第17本。

员，但这些人中，若有人告发，即可免罪。于“孝”，秦主要采用刚性手段强制执行；于“忠”，除硬性手段外又强化浓厚的“人主虽不屑，臣不敢侵”的政治宣传色彩。对“温情脉脉”的血脉亲情认同缺失，以至于割裂文化传统长期以来的忠、孝观念。

孔子与之决然异趣，不仅不将“家”与“国”对立，而且极为强调“忠”“孝”的一致性。《孝经·开宗明义章》载：“子曰：‘夫孝，德之本也，教之所由生也。……身体发肤，受之父母，不敢毁伤，孝之始也。立身行道，扬名于后世，以显父母，孝之终也。夫孝，始于事亲，中于事君，终于立身。”由教“孝”始，从修身、齐家、治国、平天下的扩充程序，实践为社会伦理和政治原则，“实已冶道德、人伦、政治于一炉，致人、己、家、国于一贯”[①]。泯除忠孝畛域而贯通家国一体。汉以“孝”为政治纲领，汉武帝举孝廉取吏，董仲舒将孝援引入时兴的五行学说：“天有五行：……木生火，火生土，土生金，金生水，水生木，此其父子也。木居左，金居右，火居前，水居后，土居中央，此其父子之序，相受而布。是故木受水而火受木，土受火，金受土，水受金也。诸授之者，皆其父也；受之者，皆其子也……故五行者，乃孝子忠臣之行也。”（《春秋繁露·五行之义》）于是，汉代建立了儒家“天下之本在国，国之本在家，家之本在身”“事亲孝，忠可移于君”“以孝事君则忠”的由孝亲到忠君家国同构的政治伦理形式。

其二，“《春秋》为汉制法”，儒学渐入法律化。董仲舒《天人三策》重中之重之要义：“《春秋》大一统者，天地之常经，古今之通谊也。”董仲舒取《春秋》之义诉诸“大一统”政治创制立法，确立汉代基本的政治文化模式。观其《春秋繁露》，董子将“新王”与“后圣”明确为汉代的圣王。《春秋繁露·俞序》：“仲尼之作《春秋》也，上探正

① 萧公权：《中国政治思想史》上册，北京：商务印书馆，2011年，第67页。

天端……下明得失，起贤才，以待后圣。”又，《三代改制质文》：“《春秋》应天作新王之事。”《玉杯》：“孔子立新王之道。”可见，董仲舒将孔子“窃取之”“天子之事”付诸汉代之恳切之情。《史记·太史公自序》说：“夫《春秋》，上明三王之道，下辩人事之纪，别嫌疑，明是非，定犹豫，善善恶恶，贤贤贱不肖，存王国，继绝世，补敝起废，王道之大者也。”又说：“夫君不君则犯，臣不臣则诛，父不父则无道，子不子则不孝。此四者，天下之大过也。以天下之大过予之，则受而敢辞。”孔子据鲁史作《春秋》，意在“正名”，使“元凶巨慝有所畏，正人君子有所宗”[①]，现实依据则是“《春秋》之中，弑君三十六，亡国五十二，诸侯奔走不得保其社稷者不可胜数”（《史记·太史公自序》）。“以《春秋》为汉制法”是汉代法律儒学伦理化的重要标志，汉代法律儒学伦理化由表征着儒学伦理向社会政治的细部渗透。这也是汉代社会儒学教化体系建立的重要表现。

在“富而无礼”的社会形势下，汉代社会治理思想实现了从“尊崇黄老”到“表彰六经”的理论转轨。在董仲舒等儒学思想家的推动，以及汉武帝的支持下，汉王朝通过“表彰六经”、兴办太学、推进儒家伦理社会化等各项举措，确立了以儒家思想为基础的社会教化体系。汉代儒学教化体系的建立，基本奠定了古代中国的文教传统，厘定了古代中国意识形态的理论基础，深刻影响着中国自汉至清近两千年的政治文明进程。

三、礼法完备：儒家“正名”观念与政令一统

史载汉武帝贯彻儒家“正名”思想，使德位相称，相继“修郊祀，改正朔，定历数，协音律，作诗乐，建封禅，礼百神”，昭示天下“天子受

① 柳诒徵：《国史要义》，上海：上海古籍出版社，2007年，第10页。

命于天，天下受命于天子，一国则受命于君”。“天子受命于天，诸侯受命于天子，子受命于父，臣妾受命于君，妻受命于夫，诸所受命者，其尊皆天也”。这即是董仲舒“以民随君，以君随天”的政治主张，他认为，“今所谓新王必改制者，非改其道，非变其理，受命于天，易姓更王，非继前王而王也，……受命之君，天之所大显也”（《春秋繁露·楚庄王》）。通过“正名”，中央的核心地位得以确立，汉武帝朝政令进一步畅通。

其一，和平解决藩国问题。儒家重正名，认为“名不正，则言不顺；言不顺，则事不成；事不成，则礼乐不兴；礼乐不兴，则刑罚不中；刑罚不中，则民无所错手足”。主张“不在其位不谋其政”，重视德位、名实一致。汉初，高帝有鉴于因项羽封赏不公而再起战端，乃暂行权宜之计，分封异姓王。待时局稍稳定，高帝随即尽灭异姓诸王，盟誓“非刘姓不王”。应该说，就应对亟待固本培元、休养生息的汉初社会而言，这不失为一条顾全大局的良策。然确如贾谊所虑，随着血脉关系逐渐疏远，随着诸王国实力加强，诸王国与中央政府势必出现冲突，进而成为中央政府的隐患。事实上，诸侯王尾大不掉患及中央朝廷，之后演变为著名的“七王之乱”，足见贾氏之远见高识。

对此，贾谊曾建言：“莫如众建诸侯而少其力。”令诸王分封其子孙，数代后，王国实力减弱，中央辖制诸王国如“身之使臂，臂之使指，莫不从制”。直至汉武帝时，贾谊的建言才得以落实。汉武帝依据儒家伦理行“推恩令”，诸王国除嫡长子承袭王位外，还要把土地等产业“推恩”给其他子弟为侯国。这样，汉武朝未动干戈而化解矛盾，西汉王朝也由此实现了真正意义上的统一。①

① 李开元指出：“秦末历史回到战国，从秦楚之间一直到汉初，历史进入后战国时代，……直到汉武帝即位，第二次统一完成，历史才又进入新的统一帝国时代。”参见李开元：《复活的历史——秦帝国的崩溃》，北京：中华书局，2007年，第114页。

其二，打击地方豪强势力。汉初仍时兴自周末季世沿袭而来的王侯豢养门客之风。刘姓诸王更是门庭若市。诸多贵族官僚集团积极支持豪强势力，使其雄踞一方，其势力严重阻滞政令畅通。如《史记·游侠列传》记载，轵地豪强郭解因避迁徙竟能托大将军卫青为其说辞，事未成，其侄子竟杀当地官员泄愤。武帝敏锐地认识到官僚庇护下豪强势力的祸患，责令严惩，中央政令进一步畅通。

具体而言，汉武帝打击地方豪强主要依托“酷吏”，针对其时豪强骄暴之局，中央政府任用“酷吏”，从“重法”的层面，迅速而有效地控制住这一社会危机。需指出，汉时的酷吏虽办案粗糙、不近人情、专任刑罚，但往往又不畏豪强、廉洁奉公、不谋私利。如《史记·酷吏列传》记载酷吏郅都：“公廉，不发私书，问遗无所受，请寄无所听。”又，张汤一生极具权势，死后家产所值不过五百金。太史公司马迁在《史记·酷吏列传》开宗明义：“昔天下之网常密矣，然奸伪萌起，其极也，上下相遁，至于不振。当是之时，吏治若救火扬沸，非武健严酷，恶能胜其任而愉快乎！言道德者，溺其职矣。”孔子主张“刑政相参”，对不从教化又伤风败俗之人，必须严惩不贷。有学者认为“德治”有赖于“法治”为辅助、为基础，随着民众道德水准的普遍提高，才可以纯任德治。就汉武朝任用酷吏推行严格的法治而言，可谓事半功倍。

其三，优化官吏群体素质。《论语·为政》载孔子曰：“道之以政，齐之以刑，民免而无耻。道之以德，齐之以礼，有耻且格。”若说“酷吏”力行“齐之以刑”，“循吏”则力图用道德教化人心，用礼义规范民众，从而使百姓明辨是非而真心归属。汉初承袭秦制，遴选官吏主要取决于权力和财富两个因素[①]，官员多出于两千石官员子弟和富訾两途，其才能也限于刑律，“未必贤也”。

---

① 参见钱穆：《国史大纲》（修订本）上册，北京：商务印书馆，1996年，第138—140页。

汉武帝采纳董仲舒建议，自元光元年（前134年）岁举孝廉、元朔五年（前124年）予博士弟子成为稳定的制度之后，平民进入政府上层逐步不受家世、财资、父祖官职之限，儒家“仕而优则学，学而优则仕”的仕进观念得以贯彻。又在全社会范围推行察举制，于是，“天下之士可得而官使也”。这样一来，官吏的选拔就扩充到地方精英一层，建立起中央与地方乃至社会民众群体的沟通合作机制，有效地化解承自秦制之顽疾——官、民对立的状态[①]。《论语·颜渊》载：“君子之德风，小人之德草，草上之风，必偃。”经过更化，汉武一朝众志成城，齐心协力臻成太平盛世。

孔子所提出的“富而后教”这样一种社会政治愿景于汉武帝朝首度实现，给中国历史平添灿烂辉煌又浓墨重彩的一笔。必须指出，正是自汉武帝朝始，儒学统领中国两千年思想文化领域的历史，其积极作用不应低估，例如儒学法律化使汉吏以“富之，教之，无讼”[②]为愿景，成为历朝历代明吏的典范。儒学社会化造就人们信奉《诗》《书》继世，忠厚传家，民俗以劝“真”“善”“美”为理想。近人学者总结中国人主要性格特点为“深沉”“博大”“淳朴”“灵敏”[③]，信哉斯言！当然，我们也应该看到，汉武帝朝儒学为适应“帝制中国”政治制度，由显著的“德性色彩”而嬗变，凸显出“威权色彩”的一面。[④]关于这一点，从汉代整理儒家典籍中即可窥见一斑，有学者将《孔子家语》与二戴《礼记》对读比较，明显发现后者会因时忌或时势要求而改动和调整字词、

① 秦制以官与民相互敌对为其基本伦理和政治预设。参见彭永捷主编：《中国政治哲学史》第二卷，北京：中国人民大学出版社，第46页。

② 张纯明先生概括循吏治民的三个主要特征：1. 改善人民的经济生活；2. 教育；3. 理讼。

③ 辜鸿铭先生认为中华民族具有深沉、博大、淳朴和灵敏四大特征。见辜鸿铭著，黄兴涛、宋小庆译：《中国人的精神》，北京：人民出版社，2010年，第5页。

④ 杨朝明、胡培培：《从德性政治到威权政治——谈董仲舒在儒学转型中的作用》，载《衡水学院学报》2010年第2期。

语句，“透露出尊君卑臣的意涵”[①]。近人极力诟病儒学，其实目力受限于儒学的蜕变，却往往忽视了儒学的精髓和真精神。视昔以观今，关于儒学的社会政治效用，今天比以往任何时期都应该看得更加清楚，观照汉武帝一朝的文化复兴脉络，对今天的社会文化建设极具启示意义。

原载《山东社会科学》2019年第2期。

作者简介

王纪东，历史学博士，曲阜师范大学文学院在站博士后，潍坊医学院管理学院讲师，研究方向为孔子与中国文化。

---

① 杨朝明主编：《正本清源说孔子》，济南：山东人民出版社，2014年，第2页。

鲁国之“法”与鲁文化

陈 岳

在中国文化中，法有多重面向，而有三者更为其中大端：礼法、律令、现代法律。[①]三者皆是秩序之名，皆有法度、法则之意，但各有体系，差异颇多。儒家所主张的礼法严密而灵动、理性而富涵情感；法家之律令整齐划一，明确扼要，务以求功；现代法律以个人权利与社会契约为本，追求自由、民主、人权，力求理性与平等的普遍化。同为秩序之法，三者难免相互抵牾。在研究中，如以一为准，不免消弭了他者代表的秩序意义。鲁文化便长处此困境，鲁不重法治的说法流传久矣。

礼法起源甚早。两三千年之前，中国试图以一种恒常不变的内容维持政治秩序与社会的和谐稳定，即“先王之法”“文武宪章”，其实质便是礼法。孔子说三代政治“以德法为衔勒”，“德”者，中心所服；“法”者，礼法之谓。“德”“法”具为治众衔勒，旨在管理与约束人心。鲁承周文，鲁国之“法”正以礼法为内涵，体现着王道秩序精神。《礼记·明堂位》在谈鲁国的情况时说：“天下传之久矣，君臣未尝相弑也，礼乐、刑法、政

---

① 学界常以此三者并立而论，以为中国文化里法治类型的代表，例如，贺麟先生曾提出了申韩式基于功利的法治、诸葛式基于道德的法治与近代民主式基于学术的法治。参见贺麟《法治的类型》，载其著《文化与人生》，北京：商务印书馆，1999年，第50—55页。今人胡水君在此基础上完善为“作为文德的法治（儒家法治）”“作为武功的法治（法家法治）”“作为宪政的法治（民主法治）”，参见胡水君《内圣外王：法治的人文道路》，上海：华东师范大学出版社，2013年，第40页。

俗未尝相变也，天下以为有道之国。”若“法”为秩序之名，这样的有道之国，则不能不说具有法治的特点了。

一、礼法的性质

鲁国之“法”属于礼法。中国文化史礼法性质的讨论，起自梁启超论礼治为自然法。他在将礼治主义归结为自然法时，曾留下三个疑问：“儒家认道与礼与法为同物者也，而此三者果同物乎？自然法果可应用之于心理界现象，而使一切人定法悉由之出乎？即可应用之，而彼自然法之全部分，果能以人智尽发明之乎？儒家观念之确与不确，当于此焉判之。”① 梁氏三问气魄宏大，以今天的学术来看，第一问常是中国古代思想史研究者的问题，第二问是19—20世纪西方哲学家、法学家讨论的内容，第三问实际上是从自然法谈到存在与认识，此有无永恒真理的问题在马克思那里得到了回答。梁先生发出此三问的主要用意是要引人讨论礼治在今天的价值，但当他以自然法的角度来审视礼法时，礼法固有的历史文化内涵则不可避免被削弱。

梁先生的说法受到许多学者赞同，但同时受到不少检视。俞荣根教授便认为将礼视为自然法是一种“比附的产物”，他从法的价值论与法的思维方式两方面论证了礼都是自然法。他认为：“西方自然法的法哲学基础是天人分离的，而儒家之法则是天人合一的。自然法是神性的、先验的、思辨的，儒家之法是人性的、经验的、直感的。”②同理，道家、墨家都不应归结为自然法。

自然法是指不依赖习惯法和成文法乃至一切外在，只是通过人的本性

① 梁启超：《中国法理学发达史论》，见《梁启超全集》第5集，北京：中国人民大学出版社，2018年，第448页。

② 俞荣根：《儒家法思想通论》，南宁：广西人民出版社，1998年，第57页。

而约束人的法律体系。自然法在古代和中世纪指内在于自然或宇宙秩序的“天道”“神谕”，近代则多被用于以理性主义描述人的自然权利，将自然法等同于理性法。以此关照，三代以来的礼法似乎十分贴合古代自然法的定义。然而，礼法讲求人情天理相一致，而“在哲学家们的眼里，社会法律和自然法则有着天壤之别。……用以描述和定义自然秩序的法则是一回事，而用以主导和控制社会秩序的法则又是另一回事。”[①]哲学家所做的一项重要内容，就是从形而上角度证明理性或神的先天原则，以维护自然法与成文法的区分。“在此意义上，天理与西方自然法有重要不同。”[②]所以，即便我们将礼法看作自然法，类型也应是独具一格的。

还有人主张将礼法视为习惯法，这常出现在礼与法的比较中。礼被看作是非成文的习惯原则，而法是成文的规范形式。如果以整个礼乐制度、礼乐文化来看待，这一点不值一驳，礼中固然有风俗习惯的存在，但并非全部。相反，以习惯法来看待礼治，是对古代文明的低估。

对自然法与习惯法的辨析并不意味着在法的层面上否定礼法，相反，礼法鲜明地凸显着学界对法的定义。《牛津法律大辞典》中归结“法”的三种特征：（1）只有在人类相互联系而组成一个统治他们的政治社会时才存在法律；（2）规定和规范人类行为；（3）调整人的关系，规定人们相互之间允许从事的行为和应该从事的行为。[③]显而易见，这里对“法”的理解，关注点在人的属性、行为、关系上，而礼法的主要内容毫无疑问也正是这些。

从社会学的角度来看待法律时，法的目的“在于建立和保持一种大

①〔法〕亨利·柏格森：《道德和宗教的两个来源》，彭海涛译，北京：北京时代华文书局，2018年，第5页。

② 张汝伦：《现代性与合乎理性的自然法》，见〔德〕维托里奥·赫斯勒主编：《道德与政治讲演录》，北京：生活·读书·新知三联书店，2018年，第45页。

③〔英〕沃克：《牛津法律大辞典》，李双元等译，北京：法律出版社，2003年，第654页。

致确定的预期，以便利人们的相互交往和行为”[①]。“大致确定的预期”就是指人们行为与后果对应关系的相对稳定。简而言之，法律就是罗列一些公共的正义与善，来维护稳定的秩序。这种稳定的秩序单靠国家强制力是不可能的，而是由习俗惯例、教育培养共同构成。礼法尤为强调这种整体性，但礼法的整体制度设计却常被学者所忽视。

礼法的整体制度设计存于《周礼》，即以天、地、春、夏、秋、冬分属的六官系统。《周礼》一书在历史上常被今文学家诬为伪书，近代疑古思潮盛行时，学界更是莫敢援引其说，以其为后世伪作，《周礼》六官也被怀疑是杂糅了《左传》《淮南子》等按照阴阳五行思想编制而成，甚至以为六官之制在先秦是没有过的。现在看来，这样的说法问题严重，十分值得商榷。

首先，周礼六官乃是一整套的政治与社会的秩序设计，建章立制最可能出现在国家初建时期。把周礼的完备看作其晚出的证明，是不了解社会发展的渐进性，不明白中国社会发展的漫长过程，低估了中国古代文明发展的水平，忽视了西周建立初年所面对的形势。小邦周战胜大邑商后，更需要一套完备的、代表周人精神的制度来实现对辽阔疆域的统治。

其次，怀疑六官制度的学者多不相信前人以春秋战国官制推论西周官制情形的结论，并以金文所见官制杂乱为理由。中国文化传承具有因革损益、不断进步的特点与规律，这实际有许多文献相佐证。关于六官之制的形成与设计，可以《尚书・尧典》为例，一般认为此篇成书在殷末周初，自然在周公制礼作乐之前，这里有对古代制度进行总结的意义。

从《尧典》所记载的舜对于制度的安排来看，他先命禹作司空，负责平水土，命弃作后稷，负责农业种植，后命契作司徒，教化百姓；皋陶作

① 苏力：《法治及其本土资源》，北京：中国政法大学出版社，1996年，第7页。

士，掌管刑法；垂作百工，负责手工艺；伯益作虞，负责山林；伯益作秩宗，掌管祭祀；夔作典乐，负责诗歌乐舞；龙作纳言，负责上下传达。在舜设官分职的管理体系中，负责治理水土与农业种植的禹与弃排在前列，显与洪水泛滥的情形相关一致。到了周代，《尧典》中所涉及的官吏名称在《周礼》中都可以找到对应，但其在职官体系中的地位却已经发生了改变。

《孔子家语·执辔》中孔子曾有一段对于周礼结构的描述："古之御天下者，以六官总治焉。冢宰之官以成道，司徒之官以成德，宗伯之官以成仁，司马之官以成圣，司寇之官以成义，司空之官以成礼。"与《尧典》对照，第一，《周礼》中负责"成道""成德"的冢宰、司徒处于官吏序列的前端，礼乐的人文性特质决定于道与德，这是人与人心的问题，是国家治理的根本；第二，无论《尧典》还是《周礼》，人文教化、礼仪祭祀、刑法执行、国家建设均各有所属，是决定文化属性的重要因素。孔子曾说"郁郁乎文哉，吾从周"，周之文，在于制度的完备，在于制度的合理性。

《周礼》六官之制应当是经过深思熟虑后的一次综合性秩序设计。《周礼》以自然现象来计数之类，当属朴素的世界观与认识论，《周礼》的政治色彩要远胜于所谓的神秘主义。有学者说："基于社会分化的视角，我们认定'礼'是在分化程度方面居于'俗''法'之间的一种政治文化形态。"[①]从反面说明了礼法的综合设计。还有学者说中国古代没有宪法，却有宪制，这些宪制所起的作用与后世之法有诸多相通之处。对于西周而言，宗法分封制与嫡长子继承制应该属于宪制。其实，尊尊而亲亲原则、周代六官之制，也是西周的宪制。如果了解到后来的《北周六典》以及隋唐以后的六部之制，这样的说法就很容易理解，就不会感到意外、觉得奇

① 阎步克：《士大夫政治演生史稿》，北京：北京大学出版社，2015年，第79页。

怪，这不是什么惊人之论。

有人曾用对“外部行为”和“通过外部强制力来实施”的强调来区分道德、礼仪与法律。但应当看到的是，学者在定义法的概念时，都追求更为本质的内容。法在西方作为理性秩序与现世秩序之名，秩序的终极所在多数会归结到人的属性、行为、理性认知，而不是国家统治的强制力，“霍布斯”式强调法的强制性因素也只是对法的一种理解。而且，当考虑到礼法中关于“无讼”的理想时，就很难再用强制力与惩罚的概念衡量礼法，因为在礼法中，最高境界是避免这些内容。俞荣根教授曾用“非礼无法”的原则反驳礼在强制力上的问题[①]，认为一个人的行为只要一入“非礼无法”的境地，国家暴力系统的强制便立时可见。这同样是一条不能以强制力否定礼法的证据，如果说“无讼”是礼法“理想法”的一面，“非礼无法”更多是礼法现世实行的状态。

由此，很多学者肯定了礼法的合理性。例如，梁治平教授以为礼法是法律与道德完全熔铸在一起[②]，俞荣根教授则认为礼外无法，法外无礼，但可以通过“失礼是否入刑”的方式判断道德之礼与法律之礼。[③]俞教授还提出了“儒家伦理法”的概念，以此衡量礼法的性质，显然比自然法、习惯法更为贴切。

俞荣根教授以宗法伦理秩序界定“儒家伦理法”的范畴，其定义与特征皆围绕于此，但论其精神时，却将“天下本位”“民本主义”“中庸主义”“德主刑辅”与“家族伦理”“大一统君主主义”并举。[④]显然，前者虽萌生于宗法社会，但已然超越了宗法伦理的范畴，儒家对于这些问题的讨论，渐进于人性深处、天理精微，思虑广大而不止于一姓一国。以伦理

---

① 俞荣根：《儒家法思想通论》，南宁：广西人民出版社，第414—416页。

② 梁治平：《礼与法：法律的道德化》，载《江海学刊》1989年第3期。

③ 俞荣根：《儒家法思想通论》，南宁：广西人民出版社，第128—129页。

④ 俞荣根：《儒家法思想通论》，南宁：广西人民出版社，第131—151页。

法来涵盖礼法，可以算作从历史起源、演进以及特征上的定义，而非礼法的全部。

伦理具备现实意义，但礼法的极致，这些超越具体社会现实的普遍精神，具备了理想法的内涵。任何一个法律系统都有自己的理想法，从内容上看礼法的理想追求的是天下为公的大同世界，称之为大同法，或许较为适合。所以，从性质上看，礼法可以说是现实伦理法与理想大同法的集合。孟德斯鸠曾谈到"法的精神"，实质是"特定社会的总体精神在适合它的法律中找到他的表现形式"[①]，礼法正展现了中国社会与文化最根本的特征与追求。

礼法的复杂综合很难以现代法律分类来考察其意义。但当将礼法的整体设计——包括政府的机构组成、政治的正当性、礼法的精神等——引入对"法律之文"与"法治之法"的讨论中时，礼法对"超立法信条"有着重要启迪。有学者区分了"法治"与"法律之治"，认为"立法机关所立之法已被限制不能与'基本人权'抵触。基本人权，即现代法理学术上之超立法信条"[②]，类推之，以礼法中刑罚律条的设立与执行为例，其不能超越的便是周文王"惟德是辅""明德慎罚"之观念。显而易见，对于礼法，相比于"照搬"其制度，肯认其中的精神更为迫切。

二、礼为国本：鲁国之"法"的主体

鲁是周公封国，鲁国之"法"自然是典型的周公之"法"。礼法的主体是"周礼"，鲁国因其特殊的封国性质，对周礼有着直接的承继关系。

---

①〔英〕安东尼·肯尼：《西方哲学史》第三卷，杨平译，长春：吉林出版集团有限公司，2010年，第319页。

② 周德伟：《西方的法治思想与中国的儒学》，见《自由哲学与中国圣学》，北京：中国社会科学出版社，2004年，第79页。

一方面，鲁国为周公封国，周公虽未就任，但周王朝为了褒扬周公之德，故特令鲁国祀周公以天子之礼乐。另一方面，鲁国作为周在东方的重要据点，是东方推行礼乐制度、移风易俗的中心。《礼记·明堂位》中说："凡四代之服器官，鲁兼用之，是故，鲁，王礼也。"典籍中载鲁有"王礼"，可见其礼法之盛。

鲁国之"法"体现在多个方面，首先是一系列的为政原则与政权架构。《汉书·地理志》中记载周公与太公谈论齐、鲁治理之法，太公问"何以治鲁"，周公答"尊尊而亲亲"。"尊尊""亲亲"是礼法中两条根本原则，这在鲁国得到了彻底贯彻。"尊尊"在鲁国表现为尊君、忠诚的观念，季氏一脉在鲁国长期专权，但是，即便是国君出走他国，季氏也未曾有夺取国君之位的想法。[①]孔子曾说"君使臣以礼，臣事君以忠"，这是礼法观念下君臣相对关系的写照。正因为有了这样的君臣关系，相比于列国发生的王权易位、民人暴动，鲁国的政治、社会秩序是较稳定的，不得不承认其中有礼法的功用。除此之外，礼法中的重民保民、明德慎罚、勤政尚贤等原则均在鲁国得到了较好的贯彻。鲁国与周礼官制也多有相似，可见于文献的有太宰[②]、宗伯、大司徒等，可见其在整体上的继承。

鲁人重视礼法，也体现在外交场合。鲁僖公三十三年（前627年），齐国国庄子来聘，处处表现得合于礼法，史载"自叫郊劳至于增贿，礼成而加之以敏"，因此鲁大夫臧文仲便劝说鲁僖公："国子为政，齐犹有礼，君其朝焉。"（《左传·僖公三十三年》）在春秋时期，人们以为国家遵守礼，意味着国家统治有序，政治安定，是兴盛的象征，反之，国家败亡，则有无礼的事情发生，所以，鲁人在外交上主张"服于有礼"。

---

① 事见《左传》"昭公二十五年""昭公二十七年"。

② 关于鲁是否有太宰官职，参见杨朝明：《鲁文化史》，济南：齐鲁书社，2001年，第101页。

鲁人重视礼法，还体现在以礼法作为评判事物的标准。鲁国君臣的一些违背礼制的行为，往往会遭到他人的评论指责，如鲁隐公如棠观鱼、鲁庄公如齐观舍、臧文仲祭海鸟等。鲁人以为礼法代表着天意人心，“礼无不顺”，违背了礼法便是不顺，不顺则必然会遭殃。鲁文公二年（前625年），夏父弗忌担任鲁宗伯，欲将鲁僖公的享祀之位提升到鲁闵公之前，闵公与僖公为兄弟，而僖公为文公之父。因为有闵公继位在前，有司认为：“夫宗庙之有昭穆也，以次世之长幼，而等胄之亲疏也。”祭祀的昭穆制度是为了彰显长幼、贵贱次序，所以不应如此。柳下惠听闻这一事件后认为：“夏父弗忌必有殃。……犯顺不祥，以逆训民亦不祥，易神之班亦不祥，不明而跻之亦不祥，犯鬼道二，犯人道二，能无殃乎？”意思是说，夏父弗忌违背礼法，以自己的想法违背礼制不吉祥，试图用自己违礼的内容教育民众也不吉祥，变换神的位次也不吉祥，没有明德反升到前面也不吉祥，前两条违犯了人道，后两条违犯了鬼道，夏父弗忌必然会遭受灾祸。礼代表着天道、人道，足见鲁国之“法”意义深远。

鲁国保存并实施周代礼法，不只是因为其特殊的政治原因，更在于本身就看到了礼法的立国、治国意义。《礼记·曲礼》说“君臣、上下、夫子、兄弟，非礼不定”，《礼记·哀公问》则说“非礼，无以辨君臣、上下、长幼之位”。这样的观念贯彻于鲁国的各个层面。《礼记》所说足以代表鲁人的思想，礼法长期在鲁国实行，可谓深入人心。鲁国也形成了重义轻利、重农轻商、重男女之别等观念。杨向奎先生说：“鲁有周礼而重在礼，而有孔子、孟子以仁与礼为中心思想之儒家；齐有周礼而偏于法，而有以管子为主的东方法家之出现。”[①]儒家文化出现在鲁国，正因鲁人对于礼法意义认识深厚。

鲁“法”化成了鲁俗，在鲁人心中构建了秩序观念。《说苑疏证·佚

---

① 杨向奎：《周礼在齐论》，载《管子学刊》1998年第3期，第3页。

文考》中记载了一则故事："齐遣兵攻鲁，见一妇人，将小儿走，抱小而挈大。顾大军至且，抱大而挈小。使者甚怪，问之。妇人曰：'大者，妾夫兄之子也；小者，妾之子也。夫兄子公义也，妾之子私爱也，宁济公而废私也。'"鲁国普通平民妇女都知道以保全宗子为重，她所说的公义便是礼法的要求，鲁国之"法"的秩序精神，已然到了"愚夫愚妇"亦为可知的地步。

三、鲁法与鲁国"法"治

鲁"法"包含鲁法。不了解鲁国文化，会对"鲁法"的概念心有纠结。其实，典籍中鲁法常常出现。例如《吕氏春秋·先识览第四·察微》："鲁国之法，鲁人为人臣妾于诸侯，有能赎之者，取其金于府。"鲁法与鲁国之"法"的关系可以参考俞荣根教授所论荀子礼法观，"礼法的一体并不是绝对的合二为一，将礼与法的界限全盘抹去，而是有区别的统一。荀子释礼为法，而礼仍然是礼，是礼法之礼，荀子以法释礼，纳法于礼，以礼率法，而法仍然是法，是礼法之法"①，荀子之礼法模式，同样适于鲁国之礼法模式，鲁法即为礼法之法。

鲁法的概念，在出土文献中也能见到，1983年在湖北江陵张家山出土了汉简《奏谳书》，其中有《柳下季治狱》一则，曰："异时鲁法：盗一钱到廿，罚金一两；过廿到百，罚金二百；过百到二百，为白徒；过二百到千，完为倡。"这里鲁法指的便是鲁国盗律。

《奏谳书·柳下季治狱》讲述了柳下季处理盗窃案的始末，涉及了鲁法的多个方面，为传世文献所不见。柳下季，即柳下惠，他曾长期担任鲁国士师，掌握禁令、狱讼、刑罚，在当时不仅对鲁国政治、文化有较大影

① 俞荣根：《儒家法思想通论》，南宁：广西人民出版社，第416页。

响，也是春秋时期知名人物。以《柳下季治狱》为例，正可以窥见鲁国的法理传统与文化精神。

（一）鲁法盗律量刑的双重标准

《柳下季治狱》的内容可以分为两个部分。首先是偷盗之律。“异时鲁法：盗一钱到廿，罚金一两；过廿到百，罚金二两；过百到二百，为白徒；过二百到千，完为倡。又曰：诸以县官事訑其上者，以白徒罪论之。有白徒罪二者，加其罪一等。白徒者，当今隶臣妾；倡，当城旦。”[①]鲁法对于偷盗刑罚总体上有两个等级，一般人偷盗以钱数确定刑罚，“诸以县官事”者偷盗罪则以第三等，从白徒罪算起。

盗律中“诸以县官事”应当是习惯用语，《奏谳书》另一则事例《杜泸女子甲和奸》中也有“诸有县官事”[②]的表述。“县官”一词意为“朝廷”“官府”，这种用法多见于汉代之后，如《史记·孝景本纪》载：“令内史郡不得食马粟，没入县官。”“诸以县官事”应指公职在身。有些翻译将服役者也看作此类，实际并不合适。从下文来看，无论是《柳下季断狱》中的“佐丁”，还是《杜泸女子甲和奸》中的“士丁”都没有明确官职，只有确切的社会身份，所以“诸以县官事”的依据应当是“士农工商”阶层分化，“诸以县官事”者可能不仅包括现有官吏阶层，而且还应当包括整个士官的预备阶层。

鲁盗律在量刑上存在着双重标准，与秦律规定不同，这令人想起儒家“刑不上大夫，礼不下庶人”的观点。“刑不上大夫，礼不下庶人”已被众多学者证明并非强调大夫作为特权阶层，而是根据社会身份的不同，有相应的措施。相比普通人，公职者在同等金额的偷盗案中所受刑罚重逾数

① 江陵张家山汉简整理小组：《张家山汉简〈奏谳书〉释文（二）》，载《文物》1993年第3期。

② 江陵张家山汉简整理小组：《张家山汉简〈奏谳书〉释文（二）》，载《文物》1993年第3期。

倍，显然是对儒家讲求特权一个有力反驳。

鲁盗律双重量刑标准无疑是礼的精神。《礼记·乐记》中载："乐者为同，礼者为异。"礼代表了差异秩序，但不是狭隘的等级制，而是责任义务与权利地位各自对等的秩序体系。有学者曾总结"礼主分"，分是分别，更是份，礼要求人们做好自己的社会角色，尽好自己的本分。相应地，在刑罚上，不同社会身份的人也要承担不同后果。从鲁盗律上看，这种刑罚程度跟身份地位成正比，表明了儒家对于上位者高标准、高要求的贯彻，并非空话。

（二）鲁盗律的轻重问题

关于鲁盗律量刑轻重，学者们不约而同地采用了与秦法、汉律比较的方法。在睡虎地秦简《法律答问》中记载："不盈五人，盗过六百六十钱，黥劓以为城旦；不盈六百六十到二百廿钱，黥为城旦；不盈二百廿以下到一钱，迁之。……盗一钱未满，赀一盾；盗百钱，赀二甲，盗百十钱以上，耐隶臣；盗六百六十钱以上黔城旦、舂。"秦国货币采用的是十一进制，与鲁国十进制不同，刨去此间差异，两者之间有许多相似之处。秦律五人以下不构成盗窃团伙，其刑罚按盗窃财产数量上分为五个等级，前二者与鲁盗律相同，都是以钱抵罪，后三者则比鲁盗律多了"迁""黥""劓"等刑，更为细致。汉承秦制，在《二年律令·盗律》等文献的记载中大体相似。

《柳下季治狱》中记述"白徒"对应"臣妾"，"倡"对应为"城旦"，皆为官奴隶的范畴，后两者可能还要服苦役。对此，杨朝明教授指出，虽然两者相似，但鲁国之法中的'完'却非肉刑，所以，相比之下，鲁国法律较之为轻。[①]

---

① 杨朝明：《汉简〈奏谳书〉"柳下季治狱"小议》，见孔子研究院、中国孔子基金会主办：《孔子学刊》第二辑，上海：上海古籍出版社，2011年，第231—236页。

在汉律中还有一条盗律记载,《奏谳书·醴阳令恢监守自盗》中言:“令吏盗,当刑者刑,毋以爵减免赎。”[①]醴阳令恢盗窃府库粮食已超六百六十钱,依此律黥为城旦,且不得以爵位减免。将此条律法与“诸以县官事訑其上者,以白徒罪论之。有白徒罪二者,加其罪一等”对比,如果汉代以此刑罚,则汉律在处置官吏士人阶层上轻于鲁刑;但考虑到两者同出在《奏谳书》中,则两条律法能够互为补充的可能性更大。“知法犯法,罪加一等”的观念至于此时或已经成为中国古代法律思想中不可缺少的内容。

(三)《柳下季治狱》的“议事以制”精神

《柳下季治狱》第二部分是柳下惠断狱始末:“今佐丁盗粟一斗,值三钱,柳下季为鲁君治之,论完丁为倡,奏鲁君。”鲁君认为按照刑法,佐丁应属第一等。而柳下季认为,“吏初捕丁来,冠钛冠,臣案其上功牒,署能治礼,儒服。夫儒者,君子之节也;礼者,君子学也;盗者,小人之心也。今丁有小人之心,盗君子节,又盗君子学,以上功,再訑其上,有白徒罪二,此以完为倡”[②]。意思是佐丁着儒服、能行礼而偷盗,是小人之心窃君子之事,虽然佐丁盗窃钱财量少,但坏君子之节、盗君子之学,已犯白徒罪二,当剃发为倡。佐丁所犯白徒罪一容易理解,即以儒的身份行盗;其罪之二是“盗君子之学”,此罪责可能与周礼的规定相关,周礼中规定凡民之俊秀才可以继续学习礼乐制度,这其中俊秀不只是才,更重要的是德行。

《柳下季治狱》的精彩让人联想到典籍中所记三代“议事以制,不为刑辟”的刑罚特征。“议事以制,不为刑辟”出自《左传·昭公六年》,是

① 江陵张家山汉简整理小组:《张家山汉简〈奏谳书〉释文(二)》,载《文物》1993年第3期。
② 江陵张家山汉简整理小组:《张家山汉简〈奏谳书〉释文(二)》,载《文物》1993年第3期。

叔向让子产铸刑鼎之语，意思是先王断定处罚不以固定法律，而采用议论具体事例的方式。

以往认为“议事以制，不为刑辟”是成文法制定并公布之前的情形，但早有学者对于中国古代成文法自春秋子产铸刑鼎等事件始确立并公布的说法有过质疑。俞荣根教授曾细致分析了“刑辟”的含义，认为“刑辟”并不是刑法的含义，而是指惩罚犯罪的具体规定。中国成文法的形成、公布最迟也已在西周时期形成。《中庸》讲“文武之政，布在方策”，《周礼·秋官》载“悬法象魏”均是有力证明。[①]联系柳下季治狱的内容，其确如俞荣根教授所言，鲁盗律内容确切，已然是成文法的范畴，但柳下惠断定刑罚是根据具体罪犯的具体行为分析，盗律规定只作为大纲依据。

唐代孔颖达注“议事以制，不为刑辟”为“圣王虽制其刑法，举其大纲。但共犯一法，情有浅深，或轻而难原，或重而可恕。临其时事，议其重轻，虽依准条，而断有出入”[②]，孔氏注解极为精当，周人制礼为刑，只列其客观标准，临事再议，考虑的是主观差异。虽同犯一罪，但实情、人情不尽相同。柳下惠治狱便是“轻而难原”。《论语·子路》记孔子论其父攘羊其子为隐是为“直”，在人情上或正属“可恕”。相比于“一刑法”以人为物的方式，这样执法将主客观相结合，兼顾了社会温情与秩序。

《柳下季治狱》中鲁盗律的规定与柳下惠的评断，都体现了礼的精神特质。开篇言其为“鲁法”而不称“礼”，正显示了礼所谓“法”的意义。以往人们认为鲁国重礼治而不重法治，一方面是因为以往文献中的确缺乏鲁法的材料，但更因为以法家或现代法律之平等、同一的观点来看，礼代表的法则、法度之意确不能构成法的内涵。然而，“异时鲁法”的出现

① 参见俞荣根：《儒家法思想通论》，南宁：广西人民出版社，第65—89页。

②［晋］杜预注，［唐］孔颖达疏：《春秋左传正义》，见《十三经注疏》，北京：中华书局，第4437页。

使得此两种理由皆不能成立，鲁国有法，而且其法正是礼的延伸。“鲁礼包含有鲁法的功能，鲁法拥有礼的精神”[①]，鲁法虽然在形式上同样为政刑内容的变化，但在本质上仍属于礼法。鲁法、鲁礼精神一致，背后正是鲁国之“法”的秩序体系。

四、鲁国之“法”的王道秩序

韩宣子聘问鲁国时，感叹：“周礼尽在鲁矣。吾乃今知周公之德，与周之所以王也。”（《左传·昭公二年》）说的正是周以礼法王天下。孔子说：“齐一变至于鲁，鲁一变至于道。”（《论语·雍也》）道即王道之谓，齐、鲁共尊礼制，而鲁国之“法”仍存先王之道。

王道是儒家政治、社会治理之道的最高境界，核心特征是以德服人。《孔子家语·王言解》载孔子说：“夫道者，所以明德也。德者，所以尊道也。是以非德道不尊，非道德不明。”孔子论述了道与德的辩证关系，“道者，人之所共由也；德者，己之所独得也”[②]，“道”是人生社会的价值导向，德是自我个体得之于内心的感悟与准则，为政者建立与维护社会整体的价值方向，以此引导民众，而民众不断养成道德的过程，又反过来撑起了社会价值。简言之，施行王道，关键是践行“明王之德”，落实王道，关键是能使“百姓有德”。鲁国之“法”代表王道秩序，关注的是“人”之本身，强调的是“德教”意义。

（一）人情与人道的并重

与现代法律以市场经济及其科层行政管理为主要内容不同，鲁国之

① 杨朝明：《汉简〈奏谳书〉“柳下季治狱”及其价值》，载《曲阜师大报》2008年3月12日。
② ［宋］朱熹：《朱子语类》，北京：中华书局，1986年，第101页。

“法”多围绕人的生活，比如《仪礼》记载了冠、婚、丧、祭等礼仪，再例如，礼法强调君有君德、臣有臣道、官有官德等，这些内容是具体事务的指导，但更是对做人的指导。人们往往只看到礼法对于人的束缚，忽略了它在具体事情上给予人极大的自主性。

鲁“法”的自主性充分实现了人情、人心的秩序意义。蹩脚的管理往往给人以疲弱或冷冰冰的感觉，鲁国之“法”则不然。上文引“柳下惠治狱”很容易让人联想到孔子论“其父攘羊”。《论语·子路》载：“叶公语孔子曰：‘吾党有直躬者，其父攘羊，而子证之。’孔子曰：‘吾党之直者，异于是，父为子隐，子为父隐，直在其中矣。’”这则故事出现了两种“直”，叶公言直基于既定事实，正直守法；孔子言直，以情论理，以人论事，“直”在人心民情。《论语·微子》也载柳下惠自谓“直道而事人”，柳下惠的直道显然与孔子同类。

知名的《曹刿论战》故事中，曹刿以为鲁国可战的缘由是鲁庄公“听狱虽不能察，必以情断之”，此正尽到为君之职。这里的“情”不只代表案件实际情况，更多是“民情”“人情”。《礼记·礼运》记载孔子说：“故圣王修义之柄、礼之序，以治人情。故人情者，圣王之田也。”义是社会公理，礼序是秩序规范，治人情是希冀人能去恶为善。鲁“法”的最终目标并不是要分清是非对错，而是要引导更多的人成长，做到成人、至善。同理，《论语·子张》载：“孟氏使阳肤为士师，问于曾子。曾子曰：‘上失其道，民散久矣。如得其情，则哀矜而勿喜！’”同样是对“士师”的回答，曾子谓“枉直”可寄托者，是对民众的同情、体谅。

鲁“法”强调人情，更强调人道。人道即社会政治、做人做事的正确价值。强调人道，意味着对于执法者的要求更高。鲁国之“法”对士大夫阶层十分严格，在这方面，最严重者当属破坏了“道”，也即孔子所说的“巧言破律，遁名改作，执左道与乱政者”等。古代文化普及程度低下，能够以言语欺诈刑律、扰乱政治者，非士大夫及以上不能为之。鲁“法”的严厉是要维护社会道德共同体的威严。

孔子诛少正卯或可作为这方面的案例。《孔子家语·始诛》记载孔子诛少正卯的原因是：“天下有大恶者五，而窃盗不与焉。一曰心逆而险，二曰行僻而坚，三曰言伪而辩，四曰记丑而博，五曰顺非而泽。此五者，有一于人，则不免君子之诛，而少正卯皆兼有之。”少正卯思想错误、行为邪僻，却言论雄辩、记述广博，足为自己文饰。有人认为少正卯之罪在于言论，实则没有具体行为。但从今天看来，这些罪名不啻传播虚假信息，影响恶劣，误人更多。《周礼·地官司徒》记载：“以乡八刑纠万民：……七曰造言之刑；八曰乱民之刑。”“造言”即是制造谣言，“乱民”扰乱的是价值理念，这或是诛少正卯的刑罚依据。“行辟而坚”等只是孔子断案之语，而非律法条文。

（二）鲁国之“法”的德主刑辅精神

以儒家思想为法理的鲁国之“法”，学者常有总结。最为突出的便是“德主刑辅”的观点与“无讼”的理想。对此两者，首先须了解其时代意义。

春秋战国是生产力大解放的时代，经济的繁荣改变了原有秩序，法家即在此基础上兴盛起来。子产铸刑鼎自谓“吾以救世也”，子产欲救之世，正是此经济迅速发展之世。但以刑救世的效果值得商榷。管子称：“仓廪实而知礼节，衣食足而知荣辱。”（《管子·牧民》）但经济发展、重视法治的齐也没有塑造出一个知礼守节的社会。春秋至于战国，尚利之风越加浓厚，富人以财素封于世，小者比肩士大夫，大者抗衡诸侯。例如，孔子为一道德家，弟子子贡被“点名”“不受命”，但人多以为子贡贤于仲尼。另一高足子夏坦言：“出见纷华盛丽而说，入闻夫子之道而乐，二者心战，未能自决。”（《史记·礼书》）。战国末期，崇礼的鲁国也“好贾趋利，甚于周人”。以赏罚为大端的刑罚使人民愈发看见了利益所在，老子说：“法令滋彰，盗贼多有。”（《老子》第五十七章）民众逐利之心日长。在这样的历史情境下思考“德主刑辅”“必也无讼”，显然多了几分同情理解。

“德主刑辅”是视德刑为对立统一的整体，如阴阳、天地、君臣、父子、夫妇一般，既有把持方向者，也有辅佐化成者。两者各有其具体规定，相互补充，弭争尚和。“德”与“刑”主辅地位，来自以人的完善、民众觉知为考量时，道德优于刑罚的事实；也来自对政治需要承担引领社会责任的事实；更来自对人人可教，人人可善的人性自信。相传鲁国公父氏断狱能使“有罪者惧，无罪者耻”，原因就在于“齐之以礼，则民耻矣”，“刑以止刑，则民惧矣”，这正是德刑整体要达到的效果。在德刑整体中，“治必以宽，宽之之术，归于察，”察之之术又在“言不越辞，辞不越情，情不越义”，本着宽宏之心，又有明镜之察，在言辞中分辨道义与情感，这样的要求即便在今天，亦绝不简单。

“德主”自然强调德教的意义，“刑辅”也并非以强制执行为目的。《孔丛子·刑论》载子张问孔子听讼如何“若保赤子”。孔子说：“恶其意，不恶其人。”人一念以为善，一念以为恶，刑法处罚的是恶意恶念、错误的价值与行为。断狱求人可以生，不是定求其死。为政者爱民，断狱更当慎重。人孰能无过，改之则善，设立刑罚在于示民以禁，而不为了刑民。这就是“刑能新民”的意义。

“德主刑辅”与“无讼”需统一理解。用德用刑，好比驾马车用缰绳与捶策，有人问孔子：一手缰绳一手捶策，岂不是最好。孔子认为，先王盛礼薄刑，“执辔如组，两骖如舞”，真正治道是“设法而不用”，“无讼”于天下，天下亦平和安顺。孔子追求不息，乃因他所称述鲁国之“法”，是王天下之道。王道目的是让每一个人都能自然地、本能地向正确方向发展，不独在经济物质上，更在精神上自得于己心，自得于一个良风善俗的社会，自适自遂。“德主刑辅”的意义是为了塑造社会、成就个体，为了更好地达到社会政治文化上的理想目标。

五、余论

鲁文化重人情伦理，但这不意味着鲁文化缺乏秩序观念，人情伦理本身便是秩序，问题关键在于如何认识这种秩序。一方面，“法”既然是规则，便不能随意解释。每一条伦理道德的具体内涵和适用情形都有所根据，这种根据只有先王与先圣才能制定，这是鲁“法”在立法上的诠释性；另一方面，礼法追求民众“有耻且格”，这种内心准则更需要外在规范的承认与保护。于是便有了人情伦理与人道价值的互为约束、互为补充。鲁“法”重人情伦理，是普遍意义而非个体意义，这两者的区别在于，当考虑具体人与事时，鲁“法”不只站在一人之情的角度，更要兼顾其他人道价值。这是鲁“法”在实践中的“权衡”性。在这种诠释与权衡中，鲁“法”也就“活”了起来，在情理之间充满张力。

秩序是文化的深层内容，整体需要统一的秩序才能凝聚。梁漱溟先生曾说：“文化，就是吾人生活所依靠之一切。”[①]鲁“法”包含内外秩序，鲁人因此生活。鲁人如此生活，鲁文化便实在地体现于鲁人之身。当一个秩序观念贯穿内外时，人自然地有了是“法”的认同，也有了文化的觉知。

鲁国之“法”的秩序观在今天仍然值得思考。管理不是生硬的、冰冷的、简单的，而应当把管理当治理。刑，是型人，树立标准与样板。诛者，诛其心也。但无论什么时候，刑都是德的辅助。“法”包含在“礼”

① 梁漱溟：《中国文化要义》，上海：上海人民出版社，2011年，第7页。

中，法的敬德意识应是第一位的。孔子说："太上以德教民，而以礼齐之；其次以政焉导民，以刑禁之，刑不刑也。"（《孔子家语·刑政》）社会良善要有良善的引导，"善人"为政才能"止于至善"。"政治习惯不养成，政治道德不确立，虽有冠冕世界之良宪法，犹废纸也。"[①]率民以德，以自得、自觉之精英率自得、自觉之民众，则无事不成。对于秩序的上层而言，底线思维不应当是其标准，在秩序的下层中，不断使其向上、向善也正是立法的意义。时至今日，法获得了权威的地位，全面依法治国，意味着法治应当有更大的承担，将人的成长、社会的良善发展涵纳起来。

原载《孔子学刊》第十一辑，杨朝明主编，青岛出版社，2020年。

作者简介

陈岳，曲阜师范大学历史文化学院博士研究生，主要研究方向为先秦儒学。

① 梁启超：《先秦政治思想史》，北京：商务印书馆，2012年，第189页。

后　记

宋立林

又进入了毕业季，硕士、博士学位论文答辩相继进行，我的三个师弟郭凯、房伟、陈岳，还有我的开山大弟子、后来考入山大的王晶都顺利通过博士学位论文答辩。除此之外，还有大师姐和我的几位硕士研究生也都通过答辩，这都是可喜可贺的事。其实，每年到这个时候，都是杨门集体欢庆的时刻。看着一批批的学生取得学位、顺利毕业，杨老师的欣喜溢于言表。正是在一年年的累积之中，杨门的队伍越来越庞大，老师也到了快退休的年龄。

去年杨老师离开领导岗位的时候，师门举行了一次简单而热烈的庆祝会。今年是老师的六秩之庆，如何表达我们作为弟子的心意，是思考了很久的问题。这本书作为向老师六秩之庆的献礼，其策划可谓“蓄谋已久”，大概是三年前就计划好了的。前年开始着手落实，向在高校和科研单位工作的同门约稿。约稿的原则是，在高校或科研机构工作的，已在正式刊物发表过的，能够代表自己目前最高水平的。之所以限定在高校或科研机构的，是因为很多硕士毕业后去了中学，不再继续从事学术研究。之所以要发表过的，是因为现在写篇文章不容易，都在憋着劲去投C刊，谁都舍不得把好文章交给一个辑刊，随随便便发表。所以，在这一集子里集中刊发已经发表过的学术文章，征集起来要容易一些。而之所以要能够代表自己最高水平的文章，自然是因为此举是向老师六十大寿的献礼，要体现学生的进步和水平。当然，面对我的邀约，有的谦虚说："我还没有目前最满意的文章！"有的谦虚得近乎虚伪，说："我的论文都很烂，拿不出手！"所以，并不是所有被邀约的人都交了稿。我知道他们内心的纠结，只怪他们太爱惜羽毛。那就让他们后悔去吧。

孔德立师兄和王红霞师姐是杨老师的开山弟子，1999级的专门史硕士，我们都称大师兄、大师姐，从来不用冠姓，可见其在杨门的地位。二位都考上了南京大学的博士，一位师从颜世安先生，一位师从范毓周先生，走上了学术道路。目前大师兄在首都师范大学，大师姐在天津工业大学，各有自己的研究领域，都卓然有立。尤其是大师兄还是孟子研究院特聘专家，泰山学者，且在孔氏后裔宗亲联谊会、国际儒联、中华孔子学会等各个组织中身兼数职。张磊师兄是2001级，与孙海辉师兄是同级。只是海辉师兄没有走学术之路，而张磊师兄则考上了北师大读博，后来在山东师范大学工作，也已经是博导了。刘义峰师兄和王青师姐是2002级专门史硕士，师兄考上了中国社科院，师从宋镇豪先生学甲骨文，王青师姐则与张磊师兄一样都跟随晁福林先生研习先秦史。王青师姐为人敦厚，博士论文获得了全国百优，后来入职苏州大学。天有不测风云，人有旦夕祸福。学术前途似锦的她，却在一次意外事故中身受重伤，这对老师和我们来说，晴天霹雳，心如刀绞。可喜的是，经过两年多的治疗可以走路了，祈祷师姐能够早日康复。王慕东师兄和刘续兵师兄，都是在职硕士，工作出色，做学问也不逊色。慕东师兄后来放弃了走学问之路，目前在曲阜师范大学美术学院做党委书记。续兵师兄则双肩挑，在孔子研究院的行政事务之余，笔耕不辍。

我和化涛、冠华等七位是2003级，人数剧增。后来，化涛考上中国政法大学，师从林存光老师，方向转为了政治学。崔冠华考上中国社科院，师从姜广辉先生，李燕则考入北师大师从张涛老师。我留校工作，陈霞去了孔子研究院，若干年后，我继续跟随杨老师读博，陈霞跟随黄怀信老师读博。刘萍师姐、政之师弟分别做了中学老师和公务员。刘光胜、郭凯是2004级，还有王德成兄。光胜毕业考入清华大学，追随我太老师李学勤先生读博。后来去了上海师大，再后来入选泰山学者特聘专家，就职孔子研究院。德成本来就是曲师大的老师，在职读硕士，毕业后没有读博，继续在学校工作。郭凯毕业后去了唐山学院，后来考回母校读博。魏忠强、崔海鹰、郭海燕他们是2005级，那一级五位同学，三位继续读博，分别师从中国人民大学梁涛老师、曲阜师范大学黄怀信老师和山东大学马新老师，走上学术之路。他们和此后几十位师弟师妹都是在我的见证下，不断成长的。等到我带硕士之后，杨老师在曲师的弟子、大师姐的弟子便与我的学生一起，都在我的督促下读书学习，其乐也融融！

魏衍华是杨老师招收的第一位博士生，他本来是史学史与史学理论专业2004级硕士，2007年毕业直接考入专门史专业，而我则是2008年重新考入杨门读博。这些年来，一起读书，一起议事。2016年一同入选山东省首批泰山学者青年专家，当年的儒学领域一位五位泰山学者青年专家，曲阜就有我们两个。这几年我们组织慢庐读书会，通讲儒家经典。组织洙泗学术论坛，编刊物，出集子，忙得不亦乐乎！

杨老师比我们更忙！自从国家大力弘扬优秀传统文化以来，曲阜就是一个重要阵地。我记得在读研究生期间，在杨老师支持下，创办《孔子文化》内刊，建立中华孔子网站，开设洙泗讲堂，风风火火！后来杨老师担任孔子研究院院长，聘刘振佳老师、刘彬老师、周海生老师和我做学术委员，筹划各种学术活动，创办《孔子学刊》和《孔子文化季刊》，也是踌躇满志。再后来就是在传统文化复兴过程中具有里程碑式的2013年11月26日“曲阜座谈会”召开了。从那时以来，杨老师在儒学“登峰”与“落地”的追求中，双管齐下，成绩斐然。当然，事务性的工作严重挤占了学术研究的工夫，所以在儒学成果的产出上，有畸轻畸重之嫌。杨老师也有类似的感慨。但他恐怕对此并不会过分遗憾，因为儒学本身就不仅仅是书斋里的学问，还要面向社会、面向大众。但是，我还是期待着，杨老师从孔子研究院院长、尼山世界儒学中心副主任的岗位上退下来，是一种学术事业意义上的“解放”，可以少一些“干扰”，多一分沉静，更安心地实现那些学术“夙志”！其实，这样的期待，何尝不是说给我自己听的呢？

师恩是这个世界上最可珍视的！中国人一向尊师重道。孔门所奠基的中国师道传统，源远流长。杏坛弦歌，千年不辍！杨门赓续了这一优良传统。杨老师经常给我们回忆他与他的老师、我们的师爷郭克煜先生和李学勤先生的交往点滴，我们也经常给弟子们讲我们与杨老师之间的故事。其实，传统就在这故事的讲述之中隐然赓续。台湾李纪祥老师曾经提出过一个“拟血缘亲”的说法来楷定孔门之谊，真是神来之笔。其实，杨门弟子之间也是如此。老师如父亲般严厉、宽厚，谆谆教诲，殷切以待！儒家向来推崇“青出于蓝而胜于蓝”，但是往往只是一种理想或幻想。我们的学问与老师相比，天壤之别！只有望洋兴叹，哪里能模拟于万一！但也唯有勤学多思，勇猛精进，才能不辜负老师的殷切期待，才能使儒学的薪火相传。

《诗》云：“天保定尔，以莫不兴。如山如阜，如冈如陵，如川之方至，以莫不增。……如月之恒，如日之升。如南山之寿，不骞不崩。如松柏之茂，无不尔或承。”颂此《天保》为我们的老师庆寿！祝福老师在儒学事业上，开拓出更广的路！

2022年6月8日于慢庐